Ulrich Böld

www.ulrichbold.com

Evolutionäre Astrologie

BoD
Books on Demand
www.bod.de

Ulrich Böld

Evolutionäre Astrologie

Praktisches Hand- und Lehrbuch

für Anfänger, Fortgeschrittene und Profis

Abbildungen der Kunstwerke "Reise durch den Tierkreis"
von Thomas Mohrmann, Hamburg

CIP-Titelaufnahme der Deutschen Bibliothek

Ulrich Böld:
Evolutionäre Astrologie: Praktisches Hand- und Lehrbuch;
für Anfänger, Fortgeschrittene und Profis
Books on Demand GmbH, Norderstedt ,www.bod.de
ISBN-13: 9783837069914

Aus dem Englischen übersetzt von Ulrich Böld
© Ulrich Böld, Hamburg, 2008
Alle Rechte vorbehalten

Lektorat Tyrone P. Rontganger

Covergestaltung: Brian Thomas, Ulrich Böld

Kunstwerk auf dem Cover: Krebs von Thomas Mohrmann, Hamburg

Astrologische Graphiken Astrolab Solar Fire, Massachussetts
Astrologische Schriftzeichen Matrix Astrology Winstar, Holland
Graphische Gestaltung: Ulrich Böld

Herstellung und Verlag: Books on Demand GmbH, Norderstedt
www.bod.de

Kunstwerke: Thomas Mohrmann, Hamburg

Widmung

Dieses Buch widme ich Ma, Inkarnation der Göttlichen Mutter, sowie meiner geliebten Großmutter, die auf meiner metaphysischen Reise immer der Wind unter meinen Flügeln ist - selbst jetzt, wo sie schon glücklich auf der jenseitigen Seite ist.

Inhalt

Danksagung	8
Vorwort von Tyrone Rontganger	9
Vorwort von Svenja Ott „Wendepunkte"	10
Vorwort von Ulrich Böld „Visitenkarte Gottes"	12
Einführung	20

Kapitel Eins:	Evolutionäre Astrologie – was ist das?	21
	Beispiel für eine Evolutionäre Horoskopdeutung	30
	Astrologisches „Brain Storming"	31
	Evolutionäre Analyse	34
	Prä-Patriarchale Inkarnationen	35
	Inkarnationen in Patriarchalen Zeiten	36
	Gegenwärtige Inkarnation	40
	Evolutionäre Absicht für diese Inkarnation	42
Kapitel Zwei:	Die Drei Grundbaustein-Ebenen der Astrologie	46
	Erster Baustein bzw. Ebene – die Zeichen	46
	Zweiter Baustein bzw. Ebene – die Planeten	51
	Dritter Baustein bzw. Ebene – die Häuser	55
	Die Drei Bausteine bzw. Ebenen Zusammengesetzt	64
Kapitel Drei:	Wie man bedeutungsvolle Kombinationen schafft	71
	Sechs Deutungsschritte für bedeutungsvolle Analyse	74
Kapitel Vier:	Archetypische Schlüsselworte der Zeichen, Planeten und Häuser	88
	Widder, Mars, AC/1. Haus	94
	Stier, Yin-Venus, 2. Haus	96
	Zwilling, Yang-Merkur, 3. Haus	103
	Krebs, Mond, IC/4. Haus	110
	Löwe, Sonne, 5. Haus	115
	Jungfrau, Yin-Merkur, 6. Haus	120
	Waage, Yang-Venus, DC/7.Haus	131
	Skorpion, Pluto, 8. Haus	135
	Schütze, Jupiter, 9. Haus	145
	Steinbock, Saturn, MC/10. Haus	152
	Wassermann, Uranus, 11. Haus	161
	Fische, Neptun, 12. Haus	170
Kapitel Fünf:	Rückläufige Planeten, Aspekte, Phasen, kulturelle Entsprechungen	179
	Rückläufige Planeten	179
	Rückläufiger Merkur	182
	Rückläufige Venus	183
	Rückläufiger Mars	185
	Rückläufiger Jupiter	186
	Rückläufiger Saturn	187
	Rückläufiger Uranus	189
	Rückläufiger Neptun	190
	Rückläufiger Pluto	191
	Aspekte	192
	Konjunktion	194
	Opposition	195
	Trigon	195

	Quadrat	196
	Halbquadrat	196
	Anderthalbquadrat	196
	Quintil & Biquintil	197
	Sextil	197
	Quinkunx	198
	Halb-Sextil	199
Die Acht Haupt-Phasen		199
	Neue Phase	204
	Aufsteigende Phase	204
	Erste Viertel Phase	205
	Gibbous (Bucklige) Phase	206
	Volle Phase	207
	Absteigende Phase	209
	Letzte Viertel Phase	210
	Balsamische Phase	211
	Wichtige Planeten-Paare	212
Kulturelle Entsprechungen		216
	Geodetisches System	216
	Die Zeitalter	218

Kapitel Sechs:	Die Techniken der Evolutionären Horoskop-Interpretation	230
	Philosophische Grundlage	230
	Die Mondknoten	233
	Verlangen und Evolution	236
	Konditionierung und Stadien der Bewusstheit	241
	Regeln der Evolutionären Horoskopinterpretation	245
	Basisschritte der Evolutionären Horoskop-Deutung	252
	Planeten im T-Quadrat zu den Mondknoten	261
	Deutungsschritte bei T-Quadrat zu den Mondknoten	268
	Mond im T-Quadrat zu den Mondknoten	278
	Sonne im T-Quadrat zu den Mondknoten	279
	Merkur im T-Quadrat zu den Mondknoten	280
	Venus im T-Quadrat zu den Mondknoten	281
	Mars im T-Quadrat zu den Mondknoten	282
	Jupiter im T-Quadrat zu den Mondknoten	283
	Saturn im T-Quadrat zu den Mondknoten	285
	Uranus im T-Quadrat zu den Mondknoten	287
	Neptun im T-Quadrat zu den Mondknoten	288
	Pluto im T-Quadrat zu den Mondknoten	290
	Pluto in Konjunktion mit dem Nordknoten	291
	Pluto in Konjunktion mit dem Südknoten	293
	Planeten auf dem Süd- oder auf dem Nordknoten	297

Kapitel Sieben:	Evolutionäre Deutung in der Praxis & Lösung zu den Übungen	298
	Transkript einer Evolutionären Horoskopbesprechung	298
	Lösungs- und Deutungsvorschläge	318
	Biographie von Richard Beckhard	328
	Epilog von Ulrich Böld	329
	Über den Autor	330
	Ausbildung in Evolutionärer Astrologie & Online-Shop	331
	Bibliographie	332

Danksagung

Mein besonderer Dank geht an all meine Astrologie Schüler. Ihre lebendige Unterstützung, ihr Hunger nach klaren Antworten und ihr drängendes Bitten nach einem praktischen Astrologiebuch, das mein Verständnis und meine Einsichten der Evolutionären Astrologie aufzeigt, haben dieses Buch erst möglich gemacht.

Dank auch an Béatrice Spycher, langjährige Freundin und Kollegin, die mit ihrer liebenswert beständigen Schweitzer Art und mit charmantem Druck mich überhaupt erst dazu brachte, mein eigenes Buch aus dem Englischen ins Deutsche zu übersetzen. Auch Dank an meine herzliche Freundin und Kollegin, Renate Stöckl, für Ihren pragmatischen Druck, das Deutsche Buchmanuskript auch in Druck zu bringen.

Des Weiteren danke ich all meinen wunderbaren Freunden in Europa, in Kanada und in den Vereinigten Staaten von ganzem Herzen für Ihre Wegbegleitung und Freundschaft.

Besonders danke ich jedoch Svenja Ott und Tyrone Rontganger, die mir bei der Fertigstellung dieses Buches wundervolle Unterstützung gaben. Beide bereichern mein Leben mit ihrem besonderem Menschsein und ihrer Freundschaft. Ihr außergewöhnliches Talent in der Astrologie ist eine solche Freude für mich, denn ich darf erleben, wie ein jeder der beiden Freunde die astrologische Sprache authentisch, tief, weise und lebendig in wertvolle Deutungen bringt.

Für die wundervollen Kunstwerke der einzelnen Tierkreiszeichen danke ich Thomas Mohrmann in Hamburg, der als guter Freund und Kollege meine Idee der „Reise durch den Tierkreis" in so aussagestarken Bildern archetypisch treffend umgesetzt hat.

Ganz besonderer Dank geht an J.Green: Danke für das Geschenk der Evolutionären Astrologie. Danke, dass Du einst einer meiner Lehrer warst. Danke, dass Du als mutiger Pionier eine einfache, effiziente und doch kraftvoll-heilsame Technik gebracht hast: Evolutionäre Astrologie – eine neue Blume im jahrtausende alten Garten der Astrologie, die nun wachsen und sich entwickeln will. Dieses Buch ist ein Teil dieses Wachstums dieser Blume.

Ulrich Böld, Hamburg Oktober 2008

Nach den Sternen greifen
Vorwort von Tyrone P. Rontganger

Als mich Ulrich Böld bat, dieses Buch von ihm durchzulesen und ein Vorwort zu schreiben, war ich ganz überrascht; ich hatte gerade erst angefangen, mich mit Astrologie zu beschäftigen und fragte mich daher, ob ich dieser Aufgabe überhaupt gewachsen war. Bisher hatte ich eigentlich nur die Sternzeichenprognosen aus den Zeitungen gekannt und dann auf einmal sollte ich das Buch eines international anerkannten Astrologen lesen und dazu meine Meinung – und zwar eine ehrliche – zu Papier bringen.

Als ich aber als Neuling sein Manuskript zu lesen begann, habe ich seine Bitte verstanden: Sein Werk hier ist wirklich das, was es der Titel sagt: *Ein praktisches Lehrbuch*. In den ersten Kapiteln lernt man hier die Grundlagen dieser Wissenschaft, die schon in der Zeit vom alten Babel eine hoch angesehene Kunst war und die trotz aller technologischen Fortschritte der modernen Zeit immer noch eine wichtige und hilfreiche Rolle für unzählige Menschen überall auf der Welt spielt.

Dieses Buch ist für einen Anfänger wie auch für den Fortgeschrittenen ebenso wertvoll, denn sowohl das Basiswissen wie auch der Tierkreis und seine Planeten werden klar und verständlich in aller Tiefe erklärt, womit sich Verständnis und Können vertiefen und verbessern lässt. Die Einfachheit der Deutungsregeln der Evolutionären Astrologie ist in ihrer Aussagekraft vital, profund und somit umwerfend. Dieses Buch schafft daher für den Leser neue astrologische Lernziele. Durch seinen Aufbau ist es auch für den Erfahrenen ein prima Nachschlagewerk, Wissen aufzufrischen und dabei den Horizont zu erweitern. Schon wieder merkt man, dieses Buch ist tatsächlich, was es im Titel sagt: *Ein praktisches Handbuch*.

Evolutionäre Astrologie ist für sich ein großer Begriff. Niemand kann genau sagen, ob es in der Tat eine Chance auf Wiedergeburt gibt, und ob die Seele wirklich eine Reise durch verschiedene Leben durchwandert. Das ist eine Glaubensfrage. Dieses Buch, so glaube ich, bietet aber glaubhafte Antworten, die Anstoß zum Nachdenken geben, weil sie in vielen Bereichen Sinn machen.

Wer astrologische Rezepte für die nächste Liebesbeziehung sucht, wird hier nicht fündig. Der Leser, der hier allgemeine Charaktereigenschaften für den Zwillingssohn oder die Stiernachbarin lesen will, wird sie auch nicht finden. Aber für diejenigen Leser, welche selber herausfinden wollen, ihren Zwillingssohn und die Stiernachbarin in ihrem Wesen zu verstehen, warum diese so sind, wie sie sind, wird dieses Buch von Ulrich Böld viele interessante, wertvolle Einsichten bieten, vor allem aber sich selbst viel besser verstehen und annehmen zu lernen.

Wenn etwas schwer zu erreichen scheint, sagen wir Briten, ‚reach for the stars'. Astrologie zu verstehen und praktisch anzuwenden ist jedoch mit diesem Buch offenbar leichter als man glaubt, und wer wirklich nach den Sternen greifen möchte, braucht dieses Buch nur auf den Schreibtisch zu legen!

Tyrone Paul Rontganger
Berlin, September 2008

Wendepunkte
Vorwort von Svenja Ott

Es war an einem Nachmittag im September, ich war gerade mal 16 Jahre alt, und eine sehr schwere Zeit lag hinter mir, als ich eine der bedeutendsten Begegnungen in meinem Leben hatte, die zu einem wichtigen Wendepunkt für mich wurde.

Meine Mutter war es, die die Idee hatte, mit mir einmal zu einem Astrologen zu gehen. Schließlich war ich schon immer etwas anders als andere in meinem Alter; da gab es genug Hinweise und diverse Geschichten, von der Geburt bis hin zur Pubertät, die zu dieser Feststellung führten. Der gute Tipp einer Freundin meiner Mutter hatte nun zur Folge, dass wir an diesem Nachmittag auf Antworten zu dem Geheimnis „Svenja" hofften.

Offen für vieles, aber an allem zweifelnd, wollte ich mir diesen Astrologen mal anschauen. Ich wusste zwar, dass ich noch recht jung für eine astrologische Beratung war, hatte aber auch nur wenige Erwartungen an das Geschehen. Doch innerhalb von wenigen Augenblicken hatte mich dieser Mensch, der da vor mir saß (gar nicht wie erwartet weißhaarig, alt und bärtig, sondern jung, dynamisch und gutaussehend!), völlig in seinen Bann gezogen. Nie zuvor hatte ich es erlebt, dass mich ein fremder Mensch so gut versteht und so viel von mir weiß. Das erste Mal in meinem Leben hatte ich nicht das Gefühl falsch, oder anders zu sein als andere, sondern ich verstand, warum ich so war wie ich war, und wo die Ursachen für meine Gefühle und mein Verhalten lagen. Der Gedanke an Wiedergeburt war mir zwar nicht fremd, aber ich hatte mich auch nicht zu sehr damit auseinandergesetzt. Und plötzlich saß da ein wildfremder Mensch vor mir, und erzählte mir dieselben oder ähnliche Geschichten von mir, die ich bereits aus meinen Träumen kannte.

Unter anderem sagte mir Ulrich Böld in dieser ersten Beratung, dass ich beruflich einen außergewöhnlichen Weg gehen würde, bei dem ich mit innovativen Methoden Menschen helfen würde. Gut, da ich ja schon lange geplant hatte Sozialpädagogik zu studieren, war das gar nicht so abwegig. Zu diesem Zeitpunkt war es für mich allerdings noch unvorstellbar, dass ich eines Tages selbst einmal astrologische Beratungen geben würde.

Mehrere Jahre nach dieser ersten Begegnung mit Ulrich Böld, ich studierte bereits Sozialpädagogik, führte der Weg dahin, dass ich die Organisatorin und Ansprechpartnerin für Ulrichs gefragte Konstellations-Workshops wurde. Sie sind eine Anlehnung an klassische Familienaufstellungen, kombiniert mit dem Wissen aus der Evolutionären Astrologie. Im Studium hatte ich die Thematik bereits theoretisch intensiv bearbeitet. Und nun erhielt ich die Chance, sehr viele praktische Erfahrungen in dieser wunderbaren Arbeit zu bekommen.

Aus einer ersten astrologischen Beratung wurde Freundschaft, aus Freundschaft wurde eine wunderbare Zusammenarbeit. Und dann kam es eines Tages dazu, dass ich bei Ulrich Böld an einem Basiskurs für Evolutionäre Astrologie teilnahm. Dieses sollte ein weiterer Wichtiger Wendepunkt in meinem Leben werden. Ich hatte mittlerweile mitbekommen, dass die Astrologie eine Kunst ist, die sich aus mehreren Ebenen und Fähigkeiten zusammensetzt. Ich hätte jedoch nicht gedacht, dass aus ein wenig Neugierde Astrologie zu lernen, sich mein gesamtes Leben und meine Weltanschauung neu sortieren und verändern würde. Durch Ulrichs fantastische und mitreißende Art zu unterrichten, begann eine sagenhafte Reise zu mir selbst: Ich lernte, hinterfragte, zweifelte, verzweifelte, träumte und staunte…. Plötzlich begann die Welt mir in ganz neuen Farben zu erscheinen, und aus einer anfänglichen Neugierde wurde das Verlangen immer mehr lernen zu wollen.

Ich lernte die Astrologie für mich, ohne die Motivation damit mein Lebensunterhalt verdienen zu wollen. Doch schon bald merkte ich, dass ich durch Ulrich einen wertvollen Schlüssel bekam, Menschen gezielt und ganz individuell helfen zu können. So umfassend, wie ich mich damals als 16-Jährige, in meiner eigenen Beratung verstanden fühlte, so begann ich nun andere Menschen zu verstehen. Kombiniert mit dem Wissen aus meinem Studium und mit immer mehr zugelassenen hellfühligen, empathischen Fähigkeiten, konnte ich plötzlich anderen so helfen, wie mir mit 16 Jahren geholfen wurde.

Nun hat Ulrich seine wunderbaren Lehren in ein Buch verfasst. Auf erfrischende Art hat er sein vielschichtiges Wissen niedergeschrieben. Jeder, der dieses Buch in die Hände bekommt hat nun die Chance auf eine wunderbare Reise. Dabei gibt es verschiedene Möglichkeiten dieses Buch zu lesen. Einerseits vermittelt es astrologisches Wissen mit praktischen Übungen. Daneben verbirgt sich in diesem Buch aber auch ein enormes philosophisches und spirituelles Wissen. Ein jeder Leser bekommt die Einladung, die Welt aus anderen Augen anzuschauen, und diese auf sich wirken zu lassen. Jeder auf seine persönliche Weise. Dabei ist es gut möglich, dass man mit allen möglichen Reaktionen, die das Leben zu bieten hat konfrontiert wird. Schließlich ist es nicht nur angenehm, wenn plötzlich das alte Weltbild auf den Kopf gestellt wird. Und dennoch verspreche ich Ihnen, dass es sich lohnen wird, sich dieses Geschenk einmal auf allen Ebenen ohne Zeitdruck zu verinnerlichen. Ich wünsche Ihnen dabei viel Freude mit vielen kleinen, aber bedeutenden WENDEPUNKTEN.

Svenja Ott, Hamburg, Oktober 2008

Visitenkarte Gottes
Vorwort von Ulrich Böld

Die metaphysische Sinnsuche war schon seit meiner Kindheit das Wichtigste in meinem Leben. Astrologie jedoch reizte mich gar nicht, daher hatte ich davon auch wirklich keine Ahnung, als die Nachbarin meiner Eltern mir eine Horoskopzeichnung meines Horoskops ohne jegliche Erklärung schenkte als ich 26 Jahre alt war. Ein guter Freund, Thomas Mohrmann[1], der sich ein wenig mit Astrologie auskannte, bot mir an, mein Horoskop für mich zu deuten. Seine ersten Worte waren: „Ulrich, Dein Mond ist in Jungfrau – da gehört der ja gar nicht hin!", und ich hatte schon genug (sage nie einer Person mit Mond in Jungfrau, der Mond sollte da nicht stehen!). Die Horoskoplesung ging jedoch im selben Stil so weiter. In vielem erkannte ich mich zwar, doch ein großes sinnvolles Bild konnte ich aus dieser Analyse nicht erkennen – ganz im Gegenteil: ich war doch recht genervt. Dennoch dankte ich dem Freund für seine Mühen und ging nach der Verabschiedung auf einen strammen Spaziergang um die Hamburger Alster.

Da merkte ich erst wie genervt ich war. Ich hielt an und schnauzte Gott an: „Hör mal zu, Gott, ich werde beweisen, dass Astrologie Humbug ist – darauf gebe ich Dir mein Wort. Und falls ich erkennen sollte, dass Astrologie doch als metaphysisches Vehikel funktioniert – was ich nicht glaube – dann verspreche ich Dir, sollte ich je ein Horoskop für jemanden lesen, dann werde ich es tief, ehrlich und aufbauend hinsichtlich der wahren Natur dieses Menschen deuten!"

Drei Tage nach diesem Versprechen begannen intensive Träume. Zwei Wochen später brachte mich das Leben mit meinem ersten Astrologielehrer, Raphael Gil Brandt, Leiter des Hamburger Zentrums des Deutschen Astrologen Verbandes (DAV), zusammen. Ich begann mit seinem Anfängerkurs, und kurz danach belegte ich gleichzeitig auch noch seine Aufbaukurse. Ich war völlig fasziniert, obwohl ich mich neben all den anderen Teilnehmern immer völlig hinten an fühlte. Eines Abends deuteten wir in einer Astrologiegruppe das Horoskop von Vincent van Gogh. Mit Hilfe seiner Biographie gingen wir alle wichtigen Transite seines Lebens bis zu seinem Selbstmord durch. Es war eine läuternde Offenbarung für mich. Ich erkannte, dass Astrologie wirklich funktioniert, und zwar wie ein Uhrwerk!

Kurz darauf im Deutungskurs musste ich meine erste Horoskopdeutung für eine Mitschülerin machen, die ich nicht mochte. Daher hatte ich mich – in der Hoffnung, ich könnte mich aus der Affäre

---

[1] Der Künstler der hier im Buch abgebildeten Bilder zu den Tierkreiszeichen – *Herzlichen Dank, lieber Thomas, der Kreis schließt sich!*

mogeln - auch gar nicht mit ihrem Horoskop befasst. Doch ich kam an die Reihe zu deuten. Als ich meine Deutung begann, fühlte ich eine intensive Hitze in meinem Rücken aufsteigen und merkte, dass ich in einen anderen Zustand ging, der es mir erlaubte, mich nur auf den Augenblick und auf ihr Horoskop zu besinnen. Dabei beobachtete ich mich selbst, wie sich sorgsam Worte und Sätze in mir bildeten, die dann von mir ausgesprochen wurden. Es gab keine Zeit und keinen Raum mehr – ich sah nur das Horoskop und fühlte diese eigenartige heiße Energie. Als nächstes erinnere ich mich nur noch, dass die Hitze in meinem Rücken aufgehört hatte und ich nicht mehr sprach. Ich sah sie an. Ihre Augen waren weich, weit geöffnet und ein sanfter Fluss von Tränen rann über ihre unschuldigen Wangen. Ich sah ihr Inneres Wesen mit all seiner Schönheit. Ich wusste nicht, was ich angestellt hatte. Rat suchend sah ich zu meinem Lehrer, der wie erschüttert auf mich wirkte. Als meine Augen die seinen trafen, wusste ich, dass er nicht mehr mein Lehrer sein konnte, denn ich war in eine Richtung gewachsen, in die er mich nicht begleiten konnte.

Nun gut, so dachte ich, Gott hat bewiesen, dass meine Meinung über Astrologie falsch war. Ich war bereit, mich von ihr zu verabschieden und mich mit anderen Dingen zu befassen. Doch die intensiven Träume, die ich seit meinem „Gespräch mit Gott" an der Hamburger Alster hatte, wollten nicht aufhören. Daher blieb die Astrologie in meinem Leben. Ich philosophierte hier und da mit einigen, die sich mit Astrologie befassten, jedoch las ich nie ein Astrologiebuch. Stattdessen ging ich auf lange Spaziergänge durch die Natur. Ein Jahr lang verglich ich den Lauf der Sonne durch den Tierkreis von Widder bis Fische. Sah, wie sich die Natur kleidete und im Einklang mit dem Jahreszeitenzyklus in unterschiedliche Ausdrucksformen ging. Ich beobachtete, fühlte, roch den Wind, den Wald, die Wiesen und Felder, doch noch mehr meine Stimmungen und Emotionen in meinem inneren Haushalt. Dabei sammelte ich viel erlebte Einsichten über die Tierkreiszeichen und ihre Manifestationen in der natürlichen Schöpfung. Des Nachts nahmen mich die Träume bei der Hand und reisten mit mir durch den Tierkreis.

Das war 1992. Nach einem weiteren Jahr fühlte ich mich bereit, Astrologie aufzugeben, doch da erhielt ich eine Einladung an einem Wochenend-Seminar von J.Green teilzunehmen. „Warum nicht", so dachte ich, schließlich hatte ich noch nie an einem Astrologie Workshop teilgenommen. Außerdem hatte ich genau die Summe in meiner Kaffeedose gespart, die der Teilnahmegebühr entsprach. Der Seminarraum war brechend voll. Als Jeff den Raum betrat wurde die Energie sehr dicht und intensiv. Er sprach über die geradezu überall herrschende Pathologie des Sado-Masochismus, die aus den Missinterpretationen der biblischen Geschichte vom Garten von Eden entstanden waren, und dass dieses

Thema überall in der westlichen Welt als Tabu gilt - über das keiner spricht, es aber dennoch überall wirkt: Dominanz des Männlichen und die Diskriminierung und Unterdrückung des Weiblichen. Im Seminarraum baute sich dicker Widerstand auf, und die anderen begannen zu murren.

Ich saß da und dachte: „Dieser Mann hat recht!" Einige Teilnehmer beschwerten sich, sie wollten schließlich Astrologie und nicht die Bibel lernen. Doch Jeff erwiderte, es sei wichtig, die tiefen Tabus unserer Gesellschaft zu kennen, und mehr noch die astrologischen Archetypen und Entsprechungen tief zu verstehen, um überhaupt die wahre Tiefe und Bedeutung eines Geburtshoroskops verstehen zu können. Ich konnte ihm nur innerlich zustimmen, auch wenn der Rest der Gruppe fast schon auf die Barrikaden ging. In einer Kaffeepause sprach ich Jeff kurz auf Lehrmaterial über die Chakren an, wofür ich mich stark interessierte. Er sagte mir zu, mir einige Kassetten mit Vorträgen über Chakren zu schicken.

Nach diesem Gespäch mit Jeff wurden meine Träume noch intensiver. Jede zweite Nacht fand ich mich in gigantisch großen Riesenrädern des Tierkreises. Planetensymbole wie zum Beispiel Saturn wurden zu Personen und zeigten mir ihre Welt, ihr Licht und ihre Schatten. Ein weiterer Traum, der immer wieder erlebt wurde, geschah auf einer wunderschönen weißen Yacht, auf der jedes mal eine wunderschöne schwarzhaarige Inderin auf mich wartete, um dann gemeinsam mit mir über die Reling in den azurblauen Ozean zu springen und bis auf den sandigen Meeresgrund zu tauchen. Dort schlug sie ein großes Buch auf, und wir lasen Seite für Seite – doch die Seiten waren leer!

Ein Jahr darauf folgte ich meinem inneren Ruf und nahm an Jeffs Pluto-Schule für Evolutionäre Astrologie in Hamburg teil. Jeff war in sehr launischer und intensiver Stimmung. Wegen seines Nuschelns war es anstrengend, seinem amerikanischen Kauderwelsch über Astrologie folgen zu können. Dennoch schien es mir, als würde seine Darstellung von Zeichen, Planeten und Häusern nur das an die Oberfläche meines Bewusstseins bringen, was ich bereits in meinen Träumen gelernt hatte. Es war wie Puzzleteile, die wie von selbst an ihren Platz fielen, und alles machte Sinn für mich. Ich machte den Abschluss dieser Ausbildung in Evolutionärer Astrologie mit Auszeichnung und wurde einer der ersten Evolutionären Astrologen weltweit.

Wieder einmal war ich nun bereit, Astrologie hinter mir zu lassen. Dank Jeffs Lehre war mein Hunger nach Tiefe in der Astrologie gestillt worden. Doch dann kam eine Einladung von Spiegel-TV zu einer Sendung über Astrologie, an der ich als Experte für Reinkarnations-Astrologie teilnehmen sollte. Die Sendung war solch ein Erfolg, dass ich für die nächsten Jahre mit astrologischer Arbeit eingedeckt war. Heute sehe ich diese aufregende Zeit als einen Segen, denn ich hatte keine Zeit mehr für lange astrologische Vorbereitungen und verkopfte Analysen. Dadurch konnte sich mein inneres Vertrauen und meine Intuition entwickeln und stärken. Aufgrund der Sendung kamen auch Angebote, Astrologie zu lehren, Vorträge zu halten und Ausbildungen anzubieten. Ich war zum Astrologen geworden – etwas, was ich nie gedacht hätte und mir doch in meinen Gebeten gewünscht hatte.

Damals war ich auch vielen Vorurteilen von Freunden und früheren Kollegen über Astrologie ausgesetzt. Ich fühlte mich von ihren Vorwürfen und von ihrer Kritik missverstanden und sogar manchmal verurteilt. Bis ich erkannte, dass ich mir innerlich diese Vorwürfe selbst machte: Ich war es, der Ankläger war, die anderen nur mein Spiegel dafür. Daraufhin hörte ich innerlich auf, mich mit Kritik und Vorurteilen gegen meinen inneren Ruf des astrologischen Weges zu stellen. Sofort hörten um mich herum auch die Vorwürfe, Zweifel und kritischen Stimmen auf. Zuvor war ich oft gefragt worden, „ob man denn davon leben kann" oder „ob ich denn an solch ein Zeug glauben würde". Doch von nun an erlebte ich meine Freunde und auch vormaligen Kollegen als unterstützend und offen für meine Astrologie. Es ergab sich sogar, dass mich frühere Kollegen nach meinem astrologischen Rat fragten, wenn es in ihrem Leben heikel wurde.

Eines Tages besuchte ich meine geliebte, damals 84-jährige Großmutter in München. Wir trafen uns immer ohne die anderen Familienmitglieder, um ungestört unsere philosophischen Gespräche führen zu können. Ich erzählte ihr, dass das Leben mich wohl zum Astrologen, zum Evolutionären Astrologen, gemacht hat. Meine Großmutter sah mich ruhig an, nahm einen Zug ihrer Zigarette und sagte: *„Nun, Ulrich, wenn es das sein soll, dann ist es gut. Aber bitte erinnere Dich immer daran, dass jedes Horoskop die Visitenkarte Gottes ist!"*

Ein Horoskop in einer Tiefe zu erschauen, so dass sich die inneren Seelenschätze offenbaren, ist immer eine Herausforderung. Es ist nun einmal wesentlich leichter zu kritisieren, als wert zu schätzen. Jedes Zeichen, jeder Planet und jedes Haus repräsentiert ein ganzes Spektrum möglicher archetypischer Manifestationen. Dabei gibt es kein Besser-Schlechter, Richtig-Falsch oder Gut-Schlecht. Das Geburtshoroskop ist wie eine metaphysische oder kosmisch-symbolische DNA. Es trägt das Potential des Lebensausdrucks in sich. Es determiniert sich in dem breiten Spektrum der astrologischen Archetypen und ihren möglichen Manifestationen und Interaktionen. Ein festgelegtes „so und nicht anders" gibt es dabei nicht.

Nehmen wir das Zeichen Jungfrau als Beispiel. Es symbolisiert den Archetyp der „Selbst-Verbesserung", denn hier schwingt das Bewusstsein in einer Weise, dass es sich auf das fokussiert, was mangelhaft ist und somit Verbesserung braucht. Es ist ein Erdzeichen, das vom Planeten Merkur beherrscht wird, der grundsätzlich – als ehemaliger Götterbote – mit mentalen und kommunikativen Prozessen zu tun hat. Daher kann Jungfrau seinen Ausdruck in mentalen (Merkur) Dynamiken finden, die sich kritisch (Jungfrau – Bewusstsein von Mangel) gegenüber der irdischen Realität zeigen. Das bedeutet, dass die Person mit Jungfrau-Besetzung meist in inneren, kritischen Gedanken- und Kommunikationsprozessen darüber verwickelt ist, was nicht gut genug ist. Da aber Jungfrau ein Erdzeichen ist, kann sich ebenso über praktisches (Erde) Handeln (Merkur – Hände/Handeln; Merkur war auch Gott der Händler) zum Ausdruck bringen, und sich dabei immer noch in völligem Einklang mit seinen Archetypen befinden. In diesem Falle erkennt Jungfrau den Mangel und bringt dann durch praktisches Tun die Verbesserung und verfeinert dabei auch noch sein Wissen und Können. Der alte, gute Spruch, „es gibt nichts Gutes, außer man tut es", wird zum Mantra von Jungfrau.

 Hier ein kleines Beispiel: Ich erkenne, dass ich nicht kochen kann, mir aber abendliches Essengehen nicht leisten will. Damit bin ich ganz klar in einer Jungfrau-Krise. Eine Möglichkeit ist, da zu sitzen und mich zu kritisieren, dass ich nicht kochen kann. Oder aber ich analysiere die gegebene Situation meines Lebens, stelle dabei fest, dass ich einen Job habe, bei dem ich nicht genug verdiene, um Essen gehen zu können. Ich bin immer noch hungrig! Eine andere Möglichkeit wäre, ein Kochbuch nach dem anderen zu lesen (Merkur – Herrscher auch über Zwilling). Immer noch hungrig – immer noch unfähig zu kochen! Letzte Möglichkeit wäre, aufzustehen, in die Küche zu gehen, und zu kochen anzufangen. Das nennt man „praktisches Lernen" (Merkur- Herrscher über Jungfrau). Während des Kochens lerne ich durch meine Fehler (Mangel) – Jungfrau Archetyp ist nun mal eben „Selbst-Verbesserung". Je mehr ich in der Küche koche, umso besser wird mein Kochen. Was ist passiert? Wir befinden uns immer noch im Spektrum von Jungfrau! Wir haben eine Schwerpunktsverlagerung veranstaltet – von schmerzvoller zur natürlicher Manifestation – hier im Rahmen vom Zeichen Jungfrau – von mental überaktivem Kritisieren und Denken hin zu praktischem Tun und Lernen, was Jungfrau natürlich in Einklang mit seiner energetischen Natur sein lässt.

 Genauso wie bei der DNA: Ist mein körperlich genetisches System auf meinen weiß-kaukasischen Ahnen aufgebaut, wird mein Körper wahrscheinlich mit Milchprodukten (wenn natürlich) gut zu recht kommen, denn meine Genetik hat sich seit Jahrhunderten daran gewöhnt. Ist mein genetischer Code aber zentral-amerikanisch-indianisch, wird mein Körper Milchprodukte gar nicht mögen. Der genetische Code oder die DNA ist in beiden Fällen völlig in Ordnung. Es geht nur darum, *wie* damit gelebt und umgegangen wird!

Mit diesem Beispiel konnten wir sehen, dass das Akzeptieren der astrologischen Realität, wie sie im Geburtshoroskop symbolisch dargestellt ist, und mit ihrer Natur im Einklang zu leben, Harmonie und Vitalität bringt. Es gibt jedoch einen enorm großen Störfaktor, der Menschen auf unangenehme Weise von ihrer wahren, individuellen Natur ablenkt und sogar abhält: Die kulturellen, sozial-religiösen Konditionierungen durch die Eltern, die Gesellschaft, die Mode und die Religion. Wir leben leider immer noch in einer Welt, in der uns von Menschen gemachtes „Richtig und Falsch" vorschreibt, was gut und was schlecht für uns ist. Dabei gilt leider nur zu oft, dass ein „Richtiges" für alle richtig sein muss. Doch das ist ein grober Widerspruch zu den natürlichen Gesetzen der Schöpfung: Der Hase braucht die Wiese, der Delphin den Ozean. Wer hat recht? Solch Konditionierungen oder wie ich es in der Zwischenzeit nenne, „Domestizierungen", haben einen enormen Einfluss darauf, wie wohl oder wie schlecht sich eine Person mit sich selbst fühlt, ihren natürlichen Energiehaushalt, wie er im Geburtshoroskop dargestellt ist, zu leben versteht.

Stellen Sie sich einmal eine Person mit einer starken Stierbesetzung vor. Stier ist ein Erdzeichen, dessen Energie Yin ist, d.h. die Energie geht zurück zum Zentrum, und es ist von Venus beherrscht. Die Schlüsselworte hier sind „Sinne und Sinnlichkeit". Die Sinne und das damit einhergehende „Bewerten" sind essenziell für das „Überleben" eines jeden Wesens, denn durch die Sinne kann das Wesen bewerten, was gut und was schlecht für sein Überleben ist. Einer der wichtigsten Sinne ist der Geruchssinn (Venus). Stellen Sie sich nun unsere Stier-Person vor, die in einer Familie/Gesellschaft groß wird, in der ihr das „am Essen Riechen" strikt verboten wird – 365 Tage im Jahr, die ganze Kindheit hindurch. Wie meinen Sie, wird diese Person mit ihrer Sinnlichkeit und ihren Sinnen in innerer Beziehung (Venus/Yin) stehen – selbst mit dieser starken Stierbetonung? Wie wird diese Person, ihre Sinnlichkeit und Sinnesreize bewerten, die Spiegelung ihrer Bedürfnisse (Venus) sind? Wie wird diese Person ihre sexuell-sinnlichen Bedürfnisse (Stier) als Erwachsener annehmen können.

Als beratender Astrologe, so glaube ich, ist es eine unserer Hauptaufgaben, den Klienten darin zu unterstützen, seine wahre Natur mit all seinen Bedürfnissen und Gaben erkennen und annehmen zu können. Das beinhaltet, ihn aus jeglichen Dynamiken der Selbst-Verletzung herauszuhelfen, die auf Konditionierung bzw. Domestizierung und den berühmten „so solltest Du sein" - Dynamiken basieren, die den Menschen dazu veranlassen, seinen Göttlichen Funken schamvoll zu verstecken und sein Licht unter den Scheffel zu stellen.

Unglücklicherweise gibt es sehr viele astrologische Ansätze und Systeme, die den Schülern, und somit auch den Klienten eine recht enge „one-way-only" - Interpretation der astrologischen Symbole anbieten. Als sei Astrologie so flach wie das Blatt Papier, auf dem das Horoskop gedruckt ist! Das Geburtshoroskop ist ein Kaleidoskop, das das Leben in all seiner Pracht und Virtuosität widerspiegelt! Es ist lebendig und in sich interaktiv. Es enthält den pulsierenden Atem des Lebens, basierend auf Ursache und Wirkung – oder in anderen Worten „wenn so, dann so"! Das heißt, wenn ich mein astrologisches Zeichen Jungfrau in der Form lebe, dass ich selbstkritisch und analysierend in meinem Sessel sitze, dann wird sich der Rest meines Horoskops anders manifestieren, als wenn ich die Jungfrau durch praktisches Tun lebe. Es ist genauso wie im Wunderwerk des physischen Körpers: Wenn ich zuviel Alkohol trinke, wird der Rest meines körperlichen Systems darauf reagieren müssen – Ursache und Wirkung: ein Kater!

Mit diesem Buch lade ich Sie herzlich dazu ein, einen vitaleren Zugang zur Astrologie zuzulassen, der auf Ursache und Wirkung basiert: „wenn ich bis zum Exzess trinke, habe ich einen Kater – wenn ich mich im Kochen praktisch übe, werde ich Meister in der Küche! Während einer Horoskoplesung sollten wir immer nach dem Göttlichen Funken im Horoskop suchen, aus dem heraus sich das Leben verschenken will - doch durch kulturelle, elterliche und religiöse Konditionierungen oft überschattet wird. Diesen Göttlichen Funken habe ich bis jetzt in jedem Menschen und seinem Horoskop gefunden und sehen dürfen. Er macht den Menschen mit seinem Geburtshoroskop, das die Evolution und das Karma widerspiegelt, nicht nur zu etwas Besonderem, sondern zu etwas Einzigartigem und somit sein Horoskop wahrlich zu einer Visitenkarte Gottes!

„Jedes Geburtshoroskop ist die Visitenkarte Gottes!" Um diesen Idealismus in der astrologischen Arbeit erleben zu können, biete ich einem jedem dieses Buch an, der Astrologie als einen Pfad innerer und äußerer Offenbarungen erkennt, die auf den natürlichen Zyklen der Reise der Planeten durch den Tierkreis beruhen. Das Buch habe ich auf eine Art und Weise gestaltet, dass jeder Anfänger, und aber auch jeder bereits schon geschulte Fortgeschrittene und selbst der Berufsastrologe sein Wissen aufbauen, vertiefen, vereinfachen und praktisch anzuwenden lernt, so dass ein tieferes Verständnis der Schönheit der Astrologie lebendig erlebt werden kann.

Astrologie ist eine Sprache. Einst sagte André Eisermann zu mir: „Astrologie ist eine Sprache des Göttlichen. Unser Menschsein muss sich aber immer bemühen, diese Sprache zu verstehen und vor allem richtig zu interpretieren." Jede Sprache hat Vokabular und Grammatik. Die archetypischen Schlüsselworte der zwölf Zeichen, der Planeten und Häuser, stehen für das Vokabular. Die Kapitel der Techniken der Horoskopdeutungen bilden die Grammatik. Das *Erste Kapitel* stellt Ihnen Evolutionäre Astrologie, ihre Philosophie, ihre Grundtechnik mit Hilfe einer Evolutionären Horoskopdeutung vor – *was für den Anfänger besser zum Schluss gelesen werden sollte* – *also das letzte Kapitel nach der Durcharbeit dieses Buches.*

Nachdem die Grundlagen der Astrologie mit den Techniken *Bedeutungsvoller Kombination* von Planeten, Zeichen und Häusern in *Kapitel Zwei und Drei* vorgestellt wurden, finden Sie im *Kapitel Vier das Vokabular der archetypischen Schlüsselworte der Zeichen, Planeten und entsprechenden Häuser*, die das Basiswerkzeug für eine „sinn-volle" Arbeit mit Evolutionärer Astrologie darstellen. *Kapitel Fünf* bietet Ihnen noch das „Zusatzwerkzeug" *rückläufiger Planeten, der Phasen/Aspekte* aus evolutionärer Sicht und vor allem auch die *kulturellen Korrelationen* von Zeichen zu diversen geschichtlichen Epochen und Kulturen der Erde. Das *sechste Kapitel* erklärt alle *Techniken der Evolutionären Astrologie* gespickt mit praktischen Beispielen.

Durch das Buch hindurch finden Sie kleine Übungsboxen, zu einem Beispielhoroskop, damit Sie selbst immer ein bisschen mitmachen können – „Es gibt nichts Gutes, außer man tut es!" Deutungslösungen können dann im letzten Kapitel gefunden werden, und die volle Evolutionäre Horoskopdeutung des Übungshoroskops finden Sie auf meinen Internet-Seiten www.ulrichbold.com, wo Sie viele weitere Informationen zu Seminaren, Ausbildungsgängen und Lernmaterial finden. Genießen Sie Ihre Evolutionäre Reise durch dieses Buch!

Ulrich Böld, New York City, 2003

Einführung

Wohl scheine ich gesegnet zu sein, denn ich wurde in meinem Verständnis der Astrologie hauptsächlich von einer inneren Quelle geführt, kurzfristig begleitet von zwei Lehrern. Ohne je ein astrologisches Buch gelesen zu haben, lehrten mich über Jahre die vier Jahreszeiten mit ihren Lüften, Lichtern und Stimmungen über den Kreislauf des Lebens, den die Astrologie so herrlich widerspiegelt. Über fünfzehn Jahre lernte ich als professioneller Astrologe von meinen Schülern mit ihren bohrenden Fragen und von meinen Klienten und ihren facettenreichen Lebensgeschichten. Meine Fähigkeiten verbesserten sich zunehmend, während ich zugleich immer praktischere Wege und Hilfsmittel entwickelte, um Astrologie klar und lebendig anwenden und vermitteln zu können.

Seit einiger Zeit fühle ich, dass mein Verständnis, vor allem Evolutionäre Astrologie praktisch auf vitale, tiefe und aufbauende Weise anwenden und unterrichten zu können, mich zugleich auch verpflichtet, mein Wissen mittels eines Buches mit anderen zu teilen. Dabei hoffe ich, dass dieses Buch einen Brückenschlag zwischen traditioneller und Evolutionärer Astrologie wird - zum Wohle der Astrologie-Studierenden, Praktizierenden und mehr noch für ratsuchende Klienten, die ihre eigenen Entscheidungen frei und unabhängig treffen wollen, doch gleichzeitig tiefe Einsichten in ihre innere Seelen-Landschaft möchten.

In diesem Geiste schreibe ich für Anfänger, denen ich hier profunde Schlüsseleinsichten anbieten kann, in der Hoffnung, dass sie darüber kontemplieren, um in sich selbst noch tiefere Weisheiten zu entdecken. Ich schreibe dieses Buch auch für den geschulten Astrologie-Schüler und den Profi-Astrologen, die ich hiermit einladen will ihren Blickwinkel astrologischer Symbole im Horoskop zu weiten, um die Dynamiken einer fortschreitenden Evolution des seelischen Bewusstseins über viele Leben hindurch erfassen zu können, damit sich auch die herkömmliche Astrologie gemeinsam mit uns unter den Gesetzen der Evolution in das Neue Jahrtausend entwickeln kann.

Erstes Kapitel

Evolutionäre Astrologie - was ist das?[2]

„Gibt es einen Unterschied zwischen traditioneller Astrologie und Evolutionärer Astrologie?" Dieses Kapitel widmet sich der Klärung dessen, was Evolutionäre Astrologie ist. Indem ich kurz die philosophische Grundlage skizziere, gefolgt von der grundsätzlichen Abfolge der Evolutionären Deutungsschritte, wie sie von J.Green entwickelt wurden[3]. Ich lernte von ihm im Jahr 1994 und entwickelte in den vielen Jahren praktischer Arbeit damit eine Synthese der traditionellen und der Evolutionären Astrologie. Ich persönlich empfinde J.Greens Pionierarbeit als ein wertvolles Geschenk für die derzeitig bestehende Astrologie. Doch entwickelt sich Evolutionäre Astrologie und wächst in verschiedene Bereiche praktischer Anwendung, um der Astrologie, ihren Schülern, den Klienten und den Astrologen wahrlich dienlich und förderlich sein zu können.

Persönlich lege ich in der Arbeit mit Evolutionärer Astrologie mein Hauptaugenmerk auf die Mondknoten, ihre Position im Horoskop mit ihren Aspekten und die Stellung ihrer planetaren Herrscher, in Zeichen, Häusern und Phasen/Aspekten. Für den Klienten ist es einfach viel leichter, die Dynamiken der Mondknoten, ihrer Herrscher in Zeichen, Häusern mit Phasen/Aspekten hinsichtlich vergangener Lebensdynamiken zu erkennen und zu verstehen, wie diese in der jetzigen Inkarnation dieses Lebens wirken. Schließlich sind es die Knoten des Mondes, den persönlichsten Planten von allen, dessen sich ein jeder mehr oder minder bewusst ist. (Ich habe Mond in Jungfrau – ich sitze lieber auf einem harten Stuhl!). Ich habe es leider oft mitbekommen, wie Evolutionäre Astrologie missbrauchend eingesetzt wurde, indem der Schwerpunkt nur auf Pluto gelegt wurde, und somit blutig-brutale Geschichten aus vergangenen Leben hervorholte, die nicht nur den Klienten in Angst versetzten, sondern auch die gefährliche Tür der Co-Abhängigkeit zwischen astrologischem Berater und Klienten öffnete.

Mein Ansatz in der praktischen Anwendung der Evolutionären Astrologie ist, so tief wie möglich nach dem natürlichen bzw. Göttlichen Funken im Horoskop des Klienten zu suchen, um ihn unterstützen zu können, um an sein einzigartiges inneres Licht, Potential und Wesen

---

[2] Anfängern empfehle ich, dieses Kapitel nur zu überfliegen, oder sogar ganz zu überspringen, und dann ganz zum Schluss zu lesen.
[3] „Pluto – die Evolutionäre Reise der Seele" von J.Green (Isis Verlag)

erinnern[4] zu können. Von dort an kreiere ich ein chronologisches „Geschichten-Erzählen" voller archetypischer Entsprechungen durch die diversen früheren Leben und Inkarnationen bestimmter Zeit- und Kulturepochen (die durch die Platzierung der Mondknoten, ihrer planetaren Herrscher und aller anderen Planeten im Horoskop symbolisiert werden), um mit dem Klienten ein Verständnis zu entwickeln, warum und woher seine Fähigkeiten, aber auch Ängste und „Fehler" rühren können, die sein Licht scheinbar verdunkeln.

Doch am wichtigsten ist dann dabei die richtungweisende Deutung für dieses Leben, wie seine Gaben und Fähigkeiten trotz alter Ängste in Einklang mit den Seelenabsichten für die derzeitige Inkarnation angegangen, umgesetzt und gelebt werden können. Ich kann in einem Horoskop nichts Schlechtes sehen, nur ein Potential - das, was ist, was eventuell Verletzung, Verwundung, Unterdrückung und Bestrafung erlebt hat, und somit verdrängt und/oder verzerrt wurde, wodurch es den Anschein von Hässlichkeit bekam. Genau hier sehe ich meine Aufgabe als Evolutionärer Astrologe: Akzeptanz und das Licht des Bewusstsein auf solche „hässlichen" inneren Anteile oder Dynamiken zu richten, damit der Klient in der Lage ist, sich an den lichten Kern dahinter zu erinnern und eine Reintegration dieser Anteile stattfinden zu lassen.

In diesem Kapitel biete ich Ihnen einen Überblick über die Evolutionäre Astrologie, gefolgt von einer Horoskopanalyse aus evolutionärer Sicht, bei der all das zur Anwendung gebracht wird, was dieses Buch in seinen späteren Kapiteln lehrt und erklärt. Dieses Buch wird die Grundlagen der Astrologie sowie die wahre Tiefe der archetypischen Schlüsselworte erklären, um von dort in die Techniken der Evolutionären Astrologie mit all ihren Ausnahmen und praktischen Anwendungen zu führen.

Der Unterschied zwischen traditioneller Astrologie und Evolutionärer Astrologie liegt darin, dass die traditionelle Astrologie sich damit befasst, „wie" eine Person und ihr Charakter ist, wohingegen die Evolutionäre Astrologie der Person tiefere Erklärungen aus Sicht vergangener Leben anbietet, um zu erklären, „warum" die Person und ihr Charakter so ist, wie sie ist. Dabei geht Evolutionäre Astrologie weiter in der Zeit zurück als nur bis zur Kindheit, die ja bei der traditionellen Astrologie oft die tiefste Anlaufstelle für psychologische Begründungen bestimmter Verhaltensformen und Charakteristika darstellt. Evolutionäre Astrologie

---

[4] Das Englische Wort für „Erinnern" ist „Remember", das ich gerne als „Re-Member" schreibe, d.h. „zurück zur Mitgliedschaft (des Göttlichen). Interessanterweise stammt das Wort „Sünde" aus einem aramäischen Wortstamm, der eigentlich bedeutet, „das Göttliche zu vergessen".

schaut die Dynamiken der seelischen Reise durch viele Inkarnationen vergangener Leben an, und wie diese durch unbewusste Erinnerungen und Gewohnheiten in das jetzige Leben gebracht werden. Daher ist das Geburtshoroskop die symbolische Widerspiegelung all dessen, was bis zu dieser Geburt dieses Leben erlebt und erfahren wurde – vergleichbar mit einem Magnetstreifen auf einer Scheckkarte, auf dem alle Erfahrungen, Verlangen, Fähigkeiten und Ängste der Vergangenheit abgespeichert sind.

Unser Energiehaushalt, mit dem wir geboren werden (Zeitpunkt und Ort der Geburt), findet in den astronomischen Entsprechungen und Kombinationen der Himmelskörper seine Widerspiegelung und bestimmt zugleich, welche Kindheitsprägungen wir anziehen bzw. erfahren werden, sowie unsere Vorlieben und Antipathien, unsere Fähigkeiten und Unfähigkeiten, die sich über die ersten Jahre unseres jetzigen Lebens herauskristallisieren – meist bis zur ersten Saturn-Rückkehr im Alter von ca. 28/29 Jahren. In anderen Worten heißt das, Erfahrungen und Dynamiken vergangener Leben werden in diesem Leben in dieser Kindheit „wieder geprägt", um ein emotionales Selbst-Gefühl bzw. Selbstbild zu erschaffen, das diese vergangenen Lebensdynamiken kulminativ widerspiegelt und in diesem Leben als Grundlage dient, auf der sich die weitere Evolution entsprechend der seelischen Verlangen, Absichten und Notwendigkeiten vollziehen kann.

Dabei kommen Charakteristika, Verhaltensformen, Fähigkeiten, Ängste, Hoffnungen, Sehnsüchte etc. vergangener Leben als unbewusste Erinnerungen zum Vorschein, die einem jeden von uns das Gefühl von Identität und somit von emotionaler Vertrautheit und Sicherheit geben. Diese Dynamiken lassen sich aus dem Geburtshoroskop lesen. Ein jeder von uns tendiert dazu, sich auf Fähigkeiten und Lebensbereiche zu beziehen, die einem unbewusst aus vergangenen Leben vertraut sind, denn sie geben das Gefühl von emotionaler Sicherheit – selbst dann, wenn diese bekannten Muster der Vergangenheit unangenehm sind.

Das Konzept der Seelenwanderung durch unzählige Leben, genannt Inkarnationen, ist uralt und kann in allen Kulturen auf dem gesamten Planeten durch alle Zeitepochen hindurch gefunden werden, selbst in der frühen Christenheit. Interessanterweise gehen Kulturen, die das Konzept der Wiedergeburt in der Gesellschaft integriert haben, das Leben wesentlich gelassener und friedvoller an, denn jedes Individuum sieht seine derzeitigen Lebensumstände als Folge oder Konsequenz vergangener Handlungen, Gedanken, Motivationen und Absichten. Daher trägt das Individuum in solchen Kulturen selbst die Verantwortung für sein Leben und Lebensumstände, während es zugleich versucht, inneren Frieden in sich aufrecht zu erhalten und seine Handlungen und Motivationen im

Einklang mit universellen Werten zu halten, in dem Wissen, dass es in diesem oder in einem zukünftigen Leben persönlich davon profitieren wird.

Beobachtet man die Zyklen der Natur, sieht man, dass alles fließt und seine Form verändert, während dennoch immer ein Gleichgewicht erhalten bleibt. Wir Menschen sind teil dieser Zyklen und dieser Schöpfung mit ihren natürlichen Gesetzen. Daher ist die Auffassung der Wanderung der Seele bzw. des Bewusstseins durch die Kreisläufe des Lebens – oder wie Goethe sagte, „Stirb und Werde" – folgerichtig und offensichtlich. Selbst die Wissenschaft statuiert in der Physik, dass sich Energie nur wandeln, nicht aber zerstört oder absterben kann. Kein Zweifel, dass wir Menschen auch Energie sind. Wir sind mehr als nur bio-chemische Prozesse des Körperlichen. Denken Sie nur mal an die Energie in den Augen des liebenden Partners beim Kerzenlicht-Dinner!

Tatsächlich sind doch die wichtigsten Dynamiken in unserem Leben formlos: Liebe, Gedanken, Gefühle, Emotionen usw. Wir sehen im Lauf der Natur immer wieder Balance und Gleichgewicht. Daher ist die Frage von Paramahansa Yogananda völlig legitim, „warum der eine als Krüppel und der andere als Genie geboren wird, gäbe es nicht eine ausgleichende Balance basierend auf vielen Inkarnationen". Betrachten wir doch einmal die Realität: Wieviel bekommen wir eigentlich wirklich in einem Leben auf die Reihe, wenn wir mal an Themen des Vergebens, Annehmens, des Mitgefühls und des tatsächlichen Spiritualisierens (Vereinfachen) denken?

Paramahansa Yoganandas Lehrer Swami Sri Yukteswar statuierte: *„Ein Kind ist an dem Tag und zu jener Stunde geboren, wenn die himmlischen Strahlen (der Planeten) in mathematischer Harmonie mit seinem individuellen Karma sind. Sein Horoskop ist ein herausforderndes Portrait, das seine unveränderbare Vergangenheit und sein wahrscheinlich zukünftiges Ergebnis enthüllt."*[5] Evolutionäre Astrologie basiert auf diesem universellen Zitat von Swami Sri Yukteswar und sieht das Horoskop als die Widerspiegelung der unveränderbaren Vergangenheit, das in Richtung einer möglichen zukünftigen Orientierung weist.

Evolutionäre Astrologie[6] sieht daher in das Geburtshoroskop wie in ein Kaleidoskop, das sich spiralenförmig durch die Zeitepochen verschiedener Inkarnationen mit all ihren unterschiedlichen sozio-kulturell-religiösen Werten windet, in dem die Seele (Pluto) als verschiedene Persönlichkeiten (Südknoten des Mondes) inkarnierte, um sich selbst in Bezug auf die innewohnenden Verlangen (Pluto) zu erfahren (planetarer

---

[5] Paramahansa Yogananda – „Autobiographie eines Yogi"
[6] Interpretations-Techniken der Evolutionären Astrologie die von J.Green „Pluto – die Evolutionäre Reise der Seele" (Isis Verlag) entwickelt wurden.

Herrscher des Südknotens[7]). Die diversen Interaktionen vergangener Leben mit der äußeren Welt und ihrer Kultur, Gesellschaft, Religion etc. schufen in Bezug auf die seelischen Verlangen nach Selbst-Erfahrung ein tiefes Gefühl von sich selbst, der Identität, das in dieses Leben mitgebracht wird und von allen astrologischen Symbolen des Geburtshoroskops widergespiegelt wird.

Das seelische Grundthema oder die „seelische DNA" des Horoskops, das die Verlangen der Seele vergangener Leben und somit ihre Identifikationen und Vertrautheiten anzeigt, wird durch den Radix-Pluto (natalen Pluto) in Haus, Zeichen, Aspekten/Phasen, wie auch durch die Stellung des Südknoten des Mondes und seines planetaren Herrschers in Zeichen, Haus, Aspekten/Phasen dargestellt bzw. symbolisiert. Diese drei astrologischen Symbole (Pluto, Südknoten, Herrscher des Südknotens) stellen die evolutionäre DNA des Horoskops dar, vergleichbar mit den Wurzeln und dem Stamm eines Baumes. Alle anderen Planeten in ihren Positionen in Zeichen, Häusern mit Aspekten/Phasen sind wie die Äste, die aus dem Baumstamm, sprich der evolutionären Kernthematik der Seele, wachsen.

Ein Horoskop aus evolutionärer Sicht zu lesen, beginnt immer erst einmal damit, sich einen Überblick über das Gesamthoroskop zu verschaffen – ich nenne das „astrologisches Brainstorming", bei dem nach Auffälligkeiten und nach sich wiederholenden Themen gesucht wird. Daraufhin beginnt die Analyse des seelisch-evolutionären Kernthemas mit dem ersten Schritt: Plutos Stellung in Zeichen, Haus, Aspekten/Phasen, der für die Seele mit ihren Verlangen in vergangenen Leben steht, die zur Ursache diverser Inkarnationen in der Vergangenheit wurde. Diese Inkarnationen im Raum-Zeit-Universum, in dem die Seele (Pluto) in einen physischen Körper und wichtiger noch in einen emotionalen Ich-Körper inkarnierte, werden als nächster Deutungsschritt von der Position des Südknoten des Mondes (Mond steht für den persönlichen Emotionalkörper und somit das emotionale Selbstbild) in Zeichen, Haus und Aspekten symbolisiert.

Das heißt, viele diverse Persönlichkeiten oder Emotionalkörper vergangener Leben werden von der Positionierung des Südknotens im Horoskop widergespiegelt, die durch die Verlangen der Seele (Pluto) erschaffen wurden. Was diese diversen Persönlichkeiten vergangener Leben (Südknoten des Mondes) erlebten, erfuhren und gemacht haben, wird vom planetaren Herrscher des Südknotens symbolisiert; d.h. seiner Position in Zeichen und Haus mit Aspekten/Phasen. Steht der Südknoten

---

[7] Anfänger der Astrologie empfehle ich nun den Rest dieses Ersten Kapitels zu überspringen, und nach Durcharbeit aller anderen Kapitel nochmals ganz zu lesen.

zum Beispiel in Schütze, dann ist der planetare Herrscher des Südknotens Jupiter. Er gilt sozusagen als „modus operandi", das anzeigt, *„wie und was"* die Persönlichkeiten emotional in vergangenen Leben (Südknoten) erlebten/machten, die von der Seele (Pluto) aufgrund der seelischen Verlangen (Pluto) erschaffen wurden. Zugleich zeigt der Herrscher des Südknotens die Interaktion zwischen dem sozialen Umfeld und dem emotionalen Selbstbild vergangener Leben an – soll heißen, wie die inkarnierte Persönlichkeit auf Familie, Gesellschaft, Religion etc. verschiedener vergangener Leben reagiert und was sie in solch sozial kulturellen Rahmen machte.

Alles im manifestierten Universum basiert auf Ursache und Wirkung (genannt Karma). Somit muss bei einer evolutionären Horoskopanalyse diese Dynamik miteinbezogen werden, wie beim Ping-Pong oder beim Jojo. Man liest von Pluto über den Südknoten zum planetaren Herrscher des Südknotens hinsichtlich Interaktionen mit dem sozialen Umfeld vergangener Leben, von dort wieder über den Südknoten zurück zum Pluto. Aktion – Reaktion: Wenn das, dann das – wenn dies, dann jenes. Dabei kann eine lebendige, pulsierende Analyse der seelischen Kernthemen am Besten erreicht werden, wenn man bedeutungsvolle Sätze bildet (Kapitel Drei), bei denen die archetypischen Schlüsselworte (Kapitel Vier) logisch eingebaut werden, die den individuellen Lebenspuls des Klienten widerspiegeln und ihn virtuos zur Erkenntnis des eigenen Seelenthemas führen. Alle anderen Planeten und astrologischen Positionen werden zu diesem pulsierenden Kernthema der Seele (Pluto, Südknoten, Herrscher des Südknotens) dazu interpretiert - auf *„astro-logische"* und *„psycho-logische"* Weise! Ein Beispiel weiter unten wird das veranschaulichen.

Wir können bereits schon den Unterschied zwischen traditioneller und Evolutionärer Astrologie erkennen. Evolutionäre Astrologie ist gleich dem Geschichtenerzählen, bei dem mit archetypischen Sätzen Seelendynamiken der Vergangenheit veranschaulicht werden - wie die vorangegangenen Kapitel im Buch des Lebens des Klienten, damit dieser das gegenwärtige „Lebens-Kapitel" besser verstehen kann. Dadurch ermöglicht Evolutionäre Astrologie dem Horoskopeigner, annehmen zu können, wer er natürlicherweise ist, woher er kommt, warum er so ist wie er ist, um dann in der Lage zu sein, sich und sein Leben so zu akzeptieren, wie es natürlicherweise ist, um somit sein Leben selbst in die Hand nehmen zu können.

Wie schon erwähnt, ist die pulsierende Interpretation von Pluto (Verlangen der Seele in vergangenen Leben, die nun das unbewusste Sicherheitsgefühl einer Identität erschafft), vom Südknoten (frühere Inkarnationen als diverse Persönlichkeiten mit je einem Emotionalkörper) und des planetaren Herrschers des Südknotens (Erfahrungen, die in den vergangenen Inkarnationen gemacht wurden) unter Einbeziehung aller anderen Planeten und astrologischen Symbole, die als zusätzliche Information zum Kernthema der Seele gelten, ein bisschen wie Jojo-Spielen. In unserem Geschichten-Erzählen gehen wir rauf und runter, von Pluto über den Südknoten zum Herrscher des Südknotens und von dort wieder über den Südknoten zum Pluto.

Dabei beschreiben wir diverse Inkarnationen in verschiedenen Kulturepochen (widergespiegelt durch die Zeichenbesetzung – siehe Kapitel Fünf), in dem wir die Reise der Seele des Klienten chronologisch und dabei „astro-logisch" und „psycho-logisch" beschreiben. Der Zauber dabei ist, dass sich der Klient in all diesen Geschichten oder Beschreibungen vergangener Kapitel sehr wohl wieder erkennen wird, wodurch im Klienten ein tiefer, emotionaler Öffnungsprozess stattfindet. Der Horoskopeigner beginnt emotional zu verstehen, warum er in diesem Leben so ist, wie er ist.

Genau an diesem Punkt einer Evolutionären Horoskopanalyse oder –Besprechung, kann oder sollte nun auf die jetzigen Lebensumstände und vor allem auch auf die Lebensabsicht im jetzigen Lebens gelenkt werden, denn der Klient ist nun auf sein seelisches Kernthema emotional eingestimmt. Deshalb ist es ratsam, die derzeitigen Lebensabsichten der Seele des Klienten zu interpretieren. „Warum bin ich hier in diesem Leben?" In der Evolutionären Astrologie arbeitet man auch mit Polaritätspunkten, vor allem mit dem Polaritätspunkt des Radix-Plutos, genannt „Pluto-Polaritäts-Punkt (PPP)". Wenn das Horoskop eine Widerspiegelung der Vergangenheit ist und wir in einem dualen Universum leben, dann stehen die Polaritätspunkte von Planeten für die Orientierung und Richtung der Weiterentwicklung.

Dabei gilt aber zu bedenken, dass die Position eines jeden Planeten für den Horoskopeigner altbekannte und somit unbewusste Sicherheit darstellt. Der Polaritätspunkt von Pluto ist bei der Arbeit mit Evolutionärer Astrologie enorm wichtig. Dieser Pluto-Polaritäts-Punkt findet sich genau gegenüber des Natalen oder Radix-Pluto. Er steht für die evolutionäre Absicht der Seele in diesem Leben. Das heißt, dort hin will sich die Seele emotional entwickeln. Dabei gilt es aber vorsichtig zu sein, denn es geht beim Pluto-Polaritäts-Punkt um die Absicht der Seele, nicht um die des Klienten. Das heißt es geht nicht seine persönliche Emotionalstruktur, die vielmehr von Mond, von Nordknoten (bzw. Lösungsknoten) des Mondes und von der Sonne symbolisiert werden. Der Pluto-Polaritäts-Punkt zeigt, wohin die *Seele* sich entwickeln will.

Der Klient mit seinem emotionalen Selbstbild (Mond) ist jedoch von der Seele erschaffen bzw. eine „Ausbuchtung des seelischen

Bewusstseins". Daher wird nun der Nordknoten des Mondes der Schritt in der evolutionären Deutung, der dem Klienten aufzeigt, in welche Richtung (Zeichen, Haus, Aspekte der Position des Nordknotens) er sich in jedem Augenblick dieses Lebens orientieren sollte[8]. In anderen Worten heißt das, je mehr sich der Klient in seinem Leben in die archetypische Richtung des Nordknotens (Zeichen, Haus, Aspekte) orientiert, umso mehr schreitet die Evolution des Bewusstseins und somit die Absicht der Seele (Pluto Polaritäts-Punkt) voran. Der planetare Herrscher des Nordknotens in Zeichen, Haus mit Aspekten und Phasen gibt dabei wertvolle Zusatzinformationen, wie der Nordknoten im täglichen Leben vom Klienten angegangen und gelebt werden kann.

Diese Orientierung in Richtung weiteren Wachstums, das im Einklang mit den evolutionären Absichten der Seele (PPP) im Geburtshoroskop gesehen werden kann, ist ein weiterer Vorzug der Evolutionären Astrologie: Der astrologische Berater übersetzt die Richtung des Pluto-Polaritäts-Punktes, des Nordknotens und des planetaren Herrschers des Nordknotens auf eine individuell maßgeschneiderte Art und Weise, die es dem Klienten ermöglicht, seine evolutionäre Entwicklung im Einklang mit seinen individuellen Fähigkeiten anzugehen, die aus den Erfahrungen vergangener Leben kommen und zugleich eine Weiterentwicklung über diese Fähigkeiten hinaus zulässt – Evolution. In herkömmlichen Beratungen besteht immer die Gefahr, dass der astrologische Berater seine eigenen Themen und Orientierungen auf den Klienten projiziert oder stülpt.

Dieses Risiko ist bei der Evolutionären Horoskopdeutung stark minimiert. In anderen Worten heißt das, dass Evolutionäre Astrologie es möglich macht, persönliche Richtung, Orientierung und Werkzeuge für das Bedürfnis des Klienten anzubieten, in diesem Leben in Einklang mit seiner Evolution der seelischen Bewusstwerdung zu handeln. Lassen Sie mich das kurz veranschaulichen: Für die eine Person mag es evolutionär genau das Richtige sein, sich auf den physischen Körper mit Hilfe von Körperarbeit, Yoga usw. zu besinnen, um somit die Evolution des Bewusstseins voranzubringen (z. Bsp.: Nordknoten in Widder oder im 1. Haus); für eine andere Person mag diese körperliche Orientierung genau das verkehrte sein, da sie in vergangenen Leben schon genug Erfahrungen im Bereich der Körperlichkeit gesammelt hat (Südknoten in Widder oder im 1. Haus). Für diese Person mag eventuell ein vielfältiger Kontakt mit anderen, über Zuhören und/oder Berühren etc., die individuelle evolutionäre Richtung

---

[8] Diese Grundregel kennt eine wichtige Ausnahme, wenn ein oder mehrere Planeten ein T-Quadrat zur Mondknotenachse bildet/bilden, kann auch der Südknoten der so genannte Lösungsknoten sein. Mehr dazu in Kapitel Sechs.

sein (Nordknoten in Waage oder im 7. Haus), um ihre Seelenabsicht (Pluto-Polaritäts-Punkt) zu aktivieren.

Damit habe ich nun die grundsätzlichen Deutungsschritte aufgezeigt, wie man ein Horoskop vom evolutionären Gesichtspunkt hinsichtlich vergangener Lebensdynamiken und auch der Seelenabsicht in diesem Leben deutet[9]. Dieses Kapitel hier soll nur einen groben Überblick über die wunderbaren Möglichkeiten der Evolutionären Astrologie geben, bevor ich in den folgenden Kapiteln schrittweise die Grundlagen der Astrologie hin zur Evolutionären Astrologie mit ihren Deutungstechniken und –ausnahmen in aller Tiefe erkläre.

Es gibt noch einen weiteren Vorteil, mit Evolutionärer Astrologie praktisch in Beratungen zu arbeiten, der wieder auf dem „Geschichten-Erzählen" beruht: Als astrologische Berater sind wir in der Lage, über viele Tabus und Schattenbereiche des Klienten zu reden, ohne diesen in die Ecke zu treiben, unangenehm aufzudecken oder gar zu verurteilen – wir reden ja schließlich immer noch über Dynamiken vergangener Leben. Auf diese Weise öffnet sich der Klient oft sehr tief und offenbart seine tiefsten Bereiche, die wiederum das Beratungsgespräch bereichern und wertvolle persönliche Schichten zeigen, die bei der Gestaltung persönlicher Orientierungen und Richtungen hinsichtlich der evolutionären Absichten in diesem Leben (Pluto Polaritätspunkt, Nordknoten und Herrscher des Nordknotens) hilfreiche Informationen sind.

Stellen wir uns doch einmal kurz vor, wir haben da eine Klientin, die den Südknoten des Mondes im 6. Haus in Skorpion hat. Diese Symbolik kann in vergangenen Leben (Südknoten) für Sex (Skorpion) und Arbeit (6. Haus) stehen. Daher kann man der Klientin zum Beispiel sagen, dass es in früheren Leben (Südknoten) Lebensumstände voller Krisen und voller Mangel (6. Haus) gab, die sie zu der Entscheidung/Zwang (Skorpion) gebracht hatten, als Kurtisane (Skorpion) zu arbeiten (6.

---

[9] Es gibt natürlich wichtige Ausnahmen in den Deutungsregeln oder –schritten der Evolutionären Astrologie, die im Kapitel Sechs detailliert erklärt werden. Dennoch halte ich es für wichtig, jetzt schon zu erwähnen, dass wenn ein oder mehrere Planeten im Geburtshoroskop in Quadrat zum Nord- und Südknoten bilden (T-Quadrat zur Mondknoten-Achse – mit einem Orbis bis zu 11°), dann sind beide Mondknoten in vergangenen Leben bereits schon als diverse Persönlichkeiten mit ihren Erfahrungen gelebt und erlebt worden. Doch es kam zu Dynamiken, die gewisse Bereiche der Mondknoten unvollständig oder offen ließen, wodurch sich die Dynamik der „übersprungenen Schritte" ergab, die sich in diesem Leben wiederholt, um diese übersprungenen Schritte durch Wiedererleben zu erlösen. Dabei ist der Nordknoten nicht notwendigerweise der Knoten, der als Lösung für weitere, zukünftige Orientierung zu deuten ist, sondern der Knoten, der sich linker Hand von dem Planeten befindet, der das T-Quadrat bildet. Genauere Erklärung und Beispiele finden Sie im Kapitel Sechs.

Haus). Mit solch einer Aussage wird sich die Klientin weder angeklagt noch unangenehm aufgedeckt fühlen, sondern sich wahrscheinlich in ihren inneren sexuellen Krisen (6. Haus Skorpion) verstanden fühlen und sich öffnen, über diesen Bereich in einer Art und Weise zu sprechen, die uns gemeinsam erkennen lässt, dass ihre jetzigen Probleme in Sexualität und Intimpartnerschaft (Skorpion) die energetische Reaktion vergangener Leben als Kurtisane sind, wo sie oft demütigende Sexualität (6. Haus Skorpion) erfahren hat.

Beispiel einer Evolutionären Horoskop-Analyse

Lassen Sie mich nun anhand eines praktischen Beispiels eines Horoskops (genannt „Evolutionary Reading Example") eines Mannes, der in den USA geboren ist, die Evolutionäre Horoskopuntersuchung und -deutung veranschaulichen. Nach einen kurzen Überblick, dem „astrologisches Brainstorming", werde ich schrittweise die Horoskopinterpretation aus evolutionärer Sicht mit seinen seelischen Kernthemen beschreiben. Dabei werde ich zu jeder Aussage die astrologischen Begründungen der astrologischen Herrscher (Kapitel Drei), der archetypischen Schlüsselworte (Kapitel Vier), der rückläufigen Planeten, Aspekte/Phasen und der kulturellen Entsprechungen (Kapitel Fünf) sowie die Deutungstechniken der Evolutionären Astrologie (Kapitel Sechs) in Klammern anbieten. Diese astrologischen Begründungen sind in den astrologischen Symbolen geschrieben, um sowohl den Deutungstext fließend zu halten, als auch den geschulten Astrologen mit den nötigen Informationen zu versorgen und den Anfänger nicht unnötigerweise einzuschüchtern oder gar abzuschrecken[10].

Die folgende Evolutionäre Horoskopdeutung soll der Veranschaulichung der pulsierenden Vitalität der Evolutionären Astrologie dienen. Sie hat keinen Anspruch auf Vollständigkeit aller Facetten möglicher Interpretationsmöglichkeiten. Ich habe dieses Horoskop jenes Amerikaners gewählt, da es über seine früheren Inkarnationen Literatur gibt, die ich am Schluss der Deutungsarbeit erwähnen werde, womit der Leser die Möglichkeit hat, diese vergangenen Leben mit Hilfe des Horoskops nachzulesen, und dabei die Evolutionären Deutungsschritte in ihrer Genauigkeit nachvollziehen kann. Ich möchte den Leser jedoch auffordern, kein Ratespiel zu machen, wer diese Person denn sein könnte, denn man beraubt sich dann der Möglichkeit, die astrologischen Schlussfolgerungen offen nachvollziehen zu können. Ich hoffe, Sie können

---

[10] Nach Durcharbeit des Buches wird auch der Anfänger diese Deutung mit all seinen astrologischen Erklärungen einfach begreifen

mit dem folgenden Beispiel die Schönheit und den Zauber der Evolutionären Astrologie als pulsierenden Beweis erkennen.

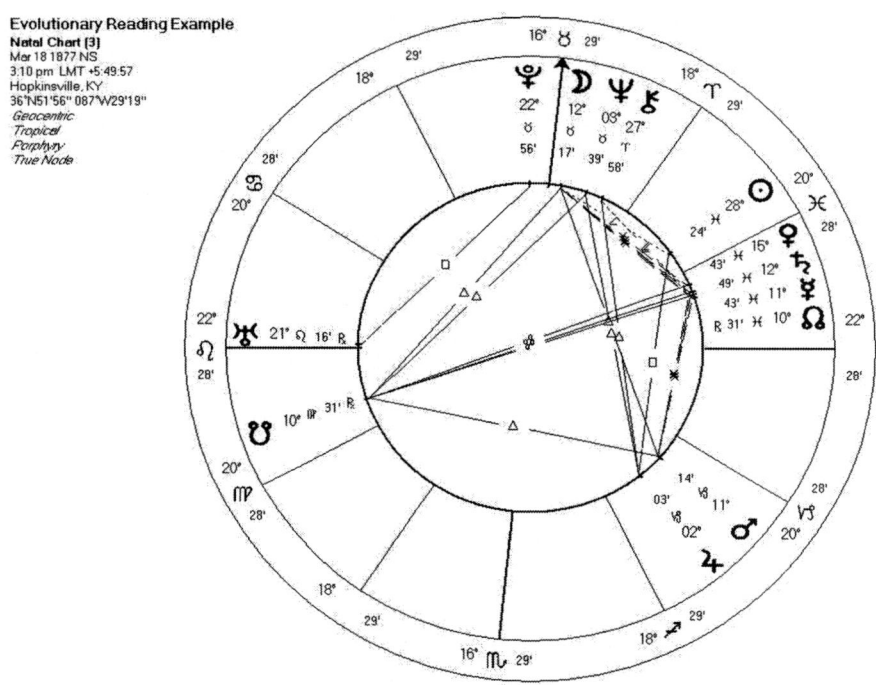

Astrologisches Brainstorming

Normalerweise gehe ich an jedes Horoskop mit einem anfänglichen Brainstorming heran, d.h. ich suche einerseits nach Konstellationen, die mir ins Auge fallen, und zugleich nach „sich- wiederholenden Themen". Hier sehen wir eine Betonung der westlichen Hemisphäre, inklusive eines Stelliums[11] im 7. Haus in Fische ✵. Daher ist die energetische Orientierung dieses Menschen nicht so sehr auf sich selbst gerichtet, sondern vielmehr auf die Welt der anderen (westliche Hemisphäre – 7. Haus), was wiederum zu Verwirrung (✵) bei der Person führen kann, die aber im grundsätzlichen von einem innewohnenden Verlangen motiviert ist, anderen zu helfen (7. Haus - ✵).

---

[11] Häufung von Planeten

Auch fällt auf, dass Uranus ♅ in Konjunktion ☌ mit dem Aszendenten im 12. Haus (12. Haus ist ein Fische ♓-Archetyp) steht, und Uranus ♅ Herrscher des Deszendenten ist (7. Haus ♒). Darin sehe ich wieder die archetypische Dynamik, anderen zu helfen (♓ im 7. Haus, ♅ Herr vom 7. Haus in 12). Da Uranus ♅ so nah am Löwe ♌ Aszendenten steht, gehe ich davon aus, dass sein Leben hinsichtlich der Selbst-Verwirklichung (♌) außergewöhnlich (♅) sein wird. Löwe ♌ will ja als etwas Besonderes gesehen werden. Jedoch ist sein planetarer Herrscher, die Sonne ☉, im 8. Haus im „schüchternen" Fische ♓, und bleibt wegen des 8. Hauses gerne ungesehen, da das 8. Haus (Skorpion-Archetyp) eine tiefe Angst vor Aufdeckung hat, die in der noch tieferen Angst vor Ablehnung wurzelt.

Eine weitere interessante Symbolik sehe ich darin, dass Saturn ♄, der im 7. Haus in Fische ♓ steht und über das 6. Haus herrscht, von zwei persönlichen Planeten, Venus ♀ und Merkur ☿, wie zwischen zwei Sandwich-Scheiben in Konjunktionen ☌ eingelegt ist. Das zeigt mir, dass gesellschaftlich-soziale Verpflichtungen und/oder berufliche Verantwortungen (♄), die von ihm eine regelmäßige (6. Haus) Arbeitsdisziplin (♄ 6. Haus) erfordern, dazu tendieren seine persönlichen Bedürfnisse (♀, ☿ Herrscher von 2) einzuschränken (♄). Es kann auch anzeigen, dass seine Berufung (♄) stark mit seinen persönlichen Fähigkeiten (♀, ☿ Herr von 2), wie zum Beispiel Kommunikation, Beraten und evtl. auch „Hand anlegen" (☿) bei anderen (7.) verknüpft (☌) ist.

Da wir schon Saturn ♄ am Wickel haben, sehe ich mir nun auch das 10. Haus an, das ja archetypisch dem Steinbock ♑ und/oder dem Saturn ♄ entspricht. Dort finde ich das Zeichen Stier ♉ am MC bzw. an der 10. Hausspitze, was für mich wieder eine energetische Wiederholung des eben beschriebenen Saturn-Venus-Themas ist; vor allem, da der planetare Herrscher des 10. Hauses, Venus ♀, wieder zur Konjunktion ☌ mit Saturn ♄ führt. Da ich das Zeichen Stier am 10. Haus gefunden habe, sehe ich mir nun auch noch das archetypische Stier-Haus an, d.h. das 2. Haus (Stier ♉ ist das 2. Zeichen des Tierkreises). Dort finde ich Jungfrau ♍, die von Merkur ☿ beherrscht wird, der wiederum in Konjunktion ☌ mit Saturn ♄ im 7. Haus in Fische steht. Daraus ersehe ich, dass das Stier-Venus-2. Haus-Thema wieder zum Thema Saturn ♄ – wie oben beschrieben – führt.

Zudem ist Jungfrau ♍ auf der Häuserebene ja archetypisch durch das 6. Haus symbolisiert (Jungfrau ♍ ist das 6. Zeichen des Tierkreises), wo ich wieder das von Saturn ♄ beherrschte Zeichen Steinbock ♑ finde. Diese vernetzten Wiederholungen geben mir einen klaren Hinweis, dass die archetypischen Themen von Venus-Saturn bzw. Stier-Steinbock bzw. 2. Haus-10. Haus in der Horoskopanalyse betont gedeutet werden müssen. Zudem steht Pluto, als Herrscher des persönlichen 4. Hauses (IC

♏), im 10. Haus. Wieder ein Hinweis, dass seine privaten, persönlich-emotionalen Belange (IC/4.) stark von seinem beruflichen Pfad, seiner Kariere und/oder seinem sozialen Status mit all seinen Verantwortungen (10.) geprägt oder sogar eingeengt werden. Die Kehrseite dieser Dynamik des Herrschers von 4 in 10 ist, dass seine emotionalen (4.) und sinnlichen (♉) Bedürfnisse aufgrund von elterlicher oder gesellschaftlicher Prägung oder Erwartung (10.) stark unterdrückt und sogar verdrängt werden können (10.), was energetisch wieder zu der Merkur-Saturn-Venus-Konjunktion führt, die sich wie gesagt im 7. Haus in Fische ♓ befindet: Anderen Menschen helfen!

Nun möchte ich noch ein evolutionäres Brainstorming anstellen, d.h. das Augenmerk auf wichtige Aspekte zu Pluto ♇, die Mondknoten ☋ ☊ und/oder deren planetaren Herrscher zu richten. Grundsätzlich gilt es als Allererstes zu überprüfen, ob sich ein oder mehrere Planeten in einem T-Quadrat (T□ zu ☋☊) zu den Mondknoten befinden. Das ist hier nicht der Fall, daher können wir die weiter oben erwähnten Deutungsregeln der Evolutionären Astrologie (♇, ☋, Herr von ☋, Pluto-Polaritäts-Punkt (PPP), ☊ und Herr von ☊) anwenden. In anderen Worten können wir, wenn es an die Orientierung und Richtung der Seelenabsicht des Pluto-Polaritäts-Punktes (PPP) gehen wird, den Nordknoten (☊) mit seinem planetaren Herrscher als individuelle Orientierung in diesem Leben deuten.

Auffällig ist jedoch, dass der planetare Herrscher des Südknotens ☋ in Jungfrau ♍, Merkur ☿ in Konjunktion ☌ mit dem Nordknoten ☊ in Fische ♓ steht; und sogar noch mehr: Auf dem Nordknoten findet sich das Stellium von Merkur ☿, Saturn ♄ und Venus ♀, die „Händchen haltend" nebeneinander stehen und somit ihre Energien untereinander und miteinander verbinden. Daraus kann man ersehen, dass in diesem Leben evolutionäre (☊) Aufgaben und Pflichten (♄) bezüglich alter Fähigkeiten und Techniken (☋ ♍) anderen Menschen (☊ 7.) zu deren Hilfe und sogar Heilung (♓) angeboten werden (müssen: ♄☌☊). Zudem zeigt die Quadratur □ Plutos ♇ zu Uranus ♅, Herr vom 7. Haus, an, dass diese evolutionäre Pflicht (10.) auf ungewöhnliche Weise (♅) aus den Quellen des inneren Universums (12., ☊♓) kommen wird.

Das wirft für mich natürlich die Frage auf, was in vergangenen Leben geschehen sein mag, dass die Symbolik dieses Geburtshoroskops eine solch starke evolutionäre „Pflicht" (♄ ☌ ☊, ♇ 10.), anderen Menschen zu helfen (7.♓), und sich selbst damit dauernd zu reinigen und den universellen Gesetzen hinzugeben (☊ ♓, ♄ ♓), aufweist. Die Position Plutos ♇ im 10. Haus und des Südknotens in Jungfrau ♍ weist auf Dynamiken von Schuld hin (10., ♍) – eingeredete oder legitime sei noch dahin gestellt.

Evolutionäre Analyse

Die folgende Analyse richtet sich hauptsächlich auf die evolutionären Symbole von Pluto ♇ im 10. Haus in Stier ♉, den Südknoten des Mondes ☋ im 1. Haus in Jungfrau ♍, seinen planetaren Herrscher, Merkur ☿, der in Konjunktion ☌ mit den Nordknoten ☊ mit Saturn ♄ und mit Venus ♀ im 7. Haus in Fische ♓ steht. Untersuchen wir die Position Plutos im 10. Haus im Stier hinsichtlich seelischer Verlangen vergangener Leben (♇), kann man sehen, dass diese Seele das Verlangen (♇) hatte, in den bestehenden Gesellschaften seiner Vorleben (10.) mit all ihren Regeln und Normen (10.) sein Überleben (♉) darin zu festigen und vor allem zu erhalten (Fixes Zeichen), in dem er innerhalb der gesellschaftlichen Struktur lernte (Kardinales Haus), wie das System funktioniert, wertet und beurteilt (10.), um schrittweise (Erdzeichen und Erdhaus) seine Fähigkeiten und Ressourcen (♉) auf gesellschaftlich kompatible Weise in höheren - und Führungs-Positionen (10.) mit Verantwortung (10.) einzubringen, auch um nicht von der Gesellschaft abgelehnt und/oder verurteilt zu werden (♇ 10.).

Wir sehen daher, dass seine Seele den rechten Umgang von Verantwortung (10.) und Macht (♇) lernt (kardinales Haus), was sich als eine ziemliche Herausforderung darstellt, denn Misserfolg ist Teil dieser Lektion (10.). Vor allem in patriarchalen / männlich-orientierten Gesellschaften bedeutet solch ein Seelenverlangen des Erlernens von Führung und Verantwortung (♇ 10.) leider auch, dass man von den falschen Werten geführt bzw. verführt werden kann (♇ ♉ 10.), dass man eventuell das System für die eigenen Zwecke nutzt und benutzt (♇ ♉ 10.), aber auch vom System für dessen eigene Zwecke benutzt werden kann (♇ ♉ 10.). Zudem besteht die Gefahr der Unterdrückung (10.) eigener persönlicher Bedürfnisse (♉) unter dem Druck der gesellschaftlichen Erwartung (10.), mit ihrer Androhung auf gesellschaftliche Bestrafung (♇ 10.), wenn man nicht im Einklang mit den von der Gesellschaft postulierten Werten (♉), Regulierungen und Definitionen von Richtig und Falsch mitmarschiert. (10.).

Prä-Patriarchale Inkarnationen

Gehen wir einmal weit in der Zeit zurück, noch lange vor patriarchalen Gesellschaftsformen, in menschliche Lebensformen des natürlichen Lebens, dann symbolisiert Pluto ♇ im 10. Haus in Stier ♉ immer noch eine Seele, die die Lektion zu führen und Verantwortung zu tragen erlernte. Dabei fühlte sich die Seele verantwortlich (10.) für das Überleben (♉) seiner Leute (Herr von ☋, ☿ ☌ ♄ 7. ♓). Auch in jenen Zeiten war Fehlschlag ein archetypischer Teil, die Lektion des rechten Umgangs mit Führung und Verantwortung zu lernen (♇ 10., Mondknoten in kardinalen Häusern). Doch so etwas wie Missbrauch gab es in prä-patriarchalen Zeiten nicht, da die übergeordnete Lebensphilosophie des Sinns des Lebens und der Rolle des Menschen in der Biosphäre der Mutter Erde erkannt wurde – nicht wie später in aufkommenden männlich-orientierten bzw. patriarchalen Religionen und daher dysfunktionalen Gesellschaften.

Er diente (☋ ♍) mit Hilfe seiner physischen Instinkte (☋ 1.), indem er Techniken anwandte (☋ ♍), durch die er in der Lage war, sich in das innere Universum „einzuwählen" (☿♓), und somit die Bedürfnisse seiner Mitmenschen (☿ ☌ ♀ 7.) zu erkennen, und ihnen als Führer (♇ 10., ♄) das zu geben, was sie brauchten (7.). Dabei nahm er sich vornehmlich übersinnliche oder universelle Techniken (☿ ♓) zu Hilfe. Solche Techniken (☋ ♍, ☿ ♓) wurden ihm in Form von Initiationen (♇ 10., ☿ ☌ ♄ ♓) entweder von anderen älteren, spirituellen Autoritäten (☿ ☌ ♄ ♓ 7), und/oder sogar von Astralwesen (♓) gegeben. Solche Initiationen beinhalteten körperliche Übungen (☋ ♍ 1.), um sich körperlich rein zu halten (☋ ♍ 1., ☿ ♓) und somit in der Lage zu sein, übersinnliche Kommunikation (☿ ♓) mit dem inneren Universum von anderen zu praktizieren (☋ ♍, ☿ ♓ 7.), um diese in Heilprozesse zu führen (☿ ☌ ♄ ♓ 7.), als eine seiner gesellschaftlichen Pflichten (♇ 10.), die somit sein und das Überleben anderer garantierte (♇ ♉, ☿ ☌ ♀ 7.).

Dabei war er auch in der Lage, mit ätherischen Wesen (Engel, Astralwesen, schamanischen Krafttieren etc.) zu kommunizieren (☿ ☌ ♀ ☌ ♄ ♓), die ihn führten (♄) und ausbildeten (☋ ♍, ☿ ♓), und somit die Unterstützung (7.) gaben, um seine Seelenverlangen nach dem rechten Gebrauch von Verantwortung und Führung (♇ 10.) hinsichtlich seiner Fähigkeiten und Ressourcen (♇ ♉) des Übersinnlichen und des Helfens (☿ ☌♀ ♓) zu erlernen (kardinales Haus, ☋ ♍, ☿ 7. ♓), um ein friedvolles, harmonisches Zusammen- und Überleben zu garantieren (☿ ☌ ♀ 7. ♓).
Die Anwendungen holistisch-medizinischen Wissens und Techniken (♍ ♓) lassen sich am Südknoten ☋ in Jungfrau ♍ und seinem planetaren Herrscher Merkur ☿ in Fische ♓ erkennen. Dabei sollte man aber bedenken, dass im natürlichen Leben Medizin eben nicht nur auf der Einnahme von Substanzen wie Kräuter oder Heilpflanzen (♍) und ihren Pflanzensäften (♓) beruhte, sondern auch auf anderen holistischen Wegen wie Musik und Klänge/Gesänge (♓), heilende Hände (☿ ♓), Gebet und andere Formen, mit dem inneren Universum in Kontakt zu stehen (☿♀ ♓) gelebt wurde. Wir können daher ersehen, dass dieser Mann Inkarnationen hatte, in denen er holistische (♓) Techniken (♍) lernte, die es ihm erlaubten, mit seinen Seelenverlangen des Führens (♇ 10.) in Bezug auf Hilfestellung anderer (☿ ♓ 7.) voranzukommen, um das Leben und Überleben zu ehren und zu erhalten (♇ ♉). Daher würde ich die Essenz

seiner Seele, die eines „spirituellen Kriegers“ (☋ 1., ☿ ♓), nennen – eine ehrenwerte Position (♇ 10.) in prä-patriarchalen Zeiten.

Inkarnationen in Patriarchalen Zeiten

Je weiter sich die Menschheit in patriarchale Lebensauffassungen, Religionen und somit Kulturen entwickelte (verwickelte???), inkarnierte seine Seele in Familien(-strukturen)(Herr von 4/IC in 10) und Gesellschaften (♇ 10.), in denen sein Leben mit viel Verantwortungen und Erwartungen (♇ 10.) belastet wurde, die auf den Werten, Gesetzen, Gebräuchen der jeweiligen Zeit und Gesellschaft (♇ 10.) basierten. Somit fanden seine seelischen Verlangen, Verantwortung tragen zu lernen, ihren sozial-gesellschaftlichen Rahmen (♇ 10.). In solchen Leben war er natürlich ebenso bemüht, der Gesellschaft mit ihren Erwartungen basierend auf ihren Werten (♇ ♉ 10.) und dem Großen und Ganzen (♓) zu dienen (☋ ♍), wobei er eine Balance bzw. ein Gleichgewicht (7.) zu erlernen (kardinale Häuser 10., 1., 7.) versuchte, seine Bedürfnisse nach Unabhängigkeit (1.) mit seinem Bedürfnis, anderen zu helfen (☿♀ ♓ 7.) zu harmonisieren (7.)

Man kann zum Beispiel sehen, dass er wahrscheinlich auf Druck des Vaters (♇ 10.) in arrangierte Ehen versprochen wurde (☿♀♄ ♓ 7.), um den Familienstatus mit all seinen Werten, Gütern und gesellschaftlichen Einflüssen aufrecht zu erhalten (♇ ♉ 10.). Dummerweise unterdrücken aber arrangierte oder erzwungene Ehen die natürlichen Sinnlichkeit und die sexuellen Bedürfnisse (♇ ♉ 10, Herr von 2 ☿ ☌ ♄ und ♀ ☌ ♄), was ihn sehr wahrscheinlich in heimliche Liebesbeziehungen geführt hat (☋ 1 ☿ ♓ 7).

Solch heimliche Liebesbeziehungen (☋ 1 ☿ ♓ 7) brachten aber in ihm Gefühle von Schuld (☋ ♍) hervor, denn er bewegte sich außerhalb des gesellschaftlichen moralischen Rahmens bzw. der gesellschaftlichen Normen und Erwartungen (♇ ♉ 10.). Wir sehen hier also Schuld (♍ ♓), die auf gesellschaftlicher bzw. von Menschen gemachter Erwartung und Definition von Richtig und Falsch beruht. Solch Schuld nenne ich „eingeredete Schuld“. Diese Dynamiken von Schuld (☋ ♍, ♇ 10) führten zu zwei psychologischen Reaktionen: Erstens – Formen von aktiver Buße (♍ ♓) für die „schuldhafte“ Auslebung seiner physisch-sinnlich-sexuellen Sehnsüchte (♇ ♉ 10., ☋ 1., ☿♀ ♓), indem er sich mehr und mehr Lasten, Verantwortungen und auch Restriktionen aufbürdete (♇ 10., ☋ ♍, ☿♀♄). Er begann sich also mental selbst auszupeitschen (☋♍, ☿♄), sei es durch endloses Mühen und Arbeiten (☋♍ ☿♄♓) im Rahmen seiner gesellschaftlichen Pflichten (♇ 10.), um sich mit sich wieder besser/gut zu fühlen (♇ ♉), oder aber er suchte möglicherweise den Rat einer gesellschaftlich anerkannten spirituellen Autorität (☿♄ ♓ 7.), die ihn in

Namen Gottes anklagte (☿♄♓) und zu gewissen Sühn- und Buß- Exerzizien körperlicher Entsagung o.ä. aufforderte (♇ ♉ 10., ☋♍ 1., ☿♄♓), um sich von seinen „Sünden" rein zu waschen (♓). Oder zweitens er entschied sich (♇), sein Gefühle von Schuld zu unterdrücken (♉ 10., ☿ ☌ ♀ ☌ ♄), indem er sich rechthaberisch stark (☋ 1., ♇ 10.) auf seine gesellschaftlichen Stand berufend (♇♉ 10.) benahm, um offiziell jegliche Möglichkeit seiner Liebesaffären (☿♀ ♓) zu verleugnen (☿ ☌ ♄ ♓), also zu lügen (☿ ♓). Im schlimmsten Falle irgendwelcher Bedrohung oder gesellschaftlicher Anklage (♇ ♉ 10.) hinsichtlich seiner heimlichen Liebschaften (☿♀ ♓ 7.) ist es sogar denkbar, dass er seinen Status und seine Macht darin missbrauchte (♇ 10.), indem er die Person, mit der er die heimliche Liebelei hatte (☿♀♓ 7.) denunzierte oder öffentlich anklagte (☿♄ 7.), so dass sie von der Gesellschaft bestraft wurde (♄ 7.). Damit hätte er seine eigene Position und somit sein Überleben gesichert (♇ ♉), sich aber zugleich – aus universeller Sicht – legitime Schuld aufgeladen (10.).

Der Aufbau von legitimer Schuld (♇ 10., ☋ Herr ☿ ☌ ♄), als auch von eingeredeter Schuld (☋♍, ☿♓) führte zu innerer Schwächung und Verwirrung (☿ ♓) und zu dem Bedürfnis nach Buße und Reinigung (☋ ♍, ☿ ☌ ♄ ♓), was wahrscheinlich zu Inkarnationen führte, in denen er sich dem klösterlichen Leben zuwandte (♇ 10, ☋ ♍, ☿ ☌ ♄ ♓). Das Lateinische „Ora et Labora" (Gebet und Arbeit - ♓ ♍) war das Schlagwort in Christlichen Klöstern! In solchen Inkarnationen hörte und lernte er, dass der Mensch schon allein deswegen schuldig sei (♍-♓), weil er in einen Körper (Fleisch) geboren ist (☋♍ 1.), und dass man dafür ein Leben lang büßen müsse (☋♍ 1, . ☿♀♄ ♓), indem man seine körperlichen Instinkte und Verlangen kontrolliert und unterdrückt (☋ ♍ 1., ☿ ☌ ♄, ☿ ⚹ ♂ ♑), und sich zu disziplinieren hat (☿♀♄), sogar mit gegen sich selbst gerichteten Bestrafungen des Körpers (☿ ☌ ♀ ☌ ♄, ☿ ⚹ ♂ ♑, ♇ ♉ 10), wie zum Beispiel das Auspeitschen des Körpers (☋ ♍, ☿ ☌ ♄, ☿ ⚹ ♂ ♑), als eine Form der Reinigung (♓) von sexuellen Verlangen (♇ ♉, ☿ ⚹ ♂ ♑), von denen erwartet wurde (♇ 10.), dass man sie unterdrückt und kontrolliert (♇ ♉ 10th ☿ ⚹ ♂ ♑). Es ist jedoch sehr stark anzunehmen, dass solche Formen von körperlicher Selbstzüchtigung (☋♍ 1., ☿♀♄ ⚹ ♂) bei ihm auto-erotische Gefühle und eigen-sinnliche Emotionen hervorbrachten (♇ ♉ 10., ☿ ☌ ♀ ☌ ♄, ☿ ⚹ ♂ ♑ 5.), wofür er sich im Gegenzug hinsichtlich der religiös-gesellschaftlichen Werte und Erwartungen (♇ 10., ☿ ☌ ♀ ☌ ♄ ⚹ ♂, Herr von 9.) von „Richtig und Falsch des spirituellen Heilweg" (♇ 10., ☋♍, ☿☌♄ ♓) wiederum schuldig und schlecht fühlte (☋ ♍, ☿♀♄).

Bei solch einer starken Besetzung in den „klösterlichen Zeichen" Fische ♓ und Jungfrau ♍, gehe ich davon aus, dass er viele Inkarnationen in klösterlichen Lebensformen hatte. Hinsichtlich seiner Verlangen der Seele (♇), die Struktur des bestehenden Systems zu erfahren und zu lernen (♇ 10.), um dadurch in Dienst zu stehen (☋ ♍), Verantwortung in Führungspositionen zu tragen (♇ 10.), um dem Ganzen zu dienen (☿☌♄ ♓), kann eine weitere klösterliche Dynamik vergangener Leben aus dem Horoskop gelesen werden:

Aufgrund des frühen Todes seiner Mutter (♏ 4.), entschied sein Vater oder seine Familie (♇ 10.), ihn, das Kind, ins Kloster zu geben (☋ Herr ☿ ☌ ♄ ♓), was über Jahrhunderte üblich war. Dort lernte er von jungen Jahren an, wie die klösterliche Struktur (♄ ♓, ♇ 10.) funktionierte, was ihn in die Lage brachte, sich an diese klösterlichen Erwartungen und Strukturen (♄ ♓) anzupassen (☿ ♍). Vor allem um disziplinäre Bestrafungen (☿ Herr von ☋ ☌ ♄) zu vermeiden (☋♍). Dabei lernte er auch, seine körperlichen, instinktiven Verlangen (☋ 1st, ☿ ☌ ♀) als falsch, sündig und nicht gut genug anzusehen und zu bewerten (☋ ♍, ☿ ☌ ♀ ☌ ♄ ♓, ♇♉ 10.) und diese zu verstecken und zu unterdrücken (♄ ♓). Er hatte von den anderen gelernt (☋ Herr ☿ in 7.), diese als Versuchungen anzusehen (☿ ☌ ♄ ♓). Er wurde daher mit der Zeit der klösterlichen (♓) Ordnung (♍) gegenüber "system-kompatibel" (veränderliche Zeichen stehen u.A. für Anpassung), und bekleidete daher höhere Aufgaben und Positionen (♇ 10). In solchen Positionen führte er (♇ 10.) das Kloster wie er es gelernt hatte, im Einklang mit den klerikalen Erwartungen und Werten (♄♓, ♇♉ 10.). Er musste daher oft andere, vor allem Schüler und Novizen (☿) auf disziplinäre Weise behandeln (♄♓). Doch innerlich verursachte dies ein Gefühl von Schuld (☋♍, ♇ 10).

Auf dieses innere Gefühl von Schuld reagierte er wiederum, entweder durch Formen von Buße (☋♍) oder mit einer übergeordneten, rechthaberischen Einstellung und Haltung (♇10), indem er seine Handlungen mit den bestehenden Werten erhärtete (♇ ♉ 10.), und um seine Position zu be- und erhalten (♇ ♉). Wir sehen daher einen Teufelskreis in seinem Horoskop, der durch die Wertedefinitionen und Konditionierungen patriarchaler oder dysfunktionaler Familien in ebensolchen Gesellschaften verursacht ist, welche das Natürliche und somit seine natürlichen Gaben und Fähigkeiten wahrer Spiritualität, die von und durch das innere Universum (♓) geleitet und erfahren werden, unterdrücken und als schlecht dahinstellen. Dies wiederum führt zu innerer, spiritueller Verwirrung (♓).

Vor allem in seinen Inkarnationen Christlichen Klosterlebens verstärkte sich diese innere Verwirrung (♓), da er in sich unbewusste Erinnerungen an ein Vorleben trägt, in dem er einen wahren, großen spirituellen Lehrer und Meister (☋♍, ☿♀♄♓ 7.) getroffen und geliebt hat, Jesus, den Christ (♓ - Beginn des Fische-Zeitalters, eingeläutet durch Jesus, den Christ). Diese unbewussten Erinnerungen an sein Vorleben, in dem er Jesus, den Christ, und seine wunderbare Lehre erfahren hatte, steigerten insofern seine innere Verwirrung (♓), sobald er sich in klösterlichen Führungspositionen wiederfand (♇ 10, ☋♍ ☿☌♄♓), die von ihm ein Verhalten und eine Führung abverlangte (♇ 10, ♄♓), die nicht die Lehren von Jesus, dem Christ, widerspiegelten (☿ ♓).

Eine weitere archetypische Dynamik fällt mir bei diesem Horoskop ins Auge, die ich kurz beschreiben will: Die Position des Südknoten im 1. Haus, das ja archetypischer Weise ein Widderhaus ist, zeigt, dass er auch Vorleben hatte, in denen die familiär, sozial-gesellschaftlichen Erwartungen (♇ 10) insofern zu seinem Selbstwertgefühl (♇ ♉) beitrugen, indem er der Gesellschaft (☿ ☌ ♄) als Soldat (☋ 1) diente (☋ ♍). Daraus entsteht ein weiterer Konflikt, basierend auf der patriarchalen Definition von Richtig und Falsch (Pluto 10) hinsichtlich der universellen Dynamik von Richtig und Falsch (♄♓): eine patriarchale Gesellschaft oder Kultur wertet und bewertet (♉) Krieg (☋1.) als legitim (10). Die Familien und die Gesellschaft gibt ihren jungen Männern das Gefühl, dass es nicht nur ehrenhaft sei, ein kämpfender, mordender Soldat zu sein, sondern dass es auch richtig sei.

Oft gingen und gehen heute noch Söhne in die Armee, um sich des Vaters Liebe zu verdienen. Eine ähnliche Dynamik lässt sich in unserem Beispielshoroskop lesen, mit seinem Pluto ♇ in Stier ♉ im 10. Haus (Vater/Vaterland), dem Südknoten in Jungfrau ♍ (dienen) im 1. Haus (Widder – Krieg/Soldat), mit Merkur ☿ in Fische ♓ im 7. Haus in Konjunktion ☌ mit Saturn ♄ und Venus ♀ – als Soldat (☋ 1.) für die Werte (♉) des Vaterlandes (♉ 10.) zu dienen (♍) in der Hoffnung, die Gesellschaft oder der Vater (♇ 10., ♄) oder sogar Gottvater (♄♓) würde ihn dann lieben und den Sohn annehmen (☿ ☌ ♄ ♀).

Nach Mord und Totschlag des Krieges erkennt das innere Gewissen oder Bewusstsein, dass universelles Gesetz verletzt wurde. Innerhalb der Psyche des jungen Kriegers ist wieder ein Konflikt erschaffen: Einerseits kann und wird er sich gut fühlen, denn er hat ja etwas getan, was seine Familie und Gesellschaft als gut und heldenhaft bewertet. Andererseits macht sich ein unangenehmes Gefühl von Schuld breit, das vielleicht nur nachts in den Träumen an die Oberfläche des Bewusstseins kommen darf (☿ Herr von ☋ ♍ ☌ ♄ ♀ in ♓).

Aufgrund seines Verlangens der Seele (♇) das bestehende System (10.) durch Dienst (☋♍) in Führungspositionen (♇ 10., ☿☌♄) zu begreifen, lässt sich in seinem Horoskop leicht erkennen, dass er Inkarnationen hatte, in denen er sich innerhalb der bestehenden Struktur des Militärs in höhere Positionen gedient hat (☋♍ 1., ☿☌♄). In solchen Führungspositionen herrschte natürlich ein starker Druck (♇ 10.), denn es ging ja auch um das Überleben seiner Gesellschaft/Familie (♇ ♉ 10.) und um das Überleben seiner Leute, für die er verantwortlich war (♀ ☌ ♄ 7.).

In der mittelalterlichen Astrologie steht das 7. Haus auch für die Feinde. Daher können wir leicht eine „astro-logische" Geschichte kreieren, die wieder die seelischen Kernthemen dieses Horoskopeigners in vergangenen Inkarnationen widerspiegelt:

Er befand sich in einem höheren Dienstgrad beim Militär (♇ 10., ☋ 1.) und kam in Kontakt mit dem Feind (☋ Herr ☿ in 7.), der sich aber verkleidet oder verstellt/verleugnet hatte, um ihn zu täuschen (☿♓ 7.). Dabei mag ihm der Feind eine Lüge erzählt haben (☿♓ 7.) oder in auf andere Weise an der Nase herum geführt haben, um seine Autorität zu schwächen oder zu untergraben (☿☌♄♓). Oder vielleicht hat er sich in eine Frau verliebt, die aber zum Feindeslager gehörte und sozusagen als Spionin ihre Liebreize auf ihn ausübte (☋ 1., ☿☌♀♓ 7.). Das mag dazu geführt haben, dass er und seine Soldaten eine wichtige Schlacht verloren haben (☋♍ 1., ☿♓). Er fühlte sich dafür verantwortlich und klagte sich selbst der Schuld an (♇ 10., ☋♍ ☿☌♄) und entwickelte in sich den Wunsch (♓), es dadurch wieder gut zu machen (♓), indem er nun den Hinterbliebenen seiner Männer half, ihr Leben weiterleben zu können (☿☌♀☌♄♓ 7.).

Die Planeten in diesem Horoskop, die nicht zu den evolutionären Deutungsschritten gehören, können aber als zusätzliche Information zu den oben beschriebenen seelischen Kernthemen gedeutet werden. Betrachten wir einmal zum Beispiel den Mond ☽ oder Neptun ♆, die in Stier ♉ im 9. Haus stehen. Sie bestätigen auf Themen wiederholende Weise sowohl die Dynamiken seiner Inkarnationen in prä-patriarchalen, also natürlichen Zeiten (9.), als die spirituelle Einstellung (♆ 9.) auf den natürlichen Sinnen und „Sinnes-Wahr-Nehmungen" (♉ 9.) basierte, als auch die Inkarnationen in den Klöstern mit ihren Werten (☽ ♆ ♉ 9.). Solche früheren Inkarnationen werden auch von den astrologischen Symbolen von Jupiter ♃ und Mars ♂ im 5. Haus in Steinbock ♑ reflektiert: Der Gottessucher (♃) und der Soldat (♂), die beide ihren Lebenszweck (5.) innerhalb der Strukturen der bestehenden Gesellschaft (♑) in vitalen Positionen der Führung (♑ 5.) definieren. Zugleich zeigt diese Symbolik aber auch, dass seine natürliche Stärke (♃ 5.) als spiritueller Krieger (♂⚹☿♓) von patriarchalen Religionen (♃♑) unterdrückt wurde (♑), seit patriarchale bzw. männlich-orientierte Wertesysteme sich auf unserem Planeten breit machten (Steinbock-Unterzeitalter des Krebs-Zeitalters).

Derzeitige Inkarnation

Nun, da wir einige Einsichten in die seelischen Kernthemen vergangener Lebensdynamiken skizziert haben, ist es an der Zeit, die jetzige Inkarnation zu betrachten: In seiner frühen Kindheit erlebte er sicherlich seinen Vater als dominant (♇ 10.), da er seine Werte auf den

Sohn drückt (♇ ♉ 10.), wahrscheinlich auch in Form körperlich disziplinärer Bestrafung (☋ 1. ☿☌♄). Als Kind fühlte er eine tiefe Verbindung mit dem Göttlichen (☋ Herrscher ☿ ☌♀♓), vor allem wenn er im Wald oder in der Natur war (☽ ♆ ♉ 9.). Es gibt eine schriftliche Erzählung einer seiner einschneidenden Kindheitserlebnisse: Er hatte in der Schule Schwierigkeiten, vor allem in Mathematik. Sein Vater zwang ihn, mathematische Formeln auswendig zu lernen, um sie am nächsten Tag in der Klasse zu beherrschen. Doch wie sehr sich der Sohn auch bemühte, er konnte sie sich nicht merken, woraufhin der Vater sehr zornig auf den Sohn wurde. Da hörte er in seinem Herzen eine innere Stimme (☿☌♀ ♓), die ihm sagte, er möge den Vater um eine kleine Ruhepause bitten, um sich kurz hinzulegen. Im Bett, so sagte die Stimme, solle er das Mathematikbuch unter sein Kopfkissen legen und einen kurzen Ruheschlaf machen (☿ Herr von ☋ in 1. (Kopf) in ♓). Der Vater stimmte zu. Nach der kleinen Ruhepause mit dem Buch unter dem Kissen kam er zum Vater zurück, der ihn sofort wieder ausfragte. Auf einmal wusste er jede Frage, die der Vater aus dem Mathematikbuch stellte, richtig zu beantworten.

Einige Jahre später hörte der Junge einen anderen Mann sagen (♀ ☌ ☿ 7.), er hätte die Bibel sooft gelesen, wie er an Jahren alt sei (☿ ☌ ♄ ♓). Das inspirierte den Jungen so sehr, dass er damit begann, die Bibel wieder und wieder zu lesen (☋♍ ☿ ☌ ♄). Das tat er meist, wenn er allein (☿ ♓) war und/oder sich in der Natur befand (☽ ♆ 9.). Als er 13 Jahre alt war, hatte er die Bibel 13 mal gelesen. Eines Nachmittags, so schreibt er über sich selbst, befand er sich allein im Wald (☽ ♆ 9.), als ihm ein Wesen erschien und zu ihm sprach (☿ ♓ 7.). Es sagte, dass die himmlischen Engelwesen mit Freude beobachtet hätten, wie er die Bibel so intensiv gelesen hatte und sie haben daher entschieden, ihm einen Wunsch zu erfüllen (☿ ☌ ♀ ♓). Daraufhin bat der Junge darum, dass er kranken Menschen helfen könnte (☋♍, ☿ ☌ ♀ ☌ ♄ ♓ 7.)

Viele Jahr später, als erwachsener Mann, entdeckte dieser Junge seine Fähigkeit, akkurate medizinische Diagnosen und Behandlungstherapien für Kranke zu erstellen, während er sich in einem Trance-Schlaf befand (☋♍, ☿ ☌ ♀ ☌ ♄ ♓ 7.). Von den Erkrankten benötigte er nur deren Namen und deren Adresse (☿♓)! Sein Name, Edgar Cayce, der als „Schlafender Prophet" weltbekannt wurde. Eines Tages kontaktierte ein Mann, der sich für metaphysische Dinge interessierte, Edgar Cayce, und fragte, ob Edgar bereit wäre, in einer seiner Schlaf-Trance-Sitzungen auf metaphysische Fragen einzugehen. Cayce willigte ein. Die erste nicht medizinische Frage, die an Edgar Cayce gestellt wurde, war, ob Astrologie ein akkurates Werkzeug sei. Edgar Cayces Antwort war: „Astrologie ist eines der wertvollsten und besten Werkzeuge im Metaphysischen, aber nur, wenn die Dynamiken vergangener Leben miteinbezogen werden."[12]

Evolutionäre Absicht für diese Inkarnation

Auch wenn wir jetzt wissen, dass wir das Geburtshoroskop von Edgar Cayce mit diesem Beispielhoroskop untersuchen, lassen Sie uns doch so tun, als sei er unser Klient in einer Beratungssituation. Nachdem wir seine vergangenen Lebensdynamiken mit Hilfe archetypischer Geschichten-Erzählung beschrieben haben, ist es nun an der Zeit, herauszufinden, warum er in dieses Leben inkarnierte, und was seine Seelenabsicht (Pluto-Polaritäts-Punkt – PPP) für den weiteren Fortgang der Evolution ist und auf welche Orientierung und Richtung er sein tägliches Leben richten sollte (Nordknoten ☊ und planetarer Herrscher des Nordknotens, Neptun ♆, in Zeichen, Häusern mit Aspekten/Phasen).

Wie bereits erwähnt, scheint diese Inkarnation von karmisch-evolutionärer Notwendigkeit geprägt zu sein, sich von Dynamiken vergangener Inkarnationen zu reinigen, denn Saturn ♄ steht in Konjunktion ☌ mit dem Nordknoten ☊ und mit dem Herrscher des Südknotens ☋, Merkur ☿, in Fische ♓. Darin sieht man auch, dass Wissen, Techniken und Fähigkeiten vergangener Leben (☋ Herr ☿) in diesem Leben wieder erlebt, wiederholt und wieder angewandt werden sollen, denn der Herrscher des Südknotens ☋, Merkur ☿, steht in Konjunktion ☌ mit dem Nordknoten ☊, Saturn ♄ und Venus ♀. Der Nordknoten ☊ befindet sich in Fische ♓, und sein planetarer Herrscher, Neptun ♆, der im Stier ♉ im 9. Haus steht, zeigt, wie die Orientierung des Nordknotens ☊ gelebt und angewandt werden kann/soll. Jupiter ♃, der Altherrscher von Fische ♓ gibt dabei zusätzliche Informationen für den Klienten, wie der Nordknoten ☊ im alltäglichen Leben angegangen bzw. gelebt werden soll, damit die Evolution der Seele mit ihren Absichten in der derzeitigen Inkarnation (PPP) vorankommen kann.

Der Polaritätspunkt Plutos (PPP) befindet sich immer im gegenüberliegenden Haus und Zeichen des natalen Plutos. Hier ist der Pluto-Polaritäts-Punkt (Seelenabsicht in diesem Leben) im 4. Haus in Skorpion ♏. Daher besteht die seelische Absicht für diese Inkarnation darin, innere Identifikationen bzw. Überidentifikationen mit gesellschaftlichem Richtig und Falsch und mit den dazugehörigen Be- und Verurteilungen (innen wie außen), sowie die emotionale Sicherheit in und an gesellschaftlichen Positionen und Status Quo (10.) loslassen zu können, um tiefe innere Sicherheit in sich selbst zu finden (PPP ♏ 4.). Das bedeutet, dass die geradezu zwanghafte Gewohnheit vergangener Leben

---

[12] „Die Sieben Leben des Edgar Cayce" - Knaur Verlag

(♇) immer in der Führung und somit in Kontrolle sein zu müssen/wollen, durch profunde, emotionale Metamorphosen (PPP ♏ 4.) losgelassen werden soll, wodurch die Seele in der Lage ist, mit ihrer eigenen Essenz zu verschmelzen (PPP ♏ 4.).

Zudem beabsichtigt die Seele in diesem Leben via Pluto-Polaritäts-Punkt (PPP) die Eliminierung (♏) alter Gewohnheiten (4.), die auf gesellschaftlich eingeredeter Schuld, aber auch auf legitimer Schuld (verursacht durch die erzwungene Doppelmoral vergangener Leben) (♇♉ 10., ☋♍, ☿☌♄♓) basieren. Zudem bringt dieser Pluto-Polaritäts-Punkt im 4. Haus auch noch die Anforderung, seine emotionale Einstellung hinsichtlich der Geschlechter-Assoziation bzw. –Definition (♇ 10.), d.h. zu Anima und Animus in sich, zu verändern (PPP 4.). In anderen Worten heißt das, dass seine Seele (♇) wieder der eigenen inneren Weiblichkeit – dem inneren Weiblichen wie auch dem äußeren Weiblichen, symbolisiert durch eine oder mehrere andere Frauen – vertrauen lernen will (PPP ♏ 4. – kardinales Haus).

Selbst in einer astrologischen Beratung mit einem Klienten bespreche ich den Pluto-Polaritäts-Punkt nur so knapp wie oben, damit der Klient seine Seelenabsicht begreift – doch für deren Umsetzung führe ich den Klienten nun an den Nordknoten ☊, in Zeichen, Haus und Aspekten. Denn je mehr sich der Klient im Alltagsleben auf den Nordknoten und auch dessen Herrscher in Zeichen, Haus mit Aspekten und Phasen bezieht, umso mehr wird der Pluto-Polaritäts-Punkt aktiviert und verwirklicht.[13] In Edgars Horoskop empfiehlt der Nordknoten ☊ im 7. Haus in Fische ♓, dass er seine Hauptaufmerksamkeit (☊) auf die Bedürfnisse anderer (7.) richten sollte, um ihnen Hilfe und Unterstützung (♓) zukommen lassen zu können. Das kann er am besten mit Hilfe diverser Formen von heilender Kommunikation und Techniken (☿☌☊♓) und liebevoller Führung (♀☌♄☌☊♓).

Es geht um Heilen und Heilung (☊♓) durch praktische Hinweise und Beratung (☿☌☊, als Herr von ☋), die auf universellen Einsichten (☊♓) beruhen, um anderen Person zu helfen (☊♓ 7.) zu überleben (Herr von ☊, ♆ ♉). Diverse Techniken stehen ihm hierbei zur Verfügung (☿ ☌ ☊ als Herr von ☋ ♍), wie zum Beispiel übersinnliche Beratungen (☿ ♓), aber auch indem er mit seinen heilenden Händen (☊ ☌ ☿ ♓) die andere Person körperlich (☊ ☌ ☿ Herr von ☋ 1) berührt (☊ ☌ ♀ 7), zum Beispiel mit Reiki oder auch Cranio Sacral (☿☌♄♓). Ganz egal, welche Techniken er anwendet, sie müssen einen ganzheitlichen, natürlichen Charakter haben

[13] Es gibt Ausnahmen, wie zum Beispiel Planten im T-Quadrat zur Mondknoten-Achse, die im Kapitel Sechs erläutert sind.

(☊ Herr ♆ 9.), bei denen der bedürftigen Person vitale Führung und Stärke (☊ Altherrscher ♃ in ♑ 5.) übermittelt wird (☊ ☌ ♄ ☌ ♀ 7.).

Edgar Cayce praktizierte seine außergewöhnlichen Heiltechniken (♅ ☌ AC) in Form medizinischer Beratung (☿ ♓) in einem Tranceschlaf (☊ ♓, ♆ ♉). Ein Assistent (☊ 7.) las Edgar den Namen und die Adresse des Patienten vor (☊ ☌ ☿ ☌ ♄ ☌ ♀) und Edgar verband sich intuitiv (♆ 9.) mit dem Patienten und seiner inneren Führung (☊ ☌ ♀ ☌ ♄). Nicht nur um akkurate medizinische Diagnosen auszustellen (☊ ☌ ☿♄ Herr von ☋ ♍), sondern auch, um den Menschen individuell geschneiderte Behandlungsmethoden bzw. Therapien zu geben (☊ 7., ♆ ♉ 9.), und ein jeder, der sich an diesen individuellen Rat von Edgar hielt, wurde geheilt. Es ist wohl überflüssig zu erwähnen, dass die bestehende Pharma- und Ärztelobby nicht gerade sehr angetan von Edgars Schaffen war (☊ ☌ ♄ ♓, ♇ 10.). Sie versuchte daher, ihm Steine in den Weg zu legen (♄). Doch sein starker innerer Glaube (♆ ♉ 9., Altherrscher von ♓, ♃ ♑ 5.) und seine tiefe, treue, loyale Verbindung zu seiner unterstützenden Frau (☊ ♓ ☌ ♄ ☌ ♀ 7., PPP ♏ 4.) ließen ihn alle Attacken und Versuche anderer, ihn und seine Gabe aus dem Weg zu räumen, überleben (♆♉). Wie es auch sein Nordknoten ☊ im 7. Haus zeigt, wurde Edgar unter vielen Menschen bekannt (☊ Stellium in 7.) und zwar als spiritueller Heiler (☊ ☌ ♄ ♓). Als „Schlafender Prophet" (☊ ☌ ♄ ☌ ☿ ♓, ♆ ♉ 9) wurde er aufgrund seiner visuellen Fähigkeiten (♆♉ 9.) weltberühmt (♆ 9., ♃ ♑ 5.).

In einer astrologischen Beratung würde ich ihm auch aufgrund seiner anspruchsvollen Berufung (☊ ☌ ♄), bei der er mit so vielen Themen, Energien und Inhalten anderer bedürftiger Menschen (☊ ☌ ☿ ☌ ♀ ♓ 7.) zu tun hat, empfehlen, sich auch Grenzen und Abgrenzungsmöglichkeiten zu erschaffen (☊ ☌ ♄ 7.) sowie auch Möglichkeiten, übernommene Energien aus seinem physischen und energetischem Körper loszuwerden bzw. zu reinigen (☊ ♓ ☌ ☿ Herr von ☋ ♍ 1.). Dabei wäre das Erlernen und sogar Meistern (☊☌☿ ☌ ♄ ♓) eines musikalischen Instrumentes, das er regelmäßig spielt (☊ ♓ ☌ ☿ Herr von ☋ ♍) extrem hilfreich (♓ 7). Zudem empfiehlt das Horoskop, dass es geradezu ein evolutionäres „Muss" ist (☊☌♄), in der Nähe eines Ozeans zu leben (☊ ☌ ♀ ♓, ♆ ♉ 9.), um sein eigenes persönliches Wohlergehen und somit auch Überleben (☊ ☌ ♀ ♓, ♆ ♉ 9.) zu erhalten. Dabei betont das Horoskop auch, dass es wichtig für ihn ist, seiner Frau zu vertrauen, denn sie wird ihm Schutz und Führung zukommen lassen (☊ ☌ ♀ ☌ ♄ 7., PPP ♏ 4.).

Natürlich kann man in seinem Horoskop noch viel mehr sehen und erkennen, denn das Geburtshoroskop ist wie ein endloses Mandala. Dennoch schließe ich diese Horoskopanalyse hier, in der Hoffnung, Einsichten in die vitale Lebendigkeit und auch Exaktheit der Deutungstechniken der Evolutionären Astrologie dargebracht zu haben. Ich möchte den Leser nochmals dazu einladen, das Buch über Edgar Cayces vergangene Leben zu lesen, das er selbst in Trancesitzungen von sich preis gegeben hat.[14] Als ich die Evolutionäre Astrologie erlernte und noch immer Zweifel an ihren einfachen Deutungstechniken hatte, half mir das Buch „die Sieben Leben des Edgar Cayce" sehr, die vergangenen Lebensdynamiken in seinem Geburtshoroskop mit Hilfe der Techniken der Evolutionären Astrologie zu erkennen. Somit verwandelten sich meine Zweifel des linearen, analytischen Verstandes in die holistische Betrachtung des Geburthoroskops wie bei einem evolutionären Kaleidoskop.

---

[14] „Die Sieben Leben des Edgar Cayce" – Knaur-Verlag

Zweites Kapitel

Die Drei Grundbaustein-Ebenen der Astrologie

Dieses Kapitel will kurz und knapp die Grundlagen eines Horoskopaufbaus aus Zeichen, Planeten und Häusern erklären. Dabei werden sowohl die Elemente als auch die Qualitäten, die den Tierkreiszeichen zugeordnet sind, erklärt. Bei der weiteren Betrachtung der Planeten als Herrscher der Tierkreiszeichen erweisen sich die Elemente wie auch die Qualitäten als Grundlage immer als hilfreich. Der Anfänger der Astrologie lernt in diesem Kapitel viele Grundlagen – von den astrologischen Symbolen bis zu planetare Herrschaft über Zeichen, Umlaufszeiten und mehr. Der Fortgeschrittene findet in diesem Kapitel eine interessante Wiederholung des astrologischen Basiswissens.

Erster Baustein bzw. Ebene: Die Zeichen

In der Astrologie gibt es drei Grundbausteinebenen, aus denen sich ein jedes Horoskop zusammensetzt. Die erste Grundbaustein-Ebene ist die der astrologischen Zeichen. Wenn wir nachts in den Sternenhimmel sehen, finden sich dort unzählige Fixstern-Konstellationen – andere Sonnensysteme unserer Galaxie, der Milchstrasse. Innerhalb dieses Firmaments, das einem unendlichen Zirkuszelt um uns gleicht, bildet die Sonnenbahn, die die Sonne aus unserer Erdensicht innerhalb eines Jahres durchläuft, die Basis für unsere astrologischen Zeichen. Diese Sonnenumlaufbahn wird *Ekliptik* genannt. Die Fixstern-Konstellationen, durch die diese Ekliptik geht, sind wie 12 Bühnenbilder oder Hintergründe auf der Umlaufbahn (ein Kreis) der Sonne. Das heißt wir sehen von der Erde aus, die Sonne innerhalb eines Jahres durch den Kreis dieser 12 Sternhintergründe laufen. Diese Fixstern-Konstellationen sind feststehend, also immer am selben Ort. Sie verändern ihre Position nicht.

Diesen Kreis, also den Sonnenumlauf, nennt man Ekliptik. Die Fixstern-Konstellationen, die auf dieser Ekliptik liegen, sind die 12 astrologischen Tierkreiszeichen: Widder ♈, Stier ♉, Zwilling ♊, Krebs ♋, Löwe ♌, Jungfrau ♍, Waage ♎, Skorpion ♏, Schütze ♐, Steinbock ♑, Wassermann ♒ und Fische ♓. Jedes dieser Zeichen definiert sich über ein Element, eine Qualität und über die Energie des *Yin* oder *Yang*[15]. Yin und

---

[15] Herkömmlicherweise werden in der traditionellen Astrologie die Begriffe „Männlich-Weiblich" statt Yin und Yang verwandt. Da „Männlich-Weiblich" aber mit so vielen Definitionen und Assoziationen belastet ist, arbeite ich lieber mit den neutralen Begriffen des universellen Yin (Energie geht zurück in Richtung Zentrum) und des universellen Yang (Energie bewegt sich aus dem Zentrum heraus).

Yang wechseln sich durch den Tierkreis immer wieder ab. Sie entsprechen dem Puls der Dualität in diesem (Raum-Zeit-) Universum. Widder ♈ ist Yang, das nächste Zeichen Stier ♉ ist Yin, dann kommt Zwilling ♊, der wieder Yang ist usw. Yin und Yang lassen sich auch ganz einfach definieren: Yang bedeutet, „die Energie bewegt sich aus dem Zentrum heraus", und Yin bedeutet, „die Energie bewegt sich wieder in Richtung Zentrum zurück" – wie bei der Atmung, Einatmung – Ausatmung.

Elemente der Zeichen

In der Westlichen und auch in der Evolutionären Astrologie arbeiten wir mit den vier Grundelementen: *Feuer, Wasser, Luft* und *Erde*. Man kann am Besten die Elemente verstehen lernen, indem man sie beobachtet. So fließt zum Beispiel Wasser, und das immer nach Unten. Wohingegen Feuer nach oben strebt. Füllt man Wasser in einen Topf, der dem Erdelement entspräche – dem Dichtesten der Elemente – und man Feuer unter dem Topf legt, dann verändert Wasser seine Form und vereint sich mit dem Luftelement. Es wird zu Dampf in der Luft. Die Luft nimmt den Dampf und trägt in schnell in all mögliche Richtungen – typisch für die Luft.

<u>Das Feuer-Element</u> ist vital, impulsiv, faszinierend. Es drängt nach Außen und strebt nach Oben. Feuer ist warm bzw. heiß, daher steht es auch für Vitalität und Aktivität. Es trägt etwas Besonderes in sich. Daher haben alle Feuer-Zeichen ein Gefühl, etwas Besonderes zu sein und/oder eine besondere Aufgabe in diesem Leben zu haben. Aktivitäten jeder Couleur, vor allem auch körperliche Bewegung, hält das Feuer in Gleichgewicht und gibt ihm meist eine warme, sonnige Ausstrahlung, die oft andere motiviert und inspiriert. Die Feuerzeichen sind:
Widder ♈, Löwe ♌ und Schütze ♐. Alle Feuerzeichen sind Yang.

<u>Das Wasser-Element</u> fließt immer, ist sensitiv, sensibel, introvertiert und entspricht den Emotionen, die sich in dauerndem Fluss immer wieder verändern. Wasser ist die Grundlage des Lebens, denn unser Körper wie auch unser Planet besteht zum Großteil aus Wasser. Wasser ist das Element, das Fliessen muss, um vital und frisch zu bleiben. Wasser passt sich, wenn es in ein Gefäß gefüllt wird der Form (Erde) an. Wasser wird oft auch mit dem essentiellen Bewusstsein, das die Grundlage von allem ist, gleichgesetzt. Die Wasserzeichen sind:
Krebs ♋, Skorpion ♏ und Fische ♓. Alle Wasserzeichen sind Yin.

<u>Das Luft-Element</u> ist ruhe- und rastlos. Man kann es auch als „Mittlerelement" sehen. Es ist überall, wie der Wind. Luft zieht von A nach B und verbindet sie miteinander. Luft ist trocken. Luft entspricht der Welt

des Geistes, somit der Gedanken und aller mentalen Prozesse, die ja auch ständig in Bewegung sind. Luft ist leicht, neugierig, interessiert sich für unendlich vieles und bindet sich an nichts. Luft ist das verbindende, mentale Prinzip – ein Mittler. Somit steht es für alle Varianten verbaler und mentaler Kommunikation, für die mentalen und intellektuellen Prozesse, die zum Beispiel auch in der Sprache ihren Ausdruck finden. Die Luftzeichen sind:
Waage ♎, Wassermann ♒ (ein Luft- und kein Wasserzeichen!) und Zwilling ♊. Alle Luftzeichen sind Yang.

<u>Das Erd-Element</u> ist das Dichteste der Elemente, es ist schwer und komprimiert. Daher manifestiert es sich als Materie, als Form und Struktur, die bodenständige, verlässliche Grundlage irdischen Lebens. Es ist stabil, zuverlässig, berechenbar, geduldig und brütet gerne über sich und das Leben. Es macht auch Schritte, von Zeit zu Zeit, über die lange reflektiert wurde und die Hand und Fuß haben. Beständige Form gibt Schutz und Halt, somit auch Sicherheit. Doch jede Mauer kann auch ein Gefängnis werden. Erde korreliert mit dem Raum-Zeit-Universum. Alles, was sich in Form manifestierte, wird eines Tages vergehen[16]. Das ist eines der Gesetze des Raum-Zeit-Universums. Die Erdzeichen sind:
Steinbock ♑, Stier ♉ und Jungfrau ♍. Alle Erdzeichen sind Yin.

Die Qualitäten der Zeichen
Jedes der 12 Tierkreiszeichen ist nicht nur durch Yin & Yang und durch ein Element definiert, sondern zugleich noch durch eine der drei Qualitäten, mit der die Astrologie arbeitet. Sie entsprechen der universellen Dreiheit: Aufbau – Erhaltung – Veränderung. In der Astrologie werden sie *Kardinal – Fix – Veränderlich* genannt. Es lässt sich sehr einfach merken, welches Zeichen kardinal, welches fix und welches veränderlich ist. Die vier Tierkreiszeichen, die am Anfang einer neuen Jahreszeit stehen, sind kardinal. Das heißt, wenn die Sonne zum Beispiel am 21. März in den Widder geht, beginnt der Frühling. Daher ist Widder kardinal. Die vier Tierkreiszeichen, die in der Mitte einer Jahreszeit stehen, tragen die Qualität fix. Die vier Tierkreiszeichen, die am Ende einer Jahreszeit stehen, sind von veränderlicher Qualität.

---

[16] Daher ist sich Erde der Vergänglichkeit bewusst und erlebt genau durch dieses Bewusstsein einen inneren Druck, etwas aufzubauen (♑), zu erreichen (♑), zu hegen (♉), zu erhalten (♉) oder zu verändern (♍).

Kardinale Qualität – Am 21. März geht die Sonne in den Widder, der Frühling beginnt. Widder ♈ ist kardinal. Am 21. Juni geht die Sonne in den Krebs – Sommeranfang. Krebs ♋ ist kardinal. So ist auch Waage ♎ kardinal, denn am 20. September beginnt der Herbst – die Sonne geht in das Tierkreiszeichen Waage. Steinbock ♑ ist ebenfalls kardinal, denn der Winter beginnt mit Eintritt der Sonne in den Steinbock am 21. Dezember. Die kardinalen Zeichen sind also Widder ♈, Krebs ♋, Waage ♎ und Steinbock ♑. Was bedeutet nun diese kardinale Qualität? Zeichen, die am Anfang einer Jahreszeit stehen, somit kardinal sind, tragen die Energie des Neuanfangs. Daher gibt es hier noch kein klares Konzept, denn alles ist neu, und es lässt sich auf nichts Altes zurückgreifen. Dafür herrscht hier aber der Drang, sich in neue Bereiche zu bewegen, so wie Robinson Crusoe. Das bringt ein aufregendes Gefühl von Abenteuer mit sich. Aber auch Unsicherheit und manchmal Ängstlichkeit. Kardinale Zeichen tragen Unsicherheit in sich, auf die sie entsprechend ihres Elementes reagieren. Sie schaffen und/oder bringen Neues, das sie erforschen, aufbauen oder erschaffen.

Fixe Qualität – Die Zeichen, in der Mitte einer Jahreszeit, sind die fixen Zeichen, d.h. es sind die Zeichen, durch die die Sonne in der Mitte einer Jahreszeit läuft. In der Mitte des Frühlings ist es der Stier ♉, in der Mitte des Sommers ist es der Löwe ♌, in der Mitte des Herbst ist es der Skorpion ♏ und in der Mitte des Winters ist es der Wassermann ♒.
Die fixen Zeichen sind also Stier ♉, Löwe ♌, Skorpion ♏ und Wassermann ♒. Die fixen Zeichen tragen die Energie oder Qualität der Erhaltung dessen, was bei kardinal neu erschaffen oder aufgebaut wurde. Daher geht es bei der fixen Qualität um Aufrechterhaltung, Hege, Zusammenhaltung und Erhaltung dessen so wie es ist. Fixe Zeichen heißen Veränderung nicht willkommen, um nicht zu sagen sie tragen eine gewisse „Veränderungs-Resistenz". Sie sind jedoch die Bewahrer und Erhalter des Bestehenden und sind in ihrer Energie beständig und eher ruhig.

Veränderliche Qualität – Am Ende einer jeden Jahreszeit wandert die Sonne durch das dritte oder letzte Zeichen der jeweiligen Jahreszeit. Diese Zeichen sind von veränderlicher Qualität. Im Frühjahr ist es der Zwilling ♊, im Sommer die Jungfrau ♍, im Herbst der Schütze ♐ und im Winter die Fische ♓.
Die veränderlichen Zeichen sind also Zwilling ♊, Jungfrau ♍, Schütze ♐ und Fische ♓. Bei den veränderlichen Zeichen geht es um Wechsel und Veränderung. In der mittelalterlichen Astrologie galten die veränderlichen Zeichen als schlechte oder sogar böse Zeichen. Das ist natürlich Unsinn, der nur darauf basiert, dass die damalige Gesellschaftsform auf strikter

Erhaltung und Einhaltung der gesellschaftlichen Norm basierte, für die jeder Hauch von Veränderung schon eine Bedrohung war. Veränderliche Zeichen nehmen in sich den Ruf nach Wandel war. Sie nehmen bestehende Normen und Formen (fix) und bringen sie in einen Prozess, der sie auflockert, umgestaltet und somit verändert und sogar beendet. Damit bereiten sie den Grund oder schaffen den Platz für das Neue, das dann wieder mit dem Kardinalen (das jedem veränderlichen Zeichen folgt) beginnt. Somit sind veränderliche Zeichen unruhig und rastlos.

Nun sind wir in der Lage, mit diesen Grundlagen ein wenig zu spielen. Nehmen wir zum Beispiel den Widder ♈, der, wie wir jetzt wissen, Feuer ist – bumm, ausdehnend, energetisch, voller Kraft – und er ist Yang – bumm bumm nach Außen drängendes Feuer – und es ist kardinal – also bestimmt, etwas Neues auf die Welt zu bringen, wobei er aber keine Ahnung hat was, wo oder wie. Aber Widder ♈ hat die Energie, den Willen und das Kra-Wumm dazu. Ja, er trägt aufgrund seiner kardinalen Qualität Unsicherheit in sich. „Na und?", sagt das Feuer mit seiner Yangenergie, wenn es diese Unsicherheit fühlt. „Ich, der Widder, geb´ dann eben noch mehr Gas."

Und nun stellen wir den Krebs ♋ dazu, der auch kardinal ist, aber eben Wasser und Yin. Seine Energie bezieht sich viel mehr auf den inneren, emotionalen Fluss, um sicher zu gehen, dass man sicher ist, denn Krebs ist so „wässrig" und daher so sensibel und verwundbar. Auch der Krebs fühlt den inneren Drang, etwas Neues zu beginnen bzw. aufzubauen. Aber das Wasser und das Yin müssen dabei immer sicherstellen, dass beim Schritt nach vorn ins Neue, die emotionale Sicherheit und innere Geborgenheit gewährleistet ist. Wenn die dem Kardinalen eigene Unsicherheit auftaucht – oh, oh, - dann wird nicht „Gas gegeben" wie beim Widder ♈, sondern der Krebs ♋ zieht sich vor dem neuen Schritt dann doch lieber nochmals nach Innen und/oder ins schützende Nest, um das Ganze noch einmal zu überschlafen, und kocht vielleicht noch ein leckeres Süppchen, um das „wässrige Wesen" zu wärmen.

Nun stellen Sie sich einmal vor, der Widder und der Krebs stranden auf einer einsamen Insel (kardinal – Neubeginn)! Überlegen Sie sich doch einmal wie ein jeder von Ihnen mit den Neuen Lebensumständen umgehen wird, und wie sich die beiden arrangieren. Ich sage nicht, dass das nicht ginge. Ich möchte Sie nur ermuntern, dieses Szenario einmal spielerisch im Geist durchzuspielen – das übt auch den astrologischen Geist. Bitte noch zu bedenken, dass ich hier nicht von einem Widder-Geborenen oder Krebs-Geborenen spreche, sondern von der archetypischen Energie des Widders ♈ und des Krebs ♋.

Zweiter Baustein bzw. Ebene: Die Planeten

Die zweite Grundbausteinebene ist die der Planeten. Diese Himmelskörper wandern oder bewegen sich im Gegensatz zu den Fixsternen (Sonnen) ständig. Sie kreisen als Brüder und Schwestern unserer Erde um unser Zentralgestirn, die Sonne. Das Wort, Planet, kommt aus dem Griechischen und bedeutet Wanderer. Die griechischen Philosophen glaubten an zwei elementare Grundkräfte. „Autos und Heteros". „Autos" bedeutet das Sich-Nie-Verändernde oder das Immer-Seiende, der Urgrund von Allem. „Heteros" bedeutet das Sich-Immer-Verändernde oder das Sich-Immer-Bewegende. Genauso wie das Meer: immer das Gleiche, doch an der Oberfläche ist immer Bewegung und Wandel.

So können wir auch die Zeichen des Tierkreises, genannt *Zodiak*, die sich ja aus den Fixstern-Konstellationen zusammenstellen, mit dem „Autos" gleichsetzen – immer still und gleich. Die Planeten entsprechen dann dem „Heteros", immer auf Wanderschaft formen sie entsprechend ihrer individuellen Umlaufzeiten um die Sonne neue Formationen vor dem Hintergrund des stillen Tierkreises mit seinen 12 Zeichen. Alle Planeten drehen sich nicht nur um ihre eigene Achse, sondern auch um die Sonne, und das gegen den Uhrzeigersinn. Je näher ein Planet an der Sonne ist, umso schneller ist seine Umlaufzeit, und je weiter der Planet von der Sonne entfernt ist, umso länger braucht er, sie zu umrunden. Eine Umlaufzeit unseres Planeten, Erde, dauert ein Jahr.

In der astrologischen Entsprechungslehre herrscht ein jeder Planet über ein bis zwei astrologisches Tierkreiszeichen. Wir können ihn daher einen mit einem König/einer Königin oder einem Präsidenten eines Landes vergleichen. Da die Planeten aber immer durch den Tierkreis wandern, „besuchen"/durchlaufen sie natürlich andere Tierkreiszeichen; sind somit auf Staatsvisite in einem anderen Reich. Sie bringen ihre Energien, d.h. die des oder der Tierkreiszeichen, über das/die sie herrschen, in Zusammenspiel / Fusion mit den Energien des Landes bzw. des Tierkreiszeichens, das sie durchlaufen.

Als wäre der Präsident von Frankreich zu Besuch in den USA. Planeten sind dabei Repräsentanten ihres eigenen Zeichens, über das sie herrschen. Daher tragen und repräsentieren sie dessen Energien, die bei ihrem Besuch oder ihrer Wanderung durch ein anderes Tierkreiszeichen mit dessen archetypischen Energien in Interaktion und Zusammenspiel gehen. Das kann harmonisch und kompatibel sein, oder auch angespannt und anspruchsvoll. Der französische Präsident hat bei seinem USA Besuch vielleicht Schwierigkeiten einen Cheeseburger als köstlich zu empfinden. Vor der Entdeckung der so genannten *Trans-Saturnier* – das sind die

Planeten, die man nicht mehr mit dem Auge sehen kann und die hinter Saturn stehen – wandten die alten Astrologen ein sehr einfaches Planeten-Herrscher-System[17] an, das anzeigt, welcher Planet über welches Zeichen herrscht.

    Sie sahen die Sonne ☉ und den Mond ☽ nicht als Planeten, sondern als Lichter an. Diese waren das Fundament in ihrem noch heute wirkenden Planetenherrscher-System. Nun, die Sonne strahlt enorm viel Hitze aus, wie wir es vor allem vom Monat August her kennen. Daher wurde die Sonne dem Zeichen zugeordnet, das die Natur am meisten aufheizt, Löwe ♌. Das andere Licht, der Mond, der schnellste Himmelskörper in unserem astrologischen System, wandert in 27/28 Tagen einmal durch den gesamten Tierkreis mit seinen 12 Zeichen. 27/28 Tage ist aber auch der Menstruationszyklus bei der Frau, der ihr ermöglicht schwanger und somit Mutter zu werden. Eine vollschwangere Frau wurde seit jeher mit dem Vollmond gleichgesetzt, und so gilt das archetypische Prinzip der Mutter als das des Mondes. Das Zeichen Krebs ♋ wurde aufgrund von Entsprechung und Beobachtung - Grundlage des astrologischen Wissens - ebenso als das Mütterliche erkannt. Der Mond ☽ wurde somit dem Krebs ♋ als planetarer Herrscher zugeordnet. Da Krebs ein kardinales Wasserzeichen und Yin ist, somit mit dem empfindsamen Fluss der Emotionen (Wasser) zu tun hat, können wir eine weitere Entsprechung – diesmal in unserer Sprache – erkennen: Das lateinische Wort für Mond, ist „luna", woraus sich das deutsche Wort „launisch" ableitet.

    Die Alten setzten also den Mond ☽ als Herrscher von Krebs ♋ und die Sonne ☉ als Herrscher von Löwe ♌ an die Basis des Tierkreises, und schichteten darüber die Planeten als Sphären – entsprechend der Entfernungen der Planeten zur Sonne: Merkur ☿, Venus ♀, Mars ♂, Jupiter ♃ und Saturn ♄. Somit wurde ein jeder Planet Herrscher über zwei Zeichen, eines Yang-Zeichens und eines Yin-Zeichens.

♒ WASSERMANN *Yang*	♄ Saturn	♑ STEINBOCK *Yin*
♓ FISCHE *Yin*	♃ Jupiter	♐ SCHÜTZE *Yang*
♈ WIDDER *Yang*	♂ Mars	♏ SKORPION *Yin*
♉ STIER *Yin*	♀ Venus	♎ WAAGE *Yang*
♊ ZWILLING *Yang*	☿ Merkur	♍ JUNGFRAU *Yin*
♋ KREBS *Yin*	☽ Moon & ☉ Sun	♌ LÖWE *Yang*

In dieser Graphik sehen wir in der mittleren Spalte Mond ☽ und Sonne ☉ an der Basis, darüber Merkur ☿ mit seiner Sphäre, herrscht er im Yang über Zwilling ♊ und im Yin über Jungfrau ♍. Darüber steht Venus ♀ mit

---

[17] Ptolemäus-System

ihrer Sphäre, herrschend im Yin über Stier ♉ und im Yang über Waage ♎. Darüber Mars ♂ mit seiner Yang-Herrschaft über Widder ♈ und Yin-Herrschaft über den Skorpion ♏. Darüber Jupiter ♃ mit seiner Yin-Herrschaft über Fische ♓ und seiner Yang-Herrschaft über Schütze ♐. Darüber den „Herrscher der Schwelle bzw. Grenze" Saturn ♄ mit seiner Yang-Herrschaft über Wassermann ♒ und seiner Yin-Herrschaft über Steinbock ♑.

Nun wurden aber hinter Saturn noch 3 weitere Planeten entdeckt: Uranus ♅, Neptun ♆ und Pluto ♇, die aufgrund Beobachtung in das oben gezeigte Planeten-Herrscher-System folgendermaßen zugeordnet wurden:

Uranus ♅	♒ WASSERMANN *Yang*	♄ Saturn	♑ STEINBOCK *Yin*	
Neptun ♆	♓ FISCHE *Yin*	♃ Jupiter	♐ SCHÜTZE *Yang*	
	♈ WIDDER *Yang*	♂ Mars	♏ SKORPION *Yin*	Pluto ♇
	♉ STIER *Yin*	♀ Venus	♎ WAAGE *Yang*	
	♊ ZWILLING *Yang*	☿ Merkur	♍ JUNGFRAU *Yin*	
	♋ KREBS *Yin*	☽ Moon & ☉ Sun	♌ LÖWE *Yang*	

Wir sehen, dass Wassermann ♒ nun von Uranus ♅ und zugleich von Altherrscher Saturn ♄ beherrscht wird; dass Fische ♓ nun von Neptun ♆ und zugleich von Altherrscher Jupiter ♃ und dass Skorpion ♏ nun von Pluto ♇ und zugleich von Altherrscher Mars ♂ beherrscht wird. Ich halte es für wichtig beim astrologischen Deuten, auch die Altherrscher dieser drei Zeichen mit einzubeziehen, denn sie geben wertvolle zusätzliche Information und zeigen zugleich an, wie sich die so genannten überpersönlichen Planeten Uranus ♅, Neptun ♆ und Pluto ♇ als „neue" Herrscher von Wassermann ♒, Fische ♓ und von Skorpion ♏ auf der persönlichen Ebene durch die Altherrscher im Horoskop manifestieren.

Die Reihenfolge der planetaren Umlaufbahnen ist wie folgt:
Sonne ☉, Merkur ☿, Venus ♀, Mond ☽, Mars ♂, Jupiter ♃, Saturn ♄, Uranus ♅, Neptun ♆ und Pluto ♇. Jeder Planet unseres Sonnensystems, inklusive Sonne ☉ und Mond ☽ herrschen über ein bzw. zwei Tierkreiszeichen, und tragen somit die archetypischen Energien des/der Tierkreiszeichen als deren Repräsentanten. Jedes Tierkreiszeichen ist durch eines der vier Elemente, durch eines der drei Qualitäten und durch entweder Yin oder Yang definiert. Daher trägt der Planet, der über ein Tierkreiszeichen herrscht, *dieselbe* Element-, Qualitäts- und Yin oder Yang-Definition wie das/die Zeichen, über das/die er herrscht.

Hier ein Beispiel: Widder ♈ ist Feuer, kardinal und Yang. Widder ♈ ist impulsiv und trägt in sich die Energie eines absoluten Neuanfangs, den es zu initiieren gilt. Dabei besteht sehr viel wilde Energie, die nicht wirklich weiß, wo sie loslegen will – oder in anderen Worten, Widder ♈ hat kein Konzept über das Neue und kann nur seinen Impulsen folgen. Widder ♈ wird von Mars ♂ beherrscht. Somit trägt bzw. repräsentiert Mars ♂ dieselben archetypischen Eigenschaften wie Widder ♈.

Archetypisch besteht kein Unterschied zwischen dem Tierkreiszeichen und seinem planetaren Herrscher; außer dass der Planet sich immer in Bewegung oder auf Wanderschaft durch andere Tierkreiszeichen befindet. Somit bringt er die archetypischen Energien, die er als Herrscher über ein Zeichen vertritt, in Zusammenhang / -spiel mit dem Zeichen (und Haus), durch das er gerade läuft. Sagen wir zum Beispiel Mars ♂, Herrscher von Widder ♈, läuft durch Schütze ♐ (das heißt, der Planet läuft durch den Fixstern-Hintergrund des Zeichens Schütze ♐). Mars ♂ trägt die Energien von Widder ♈ (Feuer, kardinal, Yang), während er sich im Reich oder vor der Kulisse von Schütze ♐ befindet, der auch Feuer, aber veränderlich und Yang ist. Wir müssen nun die beiden Energien (Mars ♂ als Herrscher von Widder ♈ und Schütze ♐) kombinieren. Wie agieren, reagieren und interagieren diese beiden miteinander?

> **TIPP**: Bei solchen Planet-in-Zeichen-Kombinationen kann es hilfreich sein, sich den Planeten als Schauspieler vorzustellen, der sich auf der Bühne des Zeichens befindet, das entsprechend der archetypischen Energien des Tierkreiszeichens mit entsprechendem Kulissenbild, Beleuchtung und Ambiente ausgestattet ist.

Wollen wir es mal versuchen: Da steht Mars ♂ (Feuer, kardinal, Yang) auf der Bühne eines anderen Feuerzeichens, das auch Yang, aber veränderlich ist, und somit voller Enthusiasmus und völlig offen gegenüber expansiver Veränderung ist. Die beiden feurigen Symbole, Mars ♂ und Schütze ♐, werden sich wahrscheinlich gegenseitig in ihrem hitzigen Optimismus und ihrem gemeinsamen Gefühl, etwas Besonderes auf die Beine zu stellen oder zu sein, aufheizten. Mars ♂ will etwas völlig Neues bringen, wofür Schütze ♐ mehr als offen ist, denn er liebt die Veränderung. Bei all der Feuerenergie hier, besteht aber auch Gefahr des Übertreibens und somit über das Ziel hinauszuschießen.

Dritter Baustein bzw. Ebene: Die Häuser

Da wir auf einem Planeten leben, der nicht nur um die Sonne kreist (was unsere Jahreszeiten bestimmt), sondern auch um seine eigene Achse rotiert (24-Stunden-Drehung der Erde), ist es für die Errechnung eines Horoskops auch wichtig, den Ort und die Zeit eines Ereignisses, zum Beispiel das der Geburt, zu beachten. Wie wir von so manchen Flugreisen in die Ferne wissen, ist unser Planet in Zeitzonen eingeteilt, die sich auf den Sonnenlauf an den jeweiligen Orten beziehen. Wenn es zum Beispiel 12h Mittag in Los Angeles ist, ist es schon 15h nachmittags in New York City. Warum? Nun, weil die Erde eine Kugel ist und sich in 24 Stunden um ihre eigene Achse dreht. Daher steht die Sonne an unterschiedlichen Orten des Globus auch an unterschiedlichen Stellen; zum Beispiel mittags in Los Angeles ist in London schon nach Sonnenuntergang. Daher ist es immer irgendwo Nacht, während woanders die taghelle Sonne scheint. Für uns Astrologen (und auch den Rest der Welt) macht es schon einen Unterschied, ob jemand mittags, mit der Sonne hoch am Himmel über dem Ort, geboren ist, oder um Mitternacht, wenn die Sonne am tiefsten Stand unter dem Horizonts des Ortes steht.

Dieses ortsbezogene Phänomen wird bei der Horoskopberechnung und somit auch bei der Horoskopdeutung insofern miteinbezogen, indem man in der Astrologie mit so genannten *Feldern* oder *Häusern* arbeitet. Die Häuser, wie ich sie nenne, beziehen sich auf den Horizont eines bestimmten Ortes eines Ereignisses, zum Beispiel den Geburtsort, zu einem bestimmten Zeitpunkt, zum Beispiel Zeit der Geburt. Der Horizont eines Ortes wird im Horoskop mit der waagrechten Linie *Aszendent* (AC) – *Deszendent* (DC) dargestellt. In jeder Horoskopzeichnung befindet sich der Aszendent, der den Osthorizont des Ortes widerspiegelt, auf der linken Seite. Der Aszendent zeigt an, welches Tierkreiszeichen des Tierkreises (Ekliptik) zu einem gewissen Zeitpunkt, zum Beispiel bei der Geburt, gerade am Osthorizont am Aufgehen war. Der Aszendent (AC) ist somit der Schnittpunkt des verlängerten Osthorizontes eines Ortes mit der Ekliptik bzw. einem Tierkreiszeichen.

Würde zum Beispiel die Sonne im Schützen stehen, d.h. also vor dem Sternbildhintergrund des Schützen, und ein Baby wird bei Sonnenaufgang geboren, dann hätte das Baby die Sonne direkt am Aszendenten, und der Aszendent wäre Schütze. In der astrologischen Sprache würden wird sagen: Schütze ♐ AC mit Sonne ☉ am AC.

```
         ⎛‾‾‾⎞
         | S |
         | C |
         | H |
  ←——————| Ü |———[ ☉ Sonne ]———————————
         | T |
         | Z |
         | E |
         ⎝___⎠
```

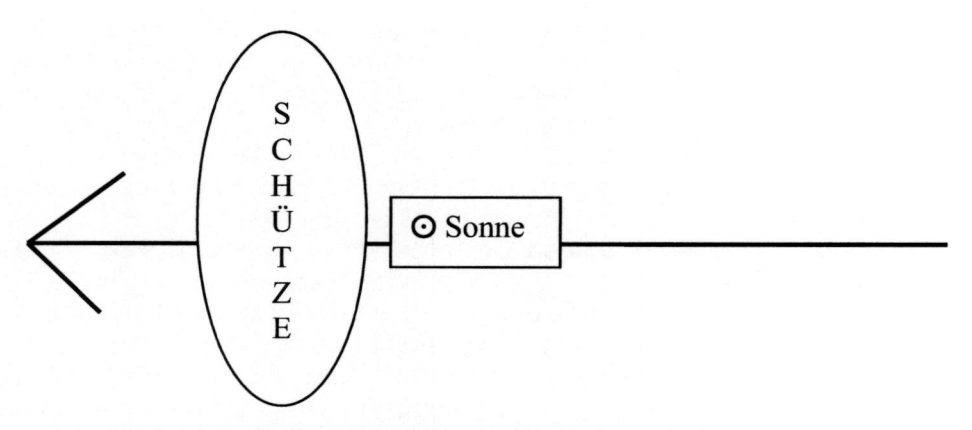

Würde ein anderes Baby am selben Tag, aber zu Sonnenuntergang geboren werden, dann hätte es Schütze und somit auch die Sonne am Deszendenten (DC), der sich bei jeder Horoskopzeichnung auf der rechten Seite befindet und den Westhorizont des Ortes oder besser gesagt den Schnittpunkt des Westhorizontes eines Ortes mit einem Tierkreiszeichen widerspiegelt:

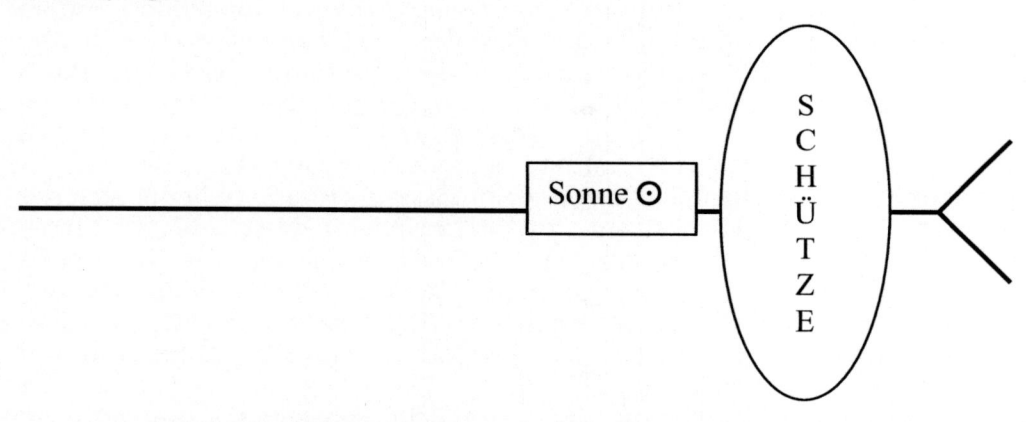

```
                                        ⎛‾‾‾⎞
                                        | S |
                                        | C |
                                        | H |
  ——————————————[ Sonne ☉ ]—————————————| Ü |——→
                                        | T |
                                        | Z |
                                        | E |
                                        ⎝___⎠
```

Jeder Ort ist aber nicht nur durch den Horizont (Ost-AC, West-DC) definiert, sondern auch durch die so genannte Himmelsmitte, genannt *Medium Coeli* (MC), der höchste Punkt der Ekliptik über einem Ort, und zugleich dem tiefsten Punkt der Ekliptik in Bezug auf einen Ort, genannt *Immum Coeli* (IC). Das MC und das IC, liegen einander ebenso gegenüber, wie der Aszendent und der Deszendent. MC und IC sind der Meridian eines Ortes. In unseren Horoskopzeichnungen finden wir das MC oben und das IC unten. Sie müssen aber nicht im rechten Winkel zur Horizontlinie AC-DC stehen, da die Ekliptik auch nicht im rechten Winkel zur Erde steht – oder in anderen Worten, die Erdachse schräg zur Sonne steht.

Daher ist jeder Ort auf unserem Planeten durch Horizont, also AC und DC, und durch den Meridian, das MC und das IC, definiert. Man nennt diese auch die Achsen – Horizontachse und Himmelsmitte- oder Meridianachse. Diese zwei Achsen teilen den Tierkreis bezüglich des Ortes in vier Teile, die man *Quadranten* nennt. Sie werden wie alles in der Astrologie gegen den Uhrzeigersinn gezählt bzw. nummeriert. Das Viertel oder der Quadrant von AC (links) zum IC (unten) ist der erste Quadrant. Von IC zu DC (rechts) ist der Zweite, von DC bis MC (oben) ist der Dritte und von MC bis AC ist der vierte Quadrant. In der traditionellen Astrologie wird den Quadranten jeweils ein gewisses Grundthema zugeordnet. Der erste Quadrant wird da mit dem Körperlichen gleichgesetzt, der zweite Quadrant mit dem Persönlichen, der dritte Quadrant mit dem Seelischen, und der vierte Quadrant mit dem Gesellschaftlichen.

In meiner persönlichen Erfahrung fand ich solch Quadrantenzuordnung meist nur dann als hilfreich, wenn das Gesamterscheinungsbild des Horoskops, also die schwerpunktmäßige Besetzung durch Planeten betrachtet wird. Zum Beispiel den vierten Quadranten mit Gesellschaftlichem gleichzusetzen, erwies sich für mich als ungenügend, denn hier spielen sich eben auch universelle Dynamiken jenseits der gesellschaftlichen Dynamiken ab, bei denen es um die universelle Integration und Verarbeitung gewisser Dynamiken im Horoskop geht. Damit meine ich, dass ein Mensch, der eine betonte Planetenbesetzung im Vierten Quadranten hat, sicherlich von gesellschaftlichen Belangen angezogen sein wird, aber wie lebt er seinen besetzten vierten Quadranten, falls er sich als Einsiedler in einer Höhle oder im Dschungel erfährt? Für mich hat der vierte Quadrant wesentlich mehr mit Reflektion und Integration in universelle Prinzipien zu tun, als nur mit Gesellschaft.

In der Evolutionären Astrologie wird kaum mit den Quadranten gearbeitet, wohl aber mit Planetenbesetzungen im Osten oder Westen, AC oder DC, und ob Oben oder Unten, um den MC oder um den IC. Hat ein Horoskop eine starke Planetenbesetzung um den AC, dann wird der Horoskopeigner ein starkes Bedürfnis nach Unabhängigkeit und Freiheit haben. Findet sich eine Planetenhäufung um den DC, dann hat der Mensch eine starke Orientierung zu anderen Menschen. Planeten unterhalb des Horizontes manifestieren sich eher in privat-persönlilchen Bereichen, wohingegen Planeten oberhalb des Horizontes danach trachten in sozial-kulturellen Gebieten des Lebens gesehen zu werden und an ihnen teilzuhaben. Persönlich bevorzuge ich auf solche Verallgemeinerungen zu verzichten, vor allem da das individuelle, evolutionäre Thema in einem

Einzelhoroskop wesentlich tiefere und akkuratere Einsichten und Dynamiken offenbart.

Kehren wir wieder zu unserem Geburtsort zurück. Stellen Sie sich vor, Sie stünden an Ihrem Geburtsort und sähen nach Süden (ansonsten kann man kaum etwas vom Tierkreis sehen). Jedes Zeichen, jeder Planet, der durch ein Zeichen läuft, würde am Osthorizont, also am Aszendenten AC zu Ihrer Linken aufgehen, zur Himmelsmitte, dem MC, aufsteigen, am Westhorizont, dem Deszendenten DC, zu Ihrer Rechten untergehen und dann tiefer und tiefer wandern, bis an den tiefsten Punkt unter Ihrem Geburtsort, dem IC, um dann später am AC wieder aufzugehen – und ein Tag (24 Stunden) wären vergangen. Die Erde hätte sich einmal um Ihre Achse gedreht, und zur optischen Täuschung beigetragen, es würde der Himmel im Osten am AC aufgehen, und im Westen am DC untergehen.

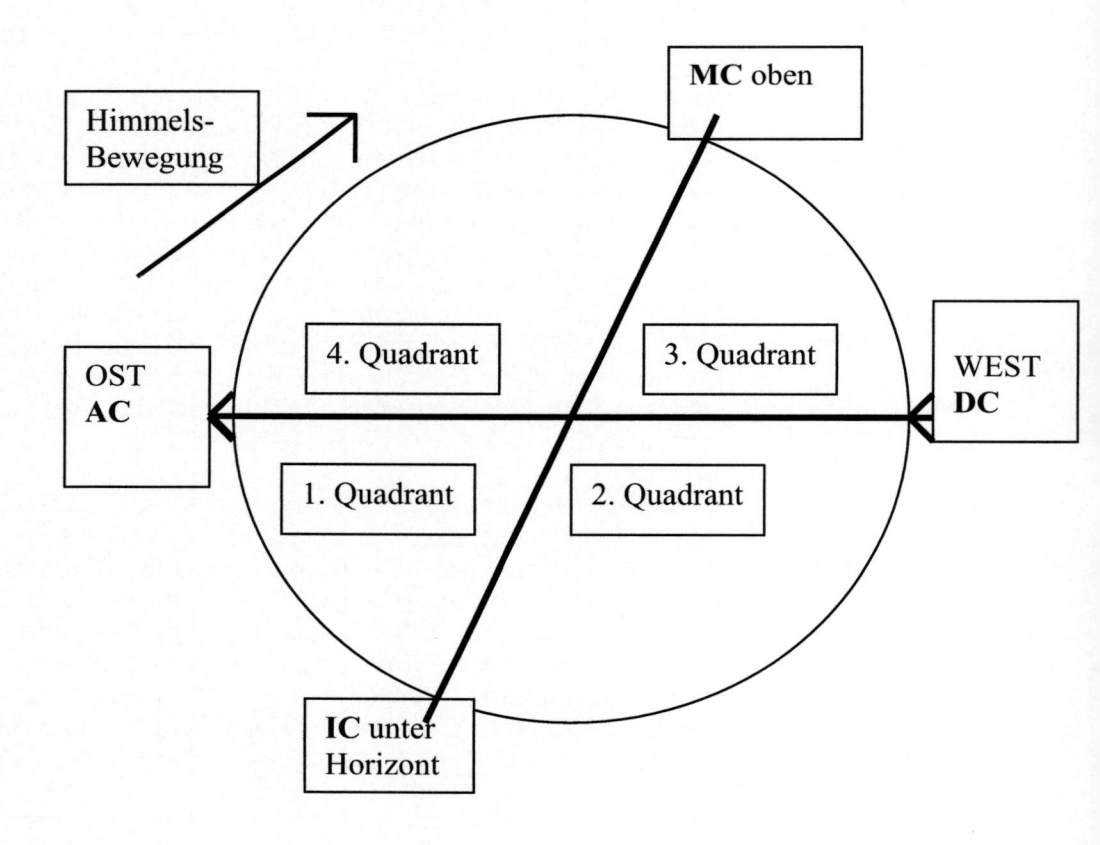

Wir wissen nun, dass jeder Ort auf dem Globus durch die Hauptachsen AC-DC und MC-IC definiert werden kann. Über die Jahrhunderte haben Astrologen diverse Techniken entwickelt, den Zwischenraum bzw. diese Quadranten noch weiter in die so gennanten Felder oder Häuser[18] zu unterteilen. Es gibt an die 50 verschiedene Errechnungsmethoden für die Felder oder Häuser, die man Häusersysteme nennt. Die bekanntesten sind dabei das Placidus- und das Koch-System.

In der Evolutionären Astrologie hat sich jedoch das *Porphyrus-Haussystem* als das Häusersystem herauskristallisiert, das am besten und akkuratesten die Dynamiken vergangener Leben im Horoskop ausdrückt. Das Porphyrus-Haussystem ist völlig einfach: Da der Tierkreis gesamt 360° hat und 12 Zeichen beinhaltet, ist jedes Zeichen 30° groß. Man rechnet den Gradabstand zwischen den Hauptachsen, also zum Beispiel von MC zu AC und teilt diese Gradzahlsumme durch drei. Das Gradzahlergebnis zeigt nun an, wie groß jedes der drei Häuser zwischen MC und AC ist, was man in die Horoskopgraphik einzeichnen kann. Dasselbe macht man für die anderen Quadranten und schon hat man 12 Häuser. Das Wunderbare hierbei ist, dass jedes Haus in einem Quadranten gleich groß ist, was sich bei der Horoskopanalyse mit Evolutionärer Astrologie bestens bewährt hat[19]. Diese Häuser werden auch gegen den Uhrzeigersinn nummeriert, vom AC beginnend:

---

[18] Oft auch Zwischenfelder oder Zwischenhäuser genannt.
[19] Vor allem ergeben sich keine esoterischen Missverständnisse bei Horoskopen von Natalen, die weit nördlich geboren wurden – solche Horoskope haben bei Placidus- und Kochhäusern oft große 1. Häuser o.ä., was dann fälschlicher Weise als „großes Ego" gedeutet wird. Kein Haus ist wichtiger oder unwichtiger als das andere!

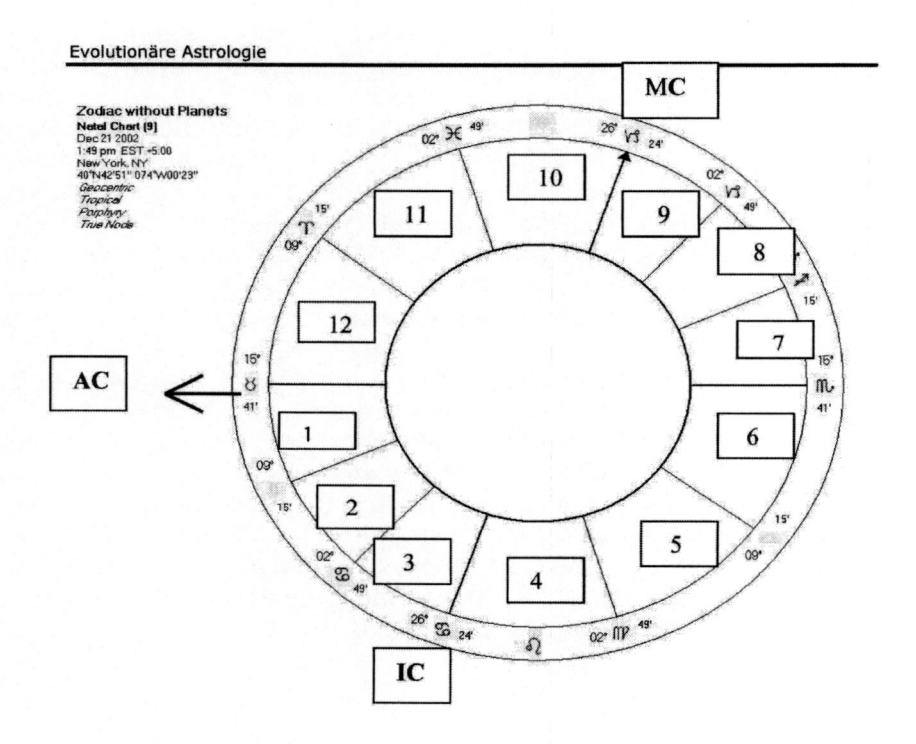

In der obigen Graphik sehen wir das Häusersystem durchnummeriert. Es wird von dem Tierkreis umrundet, was man an den astrologischen Zeichen erkennen kann. Die Linien, die auf den Tierkreis zugehen, sind die so genannten Hausspitzen. Sie zeigen an, dass ab der Linie ein Feld bzw. Haus beginnt. Man kann sich vorstellen, diese Linien – also die Hausspitzen - schneiden durch die Tierkreiszeichen und machen daraus 12 „Tortenstücke" bzw. Häuser. Die Hauptachsen, AC-DC und MC-IC gelten auch als Hausspitzen. Der AC ist nicht nur der Osthorizont, sondern auch die Hausspitze des 1. Hauses, welches dann gegen den Uhrzeigersinn bis zur nächsten Linie der 2. Hausspitze geht. In der obigen Darstellung finden wir den AC auf 15º Stier ♉ - somit ist das 1. Haus Stier. Der Horoskopeigner hätte einen Stier-Aszendenten AC ♉. Die 2. Hausspitze steht auf 9º Zwilling ♊, und das 2. Haus geht von dort bis zur nächsten Linie, der Hausspitze des 3. Hauses, die sich auf 2º Krebs ♋ befindet. Das IC ist somit die 4. Hausspitze, hier auf 26º Krebs ♋, und so weiter. Zu merken sei, dass der DC die 7. Hausspitze darstellt, hier auf

15° Skorpion ♏, und das MC die 10. Hausspitze darstellt, hier auf 26° Steinbock ♑.

Das ist also das System der Hauptachsen AC-DC, MC-IC, woraus das Häusersystem entsteht. Nochmals, das Häusersystem wird durch *den Ort und die Zeit* eines Ereignisses auf dem Globus definiert, zum Beispiel der Geburt, woraufhin das Geburtshoroskop errechnet wird. Das Geburtshoroskop ist also nichts anderes als die Aufzeichnung des Himmels über und unter dem Horizont zum Augenblick der Geburt. Es beinhaltet alle Positionen der Planeten vor den Sternbildhintergründen, also Planeten in den Tierkreiszeichen und somit in den Häusern.

Das Häusersystem steht somit für die *mundane* bzw. *weltliche Ebene*. Es ist wie ein weltliches Netz, gleich einem riesigen Spinnennetz, durch das wir den Himmel mit seinen Tierkreiszeichen und den Planeten sehen können. Man kann daraus auch die weitere Himmelsdrehung, die sich aufgrund der Erdrotation außerdem mit dem Uhrzeigersinn bewegt, erkennen. Alles steigt im Osten auf und geht im Westen unter. Die Planeten bewegen sich jedoch gegen den Uhrzeigersinn durch den Tierkreis! Das Häusersystem bringt das Himmlische der Tierkreiszeichen und das der Planeten in Beziehung mit dem Irdischen bzw. Weltlichen. Es ist sozusagen die irdische Manifestation (Häuser) der himmlischen Energien der Tierkreiszeichen und der Planeten. Wie auch der Kern in uns himmlisch oder Göttlich ist, wir jedoch in einem weltlichen Körper geboren werden, der zur Erde gehört und somit den Dynamiken des Raum-Zeit-Universums (Karma, Dharma) unterworfen ist.

Die Häuser stehen für die **Lebensbereiche** in diesem Leben auf der Erde, in denen sich die archetypischen Energien der Zeichen und der Planeten individuell (Geburtshoroskop) manifestieren. Stellen Sie sich vor, jeder Mensch würde in einem modernen Gebäude leben, das rund gebaut ist. Stellen Sie sich vor, jedes dieser Gebäude hätte zwölf Zimmer. Jeder hätte dann ein Zimmer Nr. 1 – wie der Aszendent AC, d.h. das 1. Haus – und jeder hätte ein Zimmer Nr. 4, gleich dem IC bzw. dem 4. Haus und so weiter. Das Zimmer Nr. 1 ist für gewisse Themen und Handlungen der richtige Raum. So steht auch jedes andere Zimmer für gewisse Aktivitäten des täglichen Lebens. So wie wir alle in die Küche gehen, um zu kochen.

Jedes dieser 12 Zimmer hat seine archetypische Grundstruktur (Häuser-, d.h. weltliche Themen), ist jedoch unterschiedlich eingerichtet (Tierkreiszeichen an der Hausspitze): Der eine hat eine moderne Küche, der andere eine rustikale. Genauso sind die Häuser im Horoskop: Jedes Haus stellt archetypisch einen anderen Lebensbereich des irdischen Lebens dar! Doch die „Inneneinrichtung" eines der 12 Häuser ist abhängig 1. vom Zeichen an seiner Hausspitze, 2. der Stellung des Herrschers dieses Zeichens irgendwo im Horoskop in einem anderen Zeichen und Haus, und

3. von weiteren Planeten, die sich eventuell in diesem Haus befinden. Wie jedes der 12 Zimmer bzw. der astrologischen Häuser mit ihren grundsätzlichen Funktionen „eingerichtet" ist, hängt also von der Geburtszeit ab, d.h. von den Tierkreiszeichen an den Hausspitzen!

Befindet sich zum Beispiel zu einer Geburt das Zeichen Stier ♉ am Osthorizont am Aufgehen, d.h. Stier ♉ am AC, dann hat die Tapete des 1. Hauses dieses Menschen ein Stier-Design. Ist im selben Moment ein weiteres Baby geboren, aber an einem anderen Ort einer anderen Zeitzone, dann hätte dieses Baby sicherlich ein anderes Zeichen am Aszendenten. Wir sehen, dass jeder ein 1. Haus hat, aber die astrologische Tapete ist unterschiedlich. Der planetare Herrscher des Zeichens am Aszendenten wird sich auch in einem anderen Haus und Zeichen befinden. Somit wird die individuelle Energie des Geborenen definiert und die himmlischen Energien manifestieren sich einmalig durch seine Geburt und somit in seinem Horoskop.

Lassen Sie uns nun einmal die beiden unten gezeigten Abbildungen zweier Horoskope betrachten. Beide Babys sind im selben Moment geboren, das eine aber in Los Angeles und das andere im selben Augenblick in New York City, also drei Zeitzonen von LA entfernt. Daher befinden sich unterschiedliche Zeichen an den jeweiligen Aszendenten und unterschiedliche Zeichen an den Hausspitzen. Die Planeten sind jedoch an denselben Positionen in den Tierkreiszeichen, denn die Babys sind zur selben Zeit geboren, d.h. die himmlischen Stellungen der Planeten sind exakt die Gleichen im Tierkreis. Wenn es Vollmond ist, ist Vollmond in Deutschland und zugleich in China – der Mond wird aber in einer anderen Position zum Horizont von China und Deutschland stehen. Die Planeten bei unseren Babys stehen somit auch in unterschiedlichen Häusern, da die Aszendenten aufgrund der unterschiedlichen Orte (Zeitzonen) unterschiedlich sind! Also nochmals: die Planeten stehen in exakt denselben Zeichen, aber in unterschiedlichen Häusern, weil beide Babys zwar im selben Moment, aber an unterschiedlichen, weit von einander entfernten Orten (AC – Häuser) geboren sind.

Hier die Horoskope:

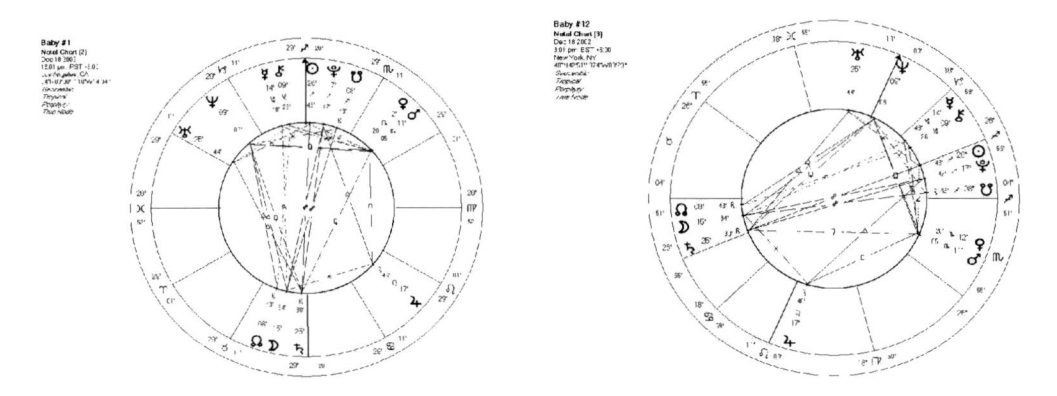

Das Horoskop von Baby 1 hat Fische ♓ am AC, sein planetarer Herrscher, Neptun ♆, steht im 11. Haus in Wassermann ♒, und Altherrscher von Fische ♓, Jupiter ♃, steht im 5. Haus in Löwe ♌. Die Sonne ☉ steht hier hoch oben, nah an der Himmelsmitte, dem MC, im 9. Haus in Schütze ♐, weil es Mittag in LA ist (Pacific Time) – die Eltern würden sagen: „ Unser Kind ist ein Schütze." Baby 2 ist im selben Augenblick in NYC geboren, wo es schon 3 Stunden später ist (Eastern Time). Wir sehen das Zeichen Zwilling ♊ am AC, sein Herrscher, Merkur ☿, steht im 8. Haus in Steinbock ♑. Das Zeichen Fische ♓, das in LA noch am Osthorizont steht, ist hier in New York City schon bis zur 11. Hausspitze aufgestiegen. Die Sonne ☉ steht immer noch auf derselben Gradzahl in Schütze ♐ (es geschieht ja zum selben Augenblick), aber hier schon im 7. Haus. Sie ist also in Begriff, bald unterzugehen (DC), weil NYC östlicher liegt. Die Eltern dieses Babys werden auch sagen: „Unser Kind ist Schütze." Wir sehen hier aber den gravierenden Unterschied, denn das eine Schützen-Baby hat die Sonne ☉ in Schütze ♐ im 9. Haus, das andere Baby hat Sonne ☉ in Schütze ♐ im 7. Haus. Die Häuser stellen die Lebensbereiche dar. Daher werden diese beiden Kinder ihre Schützen-Sonnen-Energie in unterschiedlichen Lebensbereichen (Häuser) leben. Das eine in den Bereichen des 9. Hauses, das andere in allen Belangen, die dem 7. Haus entsprechen.

Wir haben nun schon gelernt, dass die Häuser für die Lebensbereiche des weltlichen Lebens stehen. Es gibt *12 Häuser*, die sich durch die Dreiteilung eines jeden der vier Quadranten ergeben, die sich wiederum aus den Hauptachsen des Ortes AC-DC und MC-IC ergeben. Und es gibt *12 Zeichen*, die durch die Sonnenumlaufbahn, die Ekliptik, und somit durch die jeweilige Dreiteilung der vier Jahreszeiten ergeben. Nun möchte ich Ihnen die wohl einfachste Entsprechung, die man zwischen den 12 Zeichen und den 12 Häusern machen kann, vorstellen. Sie wird zwar so manchen traditionellen Fachastrologen auf die Barrikaden bringen, denn sie wird in der traditionellen Astrologie nicht so simpel angewandt – dennoch funktioniert sie hervorragend und spart dem Schüler der Astrologie viel überflüssige Studienzeit:

Die Drei Bausteine bzw. Ebenen Zusammengesetzt

Tun wir doch einfach einmal so, als würden wir einen Kuchen mit drei Ebenen aus durchsichtigem Mehl backen. Als Basis nehmen wir

- **Die Zeichen.** Die höchste energetische Ebene, denn die Zeichen sind Teil des Fixsternhimmels in den unendlichen Weiten des Weltraums. Ihre Reihenfolge oder Nummerierung ist gegen den Uhrzeigersinn:
  Widder ♈, Stier ♉, Zwilling ♊, Krebs ♋, Löwe ♌, Jungfrau ♍, Waage ♎, Skorpion ♏, Schütze ♐, Steinbock ♑, Wassermann ♒, Fische ♓.
  Sie stehen für die Totalität des Bewusstseins als Ganzes, das sich im Kaskaden-Brunnen der 12 Tierkreiszeichen manifestiert. Jedes Zeichen wird durch ein Element definiert, Feuer (rot), Wasser (blau), Luft (gelb), Erde (grün), und durch eine Qualität, kardinal (Aufbau), fix (Erhaltung), veränderlich (Abbau), und durch entweder Yin (Energie geht zurück zum Zentrum) oder Yang (Energie geht aus dem Zentrum heraus)

In der folgenden Abbildung sehen Sie den Tierkreis mit den astrologischen Symbolen, beginnend mit Widder an der linken Seite, und daneben den Tierkreis mit den internationalen Abkürzungen der Zeichen.

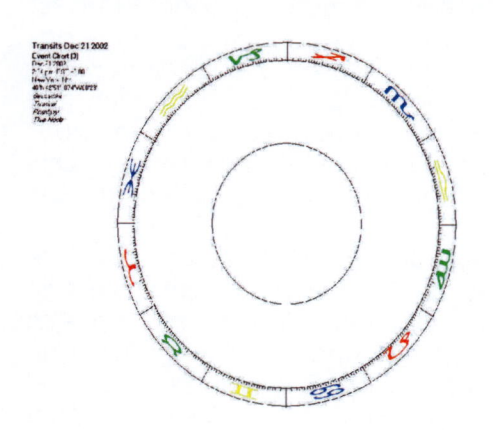

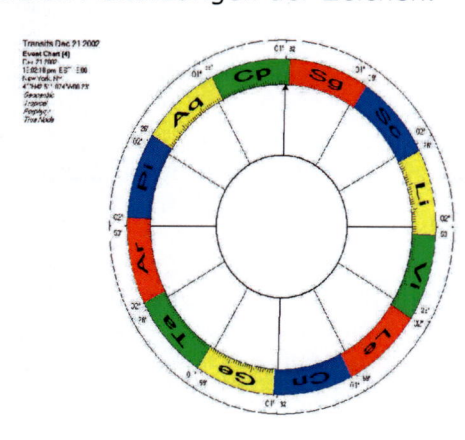

TIPP: Ich möchte Ihnen ans Herz legen, die astrologischen Symbole tief einzuprägen, nicht nur um schneller Symbole deuten zu können, sondern vor allem, um Ihre rechte Gehirnhälfte für das innere Studium der Astrologie zu öffnen:

	Kardinal	Fix	Veränderlich
Feuer	Widder ♈	Löwe ♌	Schütze ♐
Luft	Waage ♎	Wassermann ♒	Zwilling ♊
Wasser	Krebs ♋	Skorpion ♏	Fische ♓
Erde	Steinbock ♑	Stier ♉	Jungfrau ♍

- ❖ **Die Planeten.** Sie wandern bzw. transitieren immer durch die Zeichen des Tierkreises. Ein Geburtshoroskop zeigt die Planetenpositionen zum Moment der Geburt in den Zeichen und Häusern. Jeder Planet herrscht mindestens über ein Tierkreiszeichen. Daher trägt der Planet die archetypischen Energien des Zeichen bzw. der beiden Zeichen, über das/die er herrscht: Widder ♈ – Mars ♂, Stier ♉ – Venus ♀, Zwilling ♊ – Merkur ☿, Krebs ♋ – Mond ☽, Löwe ♌ – Sonne ☉, Jungfrau ♍ – Merkur ☿, Waage ♎ – Venus ♀, Skorpion ♏ – Pluto ♇ (Mars ♂), Schütze ♐ – Jupiter ♃, Steinbock ♑ – Saturn ♄, Wassermann ♒ – Uranus ♅ (Saturn ♄), Fische ♓ – Neptun ♆ (Jupiter ♃).

Hier nochmals die Liste mit den planetaren Herrschern und Altherrschern:

	Kardinal	Fix	Veränderlich
Feuer	Widder ♈	Löwe ♌	Schütze ♐
Herrscher	*Mars ♂*	*Sonne ☉*	*Jupiter ♃*
Luft	Waage ♎	Wassermann ♒	Zwilling ♊
Herrscher	*Venus ♀*	*Uranus ♅ (♄)*	*Merkur ☿*
Wasser	Krebs ♋	Skorpion ♏	Fische ♓
Herrscher	*Mond ☽*	*Pluto ♇ (♂)*	*Neptun ♆ (♃)*
Erde	Steinbock ♑	Stier ♉	Jungfrau ♍
Herrscher	*Saturn ♄*	*Venus ♀*	*Merkur ☿*

Die Reihenfolge der Planeten ist ebenso hilfreich auswendig zu wissen: Sonne ☉, Merkur ☿, Venus ♀, (Erde) & Mond ☽, Mars ♂, Jupiter ♃, Saturn ♄, Uranus ♅, Neptun ♆, Pluto ♇. Je weiter ein Planet von der Sonne entfernt ist, umso länger braucht er, die Sonne zu umrunden. Die folgende List ist hilfreich, denn sie zeigt die Umlaufzeiten der Planeten um die Sonne, und die Zeichen über die sie herrschen:

Planet	Umlaufszeit	herrscht über Zeichen
Merkur ☿	88 Tage	Zwilling ♊, Jungfrau ♍
Venus ♀	224,75 Tage	Stier ♉, Waage ♎
Erde	365,25 Tage	
Mond ☽	28 / 29 Tage um die Erde	Krebs ♋
Mars ♂	1 Jahr 331,75 Tage	Widder ♈ (Skorpion ♏)
Jupiter ♃	11 Jahre 314 Tage	Schütze ♐, (Fische ♓)
Saturn ♄	29 Jahre 167 Tage	Steinbock ♑ (Wassermann ♒)
Uranus ♅	84 Jahre 7 Tage	Wassermann ♒
Neptun ♆	164 Jahre 280 Tage	Fische ♓
Pluto ♇	249 Jahre	Skorpion ♏

Für unsere astrologische Arbeit ist es eigentlich genug zu wissen, dass Mars 2 Jahre, Jupiter 12 Jahre, Saturn 29 Jahre und Uranus 84 Jahre durch den Tierkreis braucht. Stellen Sie sich einmal vor, Sie sprechen mit ihrem Klienten, und er sagt: "Vor 12 Jahren, da ist mir.....". Sie wissen dann schon, dass Sie auf Jupiters Stellung im Horoskop sehen müssen, weil Jupiter eben 12 Jahre durch den Tierkreis braucht.

Planeten bringen die archetypischen Energien des Zeichens, über das sie herrschen in Bewegung und somit in Zusammenspiel mit den Archetypen anderer Zeichen und Häuser, vergleichbar mit der griechischen Philosophie von „Autos" (Immer Seiende) und Heteros (Immer Veränderliche). Die Planeten bringen das Immer-Seiende des Zodiaks mit seinen Tierkreiszeichen in Bewegung und somit in und durch Veränderung auf der Ebene der Häuser (Immer Veränderliche).

Oft stehen Planeten im Tierkreis auf eine Art und Weise, dass sie zu anderen Planeten so genannte *Aspekte* bilden. Die Inder nennen Aspekte „planetare Lichtstrahlen". Stellen wir uns einmal vor zwei Planeten stünden so im Tierkreis, dass sie 120°

voneinander entfernt wären – wir Astrologen würden sagen, "die beiden bilden ein Trigon △ (120°). Sie stehen wie zwei Schauspieler auf einer Rundbühne 120° voneinander entfernt und jeder hat eine Taschenlampe in der Hand und leuchtet auf den anderen. Das sind die so genannten Aspekte, die ich zusammen mit der Phasenlehre in Kapitel Fünf erläutern werde. Ich persönlich finde Aspekte sicherlich sehr wichtig, aber doch nicht so wichtig wie sie von manchen Astrologen gepriesen werden. Sie machen ja erst dann Sinn, wenn ich die tiefe Bedeutung der beiden Planeten in Haus und Zeichen erfasst habe; um sozusagen zu wissen, was diese beiden Schauspieler eigentlich für eine Rolle spielen; erst dann machen die Winkel der Taschenlampen – die Aspekte – wertvollen Sinn. Aspekte stellen sich in einer Horoskopzeichnung wie folgt dar – sie werden als Striche in unterschiedlichen Farben zwischen zwei Planeten dargestellt:

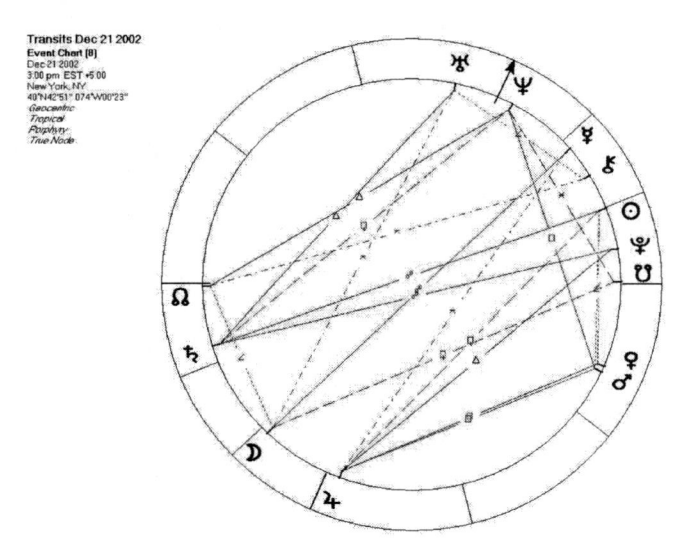

- **Die Häuser.** Ihre Grundlange ist der Horizont (AC-DC) und der Meridian (MC-IC) eines Ortes auf unserem Planeten zu einem bestimmten Zeitpunkt eines Ereignisses (zum Beispiel: Geburt). Diese beiden Hauptachsen teilen den Tierkreis, der sich in 24 Stunden einmal um den Ort dreht, in vier Quadranten, von denen jeder nochmals in 3 Felder oder Häuser unterteilt wird, wodurch 12 Häuser entstehen, die vom AC gegen den Uhrzeigersinn durchnummeriert werden. Der AC ist somit die Hausspitze des 1. Hauses. Jedes Haus beginnt mit der Hausspitze, die durch ein

Tierkreiszeichen geht. Das Zeichen an der Hausspitze beschreibt wie der archetypische Bereich des Hauses im individuellen Fall "eingerichtet" bzw. designiert ist. Die Häuser stehen für die *Lebensbereiche im weltlichen Leben*. Jedes Haus trägt in sich die archetypischen Energien des entsprechenden Tierkreiszeichens – also das 4. Haus ist *wie* das vierte Zeichen des Tierkreises, Krebs ♋ - wird aber durch das Zeichen an der Hausspitze individuell für das Leben des Horoskopeigners determiniert.

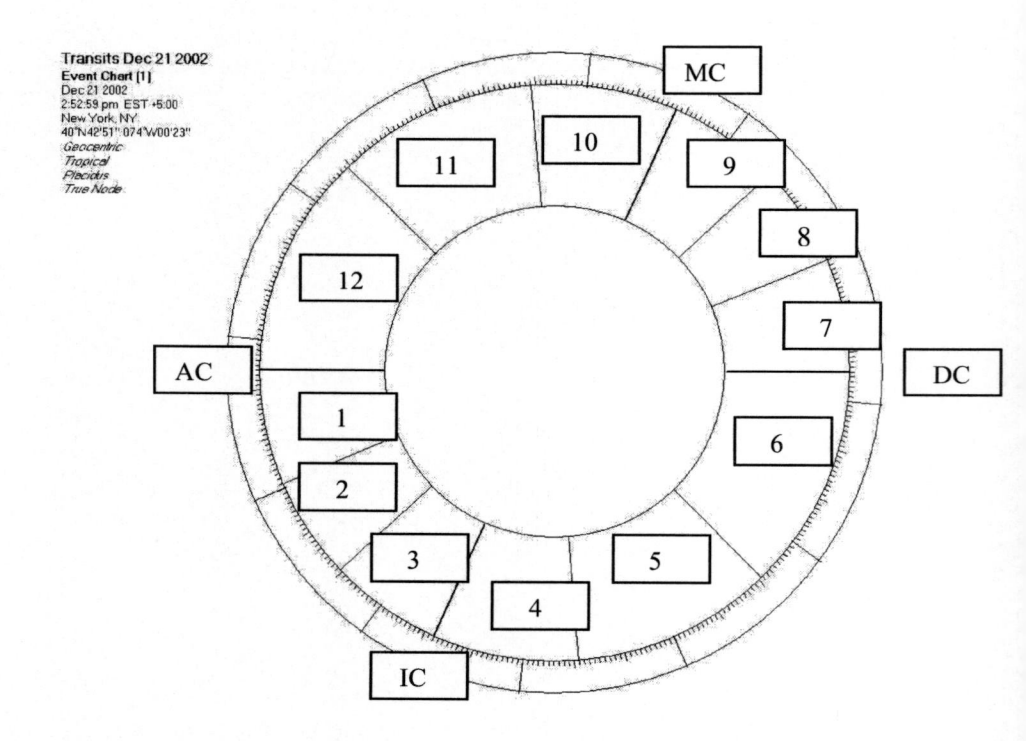

Transits Dec 21 2002
Event Chart [1]
Dec 21 2002
2:52:59 pm EST +5:00
New York, NY
40°N42'51" 074°W00'23"
Geocentric
Tropical
Placidus
True Node

Das 1. Haus ist in seiner inneren Schwingung *wie* das erste Tierkreiszeichen, Widder ♈. So ist auch das 2. Haus in seiner inneren Schwingung *wie* das zweite Zeichen, Stier ♉, usw.

Wie jedoch diese Lebensbereiche, sprich Häuser, im Leben des Natalen individuell schwingen bzw. "eingerichtet" sind, zeigt

- ❖ das Tierkreiszeichen, das sich an der Hausspitze befindet,
- ❖ der planetarer Herrscher des Tierkreiszeichens an der Hausspitze in seiner Position in einem Tierkreiszeichen und in einem Haus
- ❖ eventuelle Planeten in dem Haus.

Lassen Sie uns nun die drei Ebenen oder Grundbausteine eines Horoskops, nämlich

die Zeichen,   Planeten & Aspekte   und   die Häuser

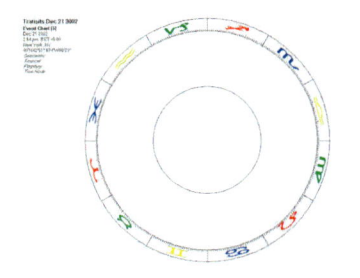

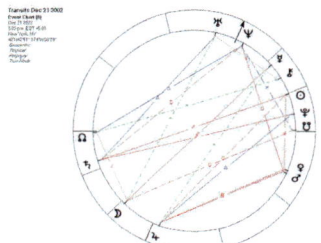

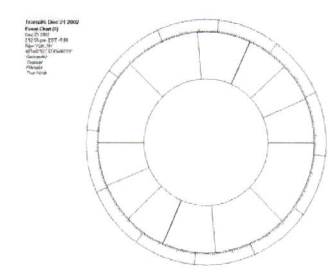

zusammensetzen: Dann haben wir ein Horoskop:

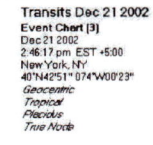

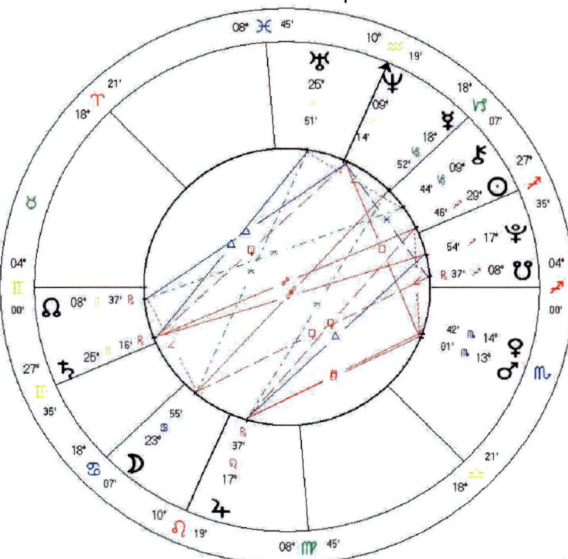

In der obigen Abbildung, bei der wir die drei Ebenen eines jeden Horoskops (Zeichen, Planeten und Häuser) wie bei einem Kuchen zusammengesetzt haben, sehen wir, das aufsteigende Zeichen am Osthorizont, dem Aszendenten AC, auf 4° Zwilling ♊ am AC. Die Sonne ☉ ist auf 29° Schütze ♐ im 8. Haus. Der Mond ☽ ist auf 23° Krebs ♋ (in seinem eigenen Zeichen) im 3. Haus. Merkur ☿ ist auf 18° Steinbock ♑ im 9. Haus. Venus ♀ auf 14° Skorpion ♏ im 6. Haus, Mars ♂ auf 13° Skorpion ♏ ebenfalls im 6. Haus, Jupiter ♃ auf 17° Löwe ♌ im 4. Haus. Saturn ♄ ist auf 25° Zwilling ♊ im 1. Haus, Uranus ♅ auf 25° Wassermann ♒ im 10. Haus, Neptun ♆ auf 9° Wassermann ♒ im 9. Haus und Pluto ♇ steht auf 17° Schütze ♐ im 7. Haus. Im 1. Haus nahe am Aszendenten AC sehen wir den so genannten Nordknoten des Mondes ☊ in Zwilling ♊, der auch "aufsteigender Knoten" genannt wird. Ihm gegenüber steht der Südknoten des Mondes ☋, auch „absteigender Knoten", in Schütze ♐ im 7. Haus.

Die *Mondknoten*, ☋ ☊, sind keine Planeten, sondern die beiden Schnittpunkte der Mondumlaufbahn mit der Sonnenumlaufbahn, der Ekliptik. Da die Umlaufbahn des Mondes zur Ekliptik in einem schrägen Winkel steht, entstehen diese beiden Schnittpunkte, die so genannte *Mondknotenachse* mit aufsteigendem bzw. Nordknoten ☊ und dem immer gegenüberliegendem absteigenden bzw. Südknoten ☋ des Mondes. Seit alters her wurden diese Knoten des Mondes als enorm wichtige Punkte in der antiken und auch östlichen Astrologie angesehen. In der traditionellen Astrologie des Westens gehen sie oft unbeachtet oder falsch interpretiert unter. Evolutionäre Astrologie sieht die Mondknoten als die evolutionären, karmischen Schlüsselpunkte. Grundsätzlich steht der Südknoten des Mondes für die Vergangenheit und der Nordknoten für die zukünftige Orientierung – doch es gibt Ausnahmen, worauf eingehend in Kapitel Sechs eingegangen wird.

Kapitel Drei

Wie man Bedeutungsvolle Kombinationen und Aussagen schafft

Die wahre Kunst in der Astrologie besteht darin, die Schlüsselworte bzw. die archetypischen Dynamiken der Zeichen, der Planeten und der Häuser in bedeutungsvolle Sätze zu bringen. Damit müssen die Archetypen inhaltsvoll, so wie sie symbolisch im Horoskop niedergeschrieben sind, in den bedeutungsvollen Kombinationen im Kern ausgedrückt werden. Dabei geht man eigentlich ähnlich wie beim Scrabble- oder beim Lego-Spielen vor: man setzt archetypische Bausteine zusammen.

In diesem Kapitel möchte ich veranschaulichen, wie man profunde analytische Aussagen trifft, indem man die archetypischen Schlüsselworte der Zeichen, der Planeten und der Häuser „astro-logisch" zusammensetzt. Obwohl die archetypischen Schlüsselworte bzw. das astrologische Vokabular erst im nächsten Kapitel (Kapitel Vier) eingehend erklärt werden, möchte ich den Leser schon mit dieser spielerisch-einfachen und doch essentiellen Technik vertraut machen, die drei Ebenen, Zeichen, Planeten, Häuser, in den Sätzen der astrologischen Interpretation so zu integrieren, dass diese kombinierten Sätze der innere Realität des pulsierenden Horoskops entsprechen. Dies soll den Leser auch dazu befähigen, die kleinen Deutungsübungen, die ab Kapitel Vier immer wieder auftauchen, durcharbeiten zu können, um somit die archetypischen Schlüsselworte der Zeichen, Planeten und Häuser während des Erlernens gleich praktisch zu üben – „es gibt nichts Gutes, außer man tut es!"

Ich möchte den Leser bitten, sobald das Kapitel Vier mit den archetypischen Schlüsselworten durchgelesen bzw. erarbeitet wird, 12 große Karteikarten zu beschaffen, um für jedes Zeichen mit seinem planetaren Herrscher und dem entsprechenden Haus jeweils eine Karteikarte mit all den archetypischen Schlüsselworten anzulegen, die in Kapitel Vier erklärt werden und **fett** gedruckt sein werden. Mithilfe dieser 12 Karteikarten wird Ihnen die anfängliche Deutungsarbeit enorm erleichtert und Ihnen spielerisch helfen, das archetypische Vokabular zu lernen, zu vertiefen und anzuwenden.

Jede Karteikarte versehen Sie mit der Überschrift des Tierkreiszeichen, seines planetaren Herrschers und des entsprechenden Hauses. Zum Beispiel: Widder ♈, Mars ♂, AC/1. Haus. Die zweite Karte mit: Stier ♉, Venus ♀ (Yin), 2. Haus usw. Auf jede Karte schreiben Sie die archetypischen Schlüsselworte, wie sie in Kapitel Vier erläutert werden. Nachdem Sie alle Schlüsselwort der 12 Zeichen mit ihren planetaren

Herrschern und entsprechenden Häusern auf die 12 Karten übertragen haben, haben Sie nicht nur ein wunderbares, selbst geschriebenes Lernwerkzeug, um das Vokabular auswendig zu lernen und zu vertiefen, sondern auch ein hervorragendes Hilfswerkzeug, um bedeutungsvolle, archetypische Deutungssätze zu erschaffen, denn Sie setzen dann nur noch Schlüsselworte der jeweiligen Karten in logischen Sätzen zusammen. Wie das gemacht wird, erkläre ich jetzt anschaulich.

Fangen wir ganz einfach an: Sagen wir, Sie arbeiten mit einer astrologischen Kombination, bei der Sie die Karteikarte Widder ♈, Mars ♂ und AC/1. Haus und die Karte Krebs ♋, Mond ☽ und IC/4. Haus benötigen. Eines der Schlüsselworte von Widder ist "Wut", und eines der Schlüsselworte von Krebs ♋ ist "Mutter". Kombiniert ergibt das zum Beispiel „wütende Mutter".[20] Sagen wir nun, das ganze würde sich im 11. Haus abspielen. Das 11. Haus ist *wie* das 11. Zeichen, Wassermann ♒, auf der weltlichen Ebene des irdischen Lebens (Kapitel Zwei). Also benötigen wir noch die Karteikarte für Wassermann ♒, Uranus ♅, 11. Haus. Eines der Schlüsselworte von Wassermann ♒ ist "unberechenbar". Setzen wir jetzt den Mond ☽ in Widder ♈ im 11. Haus in einen Deutungssatz mithilfe der Schlüsselworte von je einer der Karteikarten, ergibt sich "eine Mutter, die in ihrer Wut unberechenbar ist". Natürlich können noch viele andere Deutungen daraus entstehen, mir geht es aber hier um die Veranschaulichung der Technik, mit den 12 Karteikarten zu arbeiten. Man könnte auch sagen „die Mutter wurde aus heiterem Himmel (unberechenbar) wütend".

Nun, wann wenden wir diese Technik am Besten an? Zum einen ist es die Grundlage jeder astrologischen Deutung, bei der Aussagen nur dann den Kern treffen, wenn wir Dynamiken der drei Ebenen, also des Zeichens, der Planeten und des Hauses, in unseren Sätzen widerspiegeln. Zum anderen ist diese Technik wirklich sehr hilfreich, wenn wir eine Frage gestellt bekommen, die mit einem Lebensbereich zu tun hat! Sagen wir, der Klient fragt: „Können Sie mir etwas zu meiner Kindheit sagen?" Hier geht es ganz klar um einen Lebensbereich: die Kindheit. Krebs ♋ ist das astrologische Zeichen für die Kindheit. Krebs ist das vierte Zeichen im Tierkreis, daher müssen wir im Individualhoroskop nun auf die 4. Hausspitze, den IC sehen, denn er zeigt den Lebensbereich „Kindheit" für dieses Individuum an (Die Häuser stehen für die Lebensbereiche). An der 4. Hausspitze, dem IC, steht ein Tierkreiszeichen. Wie schon oben erwähnt, beschreibt das Zeichen an der jeweiligen Hausspitze, wie dieser Lebensbereich (Haus) "eingerichtet" ist. Das Zeichen an der 4. Hausspitze

---

[20] Das ist natürlich hier nur ein Beispiel, und es können noch viele andere Kombinationsmöglichkeiten daraus gelesen werde.

zeigt also, wie die Kindheit erlebt wurde. Wir nehmen daher nun unsere Karteikarte für das 4. Haus, mit der Überschrift „Krebs ♋, Mond ☽, IC/4. Haus" und die Karteikarte für das Zeichen, das wir an der 4. Hausspitze finden, und setzen von diesen beiden Karten die Schlüsselworte in „astrologischen" und „psycho-logischen" Sätzen zusammen (Beispiel weiter unten). Das ist der erste Schritt!

Wie wir bereits wissen, wird jedes Zeichen von einem Planeten beherrscht. Schritt Zwei ist nun, den Planeten, der über das Zeichen herrscht, das wir an der Hausspitze (hier 4. Haus/IC) finden, in seiner Position in (wahrscheinlich) einem anderen Haus, Zeichen zu finden und zu deuten. In der astrologischen Fachsprache nennen wir diesen Planeten den „Herrscher des Hauses" (hier des 4. Hauses). Dieser planetare Herrscher steht in einem Zeichen und in einem Haus. Er gibt unserer Analyse weitere detaillierte Informationen über das zu besprechende Haus/Lebensbereich (hier Kindheit – 4. Haus).

Daher benötigen wir jetzt noch die Karteikarte für das Zeichen und eine Karteikarte für das Haus, in denen dieser Planet steht. Die Schlüsselworte dieser beiden zusätzlichen Karteikarten des Zeichens und des Hauses, in dem sich der planetare Herrscher des Hauses befindet (das ist der Planet, der über das Zeichen herrscht, das an der zu untersuchenden Hausspitze steht), werden jetzt wieder in inhaltvolle Kombinationen gebracht – wie beim Lego-Spielen: ein Griff in die Box mit den grünen Steinen und ein Griff in die Blauen: mit einem Griff in die Box für die Bausteine für den Herrscher des Hauses, dann in die Box für das Zeichen, in dem er steht, und ein weiterer Griff in die Box für das Haus, in dem dieser Planet, Herrscher des zu untersuchenden Hauses, steht. Ganz einfach! Somit erhalten wir ein lebendiges Bild des Lebensbereiches (Hauses), auf den die Frage des Klienten zielt – hier: „Können Sie etwas zu meiner Kindheit sagen?". Es folgen dann zur Feinanalyse noch weitere Schritte, bei denen auch jeweils mit den Karteikarten und ihren archetypischen Schlüsselworten gearbeitet wird, um bedeutungsvolle Sätze zu bilden, die ein Gesamtbild über die individuellen Dynamiken des Lebensbereiches zu zeichnen, nach dem der Klient fragt.

Die Sechs Deutungsschritte für Bedeutungsvolle Analyse

Frage: => betrifft einen Lebensbereich, zum Beispiel die Kindheit
'Kindheit' ist Archetyp von Krebs ♋,
das vierte Zeichen im Tierkreis
=> man geht auf die 4. Hausspitze / IC, denn es ist *wie* Krebs ♋

1. Zeichen an der Hausspitze. Es beschreibt, wie dieser Lebensbereich (Haus) "eingerichtet" ist. Kombinieren Sie die Schlüsselworte für das Haus und für das Zeichen an der Hausspitze von den beiden zugehörigen Karteikarten.
2. Planetarer Herrscher des Zeichens an der Hausspitze (kurz: *Herrscher des Hauses*), der in einem Zeichen und einem Haus steht und Aspekte/Phasen zu anderen Planeten macht[21]. Er gibt weitere Informationen darüber, „wie" dieser Lebensbereich, über den er herrscht (Haus, an dem sein Zeichen steht) „eingerichtet" und gelebt ist. Kombinieren Sie von den Karteikarten für den planetaren Herrscher (selbe Karteikarte wie das Zeichen an der Hausspitze von Schritt 1.) und von dem Haus und von dem Zeichen, in dem dieser planetare Herrscher des Hauses steht, die archetypischen Schlüsselworte. Der Trick hierbei ist es, Schritt 1. und Schritt 2. gleichzeitig zu deuten. Also ein Auge auf das Zeichen an der zu untersuchenden Hausspitze, das andere Auge auf den planetaren Herrscher des Hauses, der in einem Zeichen und Haus steht. Diese beiden Schritte sind essentiell wichtig gemeinsam zu deuten, damit man nicht auf eine "falsche Spur" kommt.[22] Um jedoch noch tiefer in der Analyse bzw. die Beantwortung der Klientenfrage zu gehen, gibt es noch mehr Schritte, die es zu deuten gilt:

---

[21] TIPP: Befindet sich eine Hausspitze schon in den Endgraden eines Zeichens und das nächste Zeichen des Tierkreises nimmt den meisten Raum des Hauses ein, dann empfiehlt es sich mit beiden Zeichen und deren planetaren Herrschern zu arbeiten: Dennoch ist das Zeichen an der Hausspitze und dessen planetarer Herrscher in einem Zeichen und Haus, die tonangebende Dynamik und muss als solches gedeutet werden. Das nachfolgende Zeichen in dem zu untersuchenden Haus mit seinem planetaren Herrscher wird als *Nebenzeichen* mit *Nebenherrscher des Hauses* gedeutet. Ähnlich einem Zimmer, dass noch mit dem Teppich des vorigen Zimmers beginnt, und dann folgen zum Beispiel Kacheln in dem Zimmer. (Endgrade des ♌ an der Hausspitze und dann ist der Rest des Hauses ♍.)

[22] Sagen wir Schütze ♐ wäre an der 4. Hausspitze. Sie deuten, wie fröhlich die Kindheit war, sehen aber dann, dass der planetare Herrscher Jupiter ♃ in Skorpion ♏ zusammen mit Saturn ♄ steht – uups....die Kindheit war wohl doch eher ein Alptraum.

3. Planeten im zu untersuchenden Haus. Manchmal befinden sich ein oder mehrere Planeten in dem Haus, die den Lebensbereich anzeigen, auf den die Klientenfrage abzielt. Befinden sich keine Planeten in dem zu untersuchenden Haus, dann kann Schritt 3. übersprungen werden. Der Lebensbereich ist jedoch wichtig im Leben des Klienten, auch wenn sich in dem Haus keine Planeten befinden! Man nimmt nun die Karteikarte (-n) für den (die) Planet (-en) und kombiniert ihre Schlüsselworte mit den Schlüsselworten für das Zeichen und das zu untersuchende Haus von deren Karteikarten. Diese Informationen sind wichtige zusätzliche Beschreibungen über den zu untersuchenden Lebensbereich.
4. „Natürliche Herrscher des Hauses" in Zeichen, Haus und Aspekten/Phasen zu anderen Planeten. Hier haben wir es mit einem neuen Begriff zu tun – *„Natürlicher Herrscher"* – er ist nicht mit dem planetaren Herrscher des Hauses zu verwechseln! Der planetare Herrscher eines Hauses ist der Planet, der über das Zeichen herrscht, das sich an der zu untersuchenden Hausspitze befindet. Der „Natürliche Herrscher" des Hauses hingegen ist der Planet, der über das Zeichen herrscht, das archetypisch mit dem Haus zu tun hat. Hört sich tierisch kompliziert an, ist aber wieder ganz einfach: Wie wir wissen, entspricht jedes Haus auf der weltlichen Ebene einem der 12 Tierkreiszeichen (Kapitel Zwei). Widder ♈ ist der Archetyp für absoluten Neubeginn; auf der persönlichen Ebene wird dies durch das 1. Haus/AC symbolisiert. Der Planet, der über das Zeichen an der 1. Hausspitze/AC herrscht, ist der planetare Herrscher des 1. Hauses und zeigt, wie sich absoluter Neubeginn im individuellen Leben manifestiert. Mars ♂ hingegen ist der Herrscher von Widder ♈ und somit *immer* der „Natürliche Herrscher" des 1. Hauses. Bei unserer Klientenfrage ging es um die Kindheit – Archetyp Krebs ♋, welches das vierte Zeichen des Zodiaks ist. Das 4. Haus ist daher auf der individuellen mundan-weltlichen Ebene *wie* das vierte Zeichen, also Krebs ♋. Somit ist der Natürliche Herrscher des 4. Hauses der Mond ☽. Der Mond ☽ ist *immer* der Natürliche Herrscher des 4. Hauses, und Mars ♂ ist *immer* der Natürliche Herrscher des 1. Hauses, und die Venus ♀ ist *immer* der Natürliche Herrscher des 2. Hauses. Aber die Zeichen an den jeweiligen Hausspitzen definieren, wer der planetare Herrscher des Hauses ist – nämlich der Herrscher des Zeichens, das an der Hausspitze steht. Die Position des Natürlichen Herrschers des Hauses, der wieder in einem Haus und Zeichen steht und Aspekte/Phasen zu anderen Planeten bildet, gibt wertvolle Zusatzinformationen zum Thema der zu untersuchenden

Hauses (hier: Kindheit). Man nehme die Karteikarten für das Haus und die für das Zeichen, in dem der Natürliche Herrscher steht und kombiniert sie in bedeutungsvollen Sätzen mit den Schlüsselworten von der Karteikarte des Natürlichen Herrschers (diese Karteikarte nutzen wir ja schon seit Punkt 1. für das untersuchende Haus!).

5. 'Natürliche Zeichen' – wo steht bzw. an welcher Hausspitze steht es im Horoskop? Das *„Natürliche Zeichen"* ist das Zeichen, das mit der ursprünglichen Frage des Klienten zu tun hat. In unserem Beispiel ist es das Zeichen Krebs ♋, denn der Klient hat eine Frage nach seiner Kindheit gestellt. Die Stellung dieses Natürlichen Zeichens an einer Hausspitze gibt nochmals zusätzliche, aber untergeordnete Informationen, hinsichtlich des zu untersuchenden Themas. Man kombiniert die archetypischen Schlüsselworte des Natürlichen Zeichens, mit dem man sowieso schon seit Punkt 1. arbeitet, und kombiniert sie mit den Schlüsselworten der Karteikarte des Hauses, an dem das Natürliche Zeichen steht. Manchmal kann es sein, dass keine Hausspitze durch ein Tierkreiszeichen geht. Man nennt das *„eingeschlossene Zeichen"*. Eingeschlossene Zeichen sind im Porphyrus-Haussystem recht selten[23]. Falls es dennoch der Fall ist, dann kombiniert man die archetypischen Schlüsselworte des Hauses, in dem das Zeichen eingeschlossen ist, mit den Schlüsselworten des Natürlichen Zeichens.

6. Planeten, die eventuell in diesem Natürlichen Zeichen stehen. Sie geben weitere, aber untergeordnete Informationen, über den zu untersuchenden Lebensbereich des Klienten. Man kombiniert die Schlüsselworte ihrer entsprechenden Karteikarten mit denen des Hauses und denen des Natürlichen Zeichens.

Wenn man diese 6 Deutungsschritte befolgt und zu jedem Punkt ungefähr drei bis vier "archetypisch schwangere", bedeutungsvolle Sätze

---

[23] Aus Evolutionärer Sicht haben eingeschlossene Zeichen zwei mögliche Bedeutungen: Einerseits, dass die Energien der eingeschlossenen Zeichen in diesem Leben evolutionär nicht wichtig sind, sondern eher brach liegen. Oder andererseits, wenn sich entweder Pluto ♇ und/oder die Mondknoten ☊☋ und/oder die planetaren Herrscher der Mondknoten und/oder andere evolutionär-karmische Symbole in den eingeschlossenen Zeichen befinden bzw. auf sie hinweisen (z.B: Krebs ♋ eingeschlossen, aber Mond ☽ in Konjunktion ☌ mit Pluto), dann sind die Themen dieser eingeschlossenen Zeichen in den entsprechenden Häusern evolutionär betont. Der Zugang zu den Energien der eingeschlossenen Zeichen, geht aber trotzdem immer nur durch das Zeichen, das sich an der Hausspitze befindet, in dem ein Zeichen eingeschlossen ist.

zusammensetzt, werden sich *wiederholende Themen* herauskristallisieren, die dem astrologischen Berater zeigen, diese bestimmten Themen in der Analyse hervorzuheben. Das heißt, je mehr man erkennt, dass sich da ein Thema in den 6 Deutungsschritten zu wiederholen beginnt, umso wichtiger ist es im Leben des Klienten. Die Reihenfolge der Deutungsschritte steht auch für die Wichtigkeit. Schritt 1. und 2. sind von höchster Wertung und müssen zusammen gedeutet werden, Schritt 3. beinhaltet wichtige Zusatzinformation und Schritt 4. und 5. spielen eine untergeordnete Rolle.

Lassen Sie uns nun diese 6 Deutungsschritte anhand eines Beispiels veranschaulichen. Dazu stelle ich Ihnen ein Horoskop vor, das uns durch das ganze Buch als Übungshoroskop dienen wird. Die Daten dieses in den Vereinigten Staaten geborenen Mannes, denn wir Dick nennen wollen, sind 23. April 1918 um 13h in New York, NY. Ab Kapitel Vier finden sie Übungskästchen zum praktischen Üben, deren Aufgaben sich immer auf dieses Horoskop beziehen. Am Ende des Buches in Kapitel Sieben finden Sie zu den Übungsaufgaben Deutungsvorschläge und eine kurze Biographie dieses Mannes, Dick. Des weiteren finden Sie eine vollständige Evolutionäre Deutung dieses Horoskops auf meinen Internet Seiten unter www.ulrichbold.com.

Ich möchte Ihnen aber empfehlen, seine Biographie, die Deutungsvorschläge und die gesamte Deutung auf meinen Internet Seiten erst nach Durcharbeit des Buches zu lesen, ansonsten berauben Sie sich der Möglichkeit, von Ihren eigenen Deutungen und Ihren Kombinationen mit bedeutungsvollen Sätzen der kleinen Übungen angenehm überrascht zu sein!

Ich werde Schritt für Schritt durch die Sechs Punkte der oben beschriebenen Reihenfolge gehen. Dabei werden Sie einige der archetypische Schlüsselworte der Zeichen, Planet und Haus in kleinen Kästchen finden, ähnlich wie Ihre Karteikarten aussehen könnten, die ich Ihnen nochmals ans Herz legen möchte, bei der Durcharbeit von Kapitel Vier zu erstellen und anfangs bei Deutungen zur Hand zu nehmen.

Sagen wir dieser Mann, Dick, fragt uns: "Wie sehen Sie meine Mutter im Horoskop?" In dieser Frage geht es um den Archetyp Mutter, also um das archetypische Zeichen Krebs ♋, was das vierte Zeichen im Tierkreis ist. Für den individuellen Menschen, hier Dick[24], müssen wir

---

[24] Dieses Horoskop von Dick, genannt „Example-Horoscope-Dick" wird für die Übungsaufgaben durch das ganze Buch hergenommen. Deutungsvorschläge bzw. –lösungen, sowie seine Biographie befinden sich am Ende des Buches in Kapitel Sieben. Eine vollständige Evolutionäre Deutung seines Horoskops kann unter www.ulrichbold.com im Internet gefunden werden.

daher die 4. Hausspitze/IC[25] bzw. das 4. Haus untersuchen, denn das 4. Haus/IC ist wie Krebs ♋.

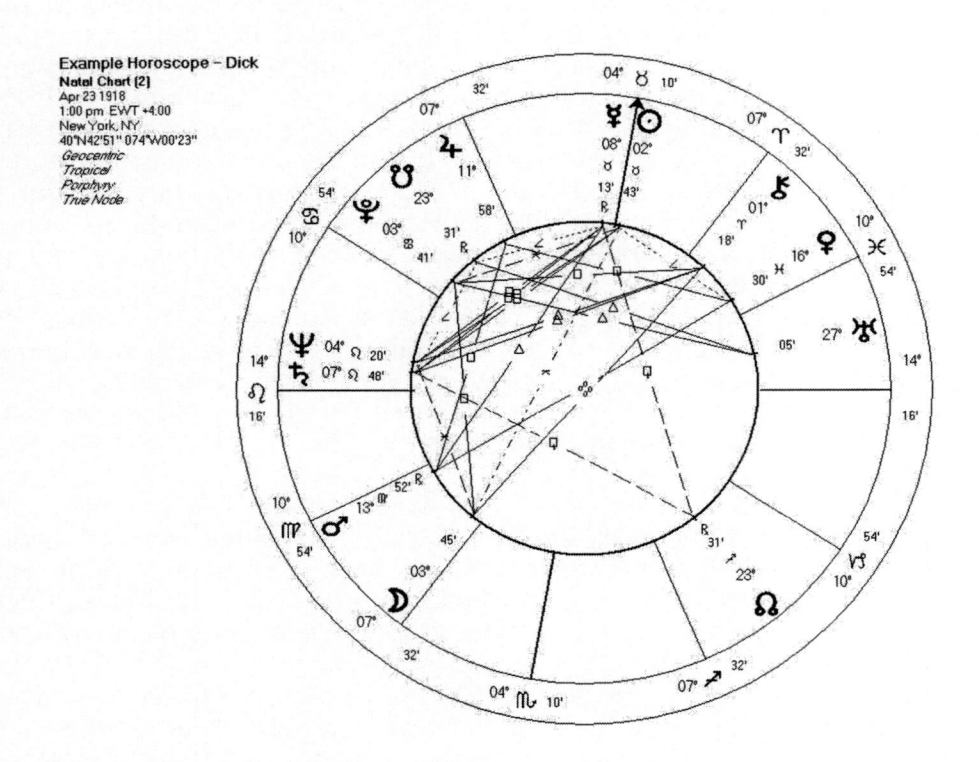

---

[25] In der Evolutionären Astrologie betrachtet man zuerst das Haus bzw. die Hausspitze bezüglich einer bestimmten Frage / Thema (hier Mutter – IC/4. Haus), wohingegen in der traditionellen Astrologie zuerst der Natürliche Planet betrachtet werden würde (hier also der Mond ☽ - Mutter).

1. Schritt
Die 4. Hausspitze/den IC finden wir auf 4° Skorpion ♏. Daher brauchen wir die Karteikarten für Krebs ♋ / Mond ☽ / 4. Haus und die Karteikarte für Skorpion ♏ / Pluto ♇ / 8. Haus.

> **TIPP**: Es ist wichtig Schritt 1. mit Schritt 2. gleichzeitig zu kombinieren.

2. Schritt
Der planetare Herrscher dieses 4. Hauses (Skorpion ♏) ist Pluto ♇.[26] Er steht in Krebs ♋ im 11. Haus. Daher brauchen wir wieder die Karteikarte für Skorpion ♏ / Pluto ♇ / 8. Haus (wie bei Schritt 1.) sowie nochmals die Karteikarte für Krebs ♋ / Mond ☽ / 4. Haus (wie bei Schritt 1.). Wir sehen hier schon eine Wiederholung und somit eine Betonung der archetypischen Dynamiken von Krebs ♋ und Skorpion ♏ hinsichtlich seiner Mutter bzw. Kindheit. Zudem brauchen wir noch die Karteikarte von Wassermann ♒ / Uranus ♅ / 11. Haus:

♋ / ☽ / 4. Haus	♏ / ♇ / 8. Haus	♒ / ♅ / 11. Haus
Mutter, frühe Kindheit, Umfeld in der Kindheit, emotionale Sicherheit, zu Hause, das Nest, Emotionalkörper, emotionales Nähren, Anima-Animus, emotionales Selbstbild, emotionale Geschlechts-Assoziation	Seele, Verlangen, Intensität, tiefste emotionale Sicherheit / Gewohnheiten, Anziehung-Abstoßung, Zweifel, Angst vor Ablehnung, vor Verlust, vor Verrat und Im-Stich-Gelassen-Werden, das Zurückhalten, Hassliebe, Besitzanspruch, Prüfen, Metamorphosen, Sexuelle Anziehung, Beweise, Vertrauen	Higher Mind, Ideen, Beobachtung, Gruppen, Objektivität, fremd, Fremde, Fremdfühlen, Distanz, Trennung, plötzlich, unerwartet, paradox, Rebellion & Befreiung vom Altbekannten, Gleichgesinnte Freunde, Freiheit, Trauma, Alarm

Lassen Sie uns nun entsprechend Schritt 1. und Schritt 2. bedeutungsvolle Sätze erstellen. Dabei wählen wir je ein archetypisches Schlüsselwort von Krebs ♋ / Mond ☽ / 4. Haus, von Skorpion ♏ / Pluto ♇ / 8. Haus und auch von Wassermann ♒ / Uranus ♅ / 11. Haus. Bitte zu bedenken, dass wir hier Astrologie betreiben, also „astro-logische" und

---

[26] Der Altherrscher ist Mars ♂, auf den ich bei diesem Beispiel zur Veranschaulichung der 6 Deutungsschritte nicht eingehe.

„psycho-logische" Aussagen machen wollen. "Mutter intensiv", "Mutter sexuell", "Mutter ließ ihn im Stich" etc.

> **TIPP**: Da wir aus jeder der Karteikarten je ein Wort herausnehmen und sinnvoll miteinander kombinieren, können wir auch sicher sein, dass die Aussagen im Kern stimmen. Das ist der Zauber dieser archetypischen Schlüsselworte, denn sie spiegeln die innere, energetische Realität und Dynamik wider! Also, wenn ein Satz, d.h. eine Wortkombination Sinn macht, stimmt es!

Die Mutter war also intensiv, es bestand eine sexuelle Energie zur und/oder von der Mutter, und es gab Dynamiken von Im-Stich-Lassen. In einem besseren Deutsch könnten wir sagen: „In Deiner Kindheit (4.) erlebtest Du intensive (♏) Liebe-Hass- bzw. „komm-geh-weg" (♏) - Dynamiken hinsichtlich Deiner Emotionen (4.). In dieser Aussage haben wir doppelt-gemoppelt kombiniert: zweimal Worte von je beiden Karteikarten in einen sinnvollen Satz gebracht. Das kann man natürlich auch über ganze Absätze so durchspielen, wodurch die Aussagen einfach lebendiger und fließender werden.

> **TIPP**: Es ist aber zu empfehlen, anfangs mit ganz einfachen Kombinationen und Sätzen zu beginnen, die auf der essentiellen Grundlage einer jeden Sprache basieren: Subjekt – Verb – Objekt. Es ist wichtig, spielerisch an solche Kombinationen zu gehen, und den Zweifel an den eigenen Aussagen beiseite zu lassen – man übt ja schließlich nur. Je mehr hiermit geübt wird, umso mehr wird sich Ihre Intuition melden und Ihnen unterstützend zur Seite stehen. Dabei ist Zweifel kein guter Freund. Mit der Zeit werden Sie intuitiv genau die Worte von Ihren Karteikarten wählen und kombinieren, die den Nagel auf den Kopf treffen.

<u>Schritt 2</u>. lädt nun dazu ein, die Deutung auf einer dynamischeren Ebene anzusetzen, die Ursache und Effekt miteinbezieht. In anderen Worten, „wenn das, dann das – wenn so, dann so." Lassen Sie mich das praktisch veranschaulichen: „ Dick hat eine tiefe Seelenverbindung (♏) mit seiner Mutter (4./IC). Doch die Mutter (4./IC) war oft emotional (♋) unerreichbar bzw. distanziert (11.), wodurch er sich in seiner Kindheit (4./IC) abgelehnt (♇) und vielleicht sogar bedroht (♇) fühlte, was ihn veranlasste, selbst in Beobachtungsposition (11.) oder in „Alarmstufe" (11.) zu sein, um sich tief (♇) emotional (♋, 4./IC) sicher und geborgen (♏, 4./IC), d.h. nicht verwundbar, zu fühlen (♇♋). Solch emotionale Beobachtungshaltung (♇ ♋ 11.) veranlasste die Mutter (4./IC) aufgrund

ihrer tiefen Verbindung (♏︎) mit ihm, plötzlich (11.) intensive (♀) Nähe (♋︎) zu ihm zu suchen, um dann, wenn er sich emotional vertrauensvoll darauf einließ (♀ ♋︎), wieder auf Distanz (11.) zu gehen. Diese, „Komm-Her-Geh-Weg"-Dynamik (♀ 11.) prägte (♋︎) ihn insofern, dass wenn seine Mutter (4./IC) emotional (♋︎) nicht präsent (♋︎) sondern distanziert (11.) war, hatte er eine Tendenz, all seine emotionale Energie (♀ ♋︎) auf seine Mutter zu richten (♀ ♋︎), evtl. auch mit allerlei erfundenen Emotionaldynamiken (♀ ♋︎ 11.) zu manipulieren (♏︎), um sie für sich einnehmen zu können (♏︎), um sich tief (♀) emotional sicher (♏︎ 4./IC, ♀ ♋︎) zu fühlen. Doch das veranlasste die Energie der Mutter (4./IC), sich umso mehr zu distanzieren (11.), wodurch er sich wieder links liegen gelassen fühlte (♀ ♋︎). Wenn das so war, dann stellt sich die Frage, warum die Mutter so oft emotional nicht erreichbar war. Nun, vielleicht hat sie (♀, Herrscher vom 4. Haus/IC) sich in sozial-gesellschaftlichen Aktivitäten mit geistig gleichgesinnten Menschen (♋︎ 11.), die sie wie eine Familie empfand (♋︎ 11.), eingebracht, wie zum Beispiel in einem Kindergarten (♋︎ 11.) oder einer politischen Partei (11.). Ein weiterer Grund für ihre emotionale (♋︎) Distanz (11.) wurzelt wahrscheinlich in ihrer eigenen Kindheit (♀, Herrscher vom 4. Haus/IC in ♋︎ in 11.).

In diesem Beispiel für das Erschaffen von bedeutungsvollen Sätzen sehen Sie eine spielerische Weise, mit den archetypischen Schlüsselworten umzugehen, während gleichzeitig die Dynamik von Ursache und Effekt einbezogen wird. Ursache und Effekt in einer astrologischen Analyse miteinzubeziehen ist essentiell wichtig, denn es spiegelt das Leben wider.

> **TIPP**: Nach guten, archetypischen Aussagen braucht man sich eigentlich nur selbst zu fragen: "Hmmm, wenn das so ist – warum ist das so? Wie hat der Horoskopeigner dann daraufhin agiert oder reagiert?" Die Antwort zu solchen Fragen steht wieder in den astrologischen Symbolen des Geburtshoroskops. Dabei ist es wirklich wichtig, „astro-logisch" und „psycho-logisch" zu arbeiten. Ich nenne das beim astrologischen Deuten „Jojo-Spielen".

Sobald Sie sich mit den archetypischen Schlüsselworten und Korrelationen sicher fühlen, erlauben Sie sich bitte, wie ein Artist spielerisch Sätze zusammenzustellen. Nutzen Sie dabei Ihre Vorstellungskraft, ihre normalen Menschenkenntnisse und lassen Sie den Anspruch auf Perfektion bei solchen Übungen aus dem Spiel. Werden Sie zum Geschichtenerzähler, aber achten Sie bitte immer darauf, dass Sie sich im Einklang mit den Symbolen im Geburtshoroskop befinden, damit es keine Projektionen und Fantasiegeschichten gibt. Mit etwas kindlich-spielerischer Übung werden Sie schnell erfahren, wie Ihre rechte Gehirnhälfte und somit ihre Intuition anfängt, die Führung zu übernehmen. Je mehr Sie das zulassen, umso mehr fühlt sich die verschüttete Intuition, die jeder Mensch von Natur aus hat, willkommen und wird Ihnen mit all ihren Möglichkeiten zur Seite stehen. Übung ist dabei der Schlüssel.

> **TIPP**: Wann immer Sie einige Minuten Zeit haben, nehmen Sie ein Blatt Papier, zeichnen Sie einen Kreis mit einem Zeichen an einer Hausspitze und den planetaren Herrscher in ein anderes Haus und Zeichen, dazu noch den Natürlichen Herrscher. Dann stellen Sie eine Frage aus dem archetypischen Spektrum des zu untersuchenden Hauses auf den Lebensbereich dieses Hauses bezogen und erschaffen nun aussagestarke Sätze mithilfe der archetypischen Schlüsselworte von Kapitel Vier. Versuchen Sie, dabei so kreativ und vielseitig wie möglich zu sein und betrachten Sie die Möglichkeiten des zu untersuchenden Lebensbereiches von so vielen Perspektiven wie nur möglich, während Sie aber immer noch mit den astrologischen Symbolen arbeiten und diese deuten, die sie da auf das Blatt Papier gezeichnet haben. Stellen Sie sich selbst Fragen, wie zum Beispiel: „Wie fühlt sich das an? Wie würde ein Mensch agieren und reagieren? Wenn so, dann so?"

Der nächste Schritt unserer Analyse, Schritt 3. untersucht Planeten, die sich eventuell in dem zu untersuchenden Haus befinden. Es stehen in unserem Beispiel keine Planeten im 4. Haus. Daher ist der nächste Schritt der Analyse Schritt 4., der Natürliche Herrscher des zu untersuchenden Hauses. Nochmals: der Natürliche Herrscher für das 4. Haus ist *immer* der Mond ☽, weil das vierte Zeichen Krebs ♋ ist. Er steht im Zeichen Waage ♎ im 2. Haus. Daher brauchen wir jetzt die Karteikarten Krebs ♋ / Mond ☽ / 4./ IC, Waage ♎ / Venus (Yang)♀ / 7./DC und für Stier ♉ / Venus (Yin)♀ / 2, um zu Schritt 4. bedeutungsvolle Sätze zu kreieren.

♋ / ☽ / 4. Haus	♎ / ♀ (Yang) /7./DC	♉ / ♀ (Yin) / 2. Haus
Mutter, frühe Kindheit, Umfeld in der Kindheit, emotionale Sicherheit, zu Hause, das Nest, Emotionalkörper, emotionales Nähren, Anima-Animus, emotionales Selbstbild, emotionale Geschlechts-Assoziation	Du-Welt, andere Menschen, wie Bekannte, lockere Freunde, Klienten etc., Bedürfnis diverse Beziehungen mit einer Vielzahl von unterschiedlichen Menschen zu initiieren, Vergleichen, Geben & Empfangen, anderen zuhören, Balance lernen, Extreme, Stil, Schönheit , Charme, Berührung, Bedürfnis gebraucht zu werden.	Überleben, Überlebensbedürfnisse, Ressourcen um zu Überleben, sexuelle Bedürfnisse, Sinne, Sinnlichkeit, innere Beziehung zu sich selbst, Werte, Bewertung, materielle Mittel, Besitz, Selbstliebe, Selbstwert, Selbsterhaltung, Dickköpfigkeit, Stabilität, Ernährung

Ganz einfach: "Die Mutter (☽) war in vielen zwischenmenschlichen Interaktionen (♎) involviert (♀), um zu überleben (2.)." Oder, „der Mutters (☽) Wertesystem (2.) war gebender Natur (♎) gegenüber anderen Menschen (♎), wodurch sie (☽) lernte (Kardinal-Waage ♎), ihre eigenen Werte und Bedürfnisse (2.) mit denen anderer Menschen zu auszugleichen (♎). Daher fand sich der Junge, Dick, in seiner Kindheit (☽) oft auf sich selbst gestellt (2.) und musste sich mithilfe seiner eigenen Ressourcen (2.) selbst ummuttern (☽). Dabei fand er sicherlich Wege, um emotional zu überleben (☽ 2.), indem er Kontakt zu anderen Menschen suchte (♎), ihnen in ihren Bedürfnissen/Werten (♀) zuhörte (♎), dabei lernte (kardinal – Waage ♎), was sie brauchen (♀, ♎), um ihnen dann vor allem das emotional zu geben (☽ ♎), was sie brauchten (♎), was zugleich sein Bedürfnis (♀) noch sozialer Geborgenheit (☽ ♎) abdeckte."

Das hört sich natürlich noch sehr holprig an, aber es bringt uns an den Kern dieser astrologischen Symbolik, den man dann natürlich besser formulieren kann: "Seine Mutter (☽) hatte soziale Verbindungen/Verpflichtungen mit einer Vielzahl verschiedener Menschen (♎), wodurch das irdische Überleben (2.) der Familie auch getragen bzw. sichergestellt wurde (☽). Daher wurde Dick oft von anderen ummuttert (☽ ♎) und auch ernährt (☽ 2.). Er lernte anzunehmen (kardinal, ♎), aber auch anderen und ihren emotionalen Bedürfnissen zuzuhören (☽ ♎). Er lernte, ihnen emotional das zu geben, was sie brauchten (☽ ♎ 2.) Somit war er als Sympath (☽ ♎) bei anderen willkommen (☽♎ 2.). Er hatte gelernt, seinen Charme (♎ 2.) in einer Weise zu nutzen, um andere emotional (☽) wohl fühlen zu lassen (♎ 2.) und somit auch seine Bedürfnisse (2.) nach Harmonie (♎) und nach Nestwärme (☽) zu erfüllen, um damit emotional zu überleben (☽ 2.).

Nächster Schritt unserer Analyse ist <u>Schritt 5</u>, das Natürliche Zeichen im Horoskop bzw. an einer Hausspitze, hier geht es um das Zeichen Krebs ♋, das sich an der 12. Hausspitze befindet. Also benötigen wir unsere Karteikarten für Krebs ♋ / Mond ☽ / 4./IC und für Fische ♓ / Neptun ♆ / 12. Haus:

♋ / ☽ / 4. Haus	♓ / ♆ / 12. Haus
Mutter, frühe Kindheit, Umfeld in der Kindheit, emotionale Sicherheit, zu Hause, das Nest, Emotionalkörper, emotionales Nähren, Anima-Animus, emotionales Selbstbild, emotionale Geschlechts-Assoziation	Ideale, Träume, Idealisieren, Glorifizieren, Raum- und Zeitlosigkeit, bedingungslos, inneres Universum, astrale Welt, Vermeidung, Flucht, Illusion, Desillusionierung, Alkohol, Drogen, Verwirrung, Lüge, Frieden, Spiritualität, Einfachheit, Heilung

Und wieder erschaffen wir bedeutungsvolle Sätze, indem wir die archetypischen Schlüsselworte „astro-logisch" und „psycho-logisch" anwenden: "In der frühen Kindheit (♋) hatte er eine Tendenz, seine Mutter (♋) zu idealisieren (12.), um seine Emotionen (♋) zu befrieden und auch zu beruhigen (12.)." Man könnte auch sagen, „dass er seine Mutter (♋) bedingungslos liebt (12.)", was eine genauso richtige Aussage wäre, denn wir kombinieren archetypische Schlüsselworte der beiden Karteikarten.

Als letzten Schritt kommen wir zu <u>Schritt 6</u>, eventuelle Planeten im Natürlichen Zeichen, was uns wieder zu Pluto ♇ in Krebs ♋ im 11. Haus führt. Wir würden also wieder bedeutungsvolle Sätze kreieren, wie wir es bereits unter Schritt 2. gemacht haben.

Nachdem wir durch alle sechs Schritte dieser Deutungsreihenfolge gegangen sind und zu jedem Punkt an die *drei bis vier inhaltvolle*

Kombinationen unserer archetypischen Schlüsselworte gemacht haben, sollte man diese Aussagen durchlesen. Dabei werden einem gewisse Themen auffallen, die sich wiederholen. Diese sich wiederholenden Themen spiegeln die Wichtigkeit bzw. Priorität hinsichtlich des Lebensbereiches bzw. der Frage des Klienten wieder und sollten im Gespräch dementsprechend betont gedeutet werden. Wir sehen hier in unserem Beispiel eine Wiederholung und somit Betonung zweier Dynamiken, die sich auch noch scheinbar zu widersprechen scheinen: Eine starke Verbindung (♏, ♇, ♎, 12) mit der Mutter und doch auch Distanz (11.) und sogar Dynamiken von Ablehnung (♏, ♇). Solch scheinbar widersprüchliche Dynamiken gilt es dennoch logisch zur klaren Aussagen zu bringen – „wenn das, dann das"...Wie im richtigen Leben, wo es auch intensive Anziehung und plötzliche Abstoßung gibt. Eine weitere Betonung bzw. Wiederholung fällt hinsichtlich der sozialen Dynamiken der Mutter auf (♎, 11.).

> **TIPP**: Bei widersprüchlichen Themen helfen Worte wie „sowohl – als auch" oder „doch - dann".

Nun können wir abschließend alle Informationen unserer 6-Schritt-Analyse zusammennehmen und flüssigere, eloquentere Aussagen bezüglich der Klientenfrage treffen. Dabei möchte ich Sie nochmals auffordern, spielerisch und dennoch logisch vorzugehen.

> **TIPP**: Erlauben Sie den Zweifeln Ihres analytischen Verstandes nicht, sie auszubremsen. „Oh, Gott, wie kann ich wissen, dass diese Aussage wirklich stimmt?" oder „Es könnte doch auch etwas ganz anderes bedeuten!", nun das stimmt, aber Sie üben ja schließlich noch! In anderen Worten, Sie trainieren Ihre rechte Gehirnhälfte, astrologische Symbole intuitiv mit den archetypischen Schlüsselworten zu kombinieren. Das wird zu Lichtblitzen führen, bei denen Sie auch in Ihrem Körper Empfindungen haben werden, die ein klarer Beweis sein werden, dass jetzt die Intuition übernimmt, richtige Aussagen zu treffen. Dabei müssen Sie dann nur noch darauf achten, diese intuitiven Informationen mit den Symbolen im Horoskop zu überprüfen, um nicht ins Fantasieren abzurutschen. Wenn ihre intuitive Information richtig ist, werden Sie sie in Planeten, Zeichen und so weiter mehrmals im Horoskop widergespiegelt sehen. Wenn nicht, dann sind Sie wohl in die Fantasie oder die Projektion gerutscht.

Das Üben wird Ihren inneren Lehrer erwecken. Es kann dann sehr wohl sein, dass Ihre Träume Sie bei der Hand nehmen und Sie in die wahre Astrologie einweihen. Solch astrologische Träume entsprechen dem wahren Erlernen der Astrologie, auch wenn Sie morgens nicht mehr wissen, was Sie da genau im Traum über die Astrologie erfahren haben. Keine Sorge! Ihr Inneres hat solche Lehren schon verstanden, und Sie werden während praktischer Arbeit oft überrascht sein, was da für ein tiefes Wissen aus Ihrem Inneren hervorkommt. Es wird Sie in Ihrer astrologischen Arbeit unterstützen, ja sogar führen.

Eine hellsichtige Freundin und Kollegin von mir, Allison Dubois, aus Arizona, die unter anderem auch übersinnliches Training anbietet, forderte ihre Schüler immer wieder auf: *"Wenn Du nichts siehst, dann erfinde eine Geschichte."* Das hört sich völlig unmöglich und falsch an. Aber, wenn wir unserer Imagination erlauben sich zu öffnen, während wir an einem Horoskop sitzen, öffnet sich tatsächlich unsere rechte Gehirnhälfte und versorgt uns geschwind mit intuitiver Information.

> **TIPP**: Meist geht Intuition mit einem Körpergefühl einher. Das kann eine leichte Freude sein, oder Wärme, Kribbeln, Duft etc. Solch intuitive Information muss dann natürlich mithilfe der astrologischen Symbole im Horoskop, den Zeichen an den Häusern, den planetaren Herrschern in ihrer Stellung in Haus, Zeichen und Aspekten überprüft werden. Wie macht man das? Man nimmt den Kern seiner intuitiven Information und hört die archetypischen Dynamiken und Schlüsselworte (Kapitel Vier) heraus, sucht dann nach den entsprechenden astrologischen Symbolen im Horoskop in Zeichen und Häusern, überprüft, wo der Herrscher eines bestimmten Hauses steht und wird daher erkennen, ob die Information richtig oder eingebildet war. Dabei muss man zudem immer überprüfen, ob die astrologischen Symbole tatsächlich in dem Haus bzw. den Häusern stehen, die mit dem zu untersuchenden weltlichen Lebensbereich zu tun haben.

> **TIPP**: Sieht man seine Intuition im Horoskop bestätigt, kann man von dort aus beginnen, bedeutungsvolle Sätze zu kreieren, um tiefer und weiter zu deuten. Dabei ist es immer wichtig, mit seinen Aussagen im Einklang mit dem energetischen Haushalt des Horoskops zu bleiben. Somit werden Projektionen und Fantasien vermieden und die astrologische Intuition geübt und geschult – „es gibt nichts Gutes, außer man tut es!"

Eine weitere wertvolle Unterstützung findet sich in der Meditation. Es kann hilfreich sein, das Horoskop, wenn es aus dem Drucker kommt, einmal mit farbigen Stiften nachzuzeichnen. Somit wird es über die

Handbewegungen wesentlich tiefer aufgenommen. Danach kann man das Horoskop erst einmal beiseite legen und sich einer stillen, leeren Meditation hingeben. Nach der Meditation werden einem viele interessante Dynamiken in den Sinn kommen, wenn man das Horoskop wieder betrachtet.

Des weiteren sind auch Intuitionsübungen wirklich hilfreich. Wenn Sie auf dem Weg nach Hause sind, fragen Sie sich doch einfach mal, wie viele Anrufe auf Ihrer Mailbox sind, und wer angerufen hat. Dabei ist es nicht wichtig, immer die richtige Aussage zu treffen, sondern das Gehirn und die Aufmerksamkeit in Richtung Intuition zu üben und sich innerlich für diese schnell auftauchenden Antworten zu öffnen. Intuition ist ein schnelles Instrument. Im Schamanismus gilt die Regel: „Der erste Verdacht (Information) zählt." Ist man aber persönlich, subjektiv involviert mit dem Thema („ruft meine Freundin an, um sich zu entschuldigen"), steht man oft auf dem Schlauch, denn man erhofft eine bestimmte Antwort. Achten Sie bitte auch auf ihre körperlichen Energien und „Wahr-Nehmungen", wie Geruch, Jucken, Hitze, Kribbeln, freudvolle Gefühle, Gefühle von Beschleunigung oder so. Jeder Mensch hat da individuelle Noten, die es herauszufinden gilt, um mit seiner Intuition in einem vertrauensvolleren Verhältnis zu stehen. Bedenken Sie, was Paramahansa Yogananda über die Intuition sagte: „Intuition ist der menschlichen Natur so nahe und eigen, dass die meisten von uns gar nicht wissen, dass sie Intuition haben."[27] Astrologie ist eine holistische, also ganzheitliche Wissenschaft, die über Jahrhunderte *„die Königin der Wissenschaften"* genannt wurde. Man benötigt beide Gehirnhälften, die linke – logisch – und die rechte – holistisch, intuitiv.

---

[27] „Divine Romance" von Paramahansa Yogananda

Viertes Kapitel

Archetypische Schlüsselworte der Zeichen, Planeten und Häuser

Wir werden jetzt durch jedes Zeichen des Tierkreises von Widder ♈ bis Fische ♓ gehen und eines jeden Zeichens `Spektrum an Archetypen` erläutern. Dabei werde ich Ihnen die archetypischen Schlüsselworte eines jeden Zeichens veranschaulichen. Da jedes Zeichen von einem Planeten beherrscht wird, lernen Sie gleichzeitig auch die archetypischen Schlüsselworte für diesen planetaren Herrscher eines Zeichens. Wir haben bereits gelernt, dass die 12 Häuser archetypisch den 12 Tierkreiszeichen als irdische Widerspiegelung in den Lebensbereichen entsprechen. Widder ♈ ist das erste Zeichen im Tierkreis, somit schwingt das 1. Haus/AC in sich genauso *wie* das erste Zeichen, Widder ♈, als irdischer Lebensbereich, der natürlich noch durch ein Zeichen an der Hausspitze (Inneneinrichtung), durch den planetaren Herrscher des Hauses (Herrscher über das Zeichen an der Hausspitze) in Zeichen, Haus mit Aspekten/Phasen, und durch eventuelle Planeten in diesem Haus bestimmt bzw. definiert wird.

Nichtsdestotrotz wirken die archetypischen Dynamiken des ersten Zeichens, Widder ♈, genauso im 1. Haus/AC bzw. die archetypischen Dynamiken des zweiten Zeichens, Stier ♉, genauso im 2. Haus. Daher finden Sie in den Unterüberschriften Zeichen / Planet / Haus als Titel für jedes der 12 Tierkreiszeichen, ihre planetaren Herrscher und die entsprechenden Häuser.

Während wir durch die Zeichen, Planeten und Häuser gehen werden, finden Sie die archetypischen Schlüsselworte immer in **fett** gedruckt, wenn sie das erste Mal erwähnt werden. Bitte bedenken Sie, dass hier archetypische Dynamiken mit Schlüsselworten beschrieben werden, die sich natürlich in einer unendlichen Vielzahl anderer Worte wieder finden lassen. Das heißt, gehen wir durch das Zeichen Wassermann ♒ werden Sie das Schlüsselwort **„Gruppen geistig Gleichgesinnter"** lesen. Nun liegt es an Ihnen, an Ihrem Wortschatz und an Ihren Kommunikationsfähigkeiten, darin zu erkennen, dass obiges „Gruppen von geistig Gleichgesinnten" von der Punkgruppe bis zur politischen Partei, von Mädchensportverein bis zur Terrororganisation gehen kann – alles „Gruppen von geistig Gleichgesinnten"! Es ist mehr als hilfreich, während der Durcharbeit dieses Kapitels, die archetypischen Schlüsselworte auf je 12 Karteikarten zu schreiben, damit Sie diese besser lernen und durch Kontemplation vertiefen können und auch bei Deutungsübungen oder Horoskoplesungen als anfängliche Hilfestellung zur Hand zu haben.

Ich kann nur nochmals dazu ermuntern, sich genug Zeit zu nehmen, um über diese Archetypen zu kontemplieren und diese in Ihrem persönlichen Inneren zu vertiefen. Fragen Sie sich selbst: „Was bedeutet „Gruppe von Gleichgesinnten" für mich, was bedeutet es in unserer Gesellschaft, wie funktionieren sie, was bindet sie, wo sehen ich „Gruppen von geistig Gleichgesinnten" in meinem Alltag, im Fernsehen, auf der Straße usw. – Gehen Sie also durchs Leben, öffnen Sie Ihre Augen und beobachten Sie! Achten Sie während Sie zum Beispiel das Unterkapitel über Widder ♈, Mars ♂ und das 1. Haus/AC lesen, auf Ihre inneren Gemütsregungen, beobachten Sie die Außenwelt an diesem Tag Ihre Träume. Setzen Sie sich in ein Café und beobachten Sie das Leben um sich herum, ob und wo Sie überall die Archetypen des Widders ♈ wieder finden.

Was ich zu sagen versuche, ist: Erlauben Sie dem Zauber der Astrologie, mit ihren archetypischen Schlüsselworten, sich Ihnen zu offenbaren und Sie zu inneren und äußeren Einsichten über die archetypische Existenz überall im Leben zu führen – immer! Erlauben Sie der inneren Weisheit der Astrologie, Sie von Innen herauszuführen und zu unterrichten. Schauen Sie sich im Fernsehen die Nachrichten an oder lesen Sie die Zeitung, und finden Sie die archetypischen Entsprechungen, in dem was Sie da lesen oder hören. Alles läßt sich auf diese archetypischen Schlüsselworte der Tierkreiszeichen mit ihren planetaren Herrschern und entsprechenden Häusern „herunterbrechen". Mit etwas Übung werden Sie anfangen, die Nachrichten „wirklich" zu verstehen, und zwar aus Sicht der archetypischen Dynamiken wie sie sich immer zu allen Zeiten manifestieren. Somit wird sich auch Ihr Wissen über die astrologischen Archetypen vertiefen, was Ihnen wiederum in Beratungen zu Gute kommen wird. Ihr astrologisches Wissen wird sich mit seinem Schwerpunkt von der linear denkenden Gehirnhälfte auf das ganzheitlich-holistische Denken der rechten Gehirnhälfte verlagern.

Im Aufbau eines jeden Unterkapitels der Tierkreiszeichen, ihrer planetaren Herrscher und entsprechenden Häuser, werde ich anfangs die natürlichen Schlüsselworte und Dynamiken beschreiben, wie sie auf den natürlichen Prinzipen beruhen; also die natürlichen Essenzen. Von dort aus werde ich veranschaulichen, wie sich solch natürliche Archetypen durch kulturelle, religiöse, patriarchale Regulierungen und Konditionierungen, die ich „Domestizierung" nenne, verzerrt, unterdrückt und dysfunktinonal manifestieren, bzw. manifestieren können.

Obschon jede Kultur, jede Religion und somit jede Gesellschaft seine eigenen Definitionen von „Richtig und Falsch" hat, basieren diese Definitionen doch seit ca. 6500v.Chr. auf von Menschen gemachten Definitionen, Regulierungen und Orientierungen, die auf metaphysischen bzw. religiösen Interpretationen der Menschen über den Sinn des Lebens beruhen. Unglücklicherweise sind solch metaphysischen bzw. religiösen Werte patriarchalen Wesens und stehen somit zu den natürlichen Gesetzen der Schöpfung und des Lebens meist in absolutem Gegensatz. Traurigerweise wurden diese von Menschen gemachten metaphysischen bzw. religiösen Werte die Grundlagen unserer Gesellschaften mit ihren Gebräuchen, Gewohnheiten und Gesetzen über „Richtig und Falsch".

Als Ergebnis sehen wir natürliche Dynamiken unterdrückt, verbannt und verpönt und leider oft als böse oder sogar dämonisch betitelt. Durch solch verurteilende Betitelung und Bewertung und der daraus resultierenden Unterdrückung, wurden solch natürliche Dynamiken verdrängt, verzerrt und in die „Unterwelt" unserer Psyche verbannt. Die Verzerrung lässt daher das, was einst natürlich und somit schön war, hässlich erscheinen und somit verbannens- und vermeidenswert. All dies wird dann die energetische Grundlage für falsche (eingeredete) Schuld, für falsche Scham und für Minderwertigkeit usw. Kommen solche unterdrückten Dynamiken unerwartet wie ein hässlicher „Schachtelteufel" an die Oberfläche des Bewusstseins oder in den Alltag, wird daraus der patriarchale Beweis geschaffen, dass sie aufgrund ihrer destruktiven, hässlichen Dynamiken verbannens- und verurteilungswert seien, und noch stärker kontrolliert, bestraft und unterdrückt werden müssen. Doch da sie im Kern von natürlicher Essenz sind, ist Unterdrückung und Verbannung keine Lösung. Hinter ihre hässliche Erscheinung zu sehen und sich ihres natürlichen Stellenwertes im großen Puzzle bewusst zu werden, und sie dementsprechend zu integrieren, scheint mir ein besserer, natürlicher Weg zu sein.

Wenn mir irgend eine von Menschen gemachte Autorität erzählt, ich dürfte meinen Lieblingshibiskus nicht in meinem Wohnzimmer stehen haben, denn es sei gegen das Gesetz ("the Law" – Lieblingspeiniger in der amerikanischen Gesellschaft), dann muss ich mein Lieblingsbäumchen, das da so herrlich blüht, aus Angst vor Bestrafung durch das von Menschen geschaffene System in den Keller packen, so dass es niemand sehen kann. Dort bekommt es aber nicht das Sonnenlicht, das es benötigt. Somit wird das Bäumchen schnell seine Schönheit, Farbe, Lebendigkeit und Blüte verlieren. Wenn ich dann das nächste Mal in meinen Keller gehe und das verkrüppelte Hibiskusbäumchen sehe, denke ich wahrscheinlich: „Mensch, jetzt verstehe ich, warum es ein Gesetz gibt, das Hibiskusbäume verbietet – sie sind ja wirklich hässlich, wertlos, und wer weiß, vielleicht auch gefährlich!"....und so halte ich das Bäumchen verschlossen im Keller, wo es nach Wasser des Lebens und nach dem Licht der Aufmerksamkeit dürstet.

Ebenso funktioniert die Unterdrückung von natürlichen Dynamiken, Anteilen, Gaben und Bedürfnissen in uns, wenn sie von Menschen gemachten Regulierungen und Gesetzen als schlecht betitelt werden, und wir sie verstecken müssen! Die Lösung ist wohl ganz offensichtlich: Wir nehmen das hässlich gewordene Hibiskusbäumchen aus dem Keller zurück in unser Wohnzimmer, und re-integrieren es in unser Leben, geben ihm das Wasser der Akzeptanz und lassen das Licht unseres umfassenden Bewusstseins auf es scheinen – in ein paar Tagen wird das Bäumchen wieder so sein wie es natürlicherweise ist – schön!

Wenn wir mit Horoskopen arbeiten, sollten wir in der Lage sein, den natürlichen Energiehaushalt dieser „Visitenkarte Gottes" zu erkennen. Wir sollten auch die kulturellen, gesellschaftlichen und religiösen Konditionierungen des Klienten in diesem Leben erfragen und beobachten, um zu erkennen wie seine „Domestizierung" den Klienten dazu gebracht hat, einige seiner natürlichen Pflanzen bzw. Dynamiken nicht zu wässern, sondern sie aus dem selbst-akzeptierenden Licht der Liebe zu verbannen und sie zu vermeiden – und sich dabei insgeheim schlecht, minderwertig, schuldig und schamhaft zu fühlen.

Daher ist es wirklich sehr hilfreich und anzuraten, mit dem Klienten in einem kleinen Vorgespräch, seine kindheitlichen Prägungen und Konditionierung hinsichtlich Kultur, Religion und Gesellschaft zu erfragen, um diese prägenden Einflüsse in Beziehung mit seinem Geburtshoroskop zu bringen. Habe Sie bitte keine Angst, dem Klienten Fragen zu stellen. Wir sind somit als astrologische Berater in der Lage, dem Klienten zu helfen, sich an die verbannten, vermiedenen, weggepackten Dynamiken seiner inneren Natur zu erinnern[28] und diese wieder in sein Wesen zu integrieren.

Ich beschreibe daher bei jedem Tierkreiszeichen mit seinem Planeten und seinem entsprechenden Haus zuerst die natürlichen Dynamiken und Manifestationen des jeweiligen astrologischen Symbols, und später wie sich diese natürlichen Dynamiken in ihrer Ganzheit unter patriarchaler Konditionierung bzw. Domestizierung verzerrt manifestieren: Wie zum Beispiel aus der archetypischen Sehnsucht nach Transzendenz und Rausch (Fische ♓) Alkohol- und Drogenmissbrauch (Fische ♓) werden kann.

Archetypen bzw. archetypische Dynamiken durchdringen alle Bereiche des Lebens! Stellen Sie sich jemands Leben oder sein Horoskop als Sachertorte vor, die in 12 Tortenstücke, gleich der 12 Häuser bzw. Lebensbereiche aufgeteilt ist. Eine Sachertorte hat aber mehrere

---

[28] Im Englischen ist das Wort für Erinnern, Remember, was ich gerne als „Re-Member" (Zurück & Mitgliedschaft), also" zurück zur Mitgliedschaft" beschreibe.

Schichten/Ebenen, wie auch unser Leben. Wir haben die Ebenen der physisch-körperlich oder anatomischen Dynamiken, die Schichten der Emotionen, die Schichten der Sexualität, die der Psychologie, die der weltlichen Angelegenheiten wie Einkommen, Arbeit, Kariere, die Ebenen der Familie, der Freunde und so weiter.

Bei der astrologischen Analyse ist es wichtig, dass man in seiner Arbeit nicht zwischen den Ebenen bzw. Schichten hin- und herspringt, sondern logisch, also „astro-logisch" und „psycho-logisch" erst einmal auf einer Ebene bleibt und dort mit Hilfe der Archetypen in die vitale, pulsierende Tiefe dieser Ebene deutet, die dann eventuell einen Fingerzeig auf eine andere Ebene oder Schicht gibt. Durch die tiefgründige Arbeit bzw. Analyse einer Schicht kann man also sinnvolle und somit auch hilfreiche Verknüpfungen zu anderen Ebenen schaffen, die aber nicht erreicht werden, indem man willkürlich durch die Schichten springt und hier und da ein bisschen deutet.

Lassen Sie mich das mit einem Schlüsselwort der Wassermann-Archetypologie veranschaulichen – „Gruppen von geistig Gleichgesinnten": Auf der familiären Ebene kann das zum Beispiel Leben in einer Kommune oder Großwohngemeinschaft bedeuten; auf der Arbeitsebene steht es für Teamarbeit und auf der sexuellen Ebene kann es für Gruppensex stehen. (Bitte verzeihen Sie, dass ich eine Tendenz habe, ziemlich klare und anschauliche Entsprechungen zu kreieren. Sie sollen einfach nur dem klaren Erkennen und schnelleren Verstehen dienen.)

Nun, bevor wir mit unserem ersten Zeichen Widder ♈ mit Mars ♂ und dem 1. Haus/AC anfangen, halte ich es für angebracht, folgende Frage zu stellen: „Woraus wird der Anfang geboren? Wo war das, was mit einem Neubeginn (Widder ♈) begonnen hat, zuvor?" Es kommt aus dem Nichts, oder wie es die Kabbala mit seinem „Ain Soph" beschreibt, aus der „nicht existenten Existenz", dem Tao, der ewigen Essenz bzw. Bewusstsein dessen, was ist und was nicht ist – Fische ♓. Fische ♓ wird in der traditionellen Astrologie als das letzte Zeichen und Widder ♈ als das erste Zeichen angesehen. Bei Widder ♈ beginnt der Frühling und somit der neue Jahreszeitenzyklus. Daher korreliert Widder ♈ mit Geburt und Neubeginn. Aber wo war das Neue bevor es geboren wurde. Es war in dem Nicht-Manifestierten, in der Nichtheit, der/die/das durch Fische ♓ repräsentiert wird.

Ultimativ ist die Essenz allem was ist (und nicht ist), Bewusstsein. Wie die Leinwand im Kino ist es die Grundlage für jeden Film, der auf der Leinwand gespielt und somit erlebt wird. Der Film vergeht, die Leinwand bleibt! Oder wie es die Wissenschaft der Physik ausdrückt: „Energie kann nicht zerstört, sondern nur verwandelt werden." Oder lassen Sie uns mal den Wichtigsten aller Rhythmen des Lebens betrachten, den Wasserzyklus:

Wasser kommt aus dem Ozean (Fische ♓), wird Dampf, dann Regen, dann ein Fluss und kehrt in den Ozean (Fische ♓) zurück. Alles, was Form angenommen hat, kommt ursprünglich aus Fische ♓ bzw. ist getragen von dem „Einen Bewusstsein" gleich der Leinwand, und kehrt wieder in Fische ♓, also in das „Eine Bewusstsein" zurück. Gott/Göttin/Göttliches atmet ein, atmet aus – atmendes Bewusstsein! Fische ♓:

Das Eine,
aus dem alles beginnt,
in dem alles endet,
alles ewig dort ist ohne Anfang und End:

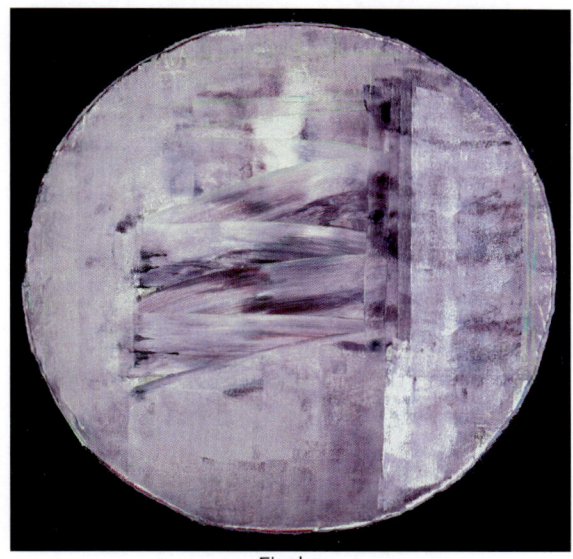

Fische

aus Reise durch den Tierkreis
Thomas Mohrmann, Hamburg

Widder ♈, Mars ♂, AC/1. Haus
Feuer Kardinal   Yang

Widder ♈, Mars ♂, AC/1. Haus sind der Archetyp des **absoluten, brandneuen Neubeginns**. Da es hier um Feuer, kardinal und Yang geht, haben wir es hier mit dem puren **Ausbrechen von Energie** zu tun, das aus der Quelle (Fische ♓), der Nichtheit bzw. der astralen Welt (Fische ♓) kommt, indem es sich in der Gebärmutter (Krebs ♋ - Widder ♈ macht ein Quadrat □ zu Krebs ♋) formt und von der Mutter (Krebs ♋) durch **Geburt** ins Leben geboren wird. Somit ist etwas **völlig Neues**, entstanden, das **neu-** und **einzigartig** ist. Es erfährt die **Trennung** von der Ganzheit (Fische ♓) und beginnt ein **individuelles, subjektives Bewusstsein** zu entwickeln. Widder ♈, Mars ♂, AC/1. Haus ist der Archetyp von Trennung, damit sich etwas Individuelles bzw. eine **individuelle Energie** im **Physischen** bzw. im **physischen Körper** manifestieren kann. Bei der Geburt des Babys kommt zuerst der **Kopf** zur Welt. Die Geburt selbst ist ein rein **physischer, instinktiver Akt**. Die Wehen drücken das Baby mit dem Kopf gegen den Muttermund, wodurch beim ersten Atemzug die **instinktive „Maschine"** aller **Kreisläufe beginnt** (Atmung, Stoffwechsel etc.). All diese Instinkte werden ein Leben lang vom

Stammhirn gesteuert. Durch den ersten Atemzug wird das Baby zu einem einzigartigen **Individuum**.

Durch den Akt der Trennung von der warmen, feuchten Gebärmutter in die kalte Welt erlebt Widder ♈, Mars ♂, AC/1. Haus **Unsicherheit**, die alle kardinalen Zeichen in sich tragen. Doch Widder ♈, Mars ♂, AC/1. Haus reagiert oder lebt diese Unsicherheit, die auf der **Erfahrung von Trennung** basiert, in dem er **aggressiv**[29]**, energisch nach Vorne prescht**. Das im Deutschen Übliche „mit dem Kopf durch die Wand" beschreibt diese Energie von Widder ♈, Mars ♂, AC/1. Haus, die durch die Geburt initiiert wird.

Wie schon erwähnt, wurzeln Instinkte im Stammhirn. Von einem metaphysischen Gesichtspunkt werden Instinkte durch die **subjektive Verlangen** eines Individuums motiviert. Solch subjektiven Verlangen, sind in erster Linie rein instinktiv; zum Beispiel durch den Supermarkt zu gehen, eine Orange zu sehen, und **sofort** das Verlangen zu haben, sie zu essen. Doch da wir in einer Gesellschaft (Steinbock ♑ - Widder ♈ macht Quadrat □ zu Steinbock ♑) leben, die mit ihren Regeln und Gesetzen Grenzen und auch Bestrafung etabliert hat (Steinbock ♑), sind unsere Instinkte und subjektiven Verlangen (Widder ♈, Mars ♂, AC/1. Haus) konditioniert und unterdrückt (Steinbock ♑). Dennoch steht Widder ♈, Mars ♂, AC/1. Haus für unsere **instinktiven, subjektiven Verlangen**, die sofort – **ohne Überlegen** - ausgelebt werden wollen.

Da Mars ♂ der Altherrscher von Skorpion ♏ ist, welches für die Verlangen unserer Seele steht (Skorpion ♏), also für die Kerndynamiken unserer individuellen Inkarnation in der physischen Welt, kann man sehen, wie Mars ♂ als Herrscher von Widder ♈ diese seelischen Verlangen (Skorpion ♏) über unserer physischen Instinkte und individuellen, subjektiven Verlangen in Umsetzung bringt. Solch subjektiver Verlangen sind wir uns nicht bewusst, bis sie **spontan ausgelöst** werden. Abhängig vom Grad der gesellschaftlich-kulturellen Konditionierung bzw. „Domestizierung" (Steinbock ♑), sind solche subjektiven Verlangen und Instinkte unterdrückt (Steinbock ♑). Doch natürlicherweise wissen unsere physischen Instinkte, die sich über die subjektiven Verlangen spontan manifestieren, genau was gut für den physischen Körper und seine Entwicklung ist.

Ein weiterer wichtiger Bestandteil der subjektiven bzw. physischen Instinkte innerhalb von Widder ♈, Mars ♂, AC/1. Haus sind die **sexuellen Instinkte** und **sexuellen Verlangen**. Man bedenke, dass das astrologische Symbol für Mars ♂ einem erregierten Penis gleicht. Solch sexuellen Verlangen sind nicht bewusst, sie sind rein instinktiv. Aber

---

[29] Lateinisch: aggredere - voranschreiten

nochmals: Wir leben in einer Gesellschaft, in der vor allem unsere natürlichen, sexuellen Instinkte hochgradig konditioniert und somit unterdrückt sind – dennoch sind sie existent! Gehen wir zurück zu unserem Beispiel im Supermarkt: Doch nun ist es nicht eine Orange, die die Instinkte reizt, sondern eine andere Person, die vielleicht nur vorbei läuft. Die Natur des Widder ♈, Mars ♂, AC/1. Haus reagiert **sofort** mit **heißen, sexuellen Verlangen**, das **unverzüglich ausgelebt** werden will. Doch unsere Gesellschaft mit seinen Regulierungen und Gesetzen (Steinbock ♑) erlaubt das – Gott sei Dank – nicht.

Selbst wenn Widder ♈, Mars ♂, AC/1. Haus diese sexuelle Hitze sofort ausleben würde, würde die andere Person (Waage ♎, Widder ♈ macht Opposition ☍ (180°) zu Waage ♎) reagieren. Durch die Reaktion bzw. Reaktionen anderer (Waage ♎) lernt Widder ♈, Mars ♂, AC/1. Haus zwei Dinge: Erstens, wie des Widder ♈, Mars ♂, AC/1. Haus **Aktionen** bei anderen, also in der „Du-Welt" (Waage ♎) ankommen und Reaktionen hervorrufen. Zweitens, dass andere Menschen (Waage ♎) andere Bedürfnisse und Werte haben, die den Widder ♈, Mars ♂, AC/1. Haus dazu bringen, seine instinktiven Verlangen angemessen an diese Bedürfnisse der Du-Welt (Waage ♎) anzugleichen. Wir sehen, dass Widder ♈, Mars ♂, AC/1. Haus, der in sich selbst **völlig konzeptlos** und rein instinktiv ist, durch die Kontakte mit der Du-Welt über sich selbst und seine eigenen Handlungen lernt bzw. erfährt, wer er ist. Dennoch kümmert sich Widder ♈, Mars ♂, AC/1. Haus von seiner eigenen Natur heraus eigentlich gar nicht um die Bedürfnisse und Werte anderer (Waage ♎), wenn seine „Hitze" ausgelöst ist. Daher korreliert Widder ♈, Mars ♂, AC/1. Haus auch mit **Aggression, Gewalt** und **Dominanz**.

Da Widder ♈, Mars ♂, AC/1. Haus für die subjektiven Instinkte und Verlangen steht, die man sozusagen als niedrige Manifestation bzw. Schwingung der Seelenverlangen (Skorpion ♏) sehen kann, hat Widder ♈, Mars ♂, AC/1. Haus in sich selbst **kein Konzept**. Das heißt, Widder ♈, Mars ♂, AC/1. Haus ist reine, **kraftvolle Energie** von etwas Neuem, das nach Außen drängt, und das nur **eigene Verbindung** zu dieser Energie bekommt, wenn dieser **instinktive Drang ausgelebt** und dadurch erfahren wird. Durch die **Handlung** und Auslebung lernt Widder ♈, Mars ♂, AC/1. Haus über seine eigene **Individualität** und **Kraft**. Da Widder ♈, Mars ♂, AC/1. Haus neu in der Welt ist, befindet es sich andauernd in einem **Zustand des Werdens** – wie wir alle (wir haben alle einen Aszendenten AC, Widder ♈ und Mars ♂ irgendwo im Horoskop). In sich selbst hat Widder ♈, Mars ♂, AC/1. Haus **keinen blassen Schimmer, wer er ist**. Nur durch das impulsive Umsetzen bzw. Ausleben seiner Instinkte lernt er vor allem auch durch die Spiegelung in der Welt der anderen (Waage ♎), wer er als einzigartiges Wesen im Prozess des Werdens ist.

Daher hat Widder ♈, Mars ♂, AC/1. Haus auch ein **enormes Bedürfnis nach Freiheit** und **Unabhängigkeit**, um in der Lage zu sein, seine instinktiven Verlangen in jedem Augenblick umsetzen zu können. Dieses Bedürfnis nach Unabhängigkeit und Freiheit ist die Garantie für Widder ♈, Mars ♂, AC/1. Haus, sich selbst als einzigartiges Individuum im Prozess des Werdens zu erfahren. Somit wird sich Widder ♈, Mars ♂, AC/1. Haus darüber bewusst, wer er ist und wer nicht. Darin spielt Waage ♎ als polarisierendes Verlangen eine wichtige Rolle: Das Bedürfnis, sich mit anderen in Vergleich zu setzen, um zu lernen, wer er in der Welt der anderen ist. Daher trägt die Achse Widder-Waage bzw. AC-DC ein natürliches **emotionales Paradoxon** zweier polarisierenden Verlangen. Einerseits das **Bedürfnis, so frei und unabhängig wie möglich** zu sein (Widder ♈), andererseits das **Bedürfnis, mit einer Vielzahl anderer in Beziehung zu gehen**, um sich über den Vergleich selbst erkennen zu können (Waage ♎). Aufgrund dieses emotionales Paradoxons von „ich will unabhängig sein" und „ich brauche es, gebraucht zu werden" geht Widder ♈, Mars ♂, AC/1. Haus auch durch **Extreme**. Dies wird vor allem auch noch durch die Dynamik von Widder ♈, Mars ♂, AC/1. Haus verstärkt, **Angst zu haben, von anderen einverleibt zu werden** und **seine Individualität und Freiheit zu verlieren**. **Wut** bzw. **aggressive Handlungen** sind bei dieser Angst des Widder ♈, Mars ♂, AC/1. Hauses eine natürliche Notausgangstür.

Entsprechend des universellen Gesetzes, "wir machen da weiter, wo wir aufgehört haben", kann man am Aszendenten AC ablesen, was im letzten Leben erlebt und erfahren wurde. Dazu betrachte man das Zeichen am AC, den planetaren Herrscher des AC (Herrscher des Zeichen, das am AC steht) in Haus, Zeichen und Aspekten/Phasen, eventuelle Planeten nah am AC, Stellung des Natürlichen Herrschers des AC – das ist immer Mars ♂ - und wo das Zeichen Widder ♈ im Horoskop steht und eventuell Planeten in sich trägt. All diese Schritte kombiniert mit einer gesunden Intuition offenbaren Einsichten über des Klienten letztes Leben vor dieser Inkarnation. Solche Einsichten können manchmal in Beratungen von großer Wichtigkeit sein, zum Beispiel bei Holocaust-Opfern, die oft große Schwierigkeiten (physisch, psychisch) haben, in diesem Leben zu recht zu kommen.

Stier ♉, Yin-Venus ♀[30], 2. Haus
Erde   Fix   Yin

In der traditionellen Astrologie sind die meisten Yin-Zeichen sehr armselig beschrieben und somit nur ansatzweise an der Oberfläche skizziert. Vielleicht wegen unserer patriarchalen Grundfesten einer männlich orientierten Weltauffassung, die auch die Astrologie bis zum heutigen Tag beeinflussen. Normalerweise wird Stier ♉, innere Venus ♀, 2. Haus mit **Besitz, Besitztümern**, **Hab** und **Gut,** und mit **Geld** beschrieben. Doch wozu brauchen wir Geld und Besitztümer? Für das **Überleben**, um das **Leben zu erhalten** und um unsere **körperlichen, somit sinnlichen Bedürfnisse zu erspüren und zu erfüllen**. Wenn man Sie mit einem Koffer voller Geld in die Wüste setzt, wird das Ihnen beim Überleben nicht helfen – Ihre Aktienpakete auch nicht! Aber wenn wir aber eine **natürliche innere Beziehung zu unseren Sinnen** und **zur eigenen Sinnlichkeit besitzen**, wären wir in der Lage zum Beispiel Wasser in der Wüste zu finden, und würden daher **überleben**. Venus, die Göttin der Liebe herrscht über alle **Sinne**, außer dem Sehsinn (der wird von Sonne ☉ und Mond ☽ beherrscht). Nach der Geburt (AC) entwickelt

---

[30] Yin-Venus oder Innere Venus deshalb, da es hier um die Seite der Venus geht, die über das Yin-Zeichen, Stier herrscht. Im Gegensatz dazu die Yang-Venus oder Äußere Venus als Herrscherin über das Yang-Zeichen, Waage.

das Baby natürlicherweise eine **Beziehung zu sich selbst** (Yin-Seite der Venus, Liebesgöttin die sich zu sich selbst wendet). Dabei benutzt das Baby seine Sinne – **Riechen, Hören, Schmecken, Fühlen/Tasten**, vor allem beim eigenen Körper.

Eine der wohl wichtigsten Dynamiken, die dem Stier ♉, innere Venus ♀, 2. Haus entsprechen, ist die Etablierung der **inneren Beziehung** zu den eigenen Sinnen. Sie geschieht durch **Selbsterforschung** dessen, **was sich gut anfühlt und was nicht**. Dadurch entwickelt das Baby ein Bewusstsein, was gut für sein Überleben ist und was nicht. Daraus entwickelt sich das **Wohlgefühl** mit bzw. zu sich selbst. Die Psychologie des **Inneren Hörens** bzw. des **auf sich hörens**, und zwar auf die **eigenen Bedürfnisse,** beginnt genau damit. In der natürlichen Schöpfung **riecht** jedes Tier, so auch der Homo sapiens an seinem Essen. Damit kann **erspürt** werden, was der Körper zum momentanen Überleben **braucht**. Daran sieht man, dass das Riechen an der Nahrung eine wichtige Funktion der **Lebenserhaltung** ist. Mit der Zeit befähigt diese Funktion das Individuum das zu **schätzen, zu (be-)werten** bzw. **wertzuschätzen**, was als gut erspürt wird. Daraus entwickelt sich das **Wertgefühl**. Das heißt, jeder von uns **wertet** das als **wertvoll**, was er als wichtig für sein persönliches Leben und Überleben erfühlt bzw. erfahren hat. Die **innere Wertschätzung der eigenen Bedürfnisse** führt natürlicherweise zu der inneren Schwingung von **Selbst-Zufriedenheit, Selbst-Vertrautheit, Selbst-Vertrauen** und **Selbst-Liebe** – ein solides inneres Fundament, das Überleben garantiert!

Innerhalb der inneren Dynamik, **sich auf seine eigenen Bedürfnisse und Sinne zu beziehen**, entwickelt das Individuum ein Bewusstsein darüber, was **sein Eigen** ist – das gilt natürlich für alle Bereiche, nicht nur für die materiellen! Daraus entsteht ein Gefühl der **Selbst-Wertschätzung,** des **Eigenwertes** und daher auch der **eigenen Bedeutung**, die wiederum über das natürliche Quadrat (90º □) von Stier ♉ zu Löwe ♌ in den persönlichen Lebenszweck (Löwe ♌) einfließt, und wie eine Lebensarena der Selbstverwirklichung (Löwe ♌) auf der Basis des Selbstwertgefühls (Stier) geschaffen werden kann. Zudem erschafft die innere Beziehung zu seinen eigenen Bedürfnissen und Werten zugleich ein Bewusstsein darüber, **was wir (in uns) haben**, also ein Bewusstsein über unsere **persönlichen Ressourcen**, die uns die **Eigen-** und **Lebenserhaltung** ermöglichen. Dieses Bewusstsein führt zu **Selbst-Vertrautheit** und weiter noch zu **Lebensvertrauen**.

Gehen wir nochmals zu unserem Baby, das sich und seine Körpersinne bzw. sinnlichen –Reaktionen erforscht: Wir sehen dass es älter wird, es riecht notwendigerweise an jedem Mahl, und wächst, bis es in die Pubertät kommt, wo es nun weiterhin seine eigenen Sinne und

Bedürfnisse erspürt, was zur **sexuellen Selbst-Erforschung** führt. Dies geschieht natürlicherweise, um eine innere Beziehung zu den **eigenen sexuellen Bedürfnissen** aufzubauen und um zu erkennen, was sich für einen selbst gut und was sich schlecht anfühlt; wo **sinnlich-sexuelle Eigenberührung** wohlig ist und wo nicht.

Hierin liegt ein enorm wichtiger Archetyp des menschlichen Bewusstseins, denn er stellt die Basis für eine heile, natürliche Sexualität mit einem Partner (Skorpion ♏ - Stier ♉ mach Opposition ☍ zu Skorpion ♏). Stier ♉, innere Venus ♀, 2. Haus steht für unsere eigenen sexuellen Bedürfnisse und somit auch für das **Bewusstsein über die eigenen sexuellen Ressourcen**. Durch die **sexuelle Selbstbefriedigung** ist das Individuum in der Lage, eine innere Beziehung zu seinen sexuellen Bedürfnissen und Gaben aufzubauen und zu erhalten. Dies führt zu **sexueller Selbst-Vertrautheit**. Das deutsche Wort „Selbst-Befriedigung" zeigt doch schon die Dynamik von **sexueller Selbst-Zufriedenheit** an – man könnte es auch „**Liebe mit sich selbst machen**" nennen. Dabei, wie auch in jeder anderen sexuellen Dynamik, spielen die **sinnlich-sexuellen Duftstoffe** (**Pheromone**) und –**Gerüche** eine wichtige Rolle. Sind Sie schon einmal im Mai nach einem Regenschauer über eine blühende Wiese gelaufen? Der Geruch der Erde und der Blumen, die Feuchtigkeit und die herbe Süße des Grass ähneln den Duftstoffen, die der Körper ausscheidet, wenn er sexuell schwingt. Diese Geruchstoffe werden zur Grundlage der sexuellen Anziehung zweier Menschen (Waage ♎ beherrscht von der Yang-Seite der Venus ♀), die zum Drang der sexuellen Vereinigung (Skorpion ♏, dem Stier ♉ gegenüberliegendes Zeichen) führt. Die Umkehrung kennen wir auch aus unserem deutschen Sprachgebrauch: „Jemanden nicht riechen können" – Empfinden wir den Geruch eines anderen (Waage ♎, Yang-Venus ♀) als unangenehm, werden wir sicherlich nicht mit diesem Menschen in sexuellen Austausch gehen wollen.

Da Stier ♉, innere Venus ♀, 2. Haus Erde ist, Fix und Yin, ist die Energie hier sehr schwer und dicht. Stellen Sie sich einfach mal vor, Sie wären ein Sack Erde, dessen Energie sich nach Innen fokussiert und Sie darauf bedacht sind, die Form des Sackes voller Erde aufrechtzuerhalten. Können Sie es fühlen? Stier ♉, innere Venus ♀, 2. Haus kann daher sehr **starrköpfig, engstirnig** und „**veränderungs-resistent**" sein; manchmal auch **faul** – nicht dass Stier ♉, innere Venus ♀, 2. Haus nicht arbeiten will, sondern, dass Stier ♉, innere Venus ♀, 2. Haus oft zu lange mit Dingen oder Umständen verbunden bleibt, obwohl sie schon längst hinter sich gelassen werden sollten. Und da gibt es noch einen weiteren Aspekt von **Faulheit**: Venus ♀ herrscht über seine Yin-Seite über Stier ♉ und über seine Yang-Seite über Waage ♎. Daher besteht hier die Dynamik, seine **eigenen Bedürfnisse und Werte auf andere zu projizieren**. Das heißt, die eigenen Bedürfnisse nach Selbst-Wertschätzung, Selbst-Erhaltung und Überleben (weltlich und auch sexuell) werden auf den anderen (Yang-Venus ♀) projiziert bzw. auch **durch** und **über den anderen ersatzweise gelebt** bzw. **erlebt**. Stier ♉, innere Venus ♀, 2. Haus hat somit eine Tendenz, **durch den anderen zu leben**: „Mein Mann ist Arzt."

Die dichte Energie von Stier ♉, innere Venus ♀, 2. Haus findet sich in der Indischen Erzählung vom **Frosch im Brunnen** wieder, der tief in einem vertrockneten Brunnenschacht lebt. Darin gibt es auf dem Grund noch eine kleine Pfütze, die der Brunnenfrosch als das Meer bewertet. Alles andere um ihn herum sieht er als die Welt, und wenn er durch den hohen Schacht den Himmel sieht, sagt er zu sich, das sei das Universum. Von Zeit zu Zeit erwischt er eine Mücke, die er isst, womit er alles hat, was er zum Leben braucht. Kein Grund irgendetwas zu ändern! In der Geschichte springt ein Meeresfrosch zu ihm in den Brunnen und sagt: „Junge, Du hast das aber eng hier!" Der Brunnenfrosch erfährt eine Konfrontation (Skorpion ♏ - dem Stier ♉ gegenüberliegendes Zeichen) seiner bestehenden Werte (Stier ♉), denn es scheint nun an der Zeit zu sein, dass der Brunnenfrosch sich weiterentwickelt (Evolution – Skorpion ♏) – hier ausgelöst durch einen anderen Frosch (Waage ♎ - Yang-Venus beherrscht – Waage ♎ bildet eine Quinkunx ⚻ (150°) zu Stier ♉), der als Meeresfrosch natürlich andere Werte (Yang-Venus ♀) hat. Die beiden streiten sich für eine Weile, denn der Brunnenfrosch verteidigt starrköpfig seine existierenden Werte seiner Brunnenwelt. Doch der Meeresfrosch überzeugt (Schütze ♐ Quinkunx ⚻ zu Stier ♉) den Brunnenfrosch, nur einmal aus dem Brunnen zu hüpfen und sich die Welt anzusehen. Als der Brunnenfrosch das tut, erfährt er eine profunde Metamorphose (Skorpion ♏) seiner bestehenden Werte (Stier ♉). Die Konfrontation (Skorpion ♏) mit den anderen Werten schafft Evolution (Skorpion ♏) im Brunnenfrosch: Er wird nie wieder so sein, wie er einst war. Wir alle erleben das ganze Leben hindurch die Dynamiken von Stier ♉, innere Venus ♀, 2. Haus im Sinne von Definition und Erhaltung unserer Bedürfnisse und Werte, und doch erfahren wir von Zeit zu Zeit evolutionär notwendige Konfrontationen, um über bestehende Werte hinauszuwachsen.

Wir sprachen weiter oben über das natürliche Bedürfnis in uns allen, unsere Sinne zu erforschen, um eine heile, natürliche Beziehung zu unseren Überlebensbedürfnissen zu schaffen, und um unsere inneren Ressourcen definieren, bewerten und wertschätzen zu können, um Überleben zu garantieren. Unglücklicherweise prägen unsere elterlichen, gesellschaftlich-kulturellen und religiösen Konditionierungen unsere natürliche Beziehung zu uns selbst, und somit unsere Bedürfnisse und Werte enorm. Denken Sie nur einmal an die Kinder, die nicht an ihrem

Essen riechen dürfen, oder denen gesagt wird, dass wenn sie sich sexuell berühren oder befriedigen, in die Hölle müssten oder zumindest die Entwicklung Schaden nähme. Allein der enorme Einfluss, nicht am Essen riechen zu dürfen, stört bzw. unterbricht die natürliche Notwendigkeit, einen Sinn (Venus ♀) dafür zu entwickeln, was gut für uns ist; d.h. zu unterscheiden (Jungfrau ♍ - Stier ♉ formt ein Trigon △ (120°) zu Jungfrau ♍), welcher Beruf der Richtige für jemands Ressourcen ist, um überleben zu können. Auch zu unterscheiden (Jungfrau ♍), wen wir als Freunde (Venus ♀) in unser Leben lassen, und vor allem mit wem wir schlafen (Skorpion ♏) und mit wem nicht.

    In beinahe jeder Horoskoplesung, die ich in den letzten 15 Jahren gemacht habe, war die Untersuchung und Besprechung des 2. Hauses des Klienten mit seinen natürlichen Fähigkeiten, Sinnen, Ressourcen und Bedürfnissen von essenzieller Bedeutung für diesen Menschen. Es ermöglicht ihm, seine innere Natur zu erkennen und darauf basierend ein natürliches, heiles Selbstwertgefühl zu entwickeln; den Job zu machen, der ihm natürlicherweise liegt, sexuell das zu geben und aber auch zu empfangen, was ihm natürlicherweise innere Hochgefühle gibt, die wiederum aus der Eigenliebe kommen, und diese immer wieder zu stärken. Aus meiner Sicht ist die Analyse des 2. Hauses wirklich enorm wichtig. Ich kann Sie nur dazu ermuntern, sich darin zu üben, um dem Klienten Einsichten in seine **„natürliche Schatzkammer"** bzw. **„Speisekammer"** zu geben, um ihm zu helfen, sich von elterlich-kulturellen Werten, die auf patriarchaler / männlich orientierter „So soll das sein" und „das tut man nicht" zu befreien, um seine wahren natürlichen Werte anzunehmen und zu leben. Schließlich gibt es in der Schöpfung auch kein Häschen, das vor seinem natürlichen Futter sitzt, das Wasser im Mund zusammen läuft, und es sich dann sagt: „Das darf ich nicht essen, weil heute Freitag ist!"

Bitte bedenken Sie, dass die patriarchale Domestizierung statuiert, dass ein und derselbe Weg, der Richtige für alle sei. Doch die natürliche Schöpfung basiert auf der Vielzahl der Lebensformen mit ihren unterschiedlichen Werten, Bedürfnissen und Ressourcen, um dem Leben eine unendliche Vielzahl von Ausdrucksmöglichkeiten zu geben. Der Monokulturwald (patriarchale Gleichmachung) ist unnatürlich und Schädlingen wehrlos ausgeliefert. Einem Klienten mit seinen natürlichen Ressourcen, Werten, Bedürfnissen, vor allem auch sinnlich-sexuellen Bedürfnissen in Kontakt zu bringen, macht astrologische Arbeit zu einem wahren Dienst am Menschen und an der Schöpfung.

Zwilling ♊, Yang-Merkur ☿[31], 3. Haus
Luft   Veränderlich   Yang

Zwilling ♊, Yang-Merkur ☿ und das 3. Haus entspricht dem Archetyp im Bewusstsein, der **mentale Beschreibungen, Namen** und **Zahlen** erschafft bzw. gebraucht, um eine **mentale Ordnung** zu erschaffen, die dem Bewusstsein ermöglicht, **sich auszudrücken, zu kommunizieren** und **Informationen** auszutauschen. Das bedeutet, dass ein jeder von uns das Bedürfnis hat, Dingen, die wir da draußen im Leben bzw. in der manifestierten Schöpfung sehen, **zu benennen**, wodurch versucht wird, ein **Verständnis** über die Schöpfung um uns herum zu erschaffen. Dieser Archetyp befähigt uns daher, unsere **Gedanken** über **Sprache**, also **Worte, Sätze, Nummern, Zahlen** und **Ausdrucksformen** mental bzw. **intellektuell** zu kommunizieren.

Nach Stier ♉, Yin-Venus ♀ und dem 2. Haus, sind wir hier bei Zwilling ♊, Yang-Merkur ☿ und dem 3. Haus in der Lage, unsere Bedürfnisse, Gefühle und unsere Ressourcen (Stier ♉) **zum Ausdruck** zu bringen, so wie ein **Händler** auf dem **Markt** seine Güter (Stier ♉) feil hält. Auf dem Markt gibt es aber viele Händler, die alle ihre Produkte (Stier ♉) mit **Marktgeschrei** anpreisen. Der Kunde läuft von Stand zu Stand und

---

[31] Yang-Merkur, als Herrscher des Yang-Zeichens Zwilling ♊, im Gegensatz zu Yin-Merkur als Herrscher von Jungfrau

nimmt all die diversen Informationen auf, **merkt** sich die **Preise** etc. um zu **rechnen**, mit welchem Händler er **ins Geschäft kommt**.

Der antike Gott Merkur, gilt als der **Bote**, der **Überbringer von Nachrichten**. Er wird aber auch als der Schutzgott der Händler, der **Seeleute** (Handel) und der **Diebe** gesehen – damit will ich aber nicht sagen, dass alle Händler Gauner sind!

Zwilling ♊, Yang-Merkur ☿ und das 3. Haus hat in sich das Bedürfnis, **alle möglichen Informationen aufzunehmen**; nicht unbedingt in all seiner Tiefe – um nicht zu sagen nur **oberflächlich** – geht es Zwilling ♊, Yang-Merkur ☿ und dem 3. Haus um die **rasche Aufnahme** von Informationen, um sie zu einem späteren Zeitpunkt und bei späterer Gelegenheit diese Informationen **weiterzuleiten** bzw. und zu kommunizieren. Er liebt geradezu **alle Informationsträger**, wie **Bücher, Zeitungen, Magazine, Broschüren, Flyer, Webseiten, Emails, Faxe** etc. und natürlich auch **Radio** und **TV/PC**. Dabei geht es oft gar nicht so sehr um die Informationen bei solchen Informationsträgern, sondern mehr um das **Wissen**, sofortigen **intellektuellen Zugriff** auf Informationen haben zu können, wenn es ihn danach trachtet. Zwilling ♊, Yang-Merkur ☿ und das 3. Haus hat natürlicherweise **vielseitige Kommunikationsfähigkeiten**; er ist sehr gut in **jeglicher Art von Konversation**. Sein **niemals endendes Interesse** an diversen Informationen ist getrieben von seiner **Rastlosigkeit** bzw. seinem **rastlosen Verstand** (Luft, Yang, veränderlich). Das Wort „Interesse" kommt aus dem Lateinischen und bedeutet wörtlich „dazwischen sein". Betrachten wir das astrologische Symbol von Zwilling ♊, sehen wir, dass es das Zeichen der **Dualität** ist. Jeder **Gedanke** hat immer seinen „Gegen-Gedanken" – **These & Antithese** – das ist die Natur des **Verstandes**. Bei Zwilling ♊, Yang-Merkur ☿ und dem 3. Haus gibt es immer mindestens eine **zweite Perspektive** bzw. **Meinung** oder **Überlegung**, die sich zum ersten Gedanken **konträr** verhält: Ja-Nein, Ja-Nein, aber!

Im Indischen gibt es eine Geschichte von drei Männern, die in einer dunklen Höhle um einen Elefanten stehen, den sie nicht sehen können. Ein jeder wird gefragt, was denn da vor ihm stünde. Der erste Mann steht am Rüssel und sagt: „Oh, das ist ein Schlauch!" Der Zweite steht vor einem Bein und sagt: „Das ist eine Säule." Der dritte Mann steht am Schweif und kommt zu dem Schluss, es sei eine Peitsche. Bei dieser Geschichte sieht man das Dilemma von Zwilling ♊, Yang-Merkur ☿ und dem 3. Haus: **Konfliktierende Informationen** bzw. **Auffassungen** über das Gesamtbild. Das dem Zwilling ♊ gegenüberliegende Zeichen ist Schütze ♐ (Zwilling ♊ Opposition ☍ Schütze ♐), der Archetyp für Synthese (These & Antithese – Synthese), das heißt der Archetyp, der konfliktierende

Meinungen in ein größeres Bild (Schütze ♐) zusammenfasst – hier, der Elefant.

Zwilling ♊, Yang-Merkur ☿ und das 3. Haus steht also für die wichtigen Funktionen in uns, die Welt mit all ihren Millionen und Abermillionen verschiedenster Manifestationen **intellektuell zu verstehen** und soviel wie möglich über sie auf **lineare Weise** zu **lernen**. Linear bedeutend Eins-Zwei-Drei-Schritte die schrittweise zu einem größeren Bild führen: Buchstaben bilden Worte, Worte bilden Sätze und so weiter. Die **linke Gehirnhälfte** reguliert das **lineare Denken** und das Denken, und wird somit dem Zwilling ♊, Yang-Merkur ☿ und dem 3. Haus zugeordnet. Daher zeigt Zwilling ♊, Yang-Merkur ☿ und das 3. Haus auch **wie man lernt, woran man interessiert ist** und **wie man sein Wissen in Kommunikation bringt**. Interessanterweise, verarbeiten wir lineares Wissen meist besser, wenn währenddessen unsere **Hände** beschäftigt sind. Während des Mittelalters waren die Mönche und Priester die einzigen, die **Lesen** und **Schreiben** lernen konnten. Oft wurden sie in anderen Bereichen als **Schüler unterrichtet**, während sie mit ihren Händen die Weintrauben ernteten oder im Garten arbeiteten. Zwilling ♊, Yang-Merkur ☿ und das 3. Haus steht also für die **Hände** und **ihre Aktivitäten**. Im Deutschen kennen wir das Wort, „**begreifen**", das für Verstehen steht. Daher korrelieren auch alle **Techniken** und die **Technik** selbst mit Zwilling ♊, Yang-Merkur ☿ und dem 3. Haus. Mechanik wird zwar auch Merkur ☿ zugeordnet, aber über das Zeichen Jungfrau ♍.

Eine der wohl wichtigsten Funktionen unserer Hände ist **Zeichen aufzeichnen**, also **Schreiben**. Schreiben ist ein enorm wertvolles Medium. Es kann uns helfen, innere Dynamiken oder schmerzvolle Ereignisse zu verarbeiten, wie zum Beispiel beim Tagebuch schreiben. Während man die Yang Funktion von Merkur ☿, also Schreiben, nutzt, sortiert (Jungfrau ♍ - Zwilling ♊ formt ein Quadrat (90°) □ zu Jungfrau ♍, das von der Yin-Seite des Merkurs ☿ beherrscht wird) die Yin-Seite des Merkurs ☿ die Ereignisse, beschreibt sie nochmals und bringt sie dadurch in Ordnung (Jungfrau ♍). Dabei findet Analyse (Jungfrau ♍) und Selbst-Erkenntnis (Jungfrau ♍) statt. Schreiben kann zudem auch ein Vehikel der Inspiration (Fische ♓, Zwilling ♊ formt ein Quadrat □ zu Fische ♓) sein. Inspirationen (Fische ♓) werden in Gedanken und Worte (Zwilling ♊) gefasst und auf die Welt (Jungfrau ♍) bzw. zu Papier gebracht. Beide Arten des Schreibens können große Unterstützung in Heilprozessen (Fische ♓) darstellen, denn oft kommt dabei eine größere Wahrheit (Schütze ♐) zu Bewusstsein. Der Akt des Schreibens selbst hilft der rastlosen Energie von Zwilling ♊, Yang-Merkur ☿ und dem 3. Haus ein paar Gänge runter zu schalten und sich zu erden (Jungfrau ♍ - Erdzeichen). Wir vergessen oft, dass Merkur ein Gott war, und sein Job war es die Botschaften von höherer

Ebene (Jupiter – Herrscher von Schütze ♐) in die Welt zu bringen – und umgekehrt.

Bei Zwilling ♊, Yang-Merkur ☿ und dem 3. Haus gibt es noch zwei weitere wichtige Archetypen: **Geschwister** und **Nachbarn**. Diese Zuordnung ist uralt, und auch richtig. Ich kann mir diese Zuordnung nur dadurch erklären, dass Zwilling ♊ das „Nachbarzeichen" von Krebs ♋, der für Familie steht, ist.

In unserer modernen Zeit findet meines Erachtens eine Glorifizierung der Dynamiken von Zwilling ♊, Yang-Merkur ☿ und dem 3. Haus statt. Denken Sie an die Bombardierung und Dauerbeschallung von Radio, Fernsehen und Internet mit ihren Nachrichten, Dokumentationen, Kommentaren, Interviews, Börseninformationen usw. Zuviel Informationen, die unsere linke Gehirnhälfte völlig überbelasten, und uns in unserer Fähigkeit zu Konzentration, Kontemplation, Ruhe, Schlaf und inneren Frieden (Fische ♓) berauben. Das sind die Symptome unserer Zeit. Denken Sie nur an den TV-Erfolgsschlager aus den USA, „Who wants to be a Millionare" („Wer wird Millionär"), bei der die Teilnehmer viel über alles wissen müssen, um öffentlichen Applaus, Annerkennung als intelligent zu erhalten und das ach so wichtige Geld zu gewinnen – doch sind die Gewinner wirklich intelligent, im wahrsten Sinne dieses Wortes? Der in der heutigen Zeit wirkende Mangel, Informationen (Merkur ☿) in ihren Wichtigkeiten zu ordnen und auszusortieren (Jungfrau ♍, Yin-Merkur ☿), um Klarheit und Durchblick zu haben, scheint durch schnelle, rastlose Ejakulation unwichtiger Informationen ersetzt zu sein, die inneren Frieden (Fische ♓) mit lauten, billigen Formen von Propaganda (Schütze ♐) unserer Medien (Zwilling ♊ - Schütze ♐) zu ersetzen versuchen, bei denen zudem noch dauernd Unterbrechungen (Zwilling ♊) „wichtiger" Informationen aus unserem Marktplatz um uns herum in Form der Werbeunterbrechungen (Zwilling ♊) stattfinden. Unsere rechte Gehirnhälfte (ganzheitlich-intuitives Denken – Schütze ♐) hat überhaupt keine Chance diesem ganzen Bombardement hinterher zu kommen.

In hypnotischen Techniken (Fische ♓) nutzt der Hypnotiseur oft die Technik der „Überladung mit Informationen", um das Denken des Klienten abzuschalten und ihn in einen Trance-Zustand zu versetzen, um das Unbewusste (Fische ♓) zu erreichen. In unseren gegenwärtigen Medien (Zwilling ♊ - Schütze ♐) findet ein ähnlicher Effekt statt. Denken Sie nur einmal an die Bilder der einstürzenden Türme des World Trade Centers, die nach dem 11. September ununterbrochen immer wieder und wieder ausgestrahlt wurden. Unser Unbewusstes sah dabei jedes Mal wieder diese Gebäude von Neuem einstürzen, als sei es hunderte von Malen geschehen – es geschah aber nur einmal! Innerhalb von 2 Wochen war die große Mehrheit der Amerikaner davon überzeugt (Schütze ♐), dass man in großer Gefahr ist, und Krieg das richtige Mittel zur Bekämpfung dieser Gefahr sei!

Nach unserer Geburt wächst das Gehirn. Interessanterweise bilden sich die Hauptdenkstrukturen in den 90 Tagen nach der Geburt – das entspricht einem Merkurumlauf um die Sonne. Von da an lernen wir die Welt mit all ihren Namen und Benennungen, die in der bestehenden Gesellschaft akzeptiert sind, zu verstehen. Wir entwickeln unsere Gedankenmuster, die bezüglich unserer elterlich-kulturell-religiösen Prägung und auch unserer persönlichen Bedürfnisse und Präferenzen auf „Gut und Böse" basieren. Wir werden älter und erleben gute und schlechte Zeiten, die wir in unserem Verstand (Zwilling ♊) zu unserer „persönlichen Geschichte" machen, die wir uns und anderen auch immer wieder erzählen. Oft enthalten unsere Geschichten auch die schlechten Erlebnisse der Vergangenheit, die uns in uns – wann immer wir sie nochmals denken oder erzählen (Zwilling ♊) – unangenehm fühlen lassen.

Selbst wenn wir an schöne Begebenheiten der Vergangenheit denken oder diese erzählen, werden wir in uns einen Schmerz erfahren. Warum? Nun, jeder Gedanke (Zwilling ♊) der in die Vergangenheit geht, wird in uns unverzüglich die Emotion von Schmerz hervorbringen. Gedanken sind elektrisch (Luft Element) und laden unsere Emotionen (Wasser Element) entsprechend auf. Warum aber dann emotionale Schmerzen, wenn wir an etwas angenehmes der Vergangenheit denken? Nun, Emotionen (Wasser Element, Krebs ♋, Mond ☽) können nur im Moment erfahren werden. Jede gedankliche Ablenkung weg vom Moment (Krebs ♋, Mond ☽) verursacht entweder Schmerz oder Angst. Denke ich an etwas Schönes der Vergangenheit, bin ich nicht mehr im Moment, der in diesem Augenblick ja nicht dieses Schöne zu bieten scheint. Daher entsteht Schmerz. Ähnlich auch bei Gedanken an die Zukunft. Wieder geht man gedanklich weg vom Augenblick, und die emotionale Reaktion in uns wird Angst sein – etwas nicht zu erreichen bzw. zu schaffen, oder dass etwas Schlimmes passieren wird. Zwilling ♊, Yang-Merkur ☿ und das 3. Haus entwickelt über das Quadrat (90° - □) zu Fische ♓ Erwartungen in unseren Gedankenmustern und somit positive oder negative Reaktionen, wenn diese Erwartungen eintreten oder nicht eintreten. Daher teilen wir durch unser lineares Denken (Zwilling ♊) alles in „Gut und Böse" ein – wie in der biblischen Geschichte vom Baum des Lebens und dem Baum von der Erkenntnis von Gut und Böse.

Untersuchen wir die Natur von Gedanken etwas genauer, erkennen wir, dass sie bio-chemische Reaktionen in unserem Gehirn sind, basierend auf unseren Stoffwechsel, die Atmung, das Umfeld etc. Gedanken sind Teil des Verstandes (Zwilling ♊), sie kommen und gehen wie Wolken am Himmel. Einigen Gedanken erlauben wir, einfach weiter zu ziehen;

anderen schenken wir Aufmerksamkeit und schenken ihnen Glauben (Schütze ♐). Auf einmal spielt der Archetyp von Schütze ♐, dem Zwilling ♊ gegenüberliegendes Zeichen mit seinem Feuer hinein, und es wird zu einer emotionalen Reaktion (Wasser-Element) in uns kommen. Versuchen Sie es einmal: Denken Sie einmal den Gedanken, Sie können nächsten Monat keine Miete mehr bezahlen – und nun achten Sie darauf, wie sie emotional reagieren, wie ihr Herzschlag sich verändert, ihre Atmung, und welche Folgegedanken sofort entstehen. Das ist die Kraft von Gedanken, wenn wir ihnen Glauben schenken – wir reagieren mit Gefühlen und Emotionen, selbst wenn der Gedanke (Zwilling ♊) gar nicht auf Wahrheit (Schütze ♐)basiert.

Unsere gesamte Kindheit und auch den Rest des Lebens hindurch schenken wir vielen kollektiven und persönlichen Gedanken und Informationen unseren Glauben, ohne zu hinterfragen, ob sie wirklich 100 % wahr sind. Wir merken nicht, wie diese Gedanken, denen wir unreflektiert unseren Glauben schenken, sofort zu unserer inneren Wirklichkeit (Jungfrau ♍) werden – meistens Emotionen des Schmerzes oder der Angst. Wie schon erwähnt, jeder Gedanke an die Vergangenheit erzeugt Schmerz, und jeder Gedanke an die Zukunft erschafft Angst in uns. Leben ist nur Jetzt – der Rest findet nur in unserem Verstand statt!

Anstatt unsere Gedanken (Zwilling ♊) und die dahinter stehenden Glaubensgrundsätze (Schütze ♐) zu hinterfragen, wie es in der großartigen Technik von Byron Katie, „The Work[32]" (work bedeutet Arbeit – Jungfrau ♍, Yin-Merkur ☿) vorgeschlagen wird, kaufen wir uns über unseren Glauben in unwahre Gedanken ein und verstricken uns in „unsere Geschichte" mit all ihrem Ach und Weh. Bei der Technik von Byron Katie „The Work", wird jede schmerzvolle Emotion, wie Angst, Ärger, Wut, Schmerz, Verletzung etc. mit einer einfachen Selbst-Hinterfragungs-Technik daraufhin geprüft, ob unsere Gedanken dazu wirklich 100% wahr sind, ob wir es wirklich wissen können. Danach wird einmal hingefühlt, wie es einem eigentlich geht, wenn man diesen oder jenen Gedanken denkt. Man erkennt den Schmerz, die Kraftlosigkeit, man fühlt sich klein, angstvoll und ist mit seiner Aufmerksamkeit nicht bei sich selbst. Dann wird sich selbst gefragt, wie man sich denn fühlen würde bzw. wer man denn emotional sei, wenn man diesen Gedanken (der ja nicht einmal wahr ist) nicht mehr Glauben schenken würde, oder ihn nicht mehr denken könnte. Sobald der Verstand sich selbst erlaubt seinen eigenen Gedanken zu hinterfragen bzw. zu löschen, empfindet man ein sofortiges Gefühl von Freiheit, Frieden, Kraft und vor allem man fühlt sich selbst, und zwar im Herzen. Abschließend wird der ursprüngliche Gedanken, mit dem man

---

[32] "Lieben, was ist" von Byron Katie – www.thework.com

begonnen hatte zu arbeiten, nun umformuliert: sei es in eine konstruktive Aussage, oder aber in eine tiefere Wahrheit über sich selbst und sein Verhalten gegenüber anderen Menschen.

Diese Technik „The Work" ist ein kraftvolles Instrument der Selbst-Hinterfragung, die ich oftmals in Horoskopdeutungen mit dem Klienten durchspiele, um ihm den Weg aus seinem Gedankengefängnis zu zeigen. Daher wollte ich dem Leser hier diese Technik im Kapitel Zwilling ♊, Yang-Merkur ☿ und dem 3. Haus vorstellen und ans Herz legen. Aus meiner Erfahrung ist es wohl am allerbesten, die Arbeit „The Work" von Byron Katie selbst zu erlernen – sie reist durch die ganze Welt – oder von einem erfahrenen Practicioner der „The Work" lehrt.

Krebs ♋, Mond ☽, IC / 4. Haus
Wasser   Kardinal   Yin

Krebs ♋, Mond ☽ und der IC/4. Haus, welches die Basis des Horoskops darstellt, sind die **emotionale Grundlage** in unserem jetzigem Leben. Krebs ♋, Mond ☽ und der IC/4. Haus steht für die **frühe Kindheit**, das **frühkindliche Heranreifen**, das **emotionale Umfeld des Zuhauses** und der **Eltern**, vor allem der **Mutter**. Somit auch für die **Prägung** in der Kindheit durch das **elterliche Nest**, das die **emotionale Definition von sich-sicher** und **-geborgen- fühlen** erzeugt. All jene Komponenten der frühen Kindheit und der **Qualität der Ummutterung** in jungen Jahren kreieren ein **subjektives Gefühl über das eigene emotionale Selbst** in Beziehung zu unserem Körper (Widder ♈ - Krebs ♋ macht Quadrat (90°) □ zu Widder ♈), in Beziehung zu unserer **Familie**, in Beziehung zu der Zeit, dem Land und der Gesellschaft (Steinbock ♑ - Krebs ♋ macht Quadrat □ zu Steinbock ♑) und in Beziehung zu der Welt der anderen Menschen (Waage ♎ - Krebs ♋ macht Quadrat □ zu Waage ♎). In anderen Worten heißt das, dass unsere Kindheit und das frühkindliche Umfeld unser **emotionales Selbst-Bild** über uns bzw. zu uns selbst erschafft, welches wiederum bestimmt, wie **wir uns emotional von Moment zu Moment** sehen, wie wir für uns **Sicherheit** und **Geborgenheit** definieren und was wir anstellen, um uns selbst geborgen und ummuttert zu fühlen. Dadurch sind wir in der Lage, eine **emotionale Selbst-Definition** über uns zu erschaffen, die **in jedem Moment** zu unserem Bezugspunkt unserer **subjektiven Wahrnehmung** von uns und von der Welt um uns wird. Krebs ♋, Mond ☽ und der IC/4. Haus steht somit für die **emotionalen Wurzeln** in diesem Leben, woraus wir **emotional erwachsen** und uns in Richtung des MC / 10. Hauses entwickeln[33]

In der Evolutionären Astrologie verwendet man das Wort **Ego** oder auch **emotionales Ego** als Entsprechung zu Krebs ♋, dem IC/4. Haus und vor allem zum Mond ☽. Die Definition des Wortes Ego ist ziemlich einfach: Solange wir im physischen Körper (Widder ♈/AC) leben, ist ein Teil unseres emotionalen Bewusstseins (Wasser) mit unserem physischen Körper verhaftet, damit wir einen emotional-physischen Bezugspunkt haben können, der uns ermöglicht „Ich" sagen zu können – „Ich bin hungrig, ich bin munter etc.". Genau dafür erschafft das Bewusstsein die Funktion des emotionalen Egos, das Ich. Am Ego ist auch nichts verkehrt, denn solange wir im Körper leben, werden wir dieses Ich haben. Probleme mit dem Ego entstehen dann, wenn wir die natürliche Funktion des Egos vergessen: Es ist die natürliche Linse (Krebs ♋, Mond ☽) in unserem Bewusstsein, das die Seele (Skorpion ♏), das Göttliche Selbst (Fische ♓) mit dem physischen Körper (Widder ♈) verbindet.

Lassen Sie mich das anhand eines Bildes veranschaulichen: Stellen Sie sich vor, Sie sitzen in einem Kino. Sie sehen die bewegten Bilder auf der Leinwand vor Ihnen, und es scheint, dass alles vor Ihren Augen geschieht. Doch es ist nur eine Projektion (Wassermann ♒) des Lichts (Fische ♓ - Göttliches Licht bzw. Urlicht des Bewusstseins) auf die Leinwand der Raum-Zeit-Realität (Steinbock ♑). Das Licht (Fische ♓) trägt bzw. transportiert über einen Projektor (physischer Körper (mit seinen Chakren) – Widder ♈) die Bilder bzw. Verlangen (Seele ♏) auf die Leinwand von Raum und Zeit (Steinbock ♑ - Krebs ♋ macht Opposition (180°) ☍ zu Steinbock ♑). Ohne die emotionale **Linse** (Krebs ♋, Mond ☽) wären die Bilder unklar und verschwommen (Fische ♓).

Das Ego ist die natürliche Funktion in unserer jeweiligen Inkarnation, die Seelen-Bilder bzw. –Verlangen (Skorpion ♏) aus einem subjektiven, emotionalen Blickwinkel bezüglich karmisch-evolutionärer Notwendigkeiten und Absichten zu sehen bzw. in der Raum-Zeit-Ebene (Welt) zu erleben. Die Seelenbilder (Skorpion ♏) sind auf der Filmrolle, doch ohne Projektor (Körper) und ohne Linse (Ego) sind sie nicht linear

---

[33] Das Gerücht, "je älter man wird umso mehr wird man sein Aszendent" ist meines Erachtens Unsinn. Der AC ist der Körper und der Beginn des Lebens! Je älter wir werden, umso mehr werden reifen wir zu unserem MC, dem Tierkreiszeichen dort, sein planetarer Herrscher in Haus, Zeichen mit Aspekten/Phasen, eventuelle Planeten im 10. Haus, die Stellung des Natürlichen Herrschers, Saturn ♄, und wo das Zeichen Steinbock im Horoskop zu finden ist.

über Zeit und Raum erfahrbar! Die frühe Kindheit mit ihrem Umfeld, dessen Einflüssen und Prägungen dient dazu, die Linse (Ego) für dieses Leben zu formen, um bezüglich des persönlichen Karmas (Ursache-Wirkung) und der evolutionären Notwendigkeiten und Absichten (Pluto & Pluto-Polaritäts-Punkt) das Leben dieser Inkarnation zu er- und durchleben. Doch solange wir in unserem Kino sitzen, und damit **emotional verhaftet** sind, was vorne auf der Leinwand läuft, vergessen wir, wo das Licht wirklich herkommt; nämlich genau von hinter uns bzw. aus uns heraus.

Interessanterweise bedeutet der aramäische Wortstamm für das Wort „Sünde", „das Göttliche vergessen"! Wenn wir den Film unseres Lebens betrachten bzw. leben, und dabei dessen Quelle bzw. dessen Urlicht vergessen, geben wir dem Ego tatsächlich zu viel Gewicht. Das Resultat: Wir verhaften uns mit der Geschichte auf der weltlichen Leinwand, werden mit den Hoch und Tiefs (Dualität) der Geschichte mitlachen und mitweinen – mit all unseren Emotionen, die dann für uns **emotionale Realität** werden. Die andere Option ist es, sich an das Göttliche Urlicht, also den Urgrund des Seins – das reine Bewusstsein – in jedem Moment zu erinnern[34], und dem Göttlichen zu erlauben, uns im irdischen Kino zu unterhalten, während wir das innere Urlicht zu unserer emotionalen Realität werden lassen. Dann leben wir, wie uns Paramahansa Yogananda empfohlen hat: „Sei auf der Welt, aber nicht von der Welt[35]!"

Krebs ♋, Mond ☽ und der IC/4. Haus hat noch eine weitere Entsprechung, die unter Astrologen leider nicht sehr bekannt ist, obwohl sie doch so wertvoll ist. Sie sollte in einer Horoskopbesprechung beachtet werden: Es ist der Archetyp von **Anima – Animus**. Die Seele (Skorpion ♏) ist wie ihre Schöpfer-Quelle (Fische ♓) **männlich-weiblich**. Selbst der Schöpfergott der Bibel, „elohim", ist ein männlich-weibliches Multi-Wesen[36]. Das bedeutet, dass die Gott-Göttin-Bewusstseins Adam aus ihrem Ebenbild schufen. Wie Swami Sri Yukteswar, Lehrer von Paramahansa Yogananda schrieb: „Die Seele ist in sich selbst männlich-weiblich, kann aber bei jeder Inkarnation nur zwischen einem männlichen oder weiblichen Körper wählen. Ähnlich wie Bekleidung ist der Körper, mit seinem physischen Geschlecht nur ein Kleidungsstück der Seele – Hose oder Rock, das immer wieder gewechselt wird. Verurteile keinen Menschen

---

[34] Das Englische Wort ist remember, was ich gerne als Re-Member (Zurück zur Mitgliedschaft) schreibe
[35] Paramahansa Yogananda – "Divine Romance"
[36] Elohim ist ein hebräisches Plural-Wort, das männlich-weiblich ist (Moses 1,1)

wegen seines Geschlechts oder seiner Hautfarbe, denn es sind nur Kleidungsstücke der Göttlichen Seele[37]."

Carl Gustav Jung[38] beschreibt Anima und Animus als nicht sichtbaren Seelenanteil des gegenteiligen Geschlechts der physischen Manifestation. Das heißt, lebt man im weiblichen Körper, ist der männliche Animus verborgen und doch existent. Lebt man im männlichen Körper, ist die weibliche Anima verborgen, aber doch existent. Und genauso sieht man bei unserem Mond am Himmel immer nur eine Seite, während die andere verborgen bleibt. Deshalb steht der Mond ☽ für die Dynamik von Anima und Animus, wie auch Krebs ♋ und IC/4. Haus. Somit stehen Krebs ♋, Mond ☽ und der IC/4. Haus für **emotionale Geschlechts-Assoziation** bzw. **Geschlechts-Definition** und können auch, wenn gewisse Signifikatoren im Horoskop bestehen, für **Geschlechts-Wechsel** stehen[39].

Jede Kultur und somit jede Gesellschaft (Steinbock ♑) hat ihre eigene Geschlechtsdefinition und somit auch **Erwartungen an das/die Geschlechter**, die auf den kulturell-religiösen Glaubensprinzipien (Schütze ♐) der Kultur beruhen. Steinbock ♑, das dem Krebs ♋ gegenüberliegende Zeichen prägt bzw. beeinflusst mit seinen gesellschaftlichen Geschlechtserwartungen die Familie hinsichtlich dessen, wie das Kind bzw. die Kinder ihres Geschlechts entsprechend erzogen werden: Jungs tragen blau, Mädchen rosa. Die Seele jedoch inkarniert sowohl als Mann als auch als Frau. Oft bevorzugt die Seele für eine geraume Zeit in ein und demselben Geschlecht zu inkarnieren. Doch ab einem gewissen Punkt wird dann zu einer bestimmten Inkarnation das Geschlecht gewechselt – genannt „Geschlechtswechsel".

Solche Inkarnationen, bei denen ein solcher Geschlechtswechsel stattgefunden hat, sind oft sehr schwer für den Natalen. Nicht nur, dass es oft zu hormonellen Schwierigkeiten kommt, die den Menschen ein Leben lang belasten, sondern auch, dass er/sie es gewohnt ist, in alt-bekannter Manie die Verhaltensgewohnheiten vergangener Leben des anderen Geschlechts zu leben. Doch die bestehende Gesellschaft richtet seiner unbewussten Gewohnheit des ehemaligen Geschlechts konträre Erwartungen an den Natalen, nämlich sich entsprechend seines/ihres Geschlechtes zu verhalten. Stellen Sie sich doch einmal vor, jemand hatte viele Inkarnationen in einem männlichen Körper in westlichen Kulturen und findet sich nach dem Geschlechtswechsel nun in einem weiblichen Körper wieder! Alle altbekannten Verhaltensweisen, wie zum Beispiel laut zu lachen und sich oder anderen dabei kräftig auf den Schenkel zu klopfen,

---

[37] "Holy Science" von Swami Sri Yukteswar
[38] "Anima-Animus" von Carl Gustav Jung
[39] Diese werden in Kapitel Sechs besprochen

sind nun aus familiär-gesellschaftlicher Sicht nicht mehr willkommen, weil er in einem weiblichen Körper lebt. Fühlen Sie sich doch einmal in die Kindheit, die Schulzeit, den ersten Kuss etc. dieses Natalen ein!

Damit steht Krebs ♋, Mond ☽ und IC/4. Haus dafür, wie wir **innerlich in uns emotional mit unserem physischen Geschlecht in Beziehung** stehen – bezüglich der Erfahrungen vergangener Leben, möglicherweise im anderen Geschlecht, und auch hinsichtlich der gesellschaftlichen und elterlichen Erwartungen an unser physisches Geschlecht der Gesellschaft, in der wir groß werden. Ein Mann in Thailand wird dann als männlich angesehen, wenn er einfühlsam, sanft, und fein ist; in Texas und auch in Bayern ist das nicht so, da gilt der Mann als männlich, wenn er hart, übergewichtig, selbst-absorbiert und rüpelhaft ist.

Wie geht es wohl einem kleinen Jungen, der viele Inkarnationen als Frau in Burma hatte, und sich nun im männlichen Körper in Dallas wiederfindet? Würde er sich in seiner Familie und seinem sozialem Umfeld nicht völlig verkehrt vorkommen. Wären seine **emotionalen Gewohnheiten**, die auf unbewussten Erinnerungen seiner vergangenen Leben als östliche Frau basieren, nicht fehl am Platz? Wie würde er sich dann über sich selbst und seine Männlichkeit fühlen? Würde er sich nicht ständig mit anderen vergleichen (Waage ♎ - Krebs ♋ macht Quadrat □ zu Waage ♎), vor allem mit anderen Jungen und Männern, um sich emotional sicher in der Gesellschaft (Steinbock ♑) zu fühlen, und vor allem auch um nicht verurteilt und bestraft zu werden (Steinbock ♑). Als Folge würde sein **Inneres Kind** das Gefühl entwickeln, etwas sei mit ihm verkehrt, was über die Zeit einen störenden Einfluss auf sein **Gesamt-Wohlbefinden** hätte, vor allem später als Erwachsener, wenn seine Sexualität (Skorpion ♏ - Krebs macht ein Trigon (120°) △ zu Skorpion) und das Erwachsenenleben (Steinbock ♑) beginnt.

Wir können ersehen, dass frühe Kindheitsprägung, Geschlechtsassoziationen und –definitionen unser Sexualleben als Erwachsene mitbestimmen (Krebs ♋ formt ein Trigon △ zu Skorpion ♏, auch ein Wasserzeichen). Das andere Trigon △ (120°) von Krebs ♋ geht zu dem anderen Wasserzeichen Fische ♓, woraus man lesen kann, dass Heilung (Fische ♓) der Inneren Kind-Dynamiken und Prägungen der frühen Kindheit immer möglich sind – jedoch abhängig von der Fähigkeit des Natalen sind, **emotionale Veränderungen** eingehen zu wollen/können, und **emotionale Gewohnheiten** zu brechen. Krebs ♋, Mond ☽ und IC/4. Haus zeigt zudem, wie wir unseren **inneren Tempel** und somit unser privates **zuhause** einrichten, damit wir uns wohl und geborgen fühlen, um uns **emotional zu nähren** und zu **wärmen**.

Löwe ♌, Sonne ☉, 5. House
Feuer   Fix   Yang

Von Widder ♈ bis zu Löwe ♌ baut sich die Energie der **Subjektivität** auf und findet seinen Höhepunkt in Löwe ♌[40]. Alle Dynamiken von Widder ♈ bis Krebs ♋ finden bei Löwe ♌, Sonne ☉ und dem 5. Haus ihre **Integration** bzw. **persönliche Eingliederung** in die **subjektive Persönlichkeit**, in dem das individuelle Bewusstsein sein eigenes **persönliches Zentrum** der **Vitalität**, der **Kraft** und des **eigenen Lebenszwecks** findet. Löwe ♌, Sonne ☉ und dem 5. Haus ist voller **vitaler Energie**, die in die Welt **gestrahlt** wird, so wie die Sonne ihr **Licht** und ihre **Hitze** auf alles um sie herum strahlt wissend, dass sie das **Zentrum** ist. Löwe ♌, Sonne ☉ und dem 5. Haus stehen für die archetypische Notwendigkeit, das **Zentrum im eigenen Leben** zu sein. Dadurch ist man in der Lage, alle inneren und äußeren Dynamiken in den **persönlichen Zweck des eigenen Lebens** zu **integrieren**. Deshalb besteht hier eine natürliche Dynamik von **Selbst-Zentriertheit**, die das

---

[40] Das gilt auch für den Energieverlauf vom AC/1. Haus zum 5. Haus, in dem die Subjektivität seinen Höhepunkt erreicht. Von Waage ♎ bis Wassermann ♒ bzw. von DC/7. Haus bis 11. Haus baut sich dann Objektivität auf, die in Wassermann seinen Höhepunkt erreicht. Jungfrau ♍/6. Haus und Fische ♓/ 12. Haus sind Zeichen/Häuser des Übergangs.

Individuum darin **bestärken**, seine Energien in **kreative, vitale** Formen der **Selbst-Verwirklichung** einfließen zu lassen.

Um jedoch in der Lage zu sein, seinen eigenen (Lebens-) Zweck zu definieren und zu leben, müssen verzerrte Emotionen, Traumata, Fehler und Mängel in die **Arena** des eigenen Lebens integriert werden. Ist das Selbstwertgefühl (Stier ♉ - Löwe ♌ macht Quadrat (90°) □ zu Stier ♉) gering oder bestehen ungelöste Traumata (Wassermann ♒ - Löwe ♌ macht Opposition (180°) ☍ zu Wassermann ♒) kann Therapie (Skorpion ♏ - Löwe ♌ macht Quadrat □ zu Löwe ♌) oder andere natürliche Formen der Metamorphose (Skorpion ♏), wie zum Beispiel eine gute, profunde Intimbeziehung (Skorpion ♏), helfen, die Anteile der Vitalität (Löwe ♌) oder wie die Schamanen sagen, „abgespaltene (Wassermann ♒) Seelenanteile" (Skorpion ♏) wieder zu integrieren. Dabei kann die vitale, **spielerische, lustvolle** Sexualität von Löwe ♌, Sonne ☉ und dem 5. Haus ein guter heilsamer Integrationsfaktor sein, denn Löwe ♌ bildet ein T-Quadrat (T-□) zu der Sexualachse von Stier ♉ und Skorpion ♏. Gehen wir **spielerisch** an unser Leben und unseren Lebenszweck heran, ohne zwanghaft zu sein, sondern so **leichtherzig** wie ein **Kind**, intensiviert sich bei Löwe ♌, Sonne ☉ und dem 5. Haus das innere Gefühl, **etwas ganz Besonderes zu sein** und somit berufen zu sein, **etwas Besonderes in diesem Leben zu machen**, was dann oft zu **Erfolg** führt.

Die **positive, charismatische Energie** von Löwe ♌, Sonne ☉ und dem 5. Haus ist natürlich und somit auch notwendig. Sie versorgt einen jeden von uns, mit einem Bezugspunkt zu sich selbst im Leben, vergleichbar mit den Millionen und Abermillionen Sonnen da draußen im Weltall. Eine jede ist das Zentrum für ihr eigenes Sonnensystem; eine jede ist der kraftvolle **Ausdruck** des Einen, **hell** und **einzigartig**. Löwe ♌, Sonne ☉ und dem 5. Haus ist somit bei jedem völlig einzigartig und etwas besonderes, und doch gibt es Abermillionen davon im Universum – das gilt es für Löwe ♌, Sonne ☉ und dem 5. Haus nicht zu vergessen! Wie alle Feuerzeichen fühlt sich Löwe ♌, Sonne ☉ und des 5. Haus als etwas Einzigartiges und Besonderes, das einen besonderen Weg zu gehen hat. Leben ist kein Problem, sondern ein Geschenk, das es auszupacken gilt. Mit solch **sonniger** Grundeinstellung ist Löwe ♌, Sonne ☉ und dem 5. Haus auch jederzeit bereit, anderen **zu helfen,** sie **zu unterstützen** und ihr Licht auf sie zu **strahlen** - solange er den anderen nicht als **Mitstreiter, Wettbewerber, Konkurrenz** oder **gegnerischen Sparingspartner** sieht.

Löwe ♌, Sonne ☉ und das 5. Haus liebt es als "Zentralgestirn", seine **Stärke sonnig zur Schau zu stellen**. Daher ist der **Wettkampf, Wettstreit** und **Brumpft-Gehabe** ein vitaler Teil seiner Natur, der

charmant über Unterstützung und Hilfestellung gelebt wird, solange kein anderer seine Arena beanspruchen will (oder als solcher wahrgenommen wird). Löwe ♌, Sonne ☉ und das 5. Haus als Höhepunkt der Subjektivität, hat eine Tendenz, anderen gerne zu helfen oder unterstützende Geschenke zu machen. Doch leider entsprechen diese Geschenke oft seinen eigenen subjektiven Vorlieben, nicht denen des anderen. Sie erhalten zum Beispiel von Löwe ♌, Sonne ☉ und dem 5. Haus seinen Lieblingspulli zum Geburtstag! Doch wenn Löwe ♌, Sonne ☉ und dem 5. Haus etwas gibt, hat er diesen unschuldigen, frischen **kindlichen Glanz** auf seinem Gesicht, der dem anderen keine andere Wahl mehr lässt, als sich über das Geschenk, das nicht gefällt und das man auch nicht braucht, von **Herzen** zu freuen. Wie ein **kleines Kind**, das der Mutter ein selbst gezeichnetes Bild mit strahlendem Gesicht übergibt. Das Bild kann noch so hässlich sein, die Mutter, wird es in **höchsten Tönen loben**; nicht nur weil es schwer ist, dem sonnigen Strahlen zu widerstehen, sondern auch, weil Löwe ♌, Sonne ☉ und das 5. Haus in seiner Energie ein ungeheures **Bedürfnis nach Feedback** und **Annerkennung** hat, das ehrlich gesagt, nie ganz zu befriedigen ist. Er braucht das **Kompliment**, wenn möglich in der **Superlativ-Form**, das ihn wissen lässt, er ist **der Beste**.

Löwe ♌, Sonne ☉ und das 5. Haus ist also sehr **gebend** und spielerisch. Doch das Gebende ist oft von den Bedürfnissen nach Annerkennung und Feedback motiviert. Leider ist das Feedback oft nie genug, was dann zu **Frustration** führt – wie die Frustration des unentdeckten **Künstlers**. Und in der Tat entsprechen die **Kunst, Schauspiel, Malerei** und andere **Formen des kreatives Selbst-Ausdrucks** bzw. –**Selbstverwirklichung** dem Löwe ♌, Sonne ☉ und dem 5. Haus. Mit seiner, ihm eigenen Vitalität und Kraft kann sich diese Kreativität natürlich auch genauso in allerlei anderen **selbständigen Unternehmungen** manifestieren. Die Bandbreite geht vom **Unternehmer** bis zum **Spieler**. Sei es in der **Spielbank** oder an der Börse (Löwe ♌ macht Quadrat □ zu Stier ♉ und Skorpion ♏). Immer getragen und getrieben von der kraftvollen Energie, die nach Selbstausdruck und auch nach Anerkennung und Feedback trachtet. Ein Feedback, das sich Löwe ♌, Sonne ☉ und das 5. Haus am besten immer selbst geben sollte, um somit den Frustrationsfaktor im eigenen Leben zu minimieren.

Die wohl natürlichste Form von Kreativität bzw. **Schaffenskraft** manifestiert sich wohl in **Kindern.** Am 5. Haus können wir eben nicht nur die Kreativität ablesen, sondern auch das Kind (die Kinder – wobei ich da das 5. Haus für das 1. Kind hernehme, das 7. Haus für das 2. Kind (Geschwister (3. Haus) vom 1. Kind (5. Haus) usw.). Leider haben aber viele Eltern, die Tendenz, ihre Kinder (Löwe ♌, Sonne ☉ und das 5. Haus)

117

als „Wurmfortsatz" ihrer eigenen Persönlichkeit zu sehen, was nur zu unnötigen Kämpfen führt. Hier sehen wir eine weiter Ebene, auf der sich der **Narzissmus**, der dem Löwe ♌, Sonne ☉ und dem 5. Haus zugeordnet wird, zeigt. Narzissmus ist bei einem Kind im ersten (den ersten Lebensjahren) eine natürliche Dynamik. Das Kind erwartet, dass alle **Aufmerksamkeit** auf sich gerichtet wird. Findet dabei ein mehr oder minder starkes Defizit in diesen ersten Jahren statt, kann es zu der so genannten **narzisstischen Störung** kommen. Dabei kann es später bei den eigenen Kindern sein, diese als „Abdruck" der eigenen Persönlichkeit zu sehen und dementsprechend zu erziehen. Weiser ist es, seine Kinder als freie Menschen bzw. als Individuen (Wassermann ♒ - Löwe ♌ bildet eine Opposition ☍ zu Wasssermann ♒) zu sehen. So oder so Löwe ♌, Sonne ☉ und das 5. Haus liebt Kinder, und Kinder lieben ihn!

In der traditionellen Astrologie wird Löwe ♌, Sonne ☉ und das 5. Haus oft mit "Flirts" und "Affären" genannt. Doch das ist eigentlich nicht eine seiner Archetypologien, außer Löwe ♌, Sonne ☉ und das 5. Haus hat den Eindruck, er bekäme nicht genug Aufmerksamkeit und Feedback. Dann wird seine Energie dafür sorgen, dass er **Flirts** anzieht, oder er sich welche sucht. Ist sein Energiespeicher durch eine lahme Beziehung **ohne genug Feedback** und/oder **erotische Aufmerksamkeit** leer, dann wir seine Energie die Möglichkeit einer **Affäre** anziehen, um sich selbst wieder zu **revitalisieren** und zu **verjüngen**. Doch empfindet sich Löwe ♌, Sonne ☉ und das 5. Haus als genug gesehen und anerkannt – sei es in seinem **Liebesleben** oder in seinen Unternehmungen – wird er wohl kaum im roten Sportwagen mit offenem Hemd und **Gold**kette die Hauptstrasse rauf und runter fahren.

Löwe ♌, Sonne ☉ und das 5. Haus trägt in sich nicht nur eine kraftvolle, sondern oft auch eine **royal-königliche** Energie. Dieser charismatische Energiehaushalt kann sehr leicht andere überrollen und an die Wand spielen, auch weil die anderen natürlicherweise Platz machen. Er geht zum Beispiel in die Bäckerei, wo eine Schlange Menschen ansteht, geht an den anderen vorbei zum Tresen und bestellt sein Brot. Jeder wird es zulassen, außer ein anderer Löwebetonter Mensch steht in der Schlange. Die anderen werden einfach nur perplex zusehen und diesen **Auftritt** geschehen lassen.

Ich möchte nochmals betonen, dass es bei Löwe ♌, Sonne ☉ und dem 5. Haus eine natürliche Funktion und Notwendigkeit des Bewusstseins ist, selbst-zentriert, manchmal auch **selbst-absorbiert** zu sein, um seine eigene Arena der persönlichen Selbst-Darstellung und –Ausdrucks zu haben, in der er sich spielerisch und kreativ erleben und **darstellen** kann. Wenn Löwe ♌, Sonne ☉ und das 5. Haus sich bewusst ist, dass er ein **Kanal für Kreativität** ist, nicht aber die Quelle selbst, ist alles in

Ordnung. Dann reiht er sich mit seinen einzigartigen Fähigkeiten ein, in die Schar all der anderen leuchtenden Sonnen des Universums.

Übung Eins
1. *Untersuchen Sie in Dicks Horoskop, wie das Zeichen Löwe ♌ an seinem AC seine körperliche Energie, Erscheinung und seine instinktiven Verlangen definiert.*
2. *Untersuchen Sie den planetaren Herrscher von Dicks AC, die Sonne ☉ in Stier ♉ als weitere Zusatzinformation, wie sein physischer Körper und seine instinktiven Verlangen (1. Haus) gelebt werden. Falls Sie schon geschult sind, beziehen Sie dabei gerne noch das 9. Haus (Schütze ♐ Archetyp) mit ein, in dem die Sonne ☉, Herrscher des AC steht.*

Jungfrau ♍, Yin-Merkur ☿, 6. Haus
Erde   Veränderlich   Yin

Jungfrau ♍, Yin-Merkur ☿ und das 6. Haus ist in der herkömmlichen Astrologie wohl eines der missverstandensten Zeichen des Tierkreises. Von Widder ♈ bis zu Löwe ♌ sahen wir den Aufbau der Subjektivität. Von Waage ♎ bis zu Wassermann ♒ baut sich Objektivität auf, die in Wassermann ♒ ihren Höhepunkt findet. Jungfrau ♍ und ihr gegenüberliegendes Zeichen Fische ♓, wie auch das 6. und das 12. Haus sind Zeichen bzw. Häuser des **Übergangs**, bei der die Energie einen **profunden Wechsel** erlebt. Hier bei Jungfrau ♍, Yin-Merkur ☿ und dem 6. Haus emaniert sich die Energie aus dem vorangegangenen Zeichen Löwe ♌, dem Höhepunkt der eigenen Subjektivität, und wird nun auf den Beginn des Erlernens der Objektivität **vorbereitet**, die bei Waage ♎, dem Zeichen nach Jungfrau ♍, beginnt. Daher findet bei Jungfrau ♍, Yin-Merkur ☿ und dem 6. Haus eine Schwerpunktsverlagerung statt, die die Löwe-Energien dazu bringt, einen „Thronsturz" zu erleben – König ohne Thron und ohne Königreich. Zuvor erfuhr sich die Energie bei Löwe ♌ auf der Spitze der Pyramide. Nun bei Jungfrau ♍, Yin-Merkur ☿ und dem 6. Haus erlebt sie sich als sei die Pyramide kopfüber nach unten weisend mit dem Individuum unten an der Spitze. Daher erschafft Jungfrau ♍, Yin-Merkur ☿

und das 6. Haus eine Energie von **Demut**[41] und von **Bescheidenheit**. Doch dazu bedarf es meist der **Krisen**, manchmal der **Kritik** und sogar der **Demütigung**, um allem Aufgeblasenem des Subjektiven (Löwe-Energie) die Luft abzulassen. Vergleichbar mit einem Rohdiamanten, der bei Jungfrau ♍, Yin-Merkur ☿ und dem 6. Haus **Feinschliff** erhält.

Dazu werden bei Jungfrau ♍, Yin-Merkur ☿ und dem 6. Haus **Krisen** erlebt – innere und/oder äußere. Warum? Krisen bringen uns dazu, **nachzudenken**. Krisen führen normalerweise zu **Analyse** bzw. **Selbst-Analyse**, die wiederum zu **Einsichten über** die Ursachen und Gründe der Krise führt – seien diese Gründe in **Fehlern** der Vergangenheit verwurzelt, oder in evolutionären Notwendigkeiten für zukünftige **Aufgaben**. Solch Dynamiken führen zu **Erkenntnis, Selbst-Erkenntnis** und **Eigen-Wissen**, woraus dann **praktische Vorgehensweisen** und **umsetzbare Techniken, Handhabungen / Handlungen** erkannt werden können, die zu **Verbesserung** und somit zu **Selbst-Verbesserung** führen, aber nur wenn sie **praktisch angewendet** und **regelmäßig praktiziert** werden.

Verbesserung und Selbst-Verbesserung ist eine der Hauptdynamiken bei Jungfrau ♍, Yin-Merkur ☿ und dem 6. Haus, denn es bereitet das Bewusstsein auf die „Welt der anderen" (Waage ♎) vor. Aus diesem Grund richtet sich das Bewusstsein bei Jungfrau ♍, Yin-Merkur ☿ und dem 6. Haus natürlicherweise auf **Mangel** und auf das, was **nicht gut genug ist,** und was der **Verbesserung bedarf**. Es sieht und **erkennt** sofort den Mangel und die Fehler in der **Realität** bzw. **Wirklichkeit des Alltags** um sich herum. Aufgrund dieser inneren Schwingung, die meist auch auf einem Gefühl der **inneren Leere** ruht, ist es eine natürliche Funktion bei diesem Archetyp das wahrzunehmen, was nicht (mehr) gut genug ist. Das wirft aber zugleich die Frage auf, was denn die Messlatte für „gut genug" ist.

Die Antwort findet sich im gegenüberliegenden Zeichen bzw. Haus, Fische ♓ und dem 12. Haus, dem Archetyp von Göttlicher Inspiration, Imagination und Idealismus – nochmals zur Erinnerung: Fische ♓ und das 12. Haus ist jenseits von Raum und Zeit, daher ist alles dort gut und richtig. Doch Jungfrau ♍, Yin-Merkur ☿ und das 6. Haus ist der Archetyp für die **weltliche Realität**. Die weltliche **Wirklichkeit** fällt unter die Gesetze des Raum-Zeit-Universums, das heißt dem Teil der Schöpfung, der nur durch Kräfte der Dualität, also Kräfte von Anziehung-Abstoßung, Aufbau-Vergehen bestehen kann. Alles, was in materieller Form besteht, unterliegt ständiger Veränderung und wird eines Tages in seiner Form sein Ende finden. Doch Jungfrau ♍, Yin-Merkur ☿ und das 6. Haus „schaut" so

---

[41] Demut heißt nicht Unterwürfigkeit – das Englische Wort, humbleness, finde ich dabei sehr treffend.

zu sagen dauernd in sein gegenüberliegendes Zeichen Fische ♓ bzw 12. Haus mit all dem dort angesiedelten Idealismus, wie die Dinge sein könnten (Fische ♓): Die berühmten „Sollte", „Könnte" und „Hätte". Dadurch entwickelt Jungfrau ♍, Yin-Merkur ☿ und das 6. Haus einen Hang zum **Perfektionismus**, der aber im natürlichen Sinne, als *„so gut, wie möglich"* übersetzt werden muss. Das soll heißen, dass es nirgendwo ein **Perfekt** gibt. Selbst die vollkommenste Rosenblüte wird als nicht perfekt „durchgehen", **misst** man ihre Blütenlänge, -abstand und Symmetrie!

Doch Jungfrau ♍, Yin-Merkur ☿ und das 6. Haus ist getrieben von dem Bedürfnis, **dauernder Verbesserung** mit Hilfe der Analyse dessen, was als nicht gut genug wahrgenommen wird. Doch leider ist gut genug für Jungfrau ♍, Yin-Merkur ☿ und das 6. Haus oft nicht gut genug! Daraus entsteht eine **mentale** und auch **körperliche Rastlosigkeit**, die sogar zur **Dauer-Unzufriedenheit** führen kann, vor allem dann, wenn die mentalen Aktivitäten der Analyse nicht in **weltliche, praktische** Handlungen umgesetzt werden (Jungfrau ♍ ist ein Erdzeichen!).

Betrachten wir einmal unser weltliche Realität genauer, bzw. mit den Augen des Perfektionismus, dann werden wir erkennen, dass der blühende Apfelbaum, der uns in sich so vollkommen erscheint (Fische ♓), bei genauerer Untersuchung mit Lineal und Winkelmesser (Jungfrau ♍) nicht perfekt ist. Ergo, gibt es kein perfekt auf der Welt, denn gäbe es eine perfekte Manifestation, hat sie keinen Zweck mehr im Kontinuum vom Raum-Zeit-Universum mehr. Zur Zeit der Renaissance versuchte man sich in perfekten Malereien und Darstellungen der Dreidimensionalität mit perfekter Symmetrie. Doch wenn das gelang, sah das Bild unecht aus! Daher bauten die Renaissance Maler bewusst einen Symmetrie-Fehler in ihr Bild ein! Und schon sah es reell aus[42]. Perfektionismus wie wir ihn in unserer heutigen Zeit kennen, ist unecht und ungesund!

Auf einer tieferen, metaphysischen, natürlichen Ebene besteht ein archetypischen Zusammenspiel zwischen Fische ♓ und dem, in der Raum-Zeit-Ebene der Welt, inkarnierten Bewusstsein im Körper: Naturvölker, überall auf dem Planeten, definieren (definierten) sich als die **Hüter der Erde**. Die australischen Aboriginees glauben, dass wir im Traum (Fische ♓) des Göttlichen Leben, und daher immer in Bewegung bzw. auf Wanderschaft sein müssen (veränderlich), um den Traum am Leben zu

---

[42] Siehe "das Abendmahl" von Leonardo Da Vinci, das außerdem den Tierkreis durch die Apostel darstellt: Von Rechts nach Links (wie im Hebräischen) sieht man die erste Dreiergruppe der Aposteln, die die drei Zeichen des Frühlings, Widder, Stier, Zwilling, darstellen. Dann die Dreiergruppe des Sommers usw. Interessanterweise ist Skorpion, als Judas dargestellt, halb im Schatten! Oben rechts im Bild ist ein Symmetriefehler eingebaut um die Darstellung der Wirklichkeit reell zu treffen.

halten. Alle Zeichnungen der Aboriginees zeigen die Welt aus der Vogelperspektive, was darauf schließen lässt, dass diese Menschen in einem veränderten Bewusstseinszustand die Welt auf ihren Wanderschaften sahen. Ihr Glaube, wie auch der eines jedes anderen natürlichen Volkes, ist/war es, **den Himmel** (Fische ♓) **auf die Erde** (Jungfrau ♍) **zu bringen**, das heißt, die inneren Ideale unseres inneren Universums (Fische ♓) **so gut wie möglich** im weltlichen Leben zu **praktizieren** – durch **tägliche Routine** und **regelmäßige Übung**. In solch natürlichen Völkern definierte jeder Einzelne seine **Aufgabe und Funktion in der Welt**, was wir heutzutage **Arbeit, Job** oder **Beruf** nennen, über seine inneren Träume, Wünschen (Fische ♓) und auch durch intuitive Einsichten und Visionen (Schütze ♐ - Jungfrau ♍ macht Quadrat (90°) ☐ zu Schütze ♐), denn die weltliche Arena wurde als die Leinwand des eigenen Göttlichen Selbst angesehen, auf dem der Einzelne seine Göttlichen Farben auftragen konnte. Somit **dient man dem großen Ganzen** durch seine **Arbeit**.

Jede Arbeit erfordert **Übung**, das macht uns zum Meister. Für Jungfrau ♍, Yin-Merkur ☿ und das 6. Haus gilt **es einfach nur zu tun**, damit ist und bleibt sie in Einklang mit ihrem inneren archetypischen Kern, denn sie lernt durch und durch über das **Tun**. **Es gibt nichts Gutes, außer man tut es!** Denken Sie doch einmal darüber nach: Wenn Sie alle Medizinbücher der Welt lesen, wären Sie in der Lage, eine Herztransplantation vorzunehmen? Wenn Sie alle Kochbücher der Welt lesen, wären Sie dann wirklich ein Chefkoch – könnten Sie dann überhaupt Rührei kochen? Nein! Es ist nicht das intellektuelle Wissen, wie es uns Zwilling ♊ zu verkaufen versucht, sondern die **praktische Erfahrung**. Sie bringt uns zu wirklichem Wissen, das wir dann in der Lage sind, das **anzuwenden**. Im natürlichen Leben bzw. in den Naturvölkern wechselte ein Individuum seine berufliche Aufgabe, wenn es erkannte, dass es da nichts mehr für ihn zu verbessern bzw. zu lernen gab. Der Volksstamm wusste um die Wichtigkeit, seine berufliche Orientierung zu wechseln zu können bzw. zu müssen. Mit seiner Arbeit gelangweilt zu sein, ist daher das erste natürliche Zeichen, dass es in diesem Gebiet keine Verbesserung bzw. **inneres Wachstum** mehr gibt – Zeit zu Wechseln - Jungfrau ♍, Yin-Merkur ☿ und das 6. Haus ist von veränderlicher Qualität!

Um den inneren Himmel durch bedeutungsvolle Arbeit und Routine auf die Leinwand der Welt zu bringen, bedarf es auch **innerer, geistiger Gesundheit**. Jungfrau ♍, Yin-Merkur ☿ und das 6. Haus ist der Archetyp von **Gesundheit**. Ich persönlich bin der Meinung, dass der Mensch ebenso wie die Tiere natürlicherweise gesund „konstruiert" ist! Krankheit ist die Ausnahme, verursacht entweder durch karmisch-evolutionäre Notwendigkeit oder aber durch das Überhören der **inneren Stimme**, die zu innerer oder äußerer Selbst-Verbesserung und Veränderung aufrief, sei es im Beruflichen, im Lebensstil (Löwe ♌), in Partnerschaft (Skorpion ♏) oder im Metaphysischen (Schütze ♐). Steht ein Mensch in guter Kommunikation mit seinem inneren Universum (Fische ♓) bzw. seiner inneren Stimme (Jungfrau ♍), wird er wissen (Yin-Merkur ☿), wann und wo er sich an die **gegebenen Umstände der Realität anpassen** soll, um im Einklang, und somit gesund zu bleiben. Natürliche Völker haben/hatten die selbe Einstellung zur Gesundheit, und praktizierten daher auch ganzheitliche Methoden (Fische ♓ - Schütze ♐ - Jungfrau ♍), um körperliche Beschwerden und Symptome zu kurieren, über Körper, Geist und Seele. **Regelmäßige Beschäftigung** bzw. Arbeit, die im Einklang mit dem Inneren Selbst (Fische ♓) ist dabei ein Hauptschlüssel. Denn sie ermöglicht nicht nur sich selbst zu verbessern, sondern sie hilft auch, **die Füße auf dem Boden der Wirklichkeit** zu halten, und im Weltlichen **die Wichtigkeiten** und **Prioritäten** im **Alltagsleben** zu **unterscheiden** und **angemessen zu ordnen**.

Bei Jungfrau ♍, Yin-Merkur ☿ und dem 6. Haus herrscht eine sehr starke geistige bzw. mentale Aktivität vor, die immer wieder der **Erdung** bedarf. Ist solch eine Verbindung von geistig, analytischen Dynamiken und **irdischer Umsetzung** nicht gegeben, dann richtet Jungfrau ♍, Yin-Merkur ☿ und das 6. Haus seine wunderschöne, **reine** Energie schnell gegen sich selbst, und später noch gegen andere. Es beginnt mit **Überanalysieren** von allem und jedem, das sich aus der existentiellen inneren **Leere** und dem inneren **Mangelgefühl** ergibt, die nicht als Mangel an innerer Kommunikation mit dem eigenen inneren Universum (Fische ♓ - Jungfrau ♍ macht Opposition ☍ (180°) zu Fische ♓) erkannt wird. Daher fühlt sich das Individuum von seiner eigenen inneren Quelle (Fische ♓) abgeschnitten bzw. getrennt. Somit nicht gut genug, leer und **ungenügend**. Es beginnt, sich selbst in **selbstkritische** Stücke wie in einem Reißwolf zu zerschneiden, denn nichts scheint gut genug zu sein. Dasselbe kann dann auch gegenüber anderen, gegenüber dem Leben, Gott etc. gemacht werden. Dieser innere Mangel und die existentielle Leere (an spiritueller Verbundenheit und Bedeutung), kann dann zu diversen Formen der Kompensation (Schütze ♐) führen: Hedonismus, endloses Fernsehen, Einkaufen (Shopping), Essstörungen, Völlerei mit Sex, Essen, Medikamenten und/oder Drogen (Fische ♓) – alles Versuche, um die innere Leere zu stopfen!

Jungfrau ♍, Yin-Merkur ☿ und das 6. Haus ist aber natürlicherweise **wie der Tausendfüssler** – der hat seine vielen Beine, um zu wandern, um zu gehen, um sich zu bewegen, nicht aber um stehen zu bleiben und den Ablauf von Fuß Nr. 74 mit Fuß 342 zu analysieren! Der Weg entfaltet sich, indem man ihn geht! **Der Weg ist das Ziel** – oder, in besseren

Worten: **die Bemühung ist der Erfolg** – und nicht das, was am Ende dabei rauskommt – sollte das Mantra für jeden jungfraubetonten bzw. 6. Haus-betonten Menschen werden. Es geht bei Jungfrau ♍, Yin-Merkur ☿ und dem 6. Haus einfach nur um das Tun – **etwas tun!** Das wird zum Wohlgefühl beitragen. Jungfrau ♍, Yin-Merkur ☿ und das 6. Haus ist und bleibt dabei in innerem und äußerem Einklang mit seiner natürlichen **Unschuldigkeit**, seinem **helfenden Wesen** und seiner **Reinheit**, die natürlicherweise im Dienst am Ganzen angeboten werden will.

Der Einfluss auf Jungfrau ♍, Yin-Merkur ☿ und das 6. Haus vom gegenüberliegenden Zeichen, Fische ♓, ist enorm. Oft treibt der Glaube an einen perfekten Gott[43], der uns wegen unserer Unperfektheit (aus dem Paradies vertrieben hat) nicht mag bzw. zuerst leiden sehen möchte, die Psyche von Jungfrau ♍, Yin-Merkur ☿ und dem 6. Haus weit weg von seinen natürlichen Archetypen, hin zu dysfunktionalen Manifestationen. Hochgesteckte, nicht zu erreichende „so-sollte-man-sein", kommend von einer perfekten Vater-Gott-Figur erwarten scheinbar von Jungfrau ♍, Yin-Merkur ☿ und dem 6. Haus rein, sauber, steril und überperfekt zu sein. Nun das ist wirklich ein nicht zu erreichendes Ziel – mission impossible – denn nichts in der Schöpfung erreicht Perfektion in der physischen Manifestation, denn das irdische Universum lebt von dem Kontinuum in der Dualität, die selbst in ihrer Ganzheit nur ein müder Abdruck des dahinter wirkenden Seins bzw. Selbst ist. Und doch treibt sich Jungfrau ♍, Yin-Merkur ☿ und das 6. Haus mit einem nicht zu erreichenden Perfektionismus an, der mich an die Mohrrübe vor dem Esel erinnert.

Warum macht sie das? Nun, erinnern wir uns, dass Jungfrau ♍, Yin-Merkur ☿ und das 6. Haus dem Übergang, dem Transit von subjektiver, selbst-aufgeblasener Energie zu beginnender Gleichwertigkeit zu anderen entspricht, daher allem Selbstaufgeblasenem die Luft rausgelassen wird. Die oft hohen unrealistischen (Fische ♓) Erwartungen, dienen dem Bewusstsein dazu, sich selbst in die Pfanne zu hauen bzw. sich selbst die Luft raus zu lassen, um verglichen mit dem Perfektionismus festzustellen, dass man nicht gut genug ist, nicht perfekt ist und man sich verbessern muss. Leider kann aber in dysfunktionaler Manifestion solch eine schmerzvolle Einsicht bei Jungfrau ♍, Yin-Merkur ☿ und dem 6. Haus auch nur eine Form der **Selbst-Sabotage** sein – in Gedanken oder Taten – um entweder seinen inneren Glauben (Schütze ♐), man sei nicht gut genug, bestätigt zu finden, oder aber um einen **scheinbar rationalen Grund** für weitere **Vermeidung** dessen zu haben, was man innerlich fühlt, dass man tun sollte.

---

[43] Perfekt im Sinnen von mathematisch, linear perfekt, wie der Warteraum einer Lufthansa-Lounge

Lassen Sie mich dies etwas anschaulicher machen: Ich sitze auf dem Sofa und meine innere Stimme oder ein inneres Gefühl gibt Impulse, ich sollte einen Kuchen backen. Aber mein **scharf analytischer Verstand** untersucht nun diesen Impuls und kommt nach reichlicher Skizzierung mit vielen **rationalen Begründungen** bzw. **Rechtfertigungen**, warum ich jetzt nicht einen Kuchen backen kann: angeblich nicht die richtigen Zutaten in der Speisekammer, kein Geld, keine Zeit, und außerdem würde ja niemand den Kuchen essen....., na ja wir alle kennen solche inneren **Selbst-Betrug-Dialoge**, die dazu führen, das Projekt zu **untergraben**, denn Jungfrau ♍, Yin-Merkur ☿ und das 6. Haus geht in diesem Beispiel nur gedanklich bzw. mental vor, ohne jegliche Handlung. Das Resultat: ich fühle mich danach noch leerer als zuvor! Ein weiteres Beispiel für die selbst-untergrabenden Dynamiken lässt sich an der hart arbeitenden Frau aufzeigen, die endlich mal einen Tag frei hat. Sie schaut morgens aus dem Fenster und hat tief aus ihrem Bauch den Impuls, auf eine Fahrradtour zu gehen, um den schönen Tag zu genießen. Gleichzeitig entdeckt sie aber auch, wie schmuddelig ihre Fenster sind, und sie beginnt diese zu putzen, dann aber auch gleich die Fensterläden – „die brauchen es ja auch mal wieder", sagt sie zu sich, um sich in ihrem tun vor sich selbst zu rechtfertigen. Währenddessen macht sie noch schnell zwei Trommeln Buntes, und streicht Schutztinktur auf Ihre Gartenmöbel. Um Sonnenuntergang ist sie fertig mit ihren „Pflichten" – zu spät für eine Radtour!

Was ist passiert? Nun sie hat wie Jungfrau ♍, Yin-Merkur ☿ und das 6. Haus es so gerne tut, ihre **Prioritäten durcheinander** gebracht und dabei ihre **eigenen Bedürfnisse** oder **Impulse immer wieder hinten angestellt** und sich nicht selbst gedient. Solch Verhalten über Jahre und Jahrzehnte macht **bitter** und **mürbe**. Dabei muss sie auch noch ihre Aktionen vor sich selbst und somit auch vor anderen mit **rationalen Erklärungen und Rechtfertigungen**, die gesellschaftlich akzeptabel sind, erhärten. Doch so schlau sich solche Rechtfertigungen auch sein mögen, sie sind in den allermeisten Fällen nur **Ausreden, Ausflüchte** und **Entschuldigungen** für die Unwilligkeit, sich selbst auch einmal zu dienen. Dabei ist das doch so wichtig! Wenn es nicht geschieht, dann könnte der Jesus-Satz gelten: „Wenn ein Blinder einen Blinden führt, fallen beide in die Grube."

Abhängig von der Kultur und dem dahinter wirkenden religiösen Prinzip bzw. Werten, ist Jungfrau ♍, Yin-Merkur ☿ und das 6. Haus auch oft von einem Glauben (Schütze ♐) motiviert, dass Gott (Fische ♓) einen erst dann liebt, wenn man hier auf der Welt viel leidet, man sein Licht unter den Scheffel stellt und für seine menschlichen Fehler, Mängel und Unperfektheiten, vor allem aber für seine sexuellen Sehnsüchte **büsst**. Die

Dynamik sich nicht gut genug zu empfinden bzw. sich **schuldig** zu fühlen, obwohl man gar nicht weiß, was man eigentlich verbrochen hat, zusammen mit dem bewussten oder unbewussten Bedürfnis, dafür (wofür?) **büssen zu müssen**, führt in die Archetypologie des **Masochismus**. Die Dynamik von sich nicht gut zu empfinden bzw. sich **schuldig** zu fühlen zusammen mit Gefühlen von Wut, Ärger, angestautem Frust führt zur Archetypologie des **Sadismus**. Beide können Jungfrau ♍, Yin-Merkur ☿ und dem 6. Haus entsprechen. Ich sage "können"! Es ist wirklich wichtig, den Klienten und seine Realität zu beobachten, um gar nicht erst Falsch-Aussagen zu machen! Jungfrau ♍, Yin-Merkur ☿ und das 6. Haus ist der Archetyp des **Dienens** und der **Hingabe** an etwas Größeres (Fische ♓). Da es sich hier um ein Yin-Zeichen handelt, geht es um die innere Hingabe und um die innere Haltung des Dienens gegenüber dem inneren Universum (Fische ♓) und nicht gegenüber falschen äußeren Autoritäten.

Ungefähr um das Jahr 1200 n. Chr. begann das Jungfrau-Unterzeitalter des Fische-Zeitalters.[44] Es manifestierte sich unglücklicherweise darin, die ursprünglichen Lehren des großen Meisters, Jesus der Christ, mit einem neuen Dogma der klerikalen Kreise zu verzerren: die **Reinigung** und **Läuterung** vor allem von weltlichen Unreinheiten. Bitte zu bedenken, dass im Jahr 1254 die „Heilige Inquisition" ihren grauenvollen Holocaust begann, der über Jahrhunderte ging. Millionen wurden verfolgt und im Namen Gottes dafür gefoltert, verbrannt, ersäuft, missbraucht und geschändet, weil sie sich natürlich menschlich, intuitiv, liebend, sinnlich, helfend etc. verhielten. Unzähligen wurden die verrücktesten Dinge vorgeworfen, und unter Folter dazu gebracht, diesem Unsinn zuzustimmen. Nun fragen Sie sich einmal selbst, wie lange bedarf es grauenvoller Schmerzen der Folter, um ab einem gewissen Punkt tatsächlich zu glauben, dass man selbst grundverkehrt und schlecht, somit sündig und schuldig ist? Und würde aus solch derart tiefen Verstörungen nicht natürlicherweise eine tiefe Angst hervorkommen, dass man tatsächlich nur darauf aus ist, für sein „Schlecht-Sein" zu büssen?

Vor allem in der Generation mit Neptun ♆ in Skorpion und Pluto ♇, Uranus ♅ in Jungfrau ♍ sehen wir Seelen die in diesem grauenvollen Reinigungsprozessen des Klerus im Mittelalter (Jungfrau ♍) gelitten hatten und involviert waren. Die Dynamik von **Sado-Masochismus** bzw. **passiv-aggressiven** Kerndynamiken kann oft das Echo und die karmische Reaktion auf ein Gottesbild sein, das Kirchenmänner mit ihren Folterschärpen das gesamte Fische-Zeitalter, das ca. um Jesus Geburt

---

[44] Mehr dazu in Kapitel Fünf

begann, und vor allem ab dem Jungfrau-Unterzeitalter (ab 1200 n. Chr.) erschufen.

Masochismus oder Sadismus hat nicht nur mit Manifestationen von Lederkostümen und Stiefeln zu tun, sondern er findet sich vor allem in den Demütigungen und Qualen, die seit Jahrhunderten gegenüber dem Weiblich-Sinnlichem, somit gegenüber der Frau und allem Natürlichen religiös-gesellschaftlich legitimiert durchgeführt wurden. Ihre Dynamiken wurzeln in der völligen Missinterpretation der „Garten-von-Eden"-Geschichte der Bibel, in der das Weibliche, Eva, als die dumme, sinnliche und somit als die böse, verführende Dynamik dargestellt wird, die den ach so klugen, spirituellen, gottgleichen Adam (Adam bedeutet gar nicht Mann) zum Sündenfall bringt. Dabei spielt dann auch noch angeblich eine Schlange eine Rolle, ein urmatriarchales Symbol der Selbst-Heilung und Selbst-Erwachsens, das da im Original eigentlich gar nicht steht.[45] Doch es war die böse Eva, die aus des Adams Rippe gemacht war – klar – überall in Gottes Schöpfung kommt das Leben aus dem Mann und Frauen aus seiner Rippe (Entschuldigung für den Sarkasmus!). Und deswegen wurde es zu unserem jüdisch-christlichen Grundverständnis, dass das Weibliche (Eva) schuldiger ist als das Männliche (Adam). Daher hat sich das Weibliche schuldig zu fühlen und muss büssen – das ist die Pathologie von Masochismus. Das Männliche hingegen fühlt sich auch schuldig, aber ist auch wütend, und gibt sich das Recht auf Abstrafung, Unterdrückung des natürlich Weiblichen – die Pathologie des Sadismus. Der gemeinsame Nenner beider Dynamiken ist Schuld.

Innerhalb der Pathologie des Masochismus gibt es einige unbewusste Glaubensgrundsätze, die zu inneren und äußeren Teufelskreisen führen, und daher wirklich von großem Nutzen sein können, dem Klienten in der Horoskopbesprechung mitzuteilen, bei dem man masochistische Muster erkennt und beobachtet:

1. "Ich denke, ich bin nicht gut genug, schlecht und schuldig, aber ich weiß nicht warum." Die Person hat keinen blassen Schimmer, warum sie sich so schlecht, minderwertig, hässlich und schuldig fühlt. Ein klares Zeichen auf „übernommene", bzw. "**injizierte, eingeredete Schuld**"
2. "Ich glaube, ich muss daher büssen und verdiene Strafe, Demütigung, destruktive Kritik, Vorwürfe, Schmerzen, Mangel, Herabsetzung etc., weiß aber nicht warum."
3. "Um glücklich zu sein, muss ich vorher oder nachher leiden.

---

[45] Im Hebräischen steht da „Nechesch", was ursprünglich bedeutete: „Das, was so scheint als ob"!!!

4. „Ich muss durch Leid und Schmerz gehen, damit mich Gott liebt." (inspiriert durch den gemarterten Jesus am Kreuz – Symbol der Kirche….ein Folterinstrument!)

Eigentlich läuft der Sadismus ähnlich. Er basiert auch auf dem Gefühl von Schuld und Nicht-Gut-Genug, doch ist getrieben von Wut und Rage, die ihn scheinbar stark sein lässt. Er möchte weh tun, bevor jemand ihm weh tut. Daher versucht er auf all möglichen Wegen, den anderen klein zu machen – so klein, wie er sich innerlich durch seine innere Schulddynamik in Wirklichkeit fühlt. Wie gesagt beide basieren auf der Schwingung von Schuld, die in den meisten Fällen eingeredet bzw. injiziert wurde. In meinen Jahren professioneller Arbeit mit Evolutionärer Astrologie sah ich das masochistische Muster bei Klienten weitaus mehr vertreten als das Sadistische. Doch ich lernte, das Masochistische und das Sadistische als ein und dieselbe Münze zu handhaben. Es gibt bei den meisten Menschen, die ein vornehmlich masochistisches Muster haben auch scharfe sadistische Züge, wo es genossen wird, dem anderen weh zu tun, was dann die innere Schuld verstärkt und den Teufelskreis zu einer neuen Runde einläutet.

Aus universeller Sicht ist Schuld eine Schwingung, die vitale Lebensenergie einschränkt, blockiert und vom Fließen abhält. Mit Schuld belasten wir uns selbst und wachsen nicht oder extrem langsam. Entweder haben wir etwas falsch gemacht – nun, das kommt vor – dann sollten wir den Schaden beheben, daraus für die Zukunft lernen und die Verantwortung für die eigenen Taten, Motivationen und Absichten übernehmen. Oder wir haben nichts falsch gemacht, warum sich dann schuldig fühlen? Schuld hilft wirklich niemanden, außer denjenigen, die sie einem gerne einreden! Es ist wirklich von großer Wichtigkeit über dieses heikle Thema mit seinen Klienten bei einer Horoskopbesprechung zu reden, die unter Schulddynamiken leiden und leben!

Abschließend sei nochmals erwähnt, dass die Dynamiken natürlicher Demut und Bescheidenheit bei Jungfrau ♍, Yin-Merkur ☿ und dem 6. Haus zu einer natürlichen Deflation aller selbst-aufgeblasener Teile des subjektiven Bewusstseins führen, um das Bewusstsein auf die Welt der gleichwertig Andere, die wir bei Waage ♎ finden, vorzubereiten. Doch aus Sicht von Jungfrau ♍, Yin-Merkur ☿ und dem 6. Haus sieht die Welt der Anderen (Waage ♎) immer besser aus als man sich selbst wahrnimmt. Jungfrau ♍, Yin-Merkur ☿ und das 6. Haus fühlt sich wie ein kleines Kind beim Abendbrottisch, an dem sonst nur die „Großen" sitzen. Nichtsdestotrotz ist es das Beste für Jungfrau ♍, Yin-Merkur ☿ und dem 6. Haus das Beste, seinen Impulsen einfach über das Tun zu folgen, auch wenn der rationale Verstand (Merkur ☿) weiß machen möchte, man sei noch nicht soweit, und sollte doch besser noch mal ein Buch darüber lesen, einen Kurs besuchen oder, oder," oder..... Jungfrau ♍, Yin-Merkur ☿ und das 6. Haus hat ansonsten eine Tendenz, „immer schwanger zu sein, aber nie zu gebären". Doch ihre natürliche, feine, unschuldige Schönheit kommt aber nur dann zum Blühen, wenn sie dem Sinnspruch folgt: „Es gibt nichts gutes, außer man tut es!"

Waage ♎, Yang-Venus ♀[46], 7. Haus / DC
Luft Kardinal Yang

Bei Waage ♎, der äußeren bzw. Yang-Venus ♀ und dem DC/7. Haus ist das Bewusstsein nun am Weitesten vom Widder-Punkt entfernt! Daher entspricht sie der **Polarisation**, dem Prinzip der **Spiegelung** von sich selbst in **anderen**. Durch die weitest mögliche Entfernung vom Widderpunkt ist das Bewusstsein hier hochgradig auf die **Welt der anderen** fokussiert, der so genannten **Du-Welt**. Waage ♎, Yang-Venus ♀ und der DC/7. Haus sind von dem starken Bedürfnis (Venus ♀) getrieben, **verschiedenste Beziehungen mit einer Vielzahl unterschiedlicher Menschen aufzubauen bzw. einzugehen**, um zu lernen, **anderen zu zuhören**, um dadurch **die Werte und Werteassoziationen der anderen** zu erfassen. Das ermöglicht dann Waage ♎, Yang-Venus ♀ und den DC/7. Haus anderen, das **zu geben**, was diese brauchen. Wie erwähnt, hier geht es um das **Initiieren einer Vielzahl von diversen Beziehungen** mit diversesten Menschen. Waage ♎, Yang-Venus ♀ und der DC/7. Haus kann einen Abend mit einem Klavierpianisten ausgehen und sich blendend mit ihm verstehen, und am nächsten Abend mit einem Hardrock-Punker und auch einen **harmonischen** Abend erleben. Sie

---

[46] Yang-Venus oder Äußere Venus als planetarer Herrscher vom Yang-Zeichen Waage ♎

erspürt (Venus ♀) und **hört** (Venus ♀), was die andere Person gerne mag und braucht, und ist in der Lage, diesem Menschen dann auch auf persönliche, **charmante** Weise zu **geben**. Daher kann Waage ♎, Yang-Venus ♀ und der DC/7. Haus wie ein **sozialer Schmetterling** wirken, der von Blume zu Blume hüpft und sich der Blume immer harmonisch angleicht. Sie ist also wie ein **zwischenmenschliches Chamäleon**, das sich immer auf sein **soziales Umfeld** und sein **Gegenüber** anzupassen weiß.

Sie hat die natürliche Gabe, sich **an die Wirklichkeit und Wertigkeit des anderen Menschen harmonisch anzupassen**, um über das Eingehen diverser Beziehungsformen (Bekannte, Freunde, Schüler, Klienten, Lehrer, Gönner, Intimgespiele etc.) mit einer Vielzahl (Luft-Zeichen) diversester Menschentypen **Balance von Geben und Empfangen zu lernen**. Balance bzw. **Ausgeglichenheit zu lernen**, ist nicht dasselbe wie ausgeglichen sein! Wir kennen von der „Kochbuch-Astrologie" und von kleinen Zuckertütchen im Cafe die Beschreibung, Waage ♎ sei das Zeichen von Balance und Ausgeglichenheit, doch Waage ♎ ist ein kardinales Zeichen, also der Archetyp des Erlernens von etwas Neuem – bei Waage: **Ausgeglichenheit und Balance** zu lernen. Dazu geht Waage ♎, Yang-Venus ♀ und der DC/7. Haus durch **Extreme**, um diese Lektion der Balance zu lernen.

In Waage ♎, Yang-Venus ♀ und dem DC/7. Haus wirkt der Archetyp, **„ich brauche es, gebraucht zu werden"**. Er verursacht den Drang mit vielen unterschiedlichen Menschen in diverse Beziehungsformen zu gehen. Doch dabei geschieht es, dass Waage ♎, Yang-Venus ♀ und der DC/7. Haus mit zu vielen Menschen zu involviert wird, und dabei auch noch versucht, einem jeden **zu gefallen** und dabei noch **des anderen Bedürfnisse zu stillen**. Dabei verliert sie dann leicht den Kontakt zu sich selbst (Widder ♈ bzw. Stier ♉ und Yin-Venus ♀) und gerät **aus dem Gleichgewicht**. Ähnlich wie ehemals die Mama in Italien, die aus ihrem Wohnzimmerfenster in das ihrer Nachbarin auf der anderen Straßenseite schaut und sich immer weiter herausbeugt, bis sie den eigenen Bodenkontakt verliert. Wenn das bei Waage ♎, Yang-Venus ♀ und dem DC/7. Haus geschieht, dann gibt es normalerweise zwei Grunddynamiken bzw. Reaktionen: Entweder ist plötzlich keiner der vielen, vielen Bekannten zu erreichen und somit wird Waage ♎, Yang-Venus ♀ und der DC/7. Haus auf sich selbst (Widder ♈ / AC) geworfen. Oder sie fühlt sich selbst von und mit ihren vielen **zwischenmenschlichen Kontakten und sozialen Verpflichtungen** so überfordert bzw. überwältigt, dass ihr eigener Ärger in Form von Wut (Widder ♈) an die Oberfläche kommt, damit sie sich selbst von **zwischenmenschlichen Pflichten** „frei schlagen" kann (Widder ♈).

Waage ♎, Yang-Venus ♀ und der DC/7. Haus ist der Archetyp der **Schönheit** und der **Ästhetik**, was nicht heißen muss, dass Waage immer hübsch ist! Doch sie liebt **Mode, Parfums, Schmuck, Stil** und **Ambiente**, vor allem wenn sie all das für jemanden tragen bzw. erschaffen kann. Ebenso liebt sie **gute Atmosphäre** um sich herum und für andere zu schaffen. Die anderen lieben das an ihr und genießen ihren **feinen Sinn** für **Sinnlichkeit, Erotik** und Harmonie. Auf ihrer Reise zu Ausgeglichenheit erfährt Waage ♎, Yang-Venus ♀ und der DC/7. Haus, dass man nicht jeden Tag Gänsebraten haben kann, und das Harmonie und Schönheit, sowie Schöngeistigkeit immer **relativ** ist. Der Mittelpunkt zwischen den Extremen verlagert sich immer wieder im Fluss des Lebens. Dieses Wissen macht Waage ♎, Yang-Venus ♀ und der DC/7. Haus auch so ausgleichend für andere, denn sie lernt und lebt das Wissen der **Relativität** von allem.

In unserer modernen Welt kann Waage ♎, Yang-Venus ♀ und der DC/7. Haus auch für **Beziehungen** stehen, die von Natur her **co-abhängig** sind. Das berühmte, „ich brauche Dich, weil ich Dich liebe" trifft zu, wohinter aber eigentlich „ich liebe Dich, weil ich Dich brauche" steht. Dabei besteht oft eine **Unausgeglichenheit** von Geben und Empfangen: Einer gibt die ganze Zeit, entweder aus der Unfähigkeit annehmen zu können bzw. sich nicht gut genug zu fühlen (Jungfrau ♍), oder um den anderen für die eigenen Zwecke zu manipulieren (Skorpion ♏).
Die traditionelle, herkömmliche geschlechterdefinierte Beziehungsform und somit die **Beziehungswerte** haben sich seit Uranus ♅ in den 70-igern durch Waage ♎ ging erheblich verändert: Modernes Leben macht co-abhängige Beziehung von Mann und Frau zu keiner Notwendigkeit mehr, um gemeinsam überleben zu können (Venus ♀). Daher sehen wir immer mehr Paare, die mit der alten patriarchalen Definition der **Geschlechter-Rollen** (Waage ♎ macht Quadrat (90°) □ zu Krebs ♋ und zu Steinbock ♑) brechen. Viele erlauben sich stattdessen eine **Gleichberechtigung** der Geschlechter und sogar eine **Austauschbarkeit der Geschlechterrollen** in ihren Intimbeziehungen. Diese Entwicklung führt zu einer Gleichwertigkeit innerhalb der Beziehung, bei der beide Partner mit- und nebeneinander leben wie Freunde bzw. Kumpels. Sie tragen gleiche bzw. sehr ähnliche Verantwortungen, bringen beide Geld nach Hause und beteiligen sich beide an den Pflichten des Haushalts.

Dummerweise führt das aber zu einem Mangel der erotisch-sexuellen Anziehungskraft in solchen Paaren, denn die natürlichen Kernschwingungen des natürlichen Männlichen und des natürlichen Weiblichen, die in der Schöpfung zwar gleichwertig sind aber polar entgegengesetzt, werden in solch einer Beziehungsform neutralisiert! Denn entsprechend des Naturgesetzes bzw. der natürlichen

Gesetzmäßigkeiten in der manifestierten Schöpfung bedarf es zweier unterschiedlicher Pole, die sich gegenseitig anziehen (Erotik), damit Energie fließen kann. Doch in den meisten Schlafzimmern unserer westlichen Welt gibt es keinen knisternden, „Chaka-Chaka"- Fluss sexuell-erotischer Energie mehr, denn die Geschlechter sind in ihren natürlichen Polen neutralisiert. Und doch gibt es einige Paare, die doch eine Lösung in diesem modernen Beziehungsdilemma gefunden haben: Sie sehen sich gegenseitig als völlig gleichwertig und doch erlauben sie dem natürlichen Männlichen in seinem Kern und dem natürlichen Weiblichen in ihrem Kern so zu sein wie es deren natürliche erotische Schwingung ist und erlauben der energetischen Spannung der magnetischen Anziehungskraft zwischen Weiblichen und Männlichen wahrlich zu fließen und sich in ihrer Natur auszudrücken; ähnlich wie die blühende Blume und die Biene. Darin finden dann die Archetypen von Widder ♈, Krebs ♋ und von Steinbock ♑ ihre natürliche Harmonie in den Beziehungen von Waage ♎.

Skorpion ♏, Pluto ♇, 8. Haus
Wasser   Fix   Yin

Skorpion ♏, Pluto ♇ und das 8. Haus sind Wasser, fix und Yin. Die Natur des Wassers ist es zu fließen, damit es frisch und lebendig bleibt. Doch die fixe Qualität trägt das Bedürfnis nach Stillstand. Wasser hört dann auf zu Fließen und findet Stillstand, wenn es **gestaut** ist oder den **tiefsten** Punkt erreicht hat. Die Tatsache, dass es sich hier wieder um ein Yin-Zeichen handelt, zeigt an, dass es sich um innere Prozesse der **inneren Tiefe** handelt. Wasser steht für Bewusstsein und für Emotionen. Daher korreliert Skorpion ♏, Pluto ♇ and das 8. Haus mit unseren **tiefsten Emotionen** und mit unserem **tiefsten Sicherheitsempfinden**. Das Problem ist dabei aber, dass Wasser fließen muss, um nicht schlecht zu werden und zu stinken. Und genau hierin zeigt sich der Konflikt bzw. die Spannung von Skorpion ♏, Pluto ♇ und dem 8. Haus: Auf der einen Seite strebt er nach **tiefster emotionaler Sicherheit**, doch wenn diese erreicht wird, tendiert Skorpion ♏, Pluto ♇ und das 8. Haus dazu, **intensiv daran festzuhalten** (fix), um diesen emotionalen Stillstand auszukosten.

Andererseits lebt in Skorpion ♏, Pluto ♇ und dem 8. Haus aufgrund des Wasserelements der **Drang**, dass es **weitergehen** bzw. **weiterfließen muss**. „Ach, zwei Seelen in der Brust." Dieser innere emotionale Konflikt erzeugt in Skorpion ♏, Pluto ♇ und dem 8. Haus tiefen, **inneren emotionalen Druck** bzw. **Kompression**. Ein solch starker innerer emotionaler Druck **zwingt** entweder in die **Überwindung** und somit in das **Wachstum über das Alte hinaus** oder aber er führt zu **Widerstand** das loszulassen, worin einst emotionaler Schweiß **investiert** wurde, wodurch es zu **heftigen evolutionären Schüben** kommt. Solch innerer, emotionaler Widerstand gleicht einem Damm, der versucht, den Bach oder Fluss zum Stehen bringen will. Doch sobald der Wasserdruck stark genug ist, bricht der Damm und der Fluss wird wieder fließen. Das erschafft die Dynamik in Skorpion ♏, Pluto ♇ und dem 8. Haus, die Goethe „**stirb und werde**" nannte. So wie der Phönix, der aus seinem eigenen **Tod** bzw. aus seiner Asche **wieder geboren** wird – das **Mysterium des Lebens**.

Die Ursache für solche und alle anderen Dynamiken des Lebens wurzeln in unseren **Verlangen**, wie es Buddha bei seiner Erleuchtung erkannte: Alles ist durch Verlangen begründet und bewegt. Skorpion ♏, Pluto ♇ und das 8. Haus ist der Archetyp von **Verlangen**. Doch es stellt sich die Frage: Woher kommen Verlangen? Nun, wenn alles aus der „einen Quelle", der „Quelle des Einen" stammt, dann ist die Wurzel bzw. die Ursache für jedes (ursprüngliche) Verlangen, das Göttliche (Fische ♓ - Skorpion ♏ macht Trigon (120°) △ zu Fische ♓) selbst. Interessanterweise kreuzen sich die Umlaufbahnen von Pluto (Seelen-Verlangen) und von Neptun (Göttliche) – mal ist Pluto der äußerste Planet, mal ist es Neptun! Daran kann man schön das Zusammenspiel vom Göttlichen und der **Seele** erkennen. Aus meiner Sicht ist Seele und das Göttliche Selbst eins, doch es bedarf der Selbst-Verwirklichung der Seele, um das zu erfahren – ein Prozess jenseits intellektuellem Verständnisses.

Das folgende Bildnis soll das veranschaulichen: Auf unserem Planeten und seiner Biosphäre kommt alles aus dem Ozean und wird irgendwann wieder in ihn zurückkehren; nur eine Frage der Zeit. Daher setze ich den Ozean bzw. das Meer mit dem Göttlichen (Fische ♓, Neptun ♆) gleich; oder wie die Griechischen Philosophen das „Immerwährend-Gleichbleibende" mit „Autos" bezeichneten (Fische ♓). Der Ozean hat viele Wellen, d.h. Wasser, das in eine Form gebracht ist – Fix und Wasser: Skorpion ♏!

Daher kann man die Welle, die aus dem Wasser (Bewusstsein) des Ozeans (Göttliches – Fische ♓) in Form (fix) gebracht ist, mit **Seele** (Skorpion ♏) gleichsetzen. Die Welle kommt aus dem Meer und wird wieder eins mit dem Meer, sobald sich ihre individuelle Form (fixes Wasser) auflöst (veränderliches Wasser – Fische ♓). Während sie in Form der Welle ist, besteht sie aus genau demselben Wasser wie der Rest des Meeres! Doch solange Wasser (Bewusstsein) sich in einer Form – hier eine Welle – befindet, passt es sich mit seinem Bewusstsein dieser Form an, d.h. es **identifiziert sich emotional mit der Form**. Das heißt, die Welle, gleich Seele, besteht aus demselben Wasser wie der Ozean, gleich Göttliches, identifiziert sich aber mit seiner Form; empfindet sich jetzt also als Welle und nicht mehr als Ozean.

Betrachten wir die Welle nun etwas genauer, sehen wir, dass sie durch **zwei Kräfte** in Form gehalten wird. Eines ist die Schubkraft, über den Ozean zu rollen. Dies erfordert aber dauernde **Umwandlung** und **Umwälzung**, hält die Welle aber zugleich davon ab, wieder mit dem Ozean zu verschmelzen. Die andere Kraft ist die Gravitationskraft, die dafür sorgt, dass die Welle mit dem Ozean verbunden bleibt, und wenn die Schubkraft nachgelassen hat, dass die Welle ultimativ doch wieder eins wird mit ihrem eigenen Urgrund, dem Ozean (Göttlichen).

In der Seele läuft es ähnlich wie bei der Welle. In ihr bestehen **zwei Verlangenskräfte nebeneinander**: Eines sind **all die trennenden Verlangen** in der Seele, vergleichbar mit der Schubkraft. Also gibt es in der Seele angelegte Myriaden von Verlangen, die die Seele danach streben lassen, dies oder jenes zu erreichen, zu bekommen, zu besitzen, zu erfahren etc. Doch die Natur solch „trennender Verlangen" ist es, das sie einem bis zu ihrer Erfüllung vormachen, dass man bei ihrer Erfüllung so etwas wie Glückseligkeit, Frieden and Ganzheit erleben würde.

Doch sobald das separierende Verlangen in der Außenwelt erfüllt bzw. befriedigt wurde, stellt sich früher oder später eine Gefühl von „da muss es doch noch mehr geben" ein, und sofort kommt ein neues Verlangen an die Oberfläche unseres Bewusstseins und **motiviert** uns nach der neuen Verlangenserfüllung zu streben und gaukelt uns vor, es würde zur ultimativen Erfüllung führen. Je mehr über viele, viele Inkarnationen, die latenten, in der Seele angelegten Verlangen aus- und erlebt wurden bzw. abgetragen wurden – immer wieder mit dem bitteren Beigeschmack der Unerfülltheit – umso mehr beginnt das andere Verlangen an die Oberfläche des Bewusstseins zu kommen und dieses zu dominieren: Das Verlangen, mit seinem eigenen Ursprung zu verschmelzen – vergleichbar mit der Gravitationskraft, die die Welle (Seele) mit dem Ozean verbunden hält, und die schon immer da war und da sein wird.

Alle separierenden Verlangen sind seit Anbeginn in der Seele latent angelegt, und wollen erfahren und erlebt werden. Sobald ein solches Verlangen erfahren und durchlebt wurde, verliert es seine **Anziehungskraft** bzw. **Seelenkraft** und wird die Seele nicht mehr **treiben**. In Marlon Morgans Buch, „Traumfänger"[47] geht es in einem Kapitel um eine junge Aborigineefrau, die morgens Blumen pflückt und sich an ihr Gewand steckt. Den ganzen Tag hindurch erhält sie von den

---

[47] Marlon Morgan – "Traumfänger" (rororo-Verlag)

Anderen Komplimente, wie schön und hübsch sie doch sei. Abends nimmt sie die Blumen wieder von ihrem Kleid ab und legt sie auf die Erde zurück. Die Amerikanische Begleiterin, Marlon Morgan, fragt sie verwundert, warum sie denn die schönen Blumen wieder ablegt. Woraufhin die Aborigineefrau antwortet: „Die Blumen haben mir mit all ihrer Schönheit ermöglicht, Schönheit zu erleben und zu erfahren. Diese Erfahrung trage ich jetzt in mir und brauche das äußere Hilfsmittel nicht mehr!"

Diese kleine Geschichte zeigt die natürliche Handhabung von separierenden Verlangen am Besten: Wir sind durch sie motiviert bzw. getrieben, **fokussieren unsere Energie auf das, wonach es uns verlangt**, und erfahren durch die Verlangenserfüllung eine emotionale **Osmose** (Wasser-Yin) mit bzw. durch das **Symbol** unseres Verlangens, und uns wird das vormals latente Verlangen nun bewusst – wir erfahren etwas über unser Selbst. Jedes erfahrene, durchlebte separierende Verlangen schmälert die Schubkraft in unserer Seele, Erfüllung in und durch separierenden Verlangen zu finden. Gleichzeitig wird die zweite Kraft, die in der Seele wirkt – das Verlangen, wieder mit dem eigenen Urgrund eins zu werden – einen kleinen Deut stärker.

Je mehr die separierenden Verlangen er- und durchlebt sind, umso mehr **dominiert** das ultimative Verlangen – zurück zum eigenen Ursprung – die Seele. In Paramahansas „Autobiographie eines Yogis"[48] wird in dem Kapitel, „Palast im Himalaja" beschrieben, wie für einen Weitentwickelten sein letztes separierendes Verlangen erfüllt und erfahren wird. Natürliche Spiritualisierung des Bewusstseins und somit Selbst-Verwirklichung tritt aus meiner Sicht dann ein, wenn das Verlangen, mit dem eigenen Urgrund wieder eins zu werden, das Bewusstsein der Seele stärker dominiert als die separierenden Verlangen. Dabei wird es aber immer noch unendlich viele separierende Verlangen in der Seele geben, von ungelösten karmischen Verstrickungen gar nicht zu sprechen! Eine kleine Indische Weisheit soll diese Beschreibung **seelischer Verlangen** in Zusammenhang mit dem eigenen Göttlichen Urgrund illustrieren. Sagt die Welle zum Ozean: „Ach, lieber Ozean, ich wäre so gerne Du." Antwortet der Ozean: „Beruhige Dich!"

Durch die separierenden Verlangen fokussiert das Individuum bei Skorpion ♏, Pluto ♇ und dem 8. Haus seine emotionale Seelenkraft auf das, was **symbolisch** für die Erfüllung des Verlangens steht, in der Hoffung dann „angekommen" zu sein. Dies kann harmonisch oder **zwanghaft** geschehen. Je mehr das Individuum mit diesem symbolischen Bereich oder Gegenstand, das er begehrt, eins wird, umso mehr findet eine Osmose, also ein **Austausch von Energien** statt, und das

---

[48] Paramahansa Yogananda – "Autobiographie eines Yogi"

Individuum erfährt dadurch eine **Metamorphose**, d.h. das Individuum ist nach der Verlangenserfüllung nicht mehr dasselbe wie zuvor! Da oft viel **Seelenkraft** in die Erreichung bzw. Erfüllung dies oder jenen Verlangens **investiert** wird, hat Skorpion ♏, Pluto ♇ und das 8. Haus eine Tendenz, sobald es sein Ziel erreicht hat, also den erstrebten Bereich, den Gegenstand oder gar die Person hat / besitzt (Stier ♉ - Skorpion ♏ macht Opposition (180°) ☍ zu Stier ♉) sich damit zu **über-identifizieren**, und mit **aller Kraft daran festzuhalten**. Das liegt wieder an dem archetypischen Drang, tiefe emotionale Sicherheit zu erhalten, wodurch Skorpion ♏, Pluto ♇ und das 8. Haus sehr **besitzergreifend**, also **possessiv, emotional kontrollierend** und **dominierend** sein kann. Diese Kontrolle geschieht nicht wie bei Steinbock durch Gesetze und evtl. Bestrafung, sondern durch **emotionale Widerhäckchen, die oft auch unter der Gürtellinie** befestigt werden. Doch der Fluss will weiter fließen, und das nächste separierende Verlangen klopft wieder an der Tür. **Weigert** sich Skorpion ♏, Pluto ♇ und das 8. Haus, die Tür für das nächste Verlangen zu öffnen, bildet sich ein solcher Druck, bis es zu einem **evolutionären Rumps wie bei einem Erdbeben** kommt und das Neue im Leben wieder für den **evolutionären** Fluss sorgen wird. Der dauernde Kreislauf von Verlangenserfüllung, Verinnerlichung durch Osmose und Metamorphose, und das Gehen-Lassen des Alten ist der Fluss der **Evolution**. Mit der Zeit wird Verlangen für Verlangen durch- und erlebt und die Seele beginnt sich selbst zu erkennen.

    Lassen Sie mich diese Dynamik anhand eines einfachen Beispiels etwas spielerischer darstellen: Herr Müller hat nach langen Jahren von Aus- und Weiterbildungen sein Verlangen, Bankfilialleiter zu sein erreicht. Nun ist er auch endlich in der Lage, den lange ersehnten BMW kaufen zu können. Er fühlt sich sicher. Doch mit der Zeit stellt er fest, dass ihm weder der Job noch der BMW dauerhaft die Hochgefühle geben, die er meinte zu erleben, als er noch davon träumte und sich dafür abmühte. Es fällt ihm auf, dass jedes Mal, wenn er durch die Fernsehprogramme schaltet oder durch Illustrierte blättert, Berichte und Beiträge über Segeln, Segelboote, Weltumsegelungen etc. ins Auge fallen. Wir sehen hier, dass sich das nächste separierende Verlangen bei Herrn Müller über die Außenwelt und die Medien breit macht. Nun fängt Herr Müller auch noch an manchmal Träume vom Segeln zu haben. Das neue separierende Verlangen klopft jetzt auch von Innen an die Tür des Bewusstseins von Herrn Müller. Dann lernt er auch noch zwei Menschen bei einem Weiterbildungsseminar kennen, die leidenschaftliche Segler sind. Er fühlt, wie sehr es ihn reizen würde, Segeln zu lernen, zu segeln usw. Nun ist er im Konflikt. Aber er hat doch soviel Zeit und Kraft investiert, seine Position in der Bank zu erreichen, und sich ein abgesichertes Leben leisten zu können – das will er auf keinen Fall aufgeben, so denkt er!

Skorpion ♏, Pluto ♇ und das 8. Haus ist der Archetyp von **Veränderungs-resistent**. Doch bei Herrn Müller wird das Verlangen zu Segeln immer stärker. Daher trifft Herr Müller eines Tages die **Entscheidung**, Segeln zu lernen, findet daran soviel Gefallen, dass er zwei Jahre später alles aufgibt und von dem Erlös eine Segelschule in der Südsee eröffnet, wo er seine Lebenspartnerin trifft. Herr Müller ging durch eine völlige Metamorphose und folgte seiner Evolution nach kurzem Widerstand in recht harmonischen Schritten.

Es wäre aber auch denkbar, dass Herr Müller sich weiterhin dazu **entscheidet**, nicht auf seine seelischen Impulse und Verlangen nach Segeln zu hören, und sich fester in seine bestehende Welt **verbeißt**, d.h. sein Widerstand gegenüber dem nächsten evolutionären Schritt wird größer. Solch Entscheidung führt dann zu einer **kataklastischen**[49] **Evolution**, die so aussehen könnte, dass Herr Müller immer verbissener wird. In seiner Rolle als Leiter der Bankfiliale **gebraucht** und **missbraucht** er seine Stellung und **Macht**. Das führt dazu, dass sich Mitarbeiter über ihn beschweren, was Herr Müller in seiner **Selbst-Verbohrtheit** als **Verrat** und **Vertrauensmissbrauch** interpretiert bzw. **missinterpretiert**. Er wird noch dominanter und wird von der Bankleitung gefeuert! Er muss seinen BWM verkaufen, und findet nur einen Job für eine Segelzubehörfirma, den er aus finanziellen Gründen annehmen muss. Dort entdeckt er Spaß an der Materie und lernt geschwind alles, was zum Segeln gehört, und lässt sich zum Segellehrer ausbilden. Zwei Jahre später wird er von seiner Firma auf Geschäftsreise in die Südsee geschickt, wo er eine Segelschule übernimmt, und die Frau seines Lebens kennen lernt. Ja, ich weiß, wie im Märchen. Ich will mit dieser Geschichte nur darauf hinweisen, dass die neuen evolutionären Impulse immer gewinnen!

Es gibt vier Formen der Evolution – zwei harmonische und zwei disharmonische oder kataklastische: Die eine harmonische hat Herr Müller zum Beispiel dadurch gelebt, da er anfing, seinen **seelischen Impulsen** zu folgen, und Segeln lernte. Dabei fand wahrscheinlich auch noch die zweite harmonische Form der Evolution statt: Er entdeckte latentes Potential in sich, das nun in sein Leben integriert werden wollte – bei Herrn Müller das Segeln. Wir sahen auch eine kataklastische Variante der Evolution, als Herr Müller sich gegen die neuen seelischen Impulse stellte und in den Widerstand ging, der zum großen Rumps führte. Die andere kataklastische Evolution nennen wir in der Evolutionären Astrologie

---

[49] Kataklastisch kommt aus der Erdbeben-Lehre: Wenn zwei Erdschollen solch starken Druck aufeinander ausüben, bis es rumpst und die neue Form dadurch gestaltet wird.

katatonisch[50]. Der Mensch erlebt bei dieser Form der Evolution auf unbestimmte Zeit, wie alles um ihn und in ihm keinen Sinn und keine Bedeutung mehr hat. Obwohl es dafür eigentlich keinen wirklichen Grund gibt, rutscht das Individuum innerlich in eine seelische Leichenstarre, und hat überhaupt keine Perspektive auf irgendeine neue Richtung, denn auch die Seele offenbart auf unbestimmte Zeit keine neuen Verlangen. Ab einem gewissen Punkt kommen aber dann in den meisten Fällen die neuen Perspektiven, die dann meist freudvoll angenommen und umgesetzt werden. In allen Formen der Evolution geht die bestehende **Seelenidentität** durch einen **profunden Wandel**, eine Metamorphose, und wird danach nicht mehr dasselbe sein wie zuvor!

Wie schon erwähnt erschafft der emotionale Fokus eine Osmose und damit eine **Verschmelzung** der Energien damit, worauf sich die Energie richtet. Das, worauf wir unseren seelischen Fokus richten, nimmt in unserem Leben zu! Eine der wohl **mächtigsten** Bereiche ist die **sexuelle Anziehungskraft** – und auch –**Abstoßung**. Wenn zwei Menschen sich von einander angezogen fühlen, wo vor allen die Funktionen der Venus ♀, Herrscherin von Stier ♉ und von Waage ♎ über den Geruchsinn eine Hauptrolle spielt, möchten diese Menschen gerne miteinander **intim** sein. Jeder **symbolisiert** für den anderen, was man selbst nicht hat bzw. nicht zu haben meint, und was man braucht (Venus ♀) bzw. zu brauchen meint. Solch Symbole und ihre Anziehungskraft können sehr stark sein, egal ob konstruktiv oder destruktiv, dunkel oder hell. Skorpion ♏, Pluto ♇ und das 8. Haus steht daher für die **Intimbeziehung**, den **Intimpartner** und für die **partnerschaftliche Sexualität**, also die **Sexualität zweier Menschen** miteinander. Der Intimpartner ist der Mensch, mit dem wir am **tiefsten** gehen wollen, und den wir am tiefsten in uns **eindringen** lassen – emotional und auch körperlich. Skorpion ♏, Pluto ♇ und das 8. Haus **penetriert**. Auch beim **sexuellen Akt** findet eine Osmose statt: der Austausch von Körperflüssigkeiten, die auch den **genetischen Code** tragen. Daher steht Skorpion ♏, Pluto ♇ und das 8. Haus auch für die **feste Beziehung** mit einem Menschen, mit dem wir uns auf tiefer, seelischer Ebene verwurzeln wollen. Ich persönlich sehe aber auch Waage ♎, Yang-Venus ♀ und den DC/ das 7. Haus als den Partner, denn in jeder Intimbeziehung (Skorpion ♏) lernt man den Partner kontinuierlich neu kennen und versucht eine Balance zwischen den eigenen Bedürfnissen und denen des Partners zu finden (Waage ♎).

Da Skorpion ♏, Pluto ♇ und das 8. Haus Yin ist, besteht hier auch die starke Dynamik die eigenen **Motivationen** und **Absichten** und die der

---

[50] Katatonisch – „psychische Leichenstarre"

Anderen, tief zu **ergründen,** zu **hinterfragen** und zu **durchleuchten**, um die tiefstmöglichen Wurzeln des eigenen Selbst und das des Anderen zu **erforschen**. Bei Skorpion ♏, Pluto ♇ und dem 8. Haus kommt es immer auf die **Motivation und Absicht** an! Diese **Röntgen-Durchleuchtung** wendet Skorpion ♏, Pluto ♇ und das 8. Haus natürlich auch bei anderen Menschen, vor allem beim eigenen Intimpartner an, denn er möchte immer gerne wissen, woran er beim anderen ist, was der andere beabsichtigt und vorhat, und vor allem auch sicher gehen, dass er dem anderen **vertrauen** kann. Skorpion ♏, Pluto ♇ und das 8. Haus ist wie gesagt, ein tief emotionales Zeichen, das tief **emotional verwundbar** ist, und sich selbst tief in seinen dunklen Ecken hinterfragt und erforscht, daher auch ein Interesse an allen **Tabus** und **„verbotenen Früchten"** wie zum Beispiel **Okkultismus** hat. Dies führt zu tiefen **Ängsten vor Ablehnung, vor Verlust, vor gebraucht und missbraucht werden, vor Vertrauensmissbrauch** und **vor Verrat**, die zyklischerweise immer wieder an die Oberfläche des Bewusstseins treten. Wenn das geschieht, hat Skorpion ♏, Pluto ♇ und das 8. Haus eine Tendenz, die anderen und vor allem seinen Partner **testen** und **prüfen** zu wollen, was er oft dadurch macht, indem er seine Liebe und Zuneigung, sein Vertrauen und seine **Energie zurückhält**, um zu testen, wie der Andere / der Partner reagiert. Leider führt dieses Verhalten oft zu **Missinterpretationen** auf beiden Seiten, die dann denn Fluss des Vertrauens **vergiften**. Je mehr sich dann die destruktive Spirale von **Misstrauen, Eifersucht** und **Psycho-Spielen** nach unten **bohrt**, umso mehr zieht sich Skorpion ♏, Pluto ♇ und das 8. Haus seine emotional-energetische **„kugelsichere Weste"** an, an der scheinbar alles abprallt, was der Andere oder der Partner scheinbar an **bösen** Absichten hat. Dabei erkennt Skorpion ♏, Pluto ♇ und das 8. Haus meist leider nicht, dass es hier um eigene Projektionen (Wassermann ♒ - Skorpion ♏ macht Quadrat (90°) □ zu Wassermann ♒) eigener Ängste und **dunkler** Absichten handelt.

Innerhalb solcher Dynamiken kann Skorpion ♏, Pluto ♇ und das 8. Haus das ganze Spektrum des **menschlichen Schattens** auffahren. Alle Schattierungen, der **Psychologie** können sich nun zeigen: **Manipulation, Domination, emotionale Kontrolle, Zwanghaftigkeit, Vorwurf, Versteck-Spiele, Provokation, Besitzergreifendes, Ablehnung, Im-Stich-Lassen, Verrat, Rache, Drohung, Gewalt, Nachstellen, Terror, Verfolgung, Überwachung, Missbrauch, Flüche, Schwüre, Besessenheit, Psychoterror** und **energetische Versklavung**.

Wir sehen, dass Skorpion ♏, Pluto ♇ und das 8. Haus nicht nur sehr tief, sondern auch sehr dunkel werden kann. Was bitte nicht heißt, dass das immer so sein muss – wir reden hier über Archetypen. Es kommt immer darauf an, woran ein Individuum mit seinem Skorpion ♏, Pluto ♇

und dem 8. Haus sein Bewusstsein und seinen Fokus festmacht. Skorpion ♏, Pluto ♇ und das 8. Haus hat genauso die Fähigkeit die schönste lichteste Energie hervorzubringen, wenn er vertraut und sich sicher fühlt. Diese Sicherheit kann Skorpion ♏, Pluto ♇ und das 8. Haus ultimative aber nur in sich bzw. in seinem eigenen Urgrund (Fische ♓) finden! Schlimm wird es meist erst dann, wenn das Individuum entweder aus **Ohnmacht** und dem Gefühl der **Machtlosigkeit** bewusst den Kontakt zu dunklen, destruktiven Symbolen und Dynamiken sucht, oder aber wenn das Individuum in Verleugnung mit seinem eigenen Schattenland ist!

In der antiken Astrologie war das Zeichen Skorpion ♏ nicht Skorpion, sondern das Zeichen der Schlage, was durch den jüdisch-christlichen Einfluss umbenannt wurde, denn im Mittelalter wurde die Astrologie in christlichen Klöstern heimlich praktiziert, weitergegeben und ihre Schriften kopiert – oft auch mit Absicht falsch. Der Name „Schlange" wurde aufgrund der Garten von Eden Geschichte der Bibel mit dem Bösen gleichgesetzt, weshalb der astrologische Name auf Skorpion umgetauft wurde. Ich finde jedoch den Titel „Schlange" für das Tierkreiszeichen Skorpion wesentlich angemessener: Die Schlange muss auf der Erde und den Erdboden kriechen, gebunden durch das Karma, und geht zyklischerweise durch unangenehme Häutungsprozesse – eine Zeit, bei der die Schlange am verwundbarsten ist. Die alte Haut (emotionale Form bzw. Identität) schützt nicht mehr, oder in anderen Worten, hat seinen Zweck erfüllt und kann jetzt abgestreift werden, so dass die neue Haut in Dienst gehen kann, die aber noch „eingelaufen" werden muss. Ein ganz hervorragendes Symbol für Metamorphose und **Eliminierung** des Alten, um sich durch Evolution weiterzuentwickeln.

In der ägyptischen Mythologie häutet sich die Schlange, bis sie sich befreit (Wassermann ♒), den Aesculap-Stab emporwächst (Stab der Heilung) und sich zum Adler verwandelt. Die Seele geht durch ihre weltlichen Inkarnationen, häutet sich von den separierenden Verlangen und findet ihren Weg zurück zum freien Selbst (Adler) durch **innere Heilung** (Yin). Der Aesculap-Stab wird oft auch mit der Wirbelsäule gleichgesetzt, und die Schlange mit der Indischen **Kundalini-Energie**, die latent im Steißbein-Chakra ruht und durch die Wirbelsäule nach oben steigt, wenn sie erwacht!

Auf unserer evolutionären Reise entwickelt sich dadurch auch der persönliche Lebenszweck (Löwe ♌ - Skorpion ♏ macht Quadrat (90°) □ zu Löwe ♌), der sich durch die Metamorphosen (Häuten) immer mehr an den ultimativen Lebenszweck annähert. „Wenn Dein persönlicher Lebenszweck darin besteht zu meditieren und Gott Selbst zu verwirklichen, ist es sehr wahrscheinlich, dass man sich, bevor man sich diesem Zweck völlig hingibt, zuerst konzentrisch durch viele Sexualpartnerschaften, durch

Heiraten, Kindererziehen, Drogen- und Alkoholgebrauch und Karrieren durcharbeiten muss, bis die Faszination all solcher weltlicher Bereiche völlig seinen Glanz verloren hat, um sich dann der Full-Time-Meditation hinzugeben!"[51] Die Evolution seines persönlichen Lebenszwecks (Löwe ♌) in diesem Leben anzugehen und anzunehmen, erlaubt einem jeden von uns, die „alten Häute", die nicht mehr gebraucht werden und daher bereit sind aus dem Leben zu verschwinden, gehen zu lassen, und den nächsten evolutionären Schritt freudvoll anzugehen! Oder wie Byron Katie[52] sagt: „Dinge und Menschen kommen in unser Leben, um wieder zu gehen, nicht um zu bleiben!"

Traditionell steht Skorpion ♏, Pluto ♇ und das 8. Haus auch für **Tod**; damit ist Tod jeglicher Art gemeint, inklusive des physischen Todes. Daher steht Skorpion ♏, Pluto ♇ und das 8. Haus auch für **Erbschaften** und die ganze **Psychologie** um Erbschaften. Da Skorpion ♏, Pluto ♇ und das 8. Haus das 2. Zeichen des 7. Zeichens ist steht er auch für das **Geld der anderen,** für **Schulden, Kredite** und somit auch für **Verträge**.

---

[51] David Deida - "Der Weg des Mannes"
[52] Byron Katie – "The Work – Lieben, was ist"

Schütze ♐, Jupiter ♃, 9. Haus
Feuer   Veränderlich   Yang

Stellen Sie sich einmal vor, Sie wären den ganzen Tag in einem dunklen Keller (Skorpion ♏) und kommen nun die steile Kellertreppe hinauf in einen wunderschönen, blühenden Garten in wunderschöner Landschaft an einem strahlend hellem Tag: Vergleichbar ist die innere Schwingung bei Schütze ♐, Jupiter und dem 9. Haus. Schütze ♐, Jupiter und das 9. Haus ist die archetypische Entsprechung von **Natur** und den **Gesetzmäßigkeiten der Natur** bzw. dem **Naturgesetz**, das alles in der manifestierten Schöpfung reguliert: Das Erblühen der Bäume und Blumen, das Reisen der Zugvögel usw. Das Naturgesetz offenbart eine unfassbar schöne Dynamik, denn es zeigt, dass **alles immer in Veränderung ist**, während es sich über die Dualität, hell-dunkel, kalt-warm, Tag-Nacht, Yin-Yang usw. manifestiert und dabei immer in seiner Ganzheit in Balance ist! Es erlaubt allem zu sein und zu existieren, denn Schöpfung ist Vielfalt! Darin ist alles mit den anderen Teilen der Schöpfung verbunden und bedingt sich gegenseitig: Naturgesetz integriert und bezieht eine jede Lebensform bzw. Lebensdynamik ein, das soll heißen, es schließt nichts aus! Schütze ♐, Jupiter ♃ und das 9. Haus fühlt sich tief mit dem **Natürlichen Gesetzen** mit ihrer **ganzheitlichen, metaphysischen** und **kosmologischen Intelligenz**, die hinter dem Naturgesetz in der Schöpfung wohnt und wirkt, verbunden. Er fühlt sich mit einem **größeren Bewusstsein** verbunden.

Daher steht Schütze ♐, Jupiter ♃ und das 9. Haus auch für den **permanenten Ausweitungs- und Expansionsprozess des Bewusstseins**, sei es **metaphysisch-philosophisch,** oder in Form **höherer Studien,** und/oder **Aus- und Weiterbildung**, also dem **Reisen** – geistig oder körperlich – in **größere Bereiche**. Man könnte auch **Horizonterweiterung** sagen. Dies steht mit der **rechten Gehirnhälfte** in Verbindung, die das **holistische, ganzheitliche Denken** und die **Intuition** beherrscht. Intuition – „**ich weiß, dass ich weiß, ohne zu wissen, wie oder warum ich weiß**" – ist ein dem Menschen am nächsten stehender Kern. Wenn jemand Wahrnehmungen von der rechten Gehirnhälfte empfängt, wird er zuerst das **große Gesamtbild** erkennen, aus dem sich dann über die linke Gehirnhälfte die Einzelbausteine bzw. Schritte entwickeln (lineares Denken – Merkur ☿). Man weiß, sozusagen, bei einer mathematischen Aufgabe zuerst das Endergebnis, ohne einzelne Rechenschritte gemacht zu haben. Wegen der Entsprechung zur rechten, intuitiven Gehirnhälfte ist Schütze ♐, Jupiter ♃ und das 9. Haus auch der Archetyp von **Visionen**. Visionen sind geschaute, intuitive Einsichten – meist unpersönlicher Natur – über mögliche Ereignisse, die sich entsprechend der gegenwärtigen Situation als Folgesituation eventuell ereignen könnten. Daher ist eine Visionen eigentlich eine **universelle Belehrung** über die gegenwärtige Situation und ihre möglichen Folgen. Wird die gegenwärtige Situation und dahinter stehende **Geisteshaltung** geändert, müssen die vorhergesehenen Ereignisse nicht eintreten[53]! Wirkliche Visionen geschehen oft mit offenen Augen, als sähe man einen zweiten Film im oberen oder unteren Gesichtsfeld über Dinge, die nichts mit einem persönlich zu tun haben.

Da Schütze ♐, Jupiter ♃ und das 9. Haus Feuer, veränderlich und Yang ist, ist es in sich selbst **rastlos** und **unruhig**, immer danach trachtend und intuitiv strebend, was **hinter dem Horizont** liegen mag. Immer getrieben, das zu erreichen, was er meint, dass hinter dem Horizont auf ihn wartet, und daher auch immer auf zu neuen Abenteuern, die dem archetypischen Drang nach **Expansion in alle Richtungen** entspricht. Diese Expansion geht außerdem nicht linear von statten,

---

[53] vgl. Nostradamus Vorwort seiner Centurien an seinen „geistigen Sohn" Cesar. Dort beschreibt Nostradamus, dass seine Visionen zukünftiger Ereignisse nur die Schatten des Derzeitigen sind, die er mit himmlischer Schau zu sehen bekam, um diese als Warnung zu veröffentlichen, damit die Menschheit die Konsequenzen sehen kann, die der gegenwärtige Lebensstil zur Folge haben kann. Werden aber kollektive Entscheidungen getroffen, die gegenwärtige Richtung zu ändern, müssen diese von ihm geschauten Visionen nicht mehr eintreten. Nostradamus Schriften sind immer noch nicht entschlüsselt, denn er hat den Schlüssel clever in der Mitte, „dem Herz", seines Opus versteckt.

sondern kreisförmig in alle Richtungen wie **konzentrische Kreise** auf der Wasseroberfläche, wenn man einen Stein ins Wasser geworfen hat.

Wie schon erwähnt, steht daher Schütze ♐, Jupiter ♃ und das 9. Haus auch für Reisen in **andere Länder** und **fremde Kulturen**, wodurch sich auch metaphysische **Horizonterweiterungen** ergeben, denn man kommt mit anderen **Religionen** und anderen **metaphysisch-philosophischen Glaubensgrundsätzen** in Kontakt – also mit unterschiedlichen **Interpretationen des Sinns des Lebens**. Aber auch das **innere Reisen,** wie zum Beispiel im **Schamanismus,** d.h. das Reisen in die inneren geistigen Welten, ist Archetyp von Schütze ♐, Jupiter ♃ und dem 9. Haus. Durch beide Formen des Reisens und des in Kontakt-Kommens mit anderen Glauben und Interpretationen des Lebens wird sich Schütze ♐, Jupiter ♃ und das 9. Haus über die Relativität seiner **Einstellungen** und **Glaubensgrundsätze,** aber auch über die Relativität der Glaubensgrundsätze anderer Menschen und Kulturen, die die **Grundlage für Glauben und Religionen** bilden, bewusst.

Dadurch sorgt der Archetyp von Schütze ♐, Jupiter ♃ und dem 9. Haus mit seinem **ständigem Wachstum** und Expansion dafür, dass die bestehenden Einstellungen über das Leben und die eigenen Glaubensgrundsätze immer wieder überwunden werden: man wächst förmlich aus ihnen heraus. Solche **Wachstumsschübe** können als recht anstrengend wahrgenommen werden. Zum einen, da Schütze ♐ eine Quinkunx ⚻ (150º), ein Krisenaspekt (vergleichbar mit dem Archetyp von Jungfrau ♍), zu Krebs ♋, der emotionalen Sicherheit bildet. Zum anderen, weil Schütze ♐, Jupiter ♃ und das 9. Haus stark dazu tendiert, die eigenen Glaubensgrundsätze und Einstellungen über den Sinn des Lebens als (einzige) **Wahrheit** zu sehen. Weiten sich die Einsichten, kann es als emotional (♋) unangenehm wahrgenommen werden, wenn eine größere Wahrheit ins Bewusstsein kommt.

Schütze ♐, Jupiter ♃ und das 9. Haus ist der Archetyp von **Wahrheit**. Doch im Kern ist jede Wahrheit immer relativ, und die letztendliche, ultimative Wahrheit liegt jenseits (Fische ♓) unseres Verständnisses, allein in der Erfahrung der Selbst-Realisation – etwas, das nicht einmal annähernd mit Worten beschrieben werden kann. Doch für bzw. bei Schütze ♐, Jupiter ♃ und dem 9. Haus ist es notwendig, die gegenwärtigen Glaubensgrundsätze und **Lebenseinstellungen** immer als Wahrheit zu sehen. Die dauernde Expansion des Bewusstseins jedoch bringt Schütze ♐, Jupiter ♃ und das 9. Haus immer wieder dazu, über die bestehenden Glaubensgrundsätze und Lebenseinstellungen **hinaus zu wachsen**.

An den Nikolaus **zu glauben** ist angebracht und richtig für ein Kind, doch es ist auch richtig, darüber hinaus zu wachsen. Doch, wie schon erwähnt, lösen solche Wachstumsschübe und **größeren Einsichten** natürlicherweise Krisen aus. Nicht nur weil Schütze ♐, Jupiter ♃ und das 9. Haus eine Quinkunx ⚻ (150°) zu Krebs ♋ bildet, sondern auch noch eine Quinkunx ⚻ zu Stier ♉, unseren persönlichen Werten. Genau diese beiden archetypischen Quinkunxen ⚻ zu Krebs ♋ (persönliche, emotionale Sicherheit) und zu Stier ♉ (persönlichen Werte) sind auch der Grund dafür, warum Schütze ♐, Jupiter ♃ und das 9. Haus einerseits so feurig an seinen Glaubensgrundsätzen und Lebensinterpretationen festhalten will und sie oft mit der absoluten Wahrheit verwechselt, und andererseits die Tendenz hat, andere von seinen Glaubensgrundsätzen und Lebensinterpretationen **überzeugen** und **überreden** zu wollen, denn dann kann er sich auf der Ebene von Stier ♉ und von Krebs ♋ sicher fühlen. Daher ist Schütze ♐, Jupiter ♃ und das 9. Haus auch der Archetyp von **Kompensation**, wozu auch das **Übertreiben** gehört. Ein Stau wird gleich mindestens 100 km lang, wobei Schütze ♐, Jupiter ♃ und das 9. Haus dabei eigentlich nur mit einem **metaphorischem Bild** zum Ausdruck bringen will, dass für ihn der Stau sehr lang war – seine Wahrheit!

Stellen Sie sich vor, Sie stehen nachts am Strand und sehen den umwerfend schönen Sternenhimmel. Er ist groß und grenzenlos, und doch fühlt sich Schütze ♐, Jupiter ♃ und das 9. Haus eins damit. Die Nichtigkeit und Wichtigkeit des eigenen Seins wird dort so spürbar. Schütze ♐, Jupiter ♃ und das 9. Haus fühlt sich sowohl in solchem Augenblicken als auch sein ganzes Leben hindurch mit allem und mit der Intelligenz, die dahinter wohnt, verbunden. So wie Schiller in seiner „Ode an die Freude", die vom Schützegeborenen L. v. Beethoven in seiner 9. Symphonie verwandt wurde, sagte: „Ahnest Du den Schöpfer, Welt? Such ihn überm Sternenzelt!" So sieht Schütze ♐, Jupiter ♃ und das 9. Haus das nächtliche Firmament über sich, und schließt daraus, dass es die ganze Wahrheit sein muss. Dabei vergisst er aber, dass es gleichzeitig auch noch ein Firmament unter dem Horizont gibt, das man eben nicht sehen kann, solange man im Körper und auf der Welt lebt! So ist es eben mit der Wahrheit: Wir sehen immer nur einen Teil des Ganzen, den wir jedoch meist für die ganze Wahrheit halten.

Aufgrund der ganzheitlich-holistischen Verbindung, die Schütze ♐, Jupiter ♃ und das 9. Haus zum Leben spürt, ist er der Archetyp von **Anpassungsfähigkeit**, denn er trägt dadurch eine **optimistische Lebenshaltung**. Ich nenne Schütze ♐ einen „**hoffnungslosen Optimisten**". Es ist der Archetyp von **Humor**, denn Schütze ♐, Jupiter ♃ und das 9. Haus hat die Gabe, das Leben und sogar sich selbst in seinem Schicksal als **absurd** und somit als **höchst komisch anzusehen**. Seine feurige **Direktheit** macht ihn auch zum Weltmeister der **Fettnäpfchen**. „Oh, Du bist aber dick geworden", ist für Schütze ♐, Jupiter ♃ und das 9.

Haus nur ein **ehrlicher Ausdruck** von Wahrheit, nicht eine Beleidigung! Humor ist das natürliche Nebenprodukt von **Weisheit** und ist bewiesenermaßen sehr gesund (Jungfrau ♍ - Schütze ♐ macht ein Quadrat □ (90°) zu Jungfrau ♍).

Seine **fröhliche Natur** möchte sein Licht wie alle Feuerzeichen teilen – hier Weisheit und Optimismus – auf andere scheinen lassen. Daher ist Schütze ♐, Jupiter ♃ und das 9. Haus auch der Archetyp des **natürlichen Lehrers** und des **Lehrens**. Dabei meine ich nicht den verknöcherten patriarchalen Lehrer. Natürlicherweise ist Lehren so etwas wie **Geschichten-Erzählen** bzw. **Geschichten-Vorspielen** (Löwe ♌ ist Schauspiel – Schütze ♐ macht zu Löwe ♌ ein Trigon △ (120°)). In **Naturvölkern** erzählen die Lehrer, die meist die **Schamanen** sind, Geschichten und spielen dabei gewisse Szenen lebendig nach, um den Schülern in die Geschichte und ihren **Sinn** zu führen.

In der natürlichen Ordnung (Schütze ♐ - Jungfrau ♍) sind es oft auch die **Großeltern**, die natürlicherweise ihren Enkeln Weisheit und einen Sinn des Lebens vermitteln, denn sie haben meist eine tiefe Verbindung mit dem Enkel, und doch genug Abstand zu Ihnen, denn ihr Lebenspuls schlägt anders als der der Eltern. Daher waren es im **natürlichen Leben** meist die Alten (Großeltern), die sich um die Erziehung bzw. philosophische Weiterbildung der Kinder bemühten; auch damit sich die Eltern um ihr Leben und auch um ihre Partnerschaft inklusive des erotischen Intimlebens kümmern konnten. Somit hatten die Großeltern auch eine wichtige und ihnen angemessene Funktion im Stamm. Bei vielen Nordamerikanischen Stämmen hatten die Großeltern meist Visionen über den zukünftigen Lebenspartner des frisch geborenen Enkels. Für diesen zukünftigen Lebenspartner schneiderten sie dann auch schon dessen Hochzeitsgewand, das immer passte!

Da Schütze ♐, Jupiter ♃ und das 9. Haus mit Glauben und somit kulturell mit Religion (wörtlich: relingere – wieder anbinden) steht, kann man sehen, wie die Menschheit, seit sie männlich-orientierte, patriarchale Geschichten über das Göttliche erfunden hatte, ihren natürlichen Glaube unterdrückte und somit verzerrte. Solch natürlicher Glaube wurde von den Naturvölkern, die im Einklang mit **Gaja** lebten, der bewussten Biosphäre der Mutter Erde als Spiegelung des Weiblich-Männlichen Gottesurgrundes, überall auf der Erde praktiziert. Solche Völker lebten meist als **Nomaden**, d.h. sie **wanderten** und **reisten** umher, und gründeten ihre gesellschaftlich-sozialen Regulierungen und Gesetze (Steinbock ♑) auf der natürlichen Beobachtung (Wassermann ♒) der Natur und ihren Lebensformen mit ihren natürlichen Rhythmen. Sie sahen sich als Teil des Ganzen. Dadurch beruhte ihr Leben vielmehr auf Funktionen der rechten

Gehirnhälfte und jeder Einzelne nahm sich zugleich als Teil des Großen und Ganzen wahr.

Unglücklicherweise machten sich männlich-orientierte, patriarchale Lebensinterpretationen, also Religionen, selbsternannter Weise zur Aufgabe, andere Kulturen und Völker vom patriarchalen Glauben zu überzeugen und zu **bekehren**, um diese vom „Bösen" zu befreien und sie ihrem Gott unterzustellen. Man schickte **Missionare** aus, die alles und alle unterdrückten, bestraften und abschlachteten, die im Einklang mit den physischen, emotionalen und sinnlichen Dynamiken des Lebens lebten, was von den patriarchalen Religionen als Quelle des Bösen deklariert worden war. Friedvollste Kulturen wurden unterdrückt, versklavt und zerstört – im Namen des von Menschen gemachten Gottes! Daher findet man bei Klienten mit einer starken Schütze- und/oder 9. Haus-Besetzung ein **Sehnen** bzw. ein „**Heimweh**" nach einer Lebensform, die dem nomadischen Naturleben im Rahmen von einer natürlichen Gesellschaftsform entspricht, die fast überall auf der Erde ausgerottet ist. Der Klient ist sich dessen meist nicht bewusst, fühlt sich aber **kulturell-sozial fremd** bzw. **kulturell entfremdet**.

Selbst heutzutage ist das Missionieren der von Menschen gemachten Werte des angeblichen Gut und Böse (männlich-orientierte, patriarchale Werte) noch voll im Gange. Natürlich schickt man keine mittelalterlichen Missionare mehr, denn man hat doch die **Medien – Fernsehen, Radio** und **Filme**[54] - achten Sie einmal auf die Kernaussagen der meisten Filme, die immer das „Böse" bekämpfen – wer bzw. welcher Archetyp ist denn am Ende immer der Held? Mit Sicherheit nicht die schwarzafrikanische Frau! Zudem versuchen die Medien uns unser natürliches Bedürfnis zu ersetzen, Informationen und **weise Einsichten** von innen heraus zu erfahren. Dabei kann der **internationale Austausch von kultureller Information** natürlich auch ein wunderbares Vehikel sein, eine **globale Bewusstheit** zu erschaffen, die uns als Teil der Schöpfung in ihrer Mannigfaltigkeit leben und erleben lässt. Leider sind die Medien aber auch sehr schnell Mittel von **Propaganda**, was man in den USA sehen kann, wo an die 90% der Medien privat von republikanischen Firmen besessen werden, die die Meinung im Land erschaffen, um dann eine so genannte Demokratie auszuüben.

---

[54] Filme und Filmindustrie entsprechend eigentlich dem Zeichen Fische ♓, dem 12. Haus und Neptun ♆, denn als Zelluloid erfunden wurde, wurde zeitgleich auch der Planet Neptun ♆ entdeckt. Doch Fische ♓ wird auch von Jupiter ♃ beherrscht.

> **_Übung Zwei_**
> 1. Untersuchen Sie unser Beispiel Horoskop von Dick, wie das Zeichen Widder ♈, Herrscher Mars ♂ in Jungfrau ♍ im 2. Haus, seine philosophische Einstellung zum Leben definiert, und wie er sein Bewusstsein erweitert. Falls Sie schon Wissen in Astrologie besitzen, beziehen Sie bitte noch den natürlichen Herrscher Jupiter ♃ in Zwilling ♊ im 11. Haus mit ein.
> 2. Hätte Dick irgendetwas mit Lehren bzw. Unterrichten zu tun, was und worüber würde er lehren, und zu welchen Menschen?

Steinbock ♑, Saturn ♄, 10. Haus/MC
Erde   Kardinal   Yin

Steinbock ♑, Saturn ♄ und das MC/10. Haus entsprechen dem Archetyp von **Raum und Zeit**. Was ist Raum und Zeit aus ganzheitlicher Sicht? Es ist verdichtete Energie, die sich über Dualität manifestiert, aber Raum kann nicht ohne Zeit und Zeit nicht ohne Raum bestehen! Steinbock ♑, Saturn ♄ und das MC/10. Haus ist kardinale Erdenergie, die Yin ist. Versuchen Sie das einmal zu fühlen: Stellen Sie sich vor, Sie tragen einen sehr schweren Stein, einen Hinkelstein (Erde) auf ihrem Rücken, während Sie versuchen einen neuen Schritt nach vorne (kardinal) zu machen, dabei sich aber all ihre Energie nach Innen richtet, in Ihr Zentrum (Yin). Deswegen steht Steinbock ♑, Saturn ♄ und das MC/10. Haus auch für die Energie des **Zusammenziehens, der Kontraktion** und **Konzentration** von Energie. Wie ein Treibling eines Astes, der während des Frühjahres und Sommers expandiert und wächst (Schütze ♐) und dabei noch grün und flexibel ist, und in dem sich im Winter (Steinbock ♑ - Winteranfang) seine Säften zusammenziehen, um **solide** und **hart** zu werden, um im nächsten Jahr die **feste Grundlage** für neue Treiblinge zu sein. Daher steht Steinbock ♑, Saturn ♄ und das MC/10. Haus für **Form** und **Struktur**. Struktur erschafft **Grenzen** im gegebenen Raum.

Wir brauchen Struktur und Grenzen. Stellen Sie sich einmal vor, der Raum, in dem Sie gerade sitzen, hätte keine **Wände**. Würden Sie sich

sicher und **geschützt** fühlen? Steinbock ♑, Saturn ♄ und das MC/10. Haus steht auch für die **Grenzen innerhalb unseres Bewusstseins**, die dafür sorgen, dass unser **Alltags-Bewusstsein** vom individuellen Unbewussten (Wassermann ♒) abgegrenzt bleibt, um zum Beispiel nicht dauernd Erinnerungen und Verstrickungen aus vergangenen Leben, die im individuellen Unbewussten (Wassermann ♒) abgespeichert sind, zu erleben, sondern um sich **verantwortungsvoll** auf das **Hier und Jetzt** (auch Krebs ♋) zu besinnen. Steinbock ♑, Saturn ♄ und das MC/10. Haus wie auch sein gegenüberliegendes Zeichen Krebs ♋ (Steinbock ♑ macht Opposition ☍ (180°) zu Krebs ♋) stehen für **Sicherheit, Geborgenheit** und **Schutz** somit auch für **Beschützen**. Doch wird das bei Steinbock ♑, Saturn ♄ und das MC/10. Haus über **weltliche, soziale** und auch **materielle** Werte und Dynamiken **angestrebt** und umgesetzt, denn sein Element ist Erde.

Ich persönlich sehe das Wachstum des Bewusstsein während einer Inkarnation als die Entwicklung bzw. das **emotionale Reifen** vom IC/4. Hausspitze (Krebs-♋-Archetyp) hinauf zum MC/10. Hausspitze (Steinbock-♑-Archetyp): emotional **erwachsen zu werden**. Emotional zu reifen bedeutet, emotional **verantwortlich** für das eigene Leben zu sein, **Verantwortung für die eigenen Handlungen zu tragen** und eine **Lebensstruktur** zu erschaffen bzw. **aufzubauen**, die es einem ermöglicht, die Zügel über das **eigene Leben in der Hand zu haben**, und zugleich auf irgendeinem Gebiet bzw. Lebensbereich eine gewachsene **Autorität** in der **Gesellschaft** zu sein.

Der Zyklus von Saturn ♄ bringt uns daher alle 7 Jahre (ein Viertel des Saturnumlaufs) „**Feinschliff**" oft durch **Einschränkungen** oder auch **Schwierigkeiten**, die eine **Notwendigkeit** darstellen, um in die emotionale Reife und **Eigenverantwortung** zu wachsen. Um das siebte Lebensjahr zum Beispiel beginnt ein Kind sich der Uhrzeit und ersten gesellschaftlichen Strukturen bewusst zu werden. Es will die Uhr lesen lernen, will wissen, was ein Rathaus ist, und was der **Papa** eigentlich den ganzen Tag macht. Meist erlebt ein Kind um dieses Alter herum den ersten Kontakt mit dem Tod; sei es durch einen Todesfall oder durch einen toten Vogel am Weg. Damit beginnt sich das Kind bewusst zu werden, dass das Leben in dieser **Welt** hier **endlich** ist – der erste **Zeitdruck** beginnt. Aus diesem Zeitdruck entsteht auch der **Leistungsdruck**, etwas in seinem Leben **zu erreichen**.

Die Zeit des ersten Saturn-Quadrat-Saturns (♄ □ ♄) erschafft nicht nur ein Bewusstsein über die **Begrenzungen** des weltlichen Lebens, sondern auch ein wachsendes Interesse am sozialen Umfeld und dessen Strukturen. Während solch Saturnischen Zeiten kann man sich **schwer, alt** und **eingeschränkt** fühlen. Doch dabei ist die universelle Absicht,

153

seine Energien **zu zentrieren, zu bündeln** bzw. **zu fokussieren**, um klarere **Grenzen ziehen** zu können, um sich vor Ablenkungen und Überflüssigem **abzugrenzen**, um das machen zu können, was **getan werden muss**. Eine der Inkarnationen der Göttlichen Mutter, Mutter Meera, sagt: „**Notwendigkeit** ist stärker als Ego!"[55] Folgt man dieser **Anforderung** des Lebens, die sich am Lauf des „Hüters der Schwelle", Saturn ♄, ablesen lassen, wird man in und mit seinem Leben **selbstverantwortlich**, was auch die Fähigkeit beinhaltet, sich selbst ummuttern und umsorgen (Krebs ♋) zu können. Man wird sozusagen **Eltern** für sein eigenes Inneres Kind (Krebs ♋).

Aufgrund des Erd-kardinal-Yin-Wesens von Steinbock ♑, Saturn ♄ und dem MC/10. Haus gibt es hier noch eine weitere wichtige archetypische Dynamik: Die **Selbst-Reflektion**. Steinbock ♑, Saturn ♄ und das MC/10. Haus braucht natürlicherweise Zeit, um mit sich zu sitzen und zu **reflektieren** und zu **kontemplieren**. Ich nenne das „**brüten**". Dabei wird meist gedämpftes, indirektes Licht bevorzugt, vielleicht entspannende, leicht melancholische Musik, so dass man sitzen und „Löcher in die Luft gucken kann". Bei diesem „Nichts-Tun" brütet aber Steinbock ♑, Saturn ♄ und das MC/10. Haus über das **gegenwärtige Leben** mit seinen Strukturen, seinen Verantwortungen. Er kontempliert darüber, was **Alt-Last** geworden ist, somit Wachstum **behindert** oder **erschwert**, und was als **nächster Schritt** anstehen wird. Der Römische Gott Janus (Januar – Steinbock ♑) hatte zwei Köpfe: einer sah nach hinten ins Vergangene, der andere nach Vorne in das, was kommt. Natürlicherweise lädt der Winter mit seinem Mangel an Sonnenlicht dazu ein, einen Schritt **langsamer** zu gehen, und **nachdenklich** und selbstreflektierend sein Leben zu schauen.

Nordische Kulturen integrieren diesen natürlichen Archetyp in ihr Leben und erlauben sich Zeiten eines gesellschaftlichen "Winterschlafes" der Selbst-Reflektion. Unsere moderne westliche Welt, die stark von den „Input-Output-Werten" der USA geprägt ist, erlaubt sich unglücklicherweise keine solche Pause zur **Eigenschau**. In den USA wird solch eine Phase als unproduktiv angesehen, und mit dem Wort **Depression** als krank abgestempelt. Doch Selbst-Reflektion ist eine natürliche Funktion des menschlichen Bewusstseins und braucht ihren Raum.

Steinbock ♑, Saturn ♄ und das MC/10. Haus kann aber auch tatsächlich für Manifestationen von **Depression** stehen, die viele Ursachen haben kann – oft ungelöste **Trauer** und/oder der Wunsch, die Welt abzudrehen und im dunklen Raum – der Gebärmutter oder dem

---

[55] Mutter Meera – "Antworten – Teil 1"

Grabe gleich – allein zu sein. Wer jedoch seinen natürlichen Impulsen nach **Rückzug in die Selbst-Schau** folgt, wird aus solchen Phasen **klar, konzentriert** und **zielorientiert** hervorkommen.

Da das gegenüberliegende Zeichen von Steinbock ♑, Saturn ♄ und dem MC/10. Haus der Krebs ♋ bzw. der Mond ☾ bzw. das IC/4. Haus ist, korreliert Steinbock ♑, Saturn ♄ und das MC/10. Haus auch mit dem Archetyp von **Geschlechts-Assoziation** bzw. **Geschlechts-Definition / - Wechsel**, wie es im Kapitel zu Krebs ♋, Mond ☾ und dem 4. Haus beschrieben ist. Jede Gesellschaft hat ihre eigene kulturelle Definition über die Geschlechterrollen. Steinbock ♑, Saturn ♄ und das MC/10. Haus ist natürlicherweise männlich-weiblich (!), doch die Definition patriarchaler bzw. dysfunktionaler Gesellschaften **forciert** das Individuum, seine männliche oder seine weibliche Seite zu unterdrücken. In der Astrologie ist das leider auch so, vor allem wenn sich sexuelle Planeten (Venus ♀, Mars ♂, Pluto ♇) oder die planetaren Herrscher vom 1. oder 2. oder 8. Haus in Steinbock ♑ oder im 10. Haus befinden: Eine Tendenz, dass innere Männliche oder innere Weibliche zu unterdrücken, um in die Gesellschaft zu passen, und von ihr nicht verurteilt zu werden.

Lassen Sie mich hier die astrologischen Indikatoren für **evolutionären Geschlechtswechsel** auflisten, auch wenn das vielleicht für den Anfänger noch etwas befremdlich ist – in späteren Kapiteln wird mehr Klarheit zu dieser Auflistung kommen. Es ist wichtig zu wissen, dass es in der Astrologie <u>mehr als nur ein Symbol braucht</u>, um eine Dynamik widerzuspiegeln! Wenn Sie zu mir in die Küche kommen, und ich zeige ihnen nur ein Hühnerei, werden Sie auch nicht in der Lage sein, herauszufinden, was ich koche! Je mehr sich astrologische Indikatoren zu einem Thema wiederholen, umso betonter und somit wichtiger ist dieses zu untersuchende Thema.

Hier die Indikatoren, die auf evolutionären Geschlechtswechsel hinweisen:

- Pluto in Krebs ♋ oder in Steinbock ♑ oder im 4. oder 10. Haus.
- Nord- und Südknoten ☊ ☋ des Mondes in Krebs ♋ oder Steinbock ♑ oder im 4. oder 10. Haus.
- Planetarer Herrscher bzw. planetare Herrscher von Nord- und/oder Südknoten ☊ ☋ in Krebs ♋ oder Steinbock ♑ oder im 4. oder 10. Haus.
- Mond ☾ und/oder Saturn ♄ im T-Quadrat zu Mondknoten-Achse – im Orbis bis zu 11°.

Dabei sollte man auch noch die Phase[56] von Mond ☽ zu Saturn ♄, von Mond ☽ zu Pluto ♇ und von Saturn ♄ zu Pluto ♇ untersuchen. Befinden sich diese Planeten zu einander in der Balsamischen Phase, dann zeigt es, dass ein Geschlechtswechsel für eine kommende Inkarnation vorbereitet wird. Befinden sich die o.g. Planeten in einer Neuen Phase zu einander, hat der Geschlechtswechsel jüngst statt gefunden, und der Natale übt sich im „neuen Geschlecht". Es gibt natürlich auch Seelen, die schon so oft das irdische Geschlecht gewechselt haben, dass es für sie kein großes Thema mehr spielt, dennoch aber oft für deren Eltern und/oder die Gesellschaft, in der sie inkarnieren.

Steinbock ♑, Saturn ♄ und das MC/10. Haus steht aus evolutionärer Sicht auch für die **Konsequenzen** vergangener Verlangen, Handlungen und Taten, d.h. für die weltliche Manifestation und somit irdischen Lebensumstände, die unser weltliches Dharma in der gegenwärtigen Inkarnation definieren. Es sind die natürlichen Konsequenzen von Ursache und Wirkung, die unter patriarchal-religiöser Betrachtungsweise missverständlicherweise als Strafe oder sogar „Strafe Gottes" ausgelegt werden.

Steinbock ♑, Saturn ♄ und das MC/10. Haus steht für **Gesellschaft**. Jede Gruppe von Menschen braucht **Regulierung, Grenzen, Richtlinien, Gesetze** und **Bräuche**, um ein **geregeltes, respektvolles** soziales Miteinander zu schaffen. Solche Regulierungen, Grenzen etc. **bauen** auf den Glaubensgrundsätzen (Schütze ♐) dieser Menschen bzw. der Gruppe von Menschen auf. **Baut** eine Gesellschaft ihre Gesetze und Regulierungen auf dem Natürlichen Gesetz (Schütze ♐) auf, wird sich ein völlig anderes **„Richtig und Falsch"** ergeben, als in einer Gesellschaft, die ihre Gesetze auf männlich-orientierten, patriarchalem Glauben errichtet!

Glaubensgrundsätze des **Patriarchats** zeichnen sich dadurch aus, dass geglaubt wird, **ein einziger Weg sei der Richtige für alle**, was ein grober Widerspruch zum Schöpfungs- bzw. Naturgesetz (Schütze ♐) ist, denn Leben manifestiert sich in Vielheit mit mannigfaltigen Wegen, so wie jeder Fluss anders ist und doch alle das Meer finden. Wer von dieser **genormten Richtlinie** von „Richtig und Falsch" abweicht, erhält **Verurteilung** und sogar **Strafe**. Im natürlichen Leben sah die Gesellschaft es als ihre Aufgabe, anderen, die sich in Abweichung vom inneren Gesetz (Naturgesetz – Schütze ♐) befanden, angemessene **Leithilfe** und **Unterstützung** zu geben, wieder in die **Eigenverantwortung** zu kommen. In unseren patriarchalen bzw. dysfunktionalen Gesellschaften haben wir **Strafe** und **Bestrafung** für

---

[56] Phasen werden in Kapitel Fünf eingehend erklärt.

Mitmenschen, die sich nicht an die von Menschen gemachten Spiel**regeln** der Gesellschaft halten. Hier sieht man, wie der natürliche Archetyp von Konsequenzen verzerrt wird/ist.

Daher steht Steinbock ♑, Saturn ♄ und das MC/10. Haus auch für die **Angst vor Bestrafung und vor gesellschaftlicher Verurteilung und Verfolgung**. Manche Gesellschaften erschaffen solch **hohe Ansprüche** hinsichtlich der richtigen Art zu leben, dass die Mehrheit der Bevölkerung diese **soziale Erwartung** nie erfüllen werden kann und sich daher innerhalb der Gesellschaft minderwertig fühlen, die von einigen selbsternannten **Übergeordneten** geführt wird. Selbiges zeigt sich auch oft in Familien patriarchaler Gesellschaften, bei denen die Eltern und vor allem der **Vater**, als Familienoberhaupt von den Kindern erwartet, kleine Miniatur-**Erwachsene** zu sein; nach dem Motto: „tue dies bzw. verhalte Dich so, und Du wirst Anerkennung (als Ersatz-Liebe) erhalten."

Dummerweise sind die solch **elterlichen Erwartungen** meist unerreichbar hoch für die Bedürfnisse und Fähigkeiten des Kindes – vergleichbar mit der berühmten Karotte vor dem Maul des Esels. Daher wird das Kind in seiner **Anstrengung** immer wieder versagen, diese **Erwartungen zu erfüllen**, was zu einem sehr geringen Selbstwertgefühl führen kann, das sich mit einem enormen **Leistungsdruck** in diesem Menschen paart. Warum? Der Mangel an bedingungsloser Liebe schafft ein Über-Ich in diesen Menschen, sich als Erwachsener immer wieder enorm viele **Pflichten** und **Verantwortungen** aufzuladen, in der Hoffnung, sich irgendwann einmal gut über sich selbst zu fühlen – doch die Karotte bleibt unerreichbar vor dem Maul!

Ein Kind mit solch elterlicher Prägung hat auch eine Tendenz, Freunde bzw. Partner anzuziehen (Waage ♎ - Steinbock ♑ macht Quadrat □ (90°) zu Waage ♎), die den **autoritären Eltern** oder dem **strengem Vater** gleichen, um weiterhin nach der Karotte zu eifern. Auch die Umkehrung ist möglich. Sprich, Menschen mit solch elterlicher Prägung, können im Erwachsenalter in ihren Beziehungen selbst zu einer **autoritären Elternfigur**, die im anderen das „bedürftige Kind" anziehen, das sie in Wirklichkeit selber sind, aber über des Partners **unterdrückte** Emotionen erleben. Der Emotionalkörper (Krebs ♋) solcher Menschen ist **angespannt** und **eng**. Im Deutschen nennt man solche Menschen **zugeknöpft, steif, versteinert** oder **stoisch**, im Englischen „**anal-verklemmt**" – interessanterweise korreliert Steinbock ♑, Saturn ♄ und das MC/10. Haus auf der anatomischen Ebene nebst **Knochen, Zähne, Haut** und einigen mehr auch mit dem **Schließmuskeln** und somit dem **Anus**.

"Alles, was unterdrückt wird, wird verzerrt", ist ein psychologischer Grundsatz. Steinbock ♑, Saturn ♄ und das MC/10. Haus hat eine Tendenz, ungewollte bzw. nicht erlaubte emotionale Dynamiken zu unterdrücken, denn er hat Angst vor elterlicher, sozialer und gesellschaftlicher Verurteilung und Bestrafung. **Be-**und **Verurteilung** ist eine natürliche Funktion des Bewusstseins im weltlichen Leben, denn es ermöglicht, Grenzen und Abgrenzungen gegenüber Dingen und Dynamiken zu schaffen, die über das Trigon △ (120°) von Steinbock ♑ zu Stier ♉ unser Überleben (Stier ♉) bedrohen oder einfach nicht zu unseren Bedürfnissen und Werten (Stier ♉) passen. Doch macht es einen gravierenden Unterschied, ob unsere Be- und Verurteilungen auf gemachten Regeln oder auf natürlichen Glaubensgrundsätzen (Schütze ♐) basieren. Sind die Be- und Verurteilungen auf von Menschen gemachten bzw. männlich-orientierten, patriarchalen Grundsätzen von Richtig und Falsch aufgebaut, führen sie nicht nur zur Unterdrückung von natürlichen Dynamiken und Emotionen, sondern aus spiritueller Sicht auch zu einem unangenehmen Bumerang-Effekt. Das heißt, unsere eigenen Be- und Verurteilungen werden uns eines Tages selber treffen.

Zudem kostet die Dynamik, Emotionen zu unterdrücken auch viel Kraft (Widder ♈ - Steinbock ♑ macht Quadrat □ (90°) zu Widder ♈). Stellen Sie sich einmal vor, sie stehen in einem Swimmingpool und spielen mit einem Ball. Der Bademeister (Autorität – Steinbock ♑) kommt und sagt Ihnen, Sie dürften keinen Ball im Becken haben. Doch Sie wollen Ihren Lieblingsball behalten und drücken ihn daher unter die Wasseroberfläche, wo sie ihn halten – **fest halten**: Unterdrückung. Die Folge wird sein, dass Sie entweder nach einer gewissen Zeit keine Kraft mehr im Arm haben, den Ball unten zu halten und/oder der Ball rutscht aus Ihrer **Kontrolle** bzw. aus Ihrem Griff und kommt an einer unberechenbaren Stelle (Wassermann ♒) an die Oberfläche gesprungen. „Alles, was unterdrückt wird, wird verzerrt!"

Eine vergleichbare Dynamik kann man bei Steinbock ♑, Saturn ♄ und dem MC/10. Haus beobachten, wenn innere oder äußere Dynamiken unterdrückt werden. Die Kontrolle führt zum **Verlust von Kontrolle**, denn Steinbock ♑, Saturn ♄ und das MC/10. Haus sehnt sich hinter seiner Kontrolle unbewusst nach **Kontrollverlust** – eine Dynamik, die in der herkömmlichen Astrologie keine Beachtung findet, obwohl sie doch so wichtig ist! Hinter der latenten Sehnsucht nach Kontrollverlust liegt des Steinbocks ♑ bzw. 10. Hauses Sehnsucht, wieder in den „chaotischen Fluss der Emotionen" des gegenüberliegenden Zeichens Krebs ♋ bzw. des 4. Hauses eintauchen zu können. Diese Dynamik manifestiert sich dann oft in Formen wie **Bankrott, Nervenzusammenbruch o.ä.** wider, damit der Mensch mit Steinbock ♑, Saturn ♄ und der MC/10. Haus-Betonung aus seinen eigenen Strukturen fallen kann und wieder den Fluss seiner Emotionen von Moment zu Moment (Krebs ♋) erleben kann.

Eine andere Dynamik dabei kann sich auch darin manifestieren, dass Steinbock ♑, Saturn ♄ und das MC/10. Haus auf wassermännische Weise „durchknallt" (♒) und gegen seine eigenen Lebensstrukturen rebelliert (Wassermann ♒) – ähnlich wie der Ball, der sich an unvorhersehbarer Stelle im Schwimmbecken aus dem kontrollierendem Griff befreit hat und über die Wasseroberfläche nach oben saust! Man bedenke bitte, dass Saturn ♄ auch über Wassermann ♒ herrscht!

Bei Steinbock ♑, Saturn ♄ und das MC/10. Haus besteht das natürliche Bedürfnis, **seine eigene Autorität** im Leben zu werden, und somit irgendwo in der bestehenden Gesellschaft seinen adäquaten **Status Quo** bzw. seine **Position** zu finden oder besser noch, **aufzubauen**. Doch um das in der modernen Gesellschaft zu erreichen, meinen die meisten, sie müssten **hart** und **kontrollierend** sein, um nicht zu sagen, mit Ellenbogen durch die Welt und/oder über Leichen gehen. Dabei wirkt zur Zeit noch das amerikanische System der so genannten „corperate world" (vernetzte Wirtschaftswelt diverser Großkonzerne mit ihren vielen Tochterfirmen). Doch Positionen und Status Quo auf diesem Weg zu erreichen, baut zugleich **Schuld** auf – innere, **emotionale, legitime Schuld**. Diese Schuld kann dann oft zu **herrischem Verhalten**, zu **Rechthaberei** und sogar zu **Sadismus** führen. Zu bedenken ist, dass Sadismus die Kombination des Gefühls von Schuld und von Wut ist. Wirkt das Gefühl von Schuld mit einem Bedürfnis nach Kontrollverlust und/oder Busse (Jungfrau ♍), dann besteht die Dynamik von **Masochismus**, der bei Jungfrau ausgiebig beschrieben wurde.

Betrachten wir einmal die Dynamik von Schuld, Kontrolle und Rechthaberei anhand eines etwas extremen Beispiels: Ein junger Mann wird Soldat, um von seinem **Vater** akzeptiert zu werden. Er muss in den Krieg und muss dort andere Menschen töten. Aus Sicht der patriarchalen Gesellschaft ist das Töten legitim, schließlich ist er ein Soldat der für das **Vaterland** kämpft. Doch in dem jungem Mann baut sich ein unangenehmes Gefühl von Schuld auf, das im Widerspruch zu den gesellschaftlichen Werten steht. Er wird daher tendenziell das Gefühl von Schuld in sich **verdrängen** bzw. unterdrücken und seine Handlungen im Krieg als richtig vielleicht sogar als heldenhaft rechtfertigen. Je stärker dann zu Zeiten, in denen der Mann nicht in Kontrolle ist, wie zum Beispiel im Schlaf, die Schuld an sein **Gewissen** klopft, umso mehr wird er tendenziell mit **Starrheit** und **Rechthaberei** reagieren. Denken Sie nur an die ehemaligen Nazi-Täter, denken Sie an misshandelnde Eltern oder Partner, denken Sie an Diktatoren oder an den jüngst geschehenen Alleingang der Bush-Regierung im Irak-Krieg. Jedoch kommen solche Dynamiken früher oder später zu einem **Kollaps** bzw. **Zusammenbruch**, bei dem äußerst unangenehme Emotionen angesehen und verarbeitet werden müssen. Nur durch das **Übernehmen von Verantwortung** werden sich dann die Türen der inneren Vergebung (Fische ♓) öffnen.

Steinbock ♑ steht also auch für das **Patriarchat**, denn während des letzten Krebs-Zeitalters begann das Steinbock-Unterzeitalter ungefähr 6500 vor Christus[57]. Eine Zeit, als zunehmend fast überall auf der Erde metaphysische bzw. religiöse Geschichten erschaffen und erzählt wurden, die einen männlichen Gott erschufen, der außerhalb von uns ist. Diese metaphysischen Geschichten, die sich dann in den patriarchalen Weltreligionen manifestierten, wurden zur Grundlage unserer bestehenden Gesellschaften, die das Weibliche nicht mehr als den Urgrund des Lebens, sondern als die „böse Versuchung" des Männlichen, dem selbsternannten Abbild Gottes, ansahen bzw. ansehen und dementsprechend das natürliche Weibliche mit Unterdrückung, Verfolgung und Missbrauch behandelten. Die Folge: Wir verschmutzen und zerstören unsere Erde, unterdrücken das Weiblich-Sinnliche in uns und halten an der rechthaberischen Einstellung fest, wir seien allen anderen Lebensformen **übergeordnet**, denn unsere Art zu leben sei die einzig Richtige – „Krone der Schöpfung".

Patriarchale Gesellschaften sind **dysfunktional**. Sie arbeiten mit dem Bewusstsein von Mangel, Schuld und Angst. Sie nennen sich selbst „Nummer Eins", sehen sich als übergeordnet und setzen damit alle und alles andere als untergeordnet herab, was daraufhin als schlecht, böse und feindlich angesehen werden muss. Aus dieser Sicht wird es dann legitim, das Untergeordnete zu demütigen, zu verfolgen, anzugreifen, zu vertreiben, zu versklaven und/oder auszurotten. Ein dysfunktionales System kann nur überleben und somit seine rechthaberische Übergeordnetheit behalten, indem es seine dysfunktionale Philosophie expandiert und exportiert – auf gesellschaftlicher Ebene in andere Kulturen und Länder. Es ist wie die Krankheit Krebs, die expandieren muss, um zu überleben. Al Gore[58] beschreibt dysfunktionale Systeme und Gesellschaften hervorragend in seinem Buch „Wege zum Gleichgewicht".

---

[57] Genaueres über die Zeitalter und ihre Unterzeitalter in Kapitel Fünf
[58] "Wege zum Gleichgewicht – Ein Marshall-Plan für die Erde" – Al Gore

Wassermann ♒, Uranus ⛢, 11. Haus
Luft   Fix   Yang

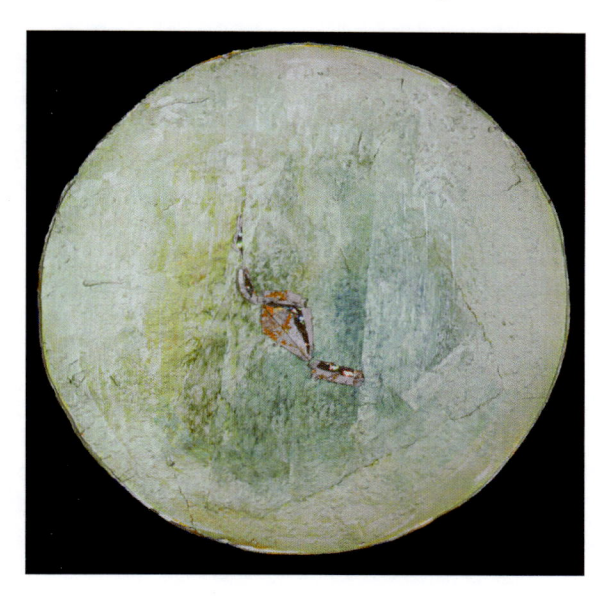

Krishnamurti gab einem seiner philosophischen Bücher den Titel **„Freiheit vom Bekannten"**[59] oder in anderen Worten **„Befreiung vom Alt-Bekannten** (Steinbock ♑)", was den archetypischen Kern von Wassermann ♒, Uranus ⛢ und dem 11. Haus auf den Punkt genau beschreibt. Nach der strukturierenden, beschränkenden Erd-Yin-Archetypologie von Steinbock ♑, manifestiert Wassermann ♒, Uranus ⛢ und das 11. Haus nun eine Luft-fix-Yang Energie, die in sich selbst recht **außergewöhnlich** ist. Versuchen Sie es einmal! Stellen Sie sich stillstehende Luft vor, die sich so erhalten will (fix), wie sie ist und die sich doch von ihrem Zentrum heraus bewegt (Yang). Scheint unmöglich zu sein, und doch existiert es! Daher ist Wassermann ♒, Uranus ⛢ und das 11. Haus der Archetyp des **Paradoxen** bzw. des **Widersprüchlichen**, denn er **rebelliert** gegen bestehende Normen und Gesetzmäßigkeiten (Steinbock ♑). Selbst der Himmelskörper Uranus widerspricht vielen physikalischen Gesetzmäßigkeiten!

Die Energie von Luft, fix und Yang hier erinnert mich ein wenig an ein Stück Seife, das, entweder nach oben oder nach unten in die Luft saust, wenn man es zu greifen versucht. Wassermann ♒, Uranus ⛢ und

---

[59] „Freedom from the Known" von Krishnamurti

das 11. Haus korreliert daher mit einem der wichtigsten Archetypen im Bewusstsein: der **Beobachtung** bzw. der **Observation**. Um in der Lage zu sein, **beobachten** zu können, muss man sich vom gegebenen Umfeld und von den gegebenen emotionalen Umständen **distanzieren, abtrennen**, um **unverhaftet** zu sein und somit aus **distanzierter Perspektive schauen** zu können. In anderen Worten heißt das, dass man sich von seinem subjektivem Zentrum (Löwe ♌ - Wassermann ♒ macht Opposition ☍ (180°) zu Löwe ♌) abtrennt – **exzentrisch** (aus dem Zentrum heraus). Wie im Film „Klub der Toten Dichter", bei dem der Lehrer **plötzlich** vor seinen Schülern auf sein Pult springt und diese damit **schockiert** und **erschreckt**, um ihnen zu zeigen, dass er nun mit **Abstand** die gegebene Realität **betrachten** kann. Die distanzierte Perspektive führt dann zu **Innovationen** bzw. **innovativen Gedanken** oder **Ideen**, die **Befreiung** und **Freiheit** vom Altbekannten bringen können. Man **befreit** sich.

Doch aus der Sicht von Steinbock ♑ wirken solch innovativen Ideen des Wassermann ♒, Uranus ♅ und des 11. Hauses als **verrückt** und sogar **revolutionär** und werden als Bedrohung für die Sicherheit der bestehenden Normen der Gesellschaft (Steinbock ♑) angesehen, was dann wieder zu Verfolgung und Bestrafung (Steinbock ♑) führen kann. Daher bringt Wassermann ♒, Uranus ♅ und das 11. Haus seine Ideen und Innovationen in **Gruppen geistig Gleichgesinnter** ein, denn es **bedarf mehr als nur einer Person, um Befreiung und Innovation bzw. Revolution zu bewirken**.

Unglücklicherweise haben **Gruppen** ihre eigenen Dynamiken, die wir oft mit **Gruppendruck** oder **Gruppenzwang** beschreiben. Denken Sie mal an den Kegelclub, bei dem ein Mitglied austreten will, um sein Leben zu **individualisieren**. Die anderen werden ihn verurteilen und ächten (Steinbock ♑). Oder denken Sie an eine Clique Jungendlicher, bei der sich ein jeder ach so **individuell** fühlt, doch nicht merkt, dass er in Optik und Einstellung den anderen völlig gleicht. Nur wenige Gruppen entsprechen der wahren Essenz von Wassermann ♒, Uranus ♅ und dem 11. Haus, indem sie **offen, liberal** und **frei** sind, worin sich **wahre Freundschaft** manifestiert, bei der man sich nicht mindestens einmal die Woche treffen muss. Ein **Freund** ist Freund, egal wo man ist und wie lange man sich auch nicht sieht oder spricht.

Paramahansa Yogananda schreibt: „Freundschaft ist die höchste Form von Beziehung, denn in wahrer Freundschaft gibt es keinen Zwang und keine Zwanghaftigkeit (Skorpion ♏). Sie ist aus **freier Wahl** des Herzens geboren."[60] Dieses Zitat aus seinem Buch, „Divine Romance" gibt

---

[60] Paramahansa Yogananda – „Divine Romance"

eine gute Definition von „bedürftiger Freundschaft" (Waage ♎), von „zwanghafter Liebe" (Skorpion ♏) und **„freier Freundschaft"** (Wassermann ♒). Um diese Freiheit in Freundschaften zu erreichen, muss man sich **individualisieren**, d.h. man muss den wassermännischen **Mut zur Individuation** aufbringen, der den inneren, individuellen **„Bauplan des Individuums"** am **Klarsten** widerspiegelt.

Wassermann ♒, Uranus ♅ und das 11. Haus steht auch für das **individuelle Unbewusste**, wie C.G. Jung es nannte. Das individuelle Unbewusste ist der Ort in uns, wo alle **Erinnerungen** vergangener Erlebnisse, Gedanken, Gefühle und Emotionen dieses und vergangener Leben abgespeichert sind. Normalerweise stehen uns solche Erinnerungen im Alltag nicht zur Verfügung, denn sie würden uns völlig durcheinander bringen und wir könnten uns nicht auf das Jetzt besinnen. Im individuellen Unbewussten findet sich auch der **geistige Bauplan** bzw. die **geistige Blaupause** oder **Matrix** für unser jetziges Leben. Es enthält die karmisch determinierten „Meilensteine", derer wir uns normalerweise auch nicht bewusst sind. Doch manchmal öffnet das individuelle Unbewusste seinen Zugang für uns. Aus **heiterem Himmel** erfahren wir **Geistesblitze**, die uns **plötzliche Einsichten** in entweder vergangene oder zukünftige Ereignisse geben. Wenn so etwas geschieht, **schüttelt** und **wühlt** das unsere emotionale Realität auf (Krebs ♋ - Wassermann ♒ macht Quinkunx (150°) zu Krebs ♋), denn die Natur von Wassermann ♒, Uranus ♅ und dem 11. Haus ist **unberechenbar** und **unvorhersehbar** und somit eine Bedrohung für unsere emotionalen Gewohnheiten und Sicherheiten (Krebs ♋). Doch astrologisch geschehen solche **Lichtblitze** und plötzlichen Einsichten meist, wenn entweder natal eine starke planetare Betonung in Wassermann ♒ und/oder dem 11. Haus oder ein stark gestellter Uranus ♅ besteht, oder aber wenn Uranus ♅ mit einem wichtigem Transit oder in einer Progression/Direktion am Wirken ist.

Die Frage stellt sich, warum so etwas geschieht. Aus meinem Verständnis befindet sich Wassermann ♒ zwischen dem irdisch-realistischen Steinbock ♑ und dem in alle Richtung fließenden, inspirierenden, zeit- und raumlosen Fische ♓, der für unser Göttliches, inneres Universum steht (Universum aus dem lateinischen heißt, „Das Eine geht umher"). Solch plötzlichen Geistes- bzw. Lichtblitze des individuellen Unbewussten (Wassermann ♒) stehen für ein **Sich-Erinnern** bwz. **Erinnern** (Im Englischen heißt Erinnern „remember", das ich gerne als „re-member" schreibe (heißt: zurück in die Mitgliedschaft)). Solche Lichtblitze bzw. Dynamiken des Sich-Erinnerns sind eine universelle Einladung, vom Altbekannten (Steinbock ♑) frei zu brechen und die eigene Mitgliedschaft (Englisch: member) mit dem Universum, d.h. mit dem „Einen Bewusstsein" (Fische ♓) zu **erneuern**. In anderen Worten, solche oft erschütternden Lichtblitze helfen zu erinnern, dass das Weltliche (Steinbock) nicht die ultimative Realität ist, die es nur im Bewusstsein selbst zu finden gibt (Fische ♓).

Das individuelle Unbewusste funktioniert hochgradig **individuell** und hat die natürliche Funktion **gegen Erwartungen** und autoritäre Vorgaben und Befehle (Steinbock ♑) zu **rebellieren**. Genau diese Funktion macht sich die Hypnosetechnik der Erickson-Methode von Milton Erickson zunutze, die die rebellischen Impulse des individuellen Unbewussten so anwendet, den Klienten auf seinen Wunsch hin in eine gut funktionierende Leichttrance zu führen. Normalerweise reagiert das individuelle Unbewusste auf einen Auftrag einer Autorität, z. Bsp. eines Therapeuten, mit einem „Nein". Bei der Erickson Methode beziehen die hypnotischen Befehle die Rebellion mit ein und arbeiten daher mit **paradoxen** Befehlen, wie zum Beispiel: „Es kann sein, dass Sie jetzt müde werden, kann aber auch sein, dass das nicht geschieht!" Das individuelle Unbewusste hört, dass es nicht muss, und macht daher. Bei der Arbeit mit wassermännischen Themen, Inhalten kann solche Form der paradoxen Kommunikation hervorragend zum Wohle des Klienten angewandt werden, die zum Beispiel aufgrund ungelöster **Traumata** immer wieder in ungesunde Rebellion rutschen.

Während Horoskopbesprechungen ist es enorm hilfreich und unterstützend, wenn man evolutionäre Lösungen, die sich in Wassermann ♒ oder im 11. Haus befinden, dem Klienten mit Sätzen wie diesen anzubieten: „**Versuchen** Sie einmal, ...Sie müssen aber nicht." „**Experimentieren** Sie einfach mal mit..., Sie wissen aber, dass es Ihnen **frei steht** es auch nicht zu tun."

Wassermann ♒, Uranus ♅ und das 11. Haus schwingt **anders als andere** Durchschnittmenschen der bestehenden Gesellschaft. Er hat das Gefühl, **anders zu sein**, was sich manchmal auch in einem **besonderen Narzissmus** manifestiert. Er fühlt sich innen und außen oft **fremd** bzw. **entfremdet**, wie ein **Kuckucksei-Mensch** oder ein **Außerirdischer**. Daher beobachtet es das Leben auch von einer anderen Perspektive und sucht nach einem Lebensstil (Löwe ♌) der anders ist bzw. **außergewöhnlich**. Daher muss Wassermann ♒, Uranus ♅ und das 11. Haus viel **experimentieren**, um über das **Trial-&-Error-Prinzip (Versuch- & Irrtum)** seinen **einzigartigen** Stil im Leben finden. Dabei wird meist erst einmal herausgefunden, was man nicht will, was nicht zu einem passt, um ab einem gewissen Punkt das zu leben, was die eigene Einzigartigkeit des inneren Bauplans widerspiegelt. Daher braucht Wassermann ♒, Uranus ♅ und das 11. Haus viel **Unabhängigkeit** und **Freiheit** auf dem Weg der Befreiung vom Altbekannten. Daher steht Wassermann ♒, Uranus ♅ und das 11. Haus auch für **Außenseiter** aber auch für **Aussätzige**, die in früheren Zeiten als **Vogelfreie** oder als **Verrückte** oder **Spinner** von der Gesellschaft **ausgestoßen** wurden - sei es ins **Exil**, oder damals auf die Gefangeneninsel **Australien**, oder in die **Neue Welt**, oder damals einfach nur in **Irrenanstalten**, wo solche Menschen grauenvoll behandelt wurden. Wassermann ♒, Uranus ♅ und das 11. Haus kann tatsächlich auch für **mentale Störungen** stehen, denn die **hohe Elektrizität** die dieser Archetyp in sich trägt, wirkt auf das **gesamte Nervensystem** und auf die **Gehirnstruktur** und kann Imbalancen und Störungen mit sich bringen. Die **Psychiatrie** kann daher auch ein Archetyp sein, in Zusammenhang mit Skorpion ♏, Pluto ♇ oder dem 8. Haus.

Wie schon erwähnt, steht Wassermann ♒, Uranus ♅ und das 11. Haus für innovative Ideen, die die bestehenden Strukturen der Gesellschaft **renovieren** und **umstrukturieren** wollen, um den Menschen, Firmen, Organisationen etc. ein **freieres Leben** zu ermöglichen. Leider sieht die bestehende Gesellschaft diese Innovationen oft als Bedrohung an. Daher steht Wassermann ♒, Uranus ♅ und das 11. Haus eben für **Rebellion**. Erinnern Sie sich an das Ende des Kommunismus durch die friedliche Revolution in Ost-Deutschland. Die damaligen Parteien, die das Volk repräsentierten, stellten sich tapfer gegen das Regime. Diese Parteien waren stark, solange sie gegen das Establishment kämpften. Doch als dieses aber aufgab war, wussten diese Parteien auch nicht mehr, was sie eigentlich machen sollten.

Ähnliche Dynamiken gibt es oft bei Rebellion, zum Beispiel bei der Rebellion gegen die Eltern, die Schule, etc. Das Individuum oder die Gruppe hat eine Tendenz, **in der Rebellion stecken bleiben**, denn Wassermann ♒, Uranus ♅ und das 11. Haus hat nun einmal fixe Energie. Ist das der Fall, dann bedarf es meist einiger Zeit, bevor das Individuum sich von seiner eigenen Rebellion befreit, um wahrlich zu individualisieren. Um das zu erreichen muss sich das rebellische Individuum darüber bewusst werden, dass es an der Rebellion bzw. an der rebellischen Einstellung festhält, weil es befürchtet, es könnte seine individuelle Individuation verlieren, wenn es sich auf ein Leben in der Gesellschaft einlässt.

Wassermann ♒, Uranus ♅ und das 11. Haus steht auch für eine Ebene des **höheren Geistes** oder um in Wassermann-Terminologie zu sprechen, für den **großen Haupt-Computer**, von dem aus unsere individuellen Gehirne wie Terminals wirken. Im Prinzip ist diese Funktion ein Teil des individuellen Unbewussten. Doch die moderne Psychologie und New-Age-Bewegung erschuf Schlagworte wie zum Beispiel „**Higher Mind**", die ihre archetypische Korrelation hier bei Wassermann ♒, Uranus ♅ und dem 11. Haus findet. Die Funktion der „Higher Mind" ist es, das innere geistige Leben ebenso **objektiv** zu beobachten wie das äußere, irdische Leben. Dabei ist man **nicht verhaftet** oder **unverhaftet,** was aber nicht **abgetrennt**, bedeutet, was zum Beispiel bei Traumatisierung symptomatisch ist, und weiter unten erklärt wird.

Durch solch klare Schau der objektiven Eigen- und Weltbetrachtung wird **Distanz** zu weltlichen Dingen geschaffen – **Liberalisierung** – und zugleich findet eine Öffnung für die universellen Dynamiken des Göttlichen (Fische ♓) statt. Das eigene Innenleben wie auch das irdische Leben wird zu einem Film, den man aus der ersten Reihe betrachtet, und sich zugleich auf und **paradoxerweise** als **Projektion** des **Geistes** auch auf der Leinwand mitspielen sieht bzw. erlebt. Dieses **Unverhaftet-Sein** führt nicht nur zu einem Gefühl von **Entfremdung**, sondern auch oft zu **Frustration**, denn man fühlt sich nicht ganz geerdet. Daher hat Wassermann ♒, Uranus ♅ und das 11. Haus auch eine starke Tendenz, mit sich und dem eigenen Leben zu experimentieren, vor allem auch auf sinnlich-körperlicher und sexueller Ebene, um sich wenigstens manchmal völlig körperlich verbunden zu fühlen. **Unkonventionelle Formen** der Lebensweise und der Sexualität (Skorpion ♏ - Wassermann ♒ macht Quadrat □ (90°) zu Skorpion ♏) wirken recht anziehend auf Wassermann ♒, Uranus ♅ und das 11. Haus. Solch sexuelle Versuche, sich verbunden zu fühlen, gehen aber oft mit einer kühlen, distanzierten, beobachteten Dynamik einher, und sind ein Versuch, die eigene Sinnlichkeit (Venus ♀) irdisch (Stier ♉ - Wassermann ♒ macht Quadrat □ (90°) zu Stier ♉) zu erleben. Dazu braucht Wassermann ♒, Uranus ♅ und das 11. Haus aber einen Partner, mit dem er sich geistig gleich gesinnt fühlt – einen wahren Freund - denn die mentale Schwingung (Luft) ist und bleibt die Kerndynamik.

Betrachten wir einmal das sog. „Fixe Kreuz" der Zeichen Stier ♉, Löwe ♌, Skorpion ♏ und Wassermann ♒, dann können wir folgende Aussage machen: Wenn die bestehenden Werte (Stier ♉) über eine Konfrontation bedroht werden (Skorpion ♏), dann wird der Mensch entweder durch eine Metamorphose (Skorpion ♏) gehen, um diese Erfahrungen in sein Leben und seine Persönlichkeit zu integrieren (Löwe ♌) und die neuen Werte über Osmose (Skorpion ♏) zu seinen eigenen zu machen (Stier ♉) - oder der Mensch wird einen **Schock** bzw. ein **Trauma** (Wassermann ♒) erleben, wenn die Konfrontation bzw. Bedrohung (Skorpion ♏) zu intensiv (Skorpion ♏) ist. Nehmen wir einfach einmal ein Beispiel einer sexuellen Bedrohung: Der Überlebensmechanismus (Stier ♉) der Person übernimmt, und die Person **trennt sich** innerlich von der sexuellen Gewalttat, die ihrem Körper widerfährt und wird wie aus der Vogelperspektive das Geschehen beobachten (Wassermann ♒). Bleibt dieser Schock, dieses Trauma im energetischen System des missbrauchten

Menschen hängen (Post-Traumatisches-Schock-Syndrom), ist der Mensch innerlich **unruhig, hyper-aktiv, aufgedreht** und **getrennt** von seinen inneren Sinnen bzw. Sinnlichkeit und seinen Bedürfnissen (Stier ♉). Solche Schocks müssen aber nicht sexueller Natur sein, sondern können mannigfaltige Formen von Bedrohung und/oder Vertrauensmissbrauch (Skorpion ♏) haben!

Die Seele (Skorpion ♏) wird über ihren Magnetismus (Stier ♉) wieder ähnlich bedrohliche Situation anziehen, um die **schockgefrorenen** Erinnerungen (Wassermann ♒) durch **plötzliche Auslöser** an die ursprüngliche Bedrohung wieder wachzurufen, damit eine Integration (Löwe ♌) der **abgetrennten, abgespaltenen** Gefühle (Stier ♉) ins Leben gemacht werden kann. Doch dummerweise, wird das Individuum dazu tendieren, auf die neue bedrohliche Situation, die die Seele zur Heilung erschuf, wieder mit **Abtrennung** als Überlebensmechanismus (Stier ♉) reagieren (fix). So kann sich diese Dynamik immer wieder wiederholen. Mit der Zeit wird das Individuum von sich glauben, es sei von Natur her so hyper und **aufgedreht**, wenn es um Sinnlichkeit o.ä. geht. Dennoch bleiben es die Symptome von ungelöstem Trauma.

Wenn ungelöste Traumata und Schocks plötzlich an die Oberfläche des Bewusstseins eines Menschen kommen, ist es äußerst wichtig, mit körperlich-physisch-sinnlich-emotionalen Komponenten zu arbeiten, um dem Individuum zu helfen, solche schockgefrorenen Gefühle wieder integrieren zu können. Falls die ursprüngliche Bedrohung, die zum Traum führte, sexuell-sinnlicher Natur, dann kann Sexualität mit einem liebenden, liebevollen Partner selbst Jahre später, die alten Schockerfahrungen an die Oberfläche bringen. Die traumatisierte Person wird innerlich frösteln, vielleicht angstvolle Bilder oder Emotionen erleben, und sich klein und/oder bedroht fühlen, was aber nichts mit dem gegenwärtigen Partner zu tun hat – ganz im Gegenteil, denn seine liebevolle Art löst wahrscheinlich die Bewusstwerdung der schockgefrorenen Gefühle aus.

Wenn der liebevolle Partner solche Reaktion beim Individuum wahrnimmt, ist es daher wichtig, dass er es nicht persönlich nimmt, sondern seine eigenen sexuellen Verlangen fallen lässt, in sein Herz geht, und aus der Liebe heraus das fröstelnde Individuum, wenn möglich von hinten[61], fest in die Arme nimmt, auch wenn schon energetische Kühle und Trennung zwischen den beiden stattgefunden hat. Das traumatisierte Individuum sollte dabei vom Partner zu hören bekommen, dass er es nur halten und wärmen wird, mehr nicht, und sollte immer freistellen, sich aus dem festen Griff lösen zu können, wenn es zu unangenehm wird. Die

---

[61] Wassermann steht auf der anatomischen Ebene auch für den Rücken

Tatsache, dass er im **Rücken** liegt, gibt dem Individuum nicht ein Gefühl von Bedrohung, sondern von Halt, und wahrscheinlich wird sich das auch günstig auf die **Atmung** des traumatisierten Individuums auswirken.

Nun kann das Individuum die unangenehmen Emotionen und Bilder, die aus seinem individuellen Unbewussten aufsteigen, zulassen und wieder erleben. Dabei wird es für eine Zeit lang nicht im Hier und Jetzt sein. Doch die gegenwärtige Liebe und das Gehaltenwerden vom Partner gibt dem Körper und somit dem Sinneskörper des traumatisierten Individuums die Mitteilung von Geborgenheit und Wärme, wodurch die schockierenden Emotionen und Bilder des ehemaligen Missbrauchs beginnen können, sich zu befrieden. Das Individuum wird ruhiger und präsenter, wird die Liebe, Wärme und Geborgenheit des Partners im Rücken fühlen und wahrnehmen, sich daher wieder innerlich aufwärmen und wieder größer bzw. groß fühlen. Ab einem gewissen Punkt wird das Individuum entweder friedvoll-erschöpft einschlafen, oder sich sehr lebendig und wach fühlen, und nun die gegenwärtige Partnerschaft präsent annehmen und leben. Zur Arbeit mit Trauma hat Peter Levin[62] wunderbare Einsichten und therapeutische Hilfen entwickelt.

In unseren modernen Zeiten, in denen wir gerade beginnen in das Wassermann-Zeitalter einzutreten, während sich das Fische-Zeitalter noch mit einem letzten Aufbäumen verabschiedet, steht Wassermann ♒, Uranus ♅ und das 11. Haus auch für **moderne Technologie** und **Elektronik** wie **Computer** und vor allem auch das **Internet**. Ideen aus **Science Fictions** wurden und werden langsam Teil unserer Realität. Denken Sie nur an Raumschiff Enterprise in den 60-igern und wo wir heute mit unseren **Raumfahrtprogrammen** stehen. Es ist nicht zu weit hergeholt zu denken, dass wir recht bald auch die ersten Beweise für **außerirdisches Leben** finden werden, bedenkt man nur die enormen Dimensionen von allein unserer Galaxie, der Milchstrasse, eine von Abermilliarden Galaxien eines Galaxienhaufens, von denen es wiederum Abermilliarden gibt.

An diesem Punkt möchte ich gerne noch einen anderen Betrachtungspunkt des Tierkreises anbieten. Traditionellerweise sehen wir den Tierkreis von Widder ♈ über Stier ♉ etc. zu Fische ♓. Doch meine, dass während eine Richtung bzw. Bewegung der Energie des Tierkreises von Widder ♈ zu Fische ♓ fließt, gleichzeitig noch eine weiter Gegenbewegung bzw. -richtung, nämlich von Fische ♓ über Wassermann ♒ und Steinbock ♑ etc. zu Widder ♈ besteht. Mir scheint als sei es angebracht und richtig mit der gegen den Uhrzeigersinn-Richtung, also von Widder ♈ zu Fische ♓, für individuelle Ereignisse und Personen zu arbeiten. Doch ich sehe in der Bewegung im Uhrzeigersinn, also von Fische

---

[62] Peter Levin – „Der Pfad des Tigers"

♓ über Wassermann ♒ über Steinbock ♑ etc. eine Göttliche Bewegung des Bewusstseins, die sich im Nicht-Persönlichen manifestiert.

Wie schon erwähnt, kommt alles aus dem Einen, vergleichbar mit dem Ozean, der die Quelle alles Lebens auf der Erde ist. In ihn wird auch alles früher oder später wieder zurückkehren. Daher wird das Eine mit Fische ♓ gleichgesetzt – die nicht existierende Existenz, das Unbeschreibbare, das Tao, der/die/das Eine. Aus diesem Einen, das alles als inspirierende Möglichkeit (Fische ♓) in sich trägt, und wie ein weißes Blatt Papier ist, auf dem alles Mögliche entstehen kann, findet eine Trennung bzw. Projektion (Wassermann ♒) statt: Das Eine (Fische ♓) trennt sich von sich selbst, bringt sich selbst in **Polarisation**, um sich selbst beobachten bzw. erkennen zu können. In anderen Worten, das Eine (Fische ♓) **projiziert** sich selbst in das **Meer aus Ideen**, Gedanken und geistigen Bauplänen (Wassermann ♒) mit der ersten mentalen Bewusstheit „Ich Bin".

Bei Steinbock ♑ konzentriert (Steinbock ♑) sich dann das projizierte (Wassermann ♒) Selbst (Fische ♓) und verlangsamt sich in dichte Energie – Zeit und Raum (Steinbock ♑). Dabei findet das Eine, das Selbst (Fische ♓), nun seine physische Manifestation in der Totalität der Schöpfung (Schütze ♐) mit all seinen vielfältigen Lebensformen, die in ihrer Gesamtsumme die Totalität und Harmonie des Einen, des Selbst (Fische ♓) auf der Raum- und Zeitebene (Steinbock ♑) der Schöpfung (Schütze ♐) widerspiegeln. All diese Lebensformen sind den Regeln von Raum und Zeit (Steinbock ♑) unterworfen, doch eine jede Lebensform trägt den Göttlichen Funken als Seele (Skorpion ♏) in sich, mit ihren angelegten Verlangen (Skorpion ♏). Die genetische Evolution (Skorpion ♏) findet im Raum-Zeit-Universum, mit seiner Dualität über die Interaktion mit anderen (Waage ♎) statt, damit die Schöpfung (Schütze ♐) sich in seiner physischen Vielheit in den mannigfaltigsten irdischen Funktionen (Jungfrau ♍) weiter fortspielen kann....wie gesagt, nur so ein philosophischer Gedanke von mir.

Mit diesem metaphysischen **Brainstorming** kann man sehen, dass Wassermann ♒ als Trennungs- und Projektionspunkt des Einen (Fische ♓) dient. Wie die Linse in unserem Augapfel, die die Lichtstrahlen bündelt, um sie dann paradoxerweise kopfüber auf unsere Netzhaut zu projizieren. So wie in Michael Endes Buch „Momo"[63], in dem Momo rückwärtsgehen musste, um vorwärts ins Haus des Horus zu kommen.

---

[63] "Momo" von Michael Ende

Evolutionäre Astrologie

> ***Übung Drei***
> *In dieser Übung sind Sie dazu eingeladen, alle 6 Deutungsschritte, die im Kapitel Drei "Bedeutungsvolle Kombinationen" erklärt wurden, anzuwenden.*
>
> *Wie interagiert Dick mit und in Gruppen?*
>
> *Beachten Sie, dass im 11. Haus zwei Planeten stehen, die bei Ihrer Analyse mitbedacht werden müssen. Den Südknoten des Mondes übergehen Sie bitte noch.*

Fische ♓, Neptun ♆, 12. Haus
Wasser   Veränderlich   Yin

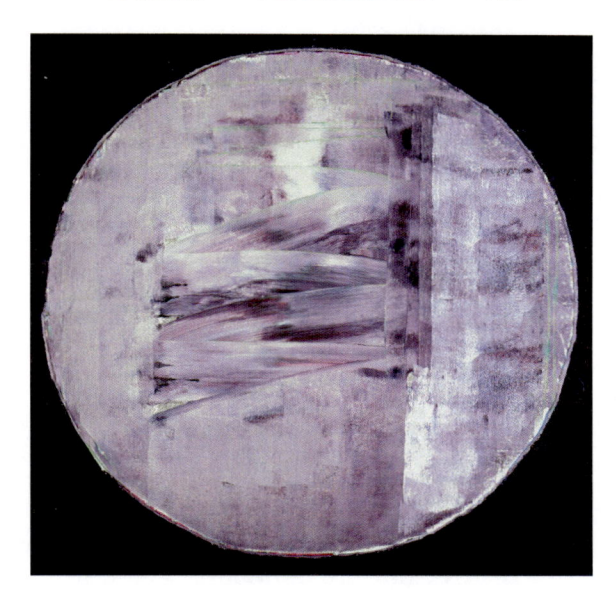

Das Meer, das in der Antike vom Gott Neptun regiert wurde, ist die **Essenz** des irdischen Lebens auf der Erde. Somit steht Fische ♓, Neptun ♆ und das 12. Haus ebenso für die **Totalität des Bewusstseins**, das man mit dem **Göttlichen, Gott-Göttin** oder dem **Ewig Seienden**, dem **Tao** gleichsetzen kann, das nicht beschrieben, sondern nur erfahren werden kann. **Es** fließt in unendliche Richtungen – wie der Ozean! In diesem Archetyp ist die Erfahrung des **Eins-Sein** und der **Einheit** zuhause, das unserem **ultimativen Bedürfnis** bzw. **Sehnen** nach **Ganzheit** entspricht. Es ist der **Urgrund** unseres und allen **Seins**, das jenseits der Raum- und Zeitebene in der **Raum- und Zeitlosigkeit**, der **Transzendenz**, wohnt, und doch alles mit seiner **stillen Präsenz** durchdringt und überhaupt erst möglich macht.

Daher korreliert Fische ♓, Neptun ♆ und das 12. Haus mit **Spiritualität**, ein Wort das leider durch das Jahrmarkttreiben der New-Age-Bewegung und der vermeintlichen Esoterik einen unangenehmen Beigeschmack bekommen hat. Spiritualität heißt **Einfachheit** – **Simplizismus**. Im Buddhismus wird gesagt: „Wir atmen, um zu leben, und wir leben, um zu atmen!" – **schlicht, einfach, simpel**. Das lateinische Wort „spiritus" wird mit **Geist**, aber auch mit **Atem** übersetzt. Es handelt sich also beim „**Spirit**" um den Geist in unserem Atem, der im

Osten **„Prana"** genannt wird, wozu manche auch **universelle Lebenskraft** sagen – aus meiner Sicht gleichzusetzen mit dem im christlichen beschriebenen **Heiligen Geist**.

Fische ♓, Neptun ♆ und das 12. Haus steht für das **innere Universum**. Solange wir unser Leben nicht bewusst spiritualisieren, werden wir eine Tendenz haben, überall danach zu suchen, nur nicht in uns – bitte bedenken Sie, dass sich Fische ♓ bzw. das 12. Haus genau *hinter* Widder ♈ bzw. dem Aszendenten befindet, d.h. es ist genau hinter uns. Hinter uns ist immer **das Nichts**, das sich unserem Gesichtsfeld entzieht. Nur unser Verstand versorgt uns mit Gedanken über das, was da hinter uns ist – doch die tatsächliche Wahrnehmung in jedem Moment ist, dass hinter uns Nichts ist! Erinnern Sie sich an die Metapher mit dem Kino? Die Bilder scheinen vor uns auf der Leinwand (von Raum und Zeit) zu geschehen, aber sie kommen tatsächlich von hinten.

Bei Fische ♓, Neptun ♆ und dem 12. Haus finden wir unsere **Ideale**, unsere **Sehnsüchte** und **Träume**. Doch die Wirklichkeit bzw. Realität (Jungfrau ♍ - Fische ♓ macht Opposition ☍ (180°) zu Jungfrau ♍) ist oft nicht so ideal. Daher besteht bei den Dynamiken von Fische ♓, Neptun ♆ und dem 12. Haus die Tendenz, die Wirklichkeit **nicht sehen zu wollen** und sie **zu vermeiden**, um dabei den eigenen **Idealismus** bzw. Traum, **wie es sein könnte**, auf die gegebene Realität und/oder auf einen Menschen zu projizieren (Wassermann ♒). Das heißt die Wirklichkeit bzw. ein anderer Mensch wird **idealisiert, glorifiziert** und **beschönigt**. Doch Idealisieren, Glorifizieren und Beschönigen bedeutet **Vermeidung**!

Da Fische ♓, Neptun ♆ und das 12. Haus die Kraft der **Imagination**, also der **Vorstellungsgabe**, besitzt, glaubt (Jupiter ♃ - Altherrscher von Fische ♓) Fische ♓, Neptun ♆ und das 12. Haus seinen eigenen Träumen und kann sie über das polare Zeichen Jungfrau ♍ Wirklichkeit werden lassen! Leider besteht in dieser Gabe auch eine destruktive Dynamik. Nämlich wenn die Wirklichkeit mit **Illusionen** beschönigt wird, zum Beispiel die Realität eines anderen Menschen nicht sehen zu wollen und statt dessen die eigenen **Träume** über ihn zu stülpen, was dann früher oder später zu einer der schmerzvollsten Erfahrungen des Menschseins führen wird: der **Enttäuschung** – „Ent-Täuschung", bei der man sich immer zuerst als **Opfer** fühlen wird. Doch in der letzten Analyse wird man immer erkennen, dass man es selbst war, der die Wirklichkeit nicht so sehen wollte wie sie sich klar gezeigt hat. Die Kraft der Vorstellungsgabe von Fische ♓, Neptun ♆ und dem 12. Haus kann auch beinhalten, dass **innere Ängste** wie **Paranoia**, Angst vor Krankheiten etc. als Wirklichkeit (Jungfrau ♍) erschaffen werden. Daher kann Fische ♓, Neptun ♆ und das 12. Haus auch die Dynamik von **Hypochondrismus** in sich tragen.

Fische ♓, Neptun ♆ und das 12. Haus steht auch für andere Ebenen der Wirklichkeit bzw. des Lebens, wie zum Beispiel **„der anderen Seite"** also der **Geistwelt** bzw. der **Astralwelt**. Mit diesem für die meisten Menschen unsichtbaren Teil des Universums verbunden zu sein bzw. in Kommunikation zu stehen, gibt Fische ♓, Neptun ♆ und dem 12. Haus Zugang zur Quelle von **Heilung**, vor allem von und mit ganzheitlichen Formen, wie **Reiki, Prana- und Geistheilung, Aura-Arbeit, Musik- und Klangheilung** und auch **Delphin-Therapie**. Dieser Zugang zur Quelle ermöglicht auch andere **übersinnliche Fähigkeiten**, wie **Hellsichtig-** und **Hellfühligkeit, mediale Fähigkeit** und ähnliches, aber eben auch „nur" die Gabe der Führung durch **Träume**. Es ist jedoch wichtig zu wissen und zu erkennen, dass all solche übersinnlichen Fähigkeiten auch der Übung (Jungfrau ♍) bedürfen, damit klare Techniken und Unterscheidungsmöglichkeiten (Jungfrau ♍) den Fischen ♓, Neptun ♆ und dem 12. Haus helfen können, nicht so leicht von übersinnlichen Einsichten verwirrt zu werden und diese mit eigenen **Wünschen** und **Fantasien** zu vermischen.

Das in uns allen angeborene Sehnen nach **innerem Frieden** und nach **Transzendenz** bzw. nach der Göttlichen **Einheit** kann Fische ♓, Neptun ♆ und das 12. Haus auch zum Konsum, Ge- und Missbrauch von Substanzen wie **Alkohol, Tabletten** und/oder **Drogen** führen bzw. **verführen**. All solche Substanzen geben dem Konsumenten ein **Rauschgefühl**, das ihn aus der täglichen Realität (Jungfrau ♍) herausholt und in einen Zustand des **Seins** bringt. Dummerweise führt der Konsum von solchen Substanzen leicht zu **Abhängigkeit**, wie **Alkoholismus, Drogenabhängigkeit** bzw. **–sucht**. Anfänglich sind solche Rauscherfahrungen sehr versprechend, doch entwickeln sie sich bei regelmäßigem Gebrauch zu **Lügen, Verleugnungen, Isolation** und vor allem zu **Leid** und **Siechtum**.

Dabei gilt es zu verstehen, dass Abhängigkeiten von Substanzen eine Form der Fische ♓ **Krankheiten** sind. Im natürlichen Leben zum Beispiel von Naturvölkern (Schütze ♐ - Fische ♓ macht Quadrat □ zu Schütze ♐ und wird auch von Jupiter ♃ als Altherrscher beherrscht) wurden Rauschmittel meist mithilfe von Ritualen (Skorpion ♏ - Fische ♓ macht ein Trigon △ zu Skorpion ♏) angewandt; in der Absicht, (Skorpion ♏) Reisen (Schütze ♐) in das **innere Universum** bzw. in die Welt des Geistes und der Geister (Fische ♓) zu unternehmen, um dort entweder Einsichten und Unterweisung oder aber Heilung zu erfahren. Der Gebrauch gewisser natürlicher Substanzen im Geist und mit der Absicht von Heilung und/oder Expansion des Geistes eingenommen, kann in der Tat sehr bereichernd sein. Doch auch dabei bedarf es einerseits der Erdung

(Jungfrau ♍), um den Himmel (Fische ♓) auf die Erde (Jungfrau ♍) zu bringen, andererseits der **Reinigung**, wenn möglich davor und danach.

In unseren dysfunktionalen, modernen Zeiten sind Drogen meist als **Flucht vor der Realiltät** angewandt, d.h. Vermeidung oder als Putschmittel um den unmenschlichen Leistungsanforderungen vieler Wirtschaftsbereiche nachkommen zu können. Eine andere, viel herkömmlichere Form, sich „legitimer Weise" von der Realität auszuklinken, ist das **Krank-Werden**. Fische ♓, Neptun ♆ und das 12. Haus herrscht über das **Immunsystem**, und steht daher auch für **latente Krankheitsdispositionen**. Wir haben es alle schon einmal erlebt, dass uns unser Job auf die Nerven geht, und dass wir nicht zur Arbeit gehen wollen. Dafür haben wir dann entweder am Telefon **gelogen**, dass wir krank seien, oder uns unbewusst für eine **Schwächung** der Gesundheit geöffnet, um zuhause bleiben zu können.

Ich persönlich sehe das Immunsystem als die Nahtstelle von seelisch-emotionalem Innenleben und körperlichem, irdischen Leben. Hängt die „Seele schief", ist auch das Immunsystem schnell geschwächt. Ist innerlich Freude und Lebenslust, ist das Immunsystem stark und geradezu unerschütterlich - Fische ♓, Neptun ♆ und das 12. Haus ist nun einmal ein Wasserzeichen.

Der Archetyp des **Leidens** ist einer der Hauptkernthemen bei Fische ♓, Neptun ♆ und dem 12. Haus, vor allem seit dem Anfang des Fische-Zeitalters um die Zeit des Jesus. Er selbst symbolisierte, repräsentierte und brachte ein völlig neues Paradigma hinsichtlich der damals üblichen Werte des zu Ende gehenden Widder-Zeitalters mit seinem Glauben an einen wütenden, blutdurstigen, strafenden, männlichen Gott. Joshua oder besser bekannt unter dem griechischen Namen Jesus sprach und bewies aber die **heilenden Kräfte** der **Vergebung** und der **bedingungslosen Liebe**. Er erinnerte (Englisch: „re-member") uns daran, dass wir alle Götter und Göttinen sind, während er sich zugleich der **Kranken** und der **Armen** (**Einfachheit**) annahm. Auch gesellte er viele Prostituierte um sich, die damals als unrein galten und ausgestoßen waren. Doch er ehrte sie dafür, dass sie der Welt mehr Liebe (Fische ♓) bringen als die Priesterklasse. Er wusch sogar die **Füße** der Kurtisanin als ein Symbol der **zärtlichen Süße des Göttlichen** und als **Reinigung** bzw. **Läuterung**.

Jesus wandte viele verschiedene ganzheitliche Heil- (Fische ♓) Techniken (Jungfrau ♍) an, wie zum Beispiel energetische Übertragung von Lebenskraft mithilfe von Willenskraft und mithilfe der Hände (Handchakren), **hypnotische Heilformen**, Kräuter (Jungfrau ♍) und Kräutertinkturen und vor allem das **Gebet in der Stille**. Seine Mission wird als **Opfer** angesehen, das am Kreuz endete. Eine dem Westen eigene

Interpretation, denn zum Beispiel glauben viele Asiaten, dass Jesus zwar ein großer Lehrer war, aber schlechtes Karma hatte, das er in seinem Leben abtrug. Dort, wo Neptun ♆ im Geburtshoroskop zu finden ist, hat der Natale eine starke Tendenz sich für diesen Lebensbereich aufzuopfern. Zum Beispiel Neptun im 5. Haus (Löwe ♌ Archetyp) opfert sich für das Kind / die Kinder auf.

Die **frühen Christen** wurden für Jahrhunderte verfolgt und mussten sich zum Beispiel in den Katakomben **verstecken**, wo sie **heimlich** ihre christlich-gnostischen Gottesdienste hielten (die außerdem den ursprünglichen Lehren des Jesus viel näher waren, als heutige Gottesdienste). Viele von ihnen starben als **Märtyrer**, als sich die ursprüngliche Lehre des Jesus schon mit illusorischen Glaubensgrundsätzen vermengt hatte, wie zum Beispiel: „Man muss leiden, um von Gott geliebt zu werden." Dieser von Menschen gemachte, dysfunktionale Glaubensgrundsatz, der fast alle patriarchalen Religionen durchtränkt, wurde ab dem Jungfrau Unterzeitalter von Fische, das ungefähr 1200 n. Chr. begann, sogar noch stärker in der Missinterpretation der Mission von Jesus betont.

Von dieser Zeit an wurde das Leiden von der Kirche initiiert[64], um den „sündigen Schäfchen" zu Gottes Liebe zu verhelfen. Deshalb ist auch hier bei Fische ♓, Neptun ♆ und dem 12. Haus der Archetyp von **Sadismus** und **Masochismus** und auch von **spirituellem Masochismus** ebenso wie bei Jungfrau ♍ angesiedelt – eine verzerrte Manifestation des Archetyps der **Hingabe an das Göttliche**, wie er bei Fische ♓, Neptun ♆ und dem 12. Haus natürlicherweise zu Hause ist.

Fische ♓, Neptun ♆ und das 12. Haus sind sowohl schwierig zu erklären als auch intellektuell zu verstehen, denn ihre Kernthemen sind jenseits der linearen Wahrnehmung unseres „normalen" Bewusstseins. Und doch stehen sie für die alles durchdringende Essenz bzw. das Bewusstsein, das Eine Bewusstsein, das wie eine weiße Leinwand Urgrund von allen Erscheinungen und Manifestationen ist. In seiner Essenz ist Fische ♓, Neptun ♆ und das 12. Haus in der Tat engelhafter, Göttlicher Natur, deren Ausdruck sich durch **Inspiration, Musik** und andere **universelle „Perlen"** zeigt. Doch da Fische ♓, Neptun ♆ und das 12. Haus jenseits der Dualität sind und somit alles in sich trägt, kann es eben auch für **verschleiernde, verführende, schwächende, verwirrende** Energien stehen. Das macht es natürlich recht schwer ein Horoskop zu interpretieren, das eine Betonung von Fische ♓, dem 12. Haus oder einen starken Neptun ♆ hat. Aus meiner Erfahrung habe ich gelernt, den Klienten mit betonten Fischen ♓ bzw. 12. Haus zu beobachten und mit

---

[64] 1254 n. Chr. wurde die „Heilige Inquisition" gegründet.

meinen „Antennen" wahrzunehmen, um mit ihm die edlen Archetypen wie das Sehnen nach dem Göttlichen zu erörtern, dabei aber auch auf das „Schattenland" von Fische ♓, Neptun ♆ und dem 12. Haus hinzuweisen, das manchmal das Steuer übernehmen und in die Irre und Verwirrung führen kann.

Ich hatte einst eine Klientin mit fast allen Planeten im 12. Haus. Sie war sich über ihr eigenes Leben überhaupt nicht klar und wollte gerne Perspektiven haben. Ich erkannte, dass es unmöglich war, sie mit Deutung und Sprache zu erreichen. Also fragte ich sie, ob wir ein Imaginationsspiel anwenden wollten. Ich bat sie, die Augen zu schließen und sich vorzustellen, sie sei 5 Jahre alt und ich sei ihr gleichaltriger bester Freund. Wir beide säßen auf einem Baum und ich würde sie nun fragen, was Sie denn gerne machen wollte, wenn sie groß sei. Sie sollte einfach nur mal ihre **Imagination** fließen lassen ohne Wenn und Aber der erwachsenen Ratio.

Sie begann, in ihre inneren Bilder zu reisen, und sagte, sie sähe viele Menschen in einem Haus auf dem Land. Daraufhin bat ich sie, mir die Leute, das Haus, die Umgebung genauer zu beschreiben und was sie denn da tun würden. Wann immer sie mit der erwachsenen Ratio sich selbst ins Spiel pfuschte, erinnerte ich sie an ihr kindliches Vorstellungsvermögen. Nach 45 Minuten hatte sie auf diese Weise tiefe und detaillierte Sehnsüchte ihres Inneren preisgegeben, die in ihrem 12. Haus verborgen waren. Nun erarbeiteten wir praktische Techniken (Jungfrau ♍, 6. Haus), um die inneren Bilder in Ihr Leben bringen zu können. Ungefähr ein Jahr später erhielt ich einen Brief von ihr. Sie hatte sich ein Haus auf dem Land angeeignet, und hatte mit staatlicher Unterstützung ein Erholungsheim für missbrauchte Kinder geschaffen! Ihre Planeten waren in Löwe ♌ im 12. Haus!

In meinen Unterrichten sage ich immer scherzhaft, der beste Weg Fische ♓, Neptun ♆ und das 12. Haus zu verstehen, wäre entweder ein bisschen „Holy Smokes" zu rauchen, sich nachts ans Meer oder auf einen Berg oder Baum zu setzen, und der Musik der Wellen oder des Windes zuzuhören, bis man sich **in den Moment verliert** bzw. **hingibt**. Oder aber intensive körperliche Betätigung, wenn möglich in der Natur, zu betreiben, oder in einen heißem Tanzklub so lange und losgelöst zu tanzen, bis **Trance** die Bewegungen des Körpers übernimmt, während man sich selbst eins mit dem Einen in dessen unendlichen Stille befindet! In anderen Worten erfährt man dann, wie das Göttliche Selbst den Körper übernimmt und sich über Tanz und Ausstrahlung zum Ausdruck bringt – ohne Wollen, nur Sein! Selbiges ist natürlich auch durch Yoga und darauf folgende **Meditation** oder auch einfach nur durch **Musizieren** und/oder **Malen** möglich.

Viele Menschen haben jedoch Angst vor solchen Zuständen des Unbekannten, Unbenannten, dem unbeschreiblichen Archetypen von Fische ♓, Neptun ♆ und dem 12. Haus, denn diese archetypischen Kräfte wohnen jenseits unseres Einflusses und unserer Kontrolle, und doch sind wir eins mit ihnen – das Paradoxe des Göttlichen! Solche Menschen haben meist kein betontes Fische-Zeichen bzw. 12. Haus oder einen starken Neptun ♆. Wenn solche Menschen starke Neptun-Transite (Fortbewegung der Planeten im Verlauf der Zeit die zu Planeten oder Achsen des Geburtshoroskops Winkel bzw. Aspekte bilden) erfahren, dann reagieren sie oft mit **Panik** und machen dumme Dinge, die sie **schwächen** und **erschöpfen** – mit dem Resultat, dass Neptuns Energie somit doch Oberhand bekommen hat.

Stellen Sie sich einmal vor, Sie brauchen super starke Brillengläser, um da Draußen in der Welt etwas erkennen zu können. Und nun nimmt ihnen ein Neptun-Transit (Gott) für eine Weile die Brille weg! Sie würden alles nur als **diffuse** Schemen und Farben sehen, aber ihren Weg nicht klar erkennen. So wirkt ein betontes Zeichen Fische ♓ oder 12. Haus oder ein starker Neptun ♆ im Horoskop oder im Transit! Einige werden in Panik geraten, andere werden sich der gegebenen Energie hingeben, sich zurücklehnen und das Farbspiel der diffusen Farben genießen – wie würden Sie reagieren? Eine anschauliche Geschichte zu Neptun-Einflüssen im Horoskop sei hier erwähnt: Stellen Sie sich vor, Sie sind in einem Kanu vor Hawaii, wenn plötzlich dickster Nebel Sie umhüllt und auch noch ihr Kompass ausfällt! Was machen Sie? Wie verrückt paddeln, ohne zu wissen wohin und sich nur zu erschöpfen, um noch mehr in Panik zu geraten? Oder lehnen Sie sich zurück und **vertrauen der Strömung der Göttlichen Führung**, Sie dorthin zu tragen, wo sie Sie hin haben will?

Oft nimmt ein Horoskopeigner Planeten, die in seinem 12. Haus stehen, nicht wahr. Stattdessen besteht eine starke Tendenz diese Planeten aus dem 12. Haus auf andere Personen zu projizieren. Diese Dynamik wird aber immer wieder zu Enttäuschung führen, bis der Natale die planetare Energie in seinem verborgenen 12. Haus als sein eigen entdeckt und lebt. Daher ist es in einer astrologischen Beratung immer hilfreich, dem Natalen seine Planeten im 12. Haus explizit zu erklären und mit Imagination zu beschreiben, um ihn zugleich auf die Gefahr der Projektion seiner eigenen 12. Haus-Dynamik aufmerksam zu machen.

Interessanterweise wurde in dem Jahr, in dem Neptun entdeckt wurde, auch das Zelluloid erfunden, das dem **Film** und somit der **Filmindustrie** zum Leben brachte. Fische ♓, Neptun ♆ und das 12. Haus steht somit für Filme, Filmindustrie und alles, was dazu gehört. Denken Sie nur daran, wie uns ein Film zum Lachen oder Weinen bringen kann – aber auch, dass wir etwas glauben, was nicht wahr ist - Die Kraft von Fische ♓,

Neptun ♆ und dem 12. Haus! Viele Filmstars haben einen starken Neptun, der zum Beispiel am MC steht, oder eine starke Betonung in Fische oder dem 12. Haus.

Übung Vier

Untersuchen Sie in Dicks Horoskop dessen berufliche Richtung und Berufung. Was für eine Autorität wird er werden, wenn er älter ist?

Jetzt, da wir durch alle 12 Zeichen mit ihren Herrschern und entsprechenden Häusern gegangen sind, können Sie alle 6 Deutungsschritte von Kapitel Drei „Bedeutungsvolle Kombinationen" anwenden.

Fünftes Kapitel

Rückläufige Planeten, Aspekte, Phasen und Kulturelle Entsprechungen

Nachdem wir nun durch das "Vokabular" der archetypischen Schlüsselworte gegangen sind, möchte ich Sie jetzt noch gerne mit einigen zusätzlichen Anwendungen der „Grammatik" sowohl der traditionellen als auch der Evolutionären Astrologie bekannt machen: Den rückläufigen Planeten, den Aspekten mit der zugrunde liegenden Phasenlehre und mit kulturellen Korrelationen, wie sie bei der Arbeit mit Evolutionärer Astrologie von Nöten sein sind.

Rückläufige Planeten

Astrologie wird aus Sicht des Planeten Erde angewandt, was man *geozentrisch* nennt. Das heißt, die Bewegungen der Himmelskörper um die Erde herum werden so wahrgenommen, wie sie tatsächlich gesehen werden, auch wenn es sich um eine „optische Täuschung" handelt. Eine „optische Täuschung" besteht bei den rückläufigen Planeten. Die Erde dreht sich wie alle anderen Planeten unseres Sonnensystems gegen den Uhrzeigersinn um die Sonne. Doch aus Sicht unserer Erde, also aus geozentrischer Sicht erscheinen die anderen Planeten als würden sie sich für eine gewisse Zeit rückwärts, genannt rückläufig bewegen. Dieser Effekt entsteht ähnlich wie beim Autofahren auf der Autobahn: Wenn Sie im schnelleren Wagen sitzen und ein anderes Auto überholen, sieht es ab dem Überholmanöver so aus, als würde sich das andere Fahrzeug nun rückwärts bewegen – Sie lassen es aus Ihrer Sicht zurück. Ein ähnlicher Effekt entsteht aus geozentrischer Sicht mit den allen anderen Planeten, bis auf Sonne ☉ und Mond ☽, die nie als rückläufig wahrgenommen werden!

Genauer gesagt, wird der andere Planet zuerst als *direktläufig* gesehen. Dann ab einem gewissen Winkel zu dem Planeten wirkt dieser als *stationär*, d.h. er scheint langsamer zu werden und dann für einen Tage oder auch länger am selben Fleck im Sternbildhintergrund bzw. Tierkreis stehen zu bleiben. Von da an wird er als rückläufig erscheinen, bis er wieder stationär wird, um sich von dort wieder in die Direktläufigkeit zu begeben. Diese „optische Täuschung", die wir aus unserer geozentrischen Sicht mit unseren Mitplaneten erleben, ist in der Astrologie ein wichtiger Deutungshinweis, vor allem bei den persönlichen Planeten, Merkur ☿, Venus ♀ und Mars ♂, bei den so genannten sozialen Planeten bzw. „großen Lehrern", Jupiter ♃ und Saturn ♄ und bei den Transsaturniern, Uranus ♅, Neptun ♆ und Pluto ♇.

179

Wie deutet man rückläufige Planeten in einem Horoskop? Nun, lassen Sie uns noch einen Augenblick beim Autofahren bleiben: Die meiste Zeit fahren wir vorwärts mit dem Auto, d.h. wir fahren einen neuen Weg, erfahren etwas Neues in unserer Evolution. Direktläufige Planeten können ähnlich gesehen werden. Das planetare Bewusstsein entwickelt sich in neue Bereiche. Dafür ist das Bewusstsein auch eher nach Außen gerichtet. Rückläufige Planeten können mit einem Auto verglichen werden, das angehalten hat und den Rückwärtsgang einlegte, um jetzt den Weg, den es zuvor gefahren ist, wieder rückwärts zu erleben, um vielleicht an einem gewissen Punkt auf der bereits befahrenen Strecke wieder anzuhalten, eine andere Abzweigung zu nehmen, und dann wieder vorwärts zu fahren. Ähnlicherweise ist es auch bei rückläufigen Planeten, vor allem aus Sicht vergangener Lebensdynamiken. Die archetypische Energie des rückläufigen Planeten besteht entsprechend seiner archetypischen Korrelationen darin, Dynamiken der Vergangenheit zu **repetieren,** zu **wiederholen** bzw. **wieder zu durchleben**. Welcher Planet rückläufig ist, und in welchem Zeichen und Haus er steht, zeigt welche Dynamiken der Vergangenheit, inklusive vergangener Leben in diesem Leben wiederholt, wieder durchlebt und „recycelt" werden. Darin ist des Planeten Grundausrichtung eher **introvertiert**, vergleichbar mit einer Zwiebel, die Schicht um Schicht die Vergangenheit durchlebt und abwirft, um mehr und mehr an den **persönlichen Kern** zu gelangen. Damit findet eine **Liberalisierung** von alten Mustern, die wohl bekannt, aber überflüssig geworden sind, statt, und der Natale kann zu einer stark **individualisierten Essenz** des Planeten kommen, der da rückläufig ist. Somit wird der Natale mit der Zeit, die archetypischen Energien des rückläufigen Planeten **individualisiert** und sehr **eigen** leben.

Da die planetare Energie des rückläufigen Planeten sich eben nicht so manifestiert bzw. auslebt wie bei einem direktläufigen Planeten, transportiert der rückläufige Planet seine planetare Energie entweder auf den Planeten, der klassischer Weise als dessen *höhere Oktave*[65] gilt, oder auf den nächst weiter außen liegenden Planeten im Sonnensystem. Die Bezeichnung „höhere Oktave" kommt aus der traditionellen Astrologie und findet in der Evolutionären Astrologie sonst eigentlich keine weitere Anwendung.

Sonne ☉ und Mond ☽ gelten in der Astrologie als die Lichter und können nicht rückläufig sein. Die Planeten Merkur ☿, Venus ♀ und Mars ♂ werden auch als die persönlichen Planeten bezeichnet, denn der Natale ist sich ihrer Funktionen im persönlichen, täglichen Leben bewusst. Wenn diese persönlichen Planeten rückläufig sind, bilden sie eine energetische

---

[65] Siehe Tabelle unten

Brücke zu ihrer höheren Oktave. Das soll heißen, dass zum Beispiel die planetaren Funktionen der Venus ♀, wenn sie sich rückläufig zeigt, einen Brückenschlag auf die Funktionen des Neptun ♆, der ihre höhere Oktave ist, macht.

Merkur ☿ rückläufig	führt zu	Jupiter ♃ und/oder Uranus ♅
Venus ♀ rückläufig	führt zu	Neptun ♆
Mars ♂ rückläufig	führt zu	Pluto ♇

Jupiter ♃ und Saturn ♄ gelten in der traditionellen Astrologie als die sozialen Planeten oder auch großen Lehrer, denn sie betten ihre Funktionen in das soziale Gefüge ein. Uranus ♅, Neptun ♆ und Pluto ♇ werden in der traditionellen Astrologie als „unbewusste Planeten" und auch als Transsaturnier gesehen, denn mit bloßem Auge kann man nur bis Saturn sehen, die dahinter liegenden Planeten, Uranus ♅, Neptun ♆ und Pluto ♇ sind nur mit Teleskopen zu sichten. In der Evolutionären Astrologie werden jedoch alle Planeten auf eine Weise gesehen, dass sie sich im persönlichen Leben manifestieren und dort mehr oder minder bewusst gelebt werden, denn schließlich sind selbst „unbewusste Planeten" Herrscher der doch sehr persönlichen Häuser (gleich Lebensbereiche)! Wenn solche oben genannten Planeten rückläufig sind, bilden sie eine energetische Verbindung zu dem nächst äußeren Planeten im Sonnensystem. Das heißt, wenn Jupiter ♃ rückläufig ist, führt seine nun introvertierte Jupiter-Energie zu Saturn ♄, der die Eigenverantwortung lehrt.

Jupiter ♃ rückläufig	führt zu	Saturn ♄
Saturn ♄ rückläufig	führt zu	Uranus ♅
Uranus ♅ rückläufig	führt zu	Neptun ♆
Neptun ♆ rückläufig	führt zu	Pluto ♇
Pluto ♇ rückläufig	führt zu	Neptun ♆

Die Umlaufbahn von Pluto ♇ schneidet bzw. kreuzt die Umlaufbahn von Neptun ♆, wodurch manchmal Neptun ♆ und eben manchmal Pluto ♇ der äußerste Planet unseres Sonnensystems ist. Oder metaphysisch gesprochen, kann man sehen wie Seele ♇ und das Göttliche ♆ eins sind!

Lassen Sie mich nun eine kleine Kurzbeschreibung über rückläufige Planeten anbieten, und wie sich diese hinsichtlich vergangener Lebensdynamiken im gegenwärtigen Leben manifestieren und dabei ihre Energien auf ihre höhere Oktave oder eben den nächst weiter entfernten Planeten im Sonnensystem lenken. Es ist natürlich immer von großer

Wichtigkeit festzustellen, über welches Haus der rückläufige Planet herrscht! Befindet sich zum Beispiel Jupiter ♃ im Geburtshoroskop in der Rückläufigkeit, und Schütze ♐ findet sich an der 7. Hausspitze, welches ein Waage-Venus-Archetyp ist, dann wirkt dieser rückläufige Jupiter ♃ nicht nur wie ein Jupiter ♃ rückläufig, sondern zugleich auch wie eine Venus ♀ rückläufig, denn Jupiter ♃ ist in diesem Beispiel der Herrscher über das 7. Haus.

Merkur ☿ rückläufig korreliert mit der linken Gehirnhälfte (Merkur ☿), die in vergangenen Leben so viel lineare Informationen (Merkur ☿) aufgenommen und gesammelt hat, dass in diesem Leben sozusagen alle Buchregale in der inneren Bücherei im Gehirn bzw. alle Datenspeicherplätze voll sind! Daher kann keine lineare Information mehr aufgenommen werden, außer diese Informationen dienen dem größeren, metaphysischen Sinn (Jupiter) und Zweck dieser Inkarnation. Alle anderen Informationen, die der Natale aufzunehmen versucht, sind eigentlich nur ein Erinnern (Uranus ♅) an eine ähnliche Information der Vergangenheit, die irgendwo in seinen Bücherregalen im Gehirn (Datenträgern) Platz wegnimmt. Diese Erinnerung dient hier durch äußeres Lernen o.ä. dazu, die alte Information wieder zu hören, um sie nun aus der inneren Bücherei /Datenträger zu löschen, d.h. sich von ihr zu befreien (Uranus ♅), oder aber sie in einem anderen, größeren Kontext (Jupiter ♃) woanders einzuordnen.

Von Kindheit an wird der Natale das drängende Bedürfnis haben, seine Wortwahl, seine Sprache und seine Kommunikation so zu individualisieren, dass Worte seine innere Wahrheit (Jupiter ♃) am Besten zum Ausdruck bringen können. Von Kind an wir er oder sie Worte oder Geheimsprachen erfinden oder es bevorzugen mit der linken Hand vielleicht sogar noch spiegelverkehrt zu schreiben.
Dadurch wird er oder sie das Gefühl haben, sich entsprechend ihrer inneren Wahrheit (Jupiter ♃) korrekt auszudrücken, und somit die Hoffnung nun korrekt verstanden zu werden. Doch wenn auch der Natale hier seiner Wahrheit bestmöglich Ausdruck verleiht, so versteht das linear denkende Umfeld den Natalen nicht, so wie auch der Natale immer wieder Probleme haben wird, die linear denkenden und sprechenden Menschen seines Umfeldes verstehen zu können. Beide Parteien sprechen Deutsch und doch nicht dieselbe Sprache! Daher wird sich der Natale von Kindheit an fremd (Uranus ♅) und somit unverstanden fühlen, was dazu führen kann, dass er oft seine Sätze mit dem Satz, „verstehst Du, was ich meine?" beenden wird. Doch auch der Natale wird den Worten anderer immer enorm viel Gewicht geben, denn er bemüht sich doch auch, Worte so wahrheitsgetreu zu formulieren. Auch diese Dynamik wird immer

wieder zu Distanz (Uranus ♅) und oft zu Trennung (Uranus ♅) von anderen führen.

Schulkinder mit rückläufigem Merkur ☿ werden als nervös, zerstreut und unaufmerksam wahrgenommen, was aber auf der Seelen Entscheidung zurückgeht, keine der diversen, linearen Informationen aufzunehmen, die der eigenen Evolution nicht dienlich sind, d.h. dem großen Bild (Jupiter ♃) dienen. Doch hat solch ein Schulkind mit rückläufigem Merkur ☿ einen Lehrer, der in der Lage ist, das Lehrmaterial aus „jupiterischer" Sicht zu vermitteln, d.h. das große Bild bzw. der Sinn zuerst erklärt, warum man dann die einzelnen Schritte lernen sollte, dann wird die linke Gärhirnhälfte des Kindes offen und meist sogar auch hungrig auf solches Wissen sein, denn es erlaubt die inneren alten Informationen (Merkur ☿ rückläufig) in ein größeres, freieres Konzept einzugliedern (Jupiter ♃, Uranus ♅). Das Kind wird sogar in der Lage sein, sich die Informationen fotographisch zu merken (Uranus ♅). Denn Merkur ☿ rückläufig ist ein Hinweis auf ein fotographisches Gedächtnis – aber eben nur wenn das Wissensgebiet der größeren Seelenevolution dienlich ist, und vor dem eigentlichen Erlernen, der größere Sinn (Jupiter ♃) dieses Wissensgebietes vermittelt wurde.

Lassen Sie mich das kurz an einem Beispiel veranschaulichen: Wenn der Mathematiklehrer den Schülern davon erzählt, wie die alten Griechen nachts in den Sternenhimmel blickten und begannen einzelne Sterne miteinander zu verbinden, erkannten sie, dass geometrische Figuren daraus entstanden, die man zum Beispiel mit Winkeln messen konnte. Das Kind mit dem rückläufigen Merkur ☿ wird auf diese Geschichte mit Interesse reagieren, und somit auch Winkel der Geometrie interessant finden, denn es kann diese Zahlenwerte (Merkur ☿) mit einem größeren Phänomen der Natur (Jupiter ♃) in Verbindung bringen. Wenn es solch einem Kind nicht im großen Kontext vermittelt wird, wird es bei Graden wohl nur an Temperatur denken! Wie schon erwähnt, kann ein solches Kind bzw. Mensch sich Dinge enorm gut merken, wenn sie von seelischem Interesse der gegenwärtigen Evolution sind. Dann verfügt dieser Mensch über ein photographisches Gedächtnis (Uranus ♅). Man könnte sagen, solch ein Mensch mit Merkur ☿ rückläufig lernt in diesem Leben nichts Neues, sondern er erinnert sich nur durch äußere und innere Stimulation, um dann Wissen (Merkur ☿) entweder aus seinem Datenspeichern zu löschen oder es in einem größeren Kontext (Jupiter ♃) einzuordnen. Dadurch schafft die Seele Platz in der linken Gehirnhälfte (Merkur ☿).

Venus ♀ rückläufig steht für eine Person, die das evolutionäre Bedürfnis in sich trägt, sich von alten „Zwiebelschichten" alter Werte (Yin Venus ♀), die sie von anderen Menschen (Yang Venus ♀) in vergangenen

Leben übernommen bzw. aufgenommen hatte, zu befreien. Zudem wird die Person mit Venus ♀ rückläufig alte Beziehungsmuster und -verhalten (Yang Venus ♀) mit Personen vergangener Inkarnationen wiedererleben, wiederholen bzw. recyceln. Dafür wird dieser Mensch andere Personen wieder in sein Leben wieder anziehen, mit denen er diverseste Formen von unterschiedlichsten Beziehungen in vergangen Inkarnationen er- und durchlebt hat. Gemeinsam werden sie anfangs dieselben Beziehungsdynamiken er- und durchleben, die sie auch schon in der Vergangenheit gelebt haben, in der Absicht, sich von dem alten Beziehungsverhalten der Vergangenheit zu reinigen (Neptun ♆), um gemeinsam besser in der Lage sein zu können, bedingungslose Liebe (Neptun ♆) erfahren zu können.

Dabei wird sich die Person mit der Venus ♀ rückläufig schrittweise – „Zwiebelschicht" um „Zwiebelschicht" – von inneren Werten, Werteassoziationen und Bedürfnissen befreien; somit auch von der herkömmlichen Dynamik, die eigenen Bedürfnisse (Yin Venus ♀) nach Außen auf andere Menschen zu projizieren (Yang Venus ♀). Dabei wird diese Person zunehmend ein Wertesystem in sich entwickeln, mithilfe dessen sie sich auf neue, freiere und vor allem individuellere Art und Weise auf sich selbst beziehen kann. Damit vereinfacht sich (Neptun ♆) ihre eigene Beziehung zu sich selbst, womit die Bedeutung des eigenen Lebens vereinfacht wird, was gleich eine Spiritualisierung (Neptun ♆) ist. Der Weg dorthin kann jedoch ein sehr rebellischer, individualisierter Weg sein, denn sehr oft wiederholt und recycelt eine Person mit Venus ♀ rückläufig viele diverse Beziehungen mit einer Vielzahl anderer Menschen, mit denen sie in vergangenen Leben diverse Formen von Beziehungen durchlebt hat.

Daher passt eine Person mit Venus ♀ rückläufig ganz und gar nicht in die Normen und Erwartungen einer bestehenden Gesellschaft, denn sie rebelliert natürlicherweise gegen solch gesellschaftlich-anerkannten Vorgaben, wie Beziehung auszusehen hätte! Stattdessen ist sie jedoch offen gegenüber allerlei Formen von Beziehung und Beziehungen mit anderen Menschen – Beziehungsformen, die die Gesellschaft nicht als „normal" bezeichnen würde. Das kann ein Leben ohne jegliche Intimbeziehung sein, sogar ein klösterliches Leben im Zölibat, oder aber eine offene Beziehung mit einem Hauptpartner und zugleich der Freiheit entsprechend des seelisch-evolutionären Bedürfnisses, mit anderen Menschen ehemalige Beziehungsformen und -muster zu recyceln, um sich von ihnen zu befreien und universelle Liebe (Neptun ♆) zu erfahren. Es kann auch eine Mehr-Personen-Ehe oder ein Leben in einer Gemeinde sein, in der regelmäßig Partner gewechselt werden, es kann gleichgeschlechtliche Beziehungen bedeuten oder auch bisexuelle. In allen

Fällen ist die energetische Betonung auf der Individualisierung der venusischen Werte in Bezug auf sich selbst und in Beziehung mit anderen.

Mars rückläufig steht für einen Energiehaushalt der instinktiven Verlangen, der in vergangenen Leben zu stark bzw. zu rücksichtslos ausgelebt wurde; wie ein Porsche, der sich an keine Geschwindigkeitsbegrenzung hält und keine Rücksicht auf andere Verkehrsteilnehmer nimmt. Daher ist in diesem Leben der rückläufige Mars ♂, der energetisch einen Brückenschlag zu seiner höheren Oktave, Pluto ♀, macht, meist darin blockiert bzw. evolutionär-karmisch daran gehindert (Pluto ♀), seine Impulse bzw. instinktiven Verlangen einfach so auszuleben. Durch diese energetische Blockierung bzw. Verhinderung, die für einen Mars ♂ natürlich sehr frustrierend sind, wird aber gelernt, sich seiner eigenen Handlungen bewusst zu werden. Die evolutionär-karmische Lektion bei einem rückläufigen Mars ♂ heißt: „Prüfe Deine Motivationen und Absichten (Pluto ♀) bevor Du handelst (Mars ♂)." Oder einfach nur: „Denken vor dem Handeln." Wie gesagt, dass kann für Mars recht frustrierend sein. Daher kann hier auch eine tendenzielle Dynamik von angestautem Ärger und ungelöster Wut aus diesem oder aus vergangenen Leben bestehen, die wiederum den physischen Körper (Mars ♂) mit emotionalen Giften (Pluto ♀) belastet, wodurch dessen Handlungsfähigkeit eingeschränkt und verlangsamt wird.

Als einmal Mars ♂ für eine gewisse Zeit rückläufig war, erlebte ich eine kleine Geschichte, die Mars ♂ in seiner Rückläufigkeit wunderbar veranschaulicht. Ich flog von einer astrologischen Konferenz in den USA zurück nach Europa. Da ich schon sooft solche interkontinentalen Strecken geflogen war, hatte ich schon meine kleine Routine (schließlich habe ich Mond in Jungfrau ♍ im 6. Haus): Ich esse normalerweise auf Flügen vegetarisch, denn das Essen ist meist besser und wird als Erstes serviert, was mir die Möglichkeit gibt, bevor die anderen Passagiere die Waschräume aufsuchen, meine Zähne zu putzen, um mich danach Schlafen zu legen. Als ich auf diesem Flug mit dem Essen fertig war, bat ich meine Kollegin neben mir, doch kurz mein Tablett zu halten, so dass ich schnell aufstehen könnte, um zum Zähneputzen zu gehen. Gesagt getan: Sie nahm das Tablett und ich machte einen Satz aus meinem Sessel, wurde aber unverzüglich wieder jäh auf ihn zurückgeworfen. Ich war noch angeschnallt. Ich lachte, denn das war typisch für eine Mars ♂ Energie, die rückläufig ist, worauf mein Widder ♈ Aszendent natürlich angemessen reagierte! Also bei Mars ♂ rückläufig, sollte man immer zuerst doppelt checken, bevor man einen Zug macht!

Jupiter rückläufig steht für eine Person, die sich in vielen vergangenen Leben viele metaphysische Systeme (Jupiter ♃) und philosophisch-schamanisches Wissen (Jupiter ♃) angeeignet hat. Sie lebte in den verschiedensten Kulturen, immer auf der metaphysisch-religiösen Sinnsuche. In all diesen diversen Kulturen wurden kam die Person mit einer Vielzahl von metaphysich-philosophischen bzw. religiösen Interpretationssystemen über das Leben in Kontakt; oft studierte diese Person auch solche Systeme des Glaubens oder lehrte diese sogar doch – wie wir wissen – widersprechen sich viele metaphysische Systeme, was meist an den klimatischen Umständen diverser Kulturen begründet ist.[66]

In diesem Leben wird sich der Natale mit Jupiter ♃ rückläufig wieder auf der Sinnsuche befinden, doch diesmal um wieder mit alten philosophischen bzw. religiösen Systemen, die er unbewusst aus der Vergangenheit kennt, auseinanderzusetzen, in der Absicht sich von ihnen zunehmend zu befreien – wie bei einer Zwiebelschale nach der anderen. Dabei wird der Natale über die Jahre hindurch bei jedem metaphysischen System auf dessen universellen Kern stoßen und gleichzeitig gegen die exoterischen Riten und Bräuche rebellieren, somit diesen Glauben als individualisiert verinnerlichen, um Glaubenssystem um Glaubensystem aus sich zu filtern und nur dessen Essenz zu behalten. Somit wird der Natale seine eigene Autorität (Saturn ♄) hinsichtlich eines universellen Glaubens bzw. metaphysischen Sinn des Lebens. Auf dieser Reise durch die „alten Zwiebelschichten" wird er auch auf Lehrer stoßen, die er in der Vergangenheit als Lehrer oder aber auch als Schüler hatte. Wiederum in der Absicht, um sich von alten Lehrer-Schüler-Dynamiken durch Wiederholung bzw. Recyceln zu befreien, um seine eigene innere Autorität (Saturn ♄) zu werden, der eigenverantwortlich (Saturn ♄) seine eigenen individuellen Glaubenswerte befolgt.

In all diesen diversen Kulturen vergangener Inkarnationen, wurden diverse metaphysische, religiös-spirituelle Glaubenslehren studiert und sogar auch von dem Natalen gelehrt. Doch – wie wir wissen – widersprechen sich viele metaphysischen Systeme, die es auf unserem Planeten gibt. In diesem Leben befindet sich der Natale mit Jupiter ♃ rückläufig auf einer „metaphysischen Schnitzeljagd" durch die Glaubenssysteme, die er in vergangenen Leben lernte, praktizierte und eventuell auch lehrte. Es zieht den Natalen immer wieder zu einem

---

[66] Kulturen in tropischen oder heißen Klimazonen entwickelten andere Werte zum Phänomen des Lichts und des Dunkelns als, zum Beispiel, nordische Kulturen, für die Dunkel nicht gleich Böse oder Schlecht bedeutet. Unsere christlichen Werte sind aus den jüdischen Werten geprägt, einer Kultur, die unter der sengenden Sonne der Wüste erwachsen ist!

anderen Feld metaphysischer, religiös-spiritueller Lehren und Lehrern, die er unbewusst aus vergangenen Leben kennt.

Doch jedes Mal kommt es zu einer inneren metaphysischen Frustration, sobald der anfängliche Enthusiasmus über das neue – nun scheinbar richtige Glaubenssystem – abklingt. Warum? Nun, der Natale mit Jupiter ♃ rückläufig hat in diesem Leben die seelische Absicht, sich durch die altbekannten Glaubenssysteme vergangener Lebenserfahrungen zu arbeiten - wie durch Zwiebelschalen -, um sich von diesen zu befreien, dabei aber ihren essentiellen Kern zu verinnerlichen und mit der Zeit (Saturn ♄) zu seinem eigenen inneren Kern metaphysischer, spiritueller Weisheiten (Jupiter ♃) zu gelangen. Dadurch wird bzw. soll der Natale seine eigene Autorität bzw. innere Autorität (Saturn ♄) hinsichtlich der metaphysisch-philosophisch-spirituellen Fragen des Sinn des Lebens (Jupiter ♃) werden – sein eigener Priester, Papst, Heiland und Lehrer im Inneren!

Hier ein Beispiel: Ein Kind mit Jupiter ♃ rückläufig hat von jung an, das innere Verlangen nach metaphysischen Antworten, obwohl es in einem Elternhaus aufwächst, das sich um solche Dinge gar nicht kümmert. Es wird vielleicht sonntags allein in die Kirche gehen; nicht aus elterlichen oder sozialen Zwängen heraus, sondern aus seinem inneren Durst nach metaphysischer Inspiration. Es wird dem Priester zuhören und seinen Ratschlägen folgen, bis es aus seiner inneren Wahrheit (Jupiter ♃) heraus erkennt, dass das für es keinen wirklich tiefen Sinn macht. Für eine Weile herrscht Frustration. Vielleicht hört das heranwachsende Kind einige Jahre später in der Schule über die jüdischen Lehren, und ist wieder Feuer und Flamme. Es liest Bücher und sucht nach allem, was seine nun jüdisch-religiöse Sehnsucht stillen kann. Doch nach einer Weile, erkennt es wieder, dass es nicht das Richtige für seine persönliche Sehnsucht (Jupiter ♃ - Altherrscher von Fische ♓) ist. Wieder Frustration, Leere, bis vielleicht der Buddhismus auftaucht. Selbe Dynamik. Dann der Schamanismus, dann die Naturreligionen der Kelten, dann Astrologie, usw., usw. All diese Erfahrungen bringen den Natalen durch eine „Erinnerungsreise" durch die metaphysischen Systeme seiner vergangenen Leben. Dabei wird jedes Mal das System, auf das Essentielle konzentriert, und der Natale wird über die Zeit eine innere (vielleicht auch äußere philosophische, metaphysische bzw. spirituelle Autorität (Saturn ♄), basieren auf dem inneren Quell der eigenen Weisheit (Jupiter ♃).

Saturn rückläufig ist eine astrologische Symbolik, die während einer Horoskopbesprechung immer für den Klienten erläutert werden sollte. Denn Saturn ♄ rückläufig zeigt an, dass der Natale über viele Vorleben hindurch von äußeren Autoritäten (Saturn ♄) – meist patriarchale

Autoritäten (Saturn ♄) – geprägt, geleitet, geführt und aber auch gezüchtigt und bestraft wurde; nach dem partriarchalen Motto, „ein Weg ist der Richtige für alle", und wer von den gesetzten Normen abweicht, dem gebührt Schuld und Strafe. Doch in der jetzigen Inkarnation, wird der Natale gegen äußere Autoritäten rebellieren, um sich von deren Druck und engstirnigen Leitvorgaben zu befreien (Uranus ♅), um seine eigene Individualität zu etablieren (Uranus ♅).

Interessanterweise sucht sich die Seele dafür eine familiäre Situation in diesem Leben, in der der Vater
- ❖ entweder gar nicht da ist (gestorben, auf und davon)
- ❖ oder emotional nicht präsent bzw. erreichbar (emotional unerreichbar, krank, alkohol- oder tablettensüchtig, oder der Welt entrückt, wodurch auch immer)
- ❖ oder hochgradig dominant ist. Obwohl der Natale als Kind erkennt, dass die Dominanz des Vaters nur Kompensation für ein inneres Gefühl der Schwäche seitens des Vaters ist.

Eine dieser drei Möglichkeiten trifft immer zu. Oft auch eine Kombination aus ihnen. Hinter solch kindheitlicher Prägung bei einem rückläufigen Saturn steht eine evolutionäre Absicht: die Befreiung von äußeren Bestimmungen väterlicher bzw. patriarchaler Autoritäten, um seine eigene Individualität zu befreien (Uranus). Aufgrund oben genannter Vaterdynamiken in der Kindheit, wird der Natale anfangs einen Mangel bzw. eine starke Verzerrung hinsichtlich Vater- und Autoritätsthemen verspüren. Das führt meist dazu, dass er als junger Mensch nach Autorität, Stabilität und Struktur (Saturn ♄) im Außen suchen wird, sei es in einem älteren Partner (Vaterfigur) oder in einem Beruf in einem wohl etablierten Unternehmen, das Struktur und somit Sicherheit ausstrahlt.

Doch die Absicht des rückläufigen Saturn ♄ ist es, gegen äußere (patriarchale) Autoritäten zu rebellieren, auf die der Natale sowohl in seinem väterlichen Liebhaber wie auch bei dem alteingesessenen Unternehmen zu genüge finden wird. Diese – oft nur durch Titel und Vertrag ernannten – Autoritäten werden dann Aussagen von sich geben, wie zum Beispiel: "Wir machen das so, weil ich es sage!" oder „Das haben wir schon immer so gemacht!". Und genau das wird die eigentliche Funktion des rückläufigen Saturns auslösen, sprich gegen die Autorität zu rebellieren. Somit kommt es zu all möglichen Auseinandersetzungen, bei denen der Natale wieder einmal im Außen keine Sicherheit und Struktur zu finden mag, die seiner Individualität entspricht. Ähnliches wird auch beim etablierten, älteren Freund (Vaterfigur) geschehen. Der Natale wird immer wieder in Augenblicken, in denen er seinen Kopf an eine starke Schulter, also beim Vatertyp, legen will, erfahren, dass dieser genau dann nicht da ist oder emotional nicht erreichbar oder unter der Erwartung nach emotionalem Halt zusammenbricht; ähnlich einer Hollywoodfassade auf einem Filmset – Außen stark und pompös, doch öffnet man die Tür ist nichts mehr dahinter als ein paar dünne Latten, die die Front aufrecht erhalten. Somit wird der Natale in jungen Jahren durch solche und ähnliche Erfahrungen immer wieder auf sich selbst geworfen.

Er erkennt, dass er seine eigene Struktur erschaffen muss, die völlig seinem inneren, individuellen Wesen entspricht – und sei es nicht so verrückt und unkonventionell (Uranus ♅). Um das jedoch zu erreichen, wird der Natale viel experimentieren müssen (Uranus ♅), um sich mit der Zeit von all den alten „Zwiebelschichten" äußerer Fremdbestimmung zu befreien, die den Natalen in vergangenen Leben all zu oft aus Angst vor Bestrafung (Saturn ♄) hat zu leicht seine Verantwortung abgeben lassen. Man kann den Klienten wirklich nur darin unterstützen, für sich selbst die Verantwortung der eigenen Individuation in die Hand zu nehmen, um sich eine Lebenstruktur zu erschaffen, die frei und außergewöhnlich, wenn vielleicht auch weit abseits der Norm, ist, die aber sein inneres einzigartiges Wesen widerspiegelt (Uranus ♅).

Uranus, Neptun und Pluto rückläufig sind schwer zu verallgemeinern und somit schwer zu beschreiben, denn hier spielen zudem noch die Faktoren der Bewusstseinsebene eine Rolle. Nur dann lässt sich beschreiben, wie einer dieser Planeten in der Rückläufigkeit in Manifestationen gehen wird. Die Grundregel hinsichtlich rückläufiger Planeten bleibt jedoch auch bei Uranus ♅, Neptun ♆ und Pluto ♇ bestehen: sie rebellieren gegen die herkömmliche, in der Gesellschaft übliche Dynamik, um ihre Energie nach innen zu richten und somit zu individualisieren.

Eine Person mit durchschnittlichem „Massenbewusstsein" wird seinen rückläufigen Neptun ♆ vielleicht dadurch leben, dass er nur in besonderen Bars einen heben geht (Neptun ♆) oder vielleicht nur einen außergewöhnlichen Likör trinkt und dabei ausgefallene Musik (Neptun ♆) hört. Hingegen wird eine Person, die sich bereits schon auf spirituellen Ebenen des Bewusstseins bewegt, ihren rückläufigen Neptun ♆ dadurch leben, indem sie in jungen Jahren vielleicht noch in Ashrams einigen spirituellen Lehrer und Gurus folgte, aber nur um mit der Zeit für sich zu erkennen, dass sie gegen solche spirituellen Wege rebellieren muss, um sich im eigenen Inneren dem Göttlichen hinzugeben, um an die eigene Essenz des Seins (Pluto ♇) zu gelangen. Sie sehen den Unterschied!

Dennoch möchte ich Ihnen einige Gedankenanstöße und Ideen geben, wie sich ein rückläufiger Uranus ♅, Neptun ♆ und Pluto ♇ im Ansatz interpretieren lässt. Es ist für Sie jedoch dann unbedingt notwendig, dass

Sie einerseits den Klienten zum Beispiel bei seinen Fragen oder Erzählungen gut beobachten, um einschätzen zu können, wohin die Bewusstheit des Klienten hautsächlich tendiert, und andererseits über welches Haus der jeweils rückläufige Uranus ♅ oder Neptun ♆ oder Pluto ♇ herrscht. Arbeiten Sie zum Beispiel mit einem Horoskop, in dem Pluto ♇ rückläufig ist, und finden Sie das Zeichen Skorpion ♏ am MC, also als 10. Hausspitze, dann wirkt dieser Pluto auf jeden Fall schon einmal ähnlich wie ein rückläufiger Saturn ♄, denn das MC bzw. 10. Haus ist natürlicherweise ein Steinbockarchetyp und da sich nun Skorpion ♏ an der 10. Hausspitze befindet, und Pluto rückläufig ist, ist dieser einem Saturn rückläufig gleich.

Uranus rückläufig – abhängig von der Bewusstheit des Natalen hat der rückläufige Uranus ♅ eine Tendenz gegen den Erwartungsdruck seiner Altersgruppe bzw. anderer Gruppierungen Geistig-Gleichgesinnter zu rebellieren. Der Natale wird eine Tendenz haben, lieber zu Gruppen von „Außenseitern" anzugehören, oder sogar selbst „nur eine Gruppe von nur einer Person" darzustellen und sich dabei immer wieder von Innen heraus neu zu definieren bzw. zu erfinden. Oft sieht ein Nataler mit rückläufigem Uranus ♅ innovative Ideen bzw. Dynamiken von früheren Leben wieder an die Oberfläche seines Bewusstseins kommen, um diesen Dynamiken und Ideen im jetzigen Leben eine neue Chance der Manifestation, Umsetzung und oft auch gesellschaftlichen Akzeptanz zu geben. In diesem Falle kann es dabei auch zu alten Ängsten vergangener Leben kommen, die aus dem Unbewussten auftauchen. Ängste, für seine innovativen Ideen als „verrückt" abgestempelt zu werden. Die energetische Verbindung zu Neptun ♆ bietet dem Natalen mit einem rückläufigen Uranus ♅ die evolutionäre Möglichkeit, seine Ideen zu vereinfachen, und alte, ungelöste Traumata (Uranus ♅) zu lösen bzw. heilen, um mit seiner ganzen Individuation (Uranus ♅) in inneren Frieden (Neptun) zu leben. Von diesem Platz innerer Ruhe (Neptun ♆) aus, kann er die Ideen und Neuerungen angstfrei in die Welt bringen.

Neptun rückläufig – abhängig von der Bewusstheit des Natalen hat der rückläufige Neptun ♆ eine Tendenz, sehr eigenwillige bzw. außergewöhnliche Wege zu beschreiten, um mit sich in Zeit- und Raumlosigkeit zu gelangen. Da Neptun ♆ eben auch für Alkohol und Rauschmittel steht, kann es somit sein, dass der Natale ein recht sonderbares Konsumverhalten hinsichtlich dieser Substanzen zeigt, um den Rausch in die Raum- und Zeitlosigkeit zu erfahren. Doch Neptun ♆ steht auch für die Sprache des Universums, die Musik. Somit kann es beim rückläufigen Neptun sehr wohl sein, dass der Natale einen außergewöhnlichen Musikgeschmack entwickelt, um seine Gedanken schweben lassen zu können, und somit in Kontakt mit seiner eigenen Essenz seines Seins (Pluto ♇) zu kommen.

In spiritueller Hinsicht wird eine Person mit rückläufigem Neptun ♆ wahrscheinlich gegen die in spirituellen Kreisen vertretene Meinung über Spiritualität (Neptun ♆) und spirituelle Praktiken rebellieren. So kann diese Person zum Beispiel von Ashrams und Gruppensektierern abgestoßen sein, um ihren eigenen individuellen Weg der Spiritualisierung des Bewusstseins zu beschreiten. Dadurch kann sie in tiefen Kontakt mit der eigenen Seelenessenz gelangen (Pluto ♇), und mächtige innere Metamorphosen (Pluto ♇) erfahren. Solch eine Person wird ihren inneren Ruf nach Befriedigung und Spiritualisierung recht einzigartig befolgen, eigene Strategien der Vereinfachung des Lebens (Spiritualisierung) experimentell erfahren, vor allem auch dadurch, dass sie alle überflüssigen, „spirituellen" Ablenkungen der Außenwelt, inklusive der esoterischen Außenwelt, ausschaltet bzw. meidet, um mit dem eigenen Kern (Pluto ♇) in Kontakt zu sein.

Pluto rückläufig – abhängig von der Bewusstheit des Natalen hat der rückläufige Pluto ♇ eine Tendenz gegen die eigenen Verlangen des Lebens bzw. gegen die Befriedigung eigener Verlangen durch äußere Erfahrungen zu rebellieren. Der Natale zieht sich lieber nach Innen (rückläufig) zurück, um solche separierenden Verlangen (Pluto ♇) im eigenen inneren Universum (Neptun ♆) zu erfahren, zum Beispiel durch Vorstellungskraft oder Träume (Neptun ♆). Der Natale entwickelt oft eine Gabe, seine angelegten Verlangen durch bzw. in innerer Kontemplation „auszuschwitzen". Doch aus karmisch-evolutionären Gründen müssen einige der angelegten Verlangen in der Außenwelt er- und ausgelebt werden, um alte karmische Verbindungen zu lösen bzw. zu heilen (Neptun ♆). Dabei wird der Natale mit rückläufigem Pluto ♇ sich oft gegen seinen persönlichen Willen unter einem Zwang empfinden, gegen den er anzugehen versucht. Dabei kann es auch sein, dass er sich vom das Leben oder von Gott abgelehnt (Pluto ♇) und als Opfer (Neptun ♆) fühlt oder sieht, denn schließlich muss er „schon wieder durch das weltliche Hamsterrad, seine Erfahrungen machen". Dabei gilt der universelle Grundsatz, dass die Dinge und Dynamiken, die wir am meisten ablehnen, immer wieder kommen werden, bis wir innerlich mit ihnen als Teil des großen Schöpfungstheaters in Frieden (Neptun ♆) leben können.

Aspekte

Ein Aspekt ist ein geometrischer Winkel zwischen zwei Planeten oder einem Planeten zu den Achsen (AC-DC, MC-IC) oder zu einer Häuserspitze. In der indischen Astrologie werden Aspekte als Lichtstrahl zwischen zwei Planeten gesehen. Mir gefällt dieses Bildnis, denn ich sehe die Planeten oft als Schauspieler auf einer Bühne (Haus), die mit einem bestimmten Kulissenbild (Zeichen) ausgestattet ist. Der „Schauspieler" wird von einem anderen Planeten auf einer anderen Bühne (Haus) mit gewisser Kulisse (Zeichen) angestrahlt. Daher empfinde ich es als unbedingt notwendig vor der Aspektdeutung, die Energien bzw. Dynamiken der Planeten in Häusern und Zeichen (Schauspieler auf Bühnen mit gewissen Kulissen) tiefgründig zu deuten, um dann den Aspekt (Lichtstrahl) zwischen den beiden in seiner Qualität zu verstehen. Unglücklicherweise, betont die herkömmlich praktizierte Astrologie die Bedeutung von Aspekten – fälschlicher Weise auch noch in gut und schlecht – und lässt die planetaren Positionen und Dynamiken in Häusern und Zeichen oberflächlich beleuchtet links liegen.

Es ist aber nicht hilfreich, Frau Müller mit theatralischer Miene zu sagen, dass sie da ein Sonne ☉ Quadrat □ Saturn ♄ hat, ohne ihr die archetypischen Dynamiken ihrer beiden genannten Planeten im Gesamtgefüge ihres Horoskops eingehend zu schildern und von dort aus die Aspektdynamik in ihrem Fall in die planetare Deutung zu integrieren. Daher bitte ich Sie, planetaren Dynamiken in Häusern und Zeichen tiefere Deutungen (weil größere Priorität) zukommen zu lassen, als den Aspekten. Wenn wir nicht die Rolle des Schauspielers auf der Bühne vor einem gewissen Hintergrund verstehen, wie können wir dann sein aspektares Licht, das er auf einen anderen Schauspieler wirft, verstehen?

In der Evolutionären Astrologie werden Aspekte sogar von einer noch tiefen Dynamik aus gesehen: der so genannten "Phasenlehre", die sich auf den chaldaeischen Mondkalender bzw. die 28 Mondphasen bezieht. Dabei nimmt man aber normalerweise die sogenannten „Acht Hauptphasen" als Grundlage, um die evolutionäre Entwicklung eines ursprünglichen Impulses (bei 0° - Konjunktion ♂) durch die folgenden 360° zu interpretieren. Alles im Universum kommt aus der Stille 0°, atmet sich aus (aufbauende Phasen, vergleichbar mit dem zunehmenden Mond), gelangt an seinen Höhepunkt (Opposition – 180°, der größtmögliche Abstand im Kreis) um sich dann wieder abzubauen (vergleichbar mit dem abnehmenden Mond) und dann wieder eingeatmet zu werden.

Um den Abstand zweier Planeten im Kreis zu messen, nimmt man den langsameren Planeten als Basis bzw. Berechnungsgrundlage und misst von dort aus gegen den Uhrzeigersinn (astrologische Richtung) zum schnelleren Planeten der beiden. Dabei gibt es eine Ausnahme: Die Sonne

☉ ist immer Basis bzw. Berechnungsgrundlage, auch wenn der Abstand zum langsameren Mars ♂, Jupiter ♃, Saturn ♄, Uranus ♅, Neptun ♆ oder Pluto ♇ bemessen wird. Die Sonne ist immer die Bemessungsgrundlage, denn sie ist das Zentrum in unserem Sonnensystem. Sowohl bei den Phasen als auch bei den in den Phasen liegenden (siehe Grafik weiter unten) Aspekten, gilt es zudem auch immer zu unterscheiden, ob sich eine Phase bzw. ein Aspekt gerade zur Gradgenauigkeit aufbaut, das nennt man „applikativ", oder ob die Gradgenauigkeit bereits überschritten ist, und sich die Phase bzw. der Aspekt abbaut, was man „separativ" nennt. Findet man Gradgenauigkeit vor, dann nennt man das in der Astrologie „exakt".

Das war gerade viel astrologisch-mathematisches Latein, was die Leser, in der Schule auf Geometrie allergisch reagierten, vielleicht verschreckt, wozu es wirklich keinen Grund gibt. Es ist wirklich ganz einfach – selbst ich habe es kapiert! Hier ein Beispiel zur Veranschaulichung. Dabei bitte bedenken, der langsamere Planet oder die Sonne ☉ sind immer an die Basis der Berechnungsgrundlage zu setzen. Von dort aus misst man den Abstand zum schnelleren Planeten (außer bei der Sonne ☉...dann zum anderen Planeten) in Graden ° gegen den Uhrzeigersinn!

Saturn ist auf 27° Stier ♉ und Venus ist auf 29° Löwe ♌. Saturn ist der langsamere Planet, also rechnen wir von seiner Position auf 27° Stier ♉ aus: restliche 3° von Stier ♉ plus 30° Zwilling ♊ plus 30° Krebs ♋ plus 29° Löwe ♌, wo die Venus steht, ist 92° Abstand. Zwei Grad mehr als ein exaktes Quadrat □, daher ist der Aspekt ein separierendes Quadrat.

Sonne ☉ ist auf 10° Jungfrau ♍ und Pluto ♇ ist auf 7° Schütze ♐. Pluto ♇ ist zwar der langsamere, aber die Sonne ☉ ist hier mit im Spiel. Daher legen wir die Position der Sonne ☉ zur Grundlage und rechnen von dort aus zur Position von Pluto ♇: restliche 20° von Jungfrau ♍, 30° Waage ♎, 30° Skorpion ♏, und noch 7° von Schütze, wo Pluto ♇ steht, ist 87°. Drei Grad weniger als ein exaktes Quadrat □. Daher ist das hier ein applikatives Quadrat.

Wie Sie sehen können gibt es um jeden Aspekt einen Spielraum von applikativ und separativ. Diesen Spielraum nennt man in der Astrologie „Orbis". Es gibt wohl seit Jahrhunderten endlose Diskussionen unter Astrologen wie weit ein Orbit noch gültig ist, und ab wann nicht mehr. Weiter unten stelle ich Ihnen die Phasenlehre der Acht Hauptphasen vor, in denen die Aspekte Punkte in jeweiligen Phasen sind. Die Phasenlehre macht die endlose Diskussion über die Orben überflüssig, denn alles ist im Fluss des Werdens oder Vergehens. Sicherlich sind gewisse Richtlinien bei der Aspektlehre hilfreich – vor allem am Anfang. Aber wann beginnt ein Quadrat □ und wo hört es auf? Wann beginnt der

Frühling wirklich – immer am 21. März oder ist es ein schrittweiser Prozess?

Außerdem sei noch gesagt, dass es bei den Orben auch wirklich wichtig ist, mit welcher astrologischen Technik man arbeitet. Arbeitet man mit der indischen Technik der Fragehoroskope, müssen sehr enge Orben eingehalten werden. In der Evolutionären Astrologie hingegen, bei der man in Dynamiken vergangener Leben schaut, sind größere Orben hilfreich und auch absolut angemessen – manchmal sogar bis zu 11° Orbis. Die evolutionäre Technik der Acht Hauptphasen, wie sie auch Dane Rudyar und später J.Green aufgriff, rechtfertigt die Arbeit mit großen Orben in der Evolutionären Astrologie.

Oftmals hört bei Aspekten noch Begriffe wie guter oder schlechter Aspekt. Nun ich bevorzuge die Titulierung von harmonischem oder stressvollem Aspekt. Das Quadrat (90° □) wird vor allem seit dem Mittelalter als schlecht angesehen. Doch sollten wir bedenken, dass wir, um aufrecht zu stehen, im Rechten Winkel, also 90°, zum Boden sein müssen. Das ist sicherlich stressvoll für unseren Gleichgewichtssinn und für unsere Beinmuskulatur, aber dieser Winkel ermöglicht dem Tier homo sapiens auch in Aktion gehen zu können. Stress ist wie wir hier sehen können nichts Schlechtes, sondern Teil der Schöpfung. Lehne ich zum Beispiel cool im 120° Winkel (Trigon △), was in der alten Astrologie als guter Aspekt angesehen wird, mag das sicherlich sehr bequem sein, doch ich werde nicht so leicht in Handlung gehen können, wie beim Rechten Winkel des Quadrats □.

Hier ein paar einfache Schlüsselbegriffe und Kerndynamiken zu den Aspekten, bevor wir weiter unten auf die Acht Hautphasen zu sprechen kommen:

Konjunktion ☌   0°   Zwei Planeten befinden sich am selben Punkt im Kreis. Die Konjunktion wird oft als stressvoller Aspekt angesehen, denn in ihr besteht die Herausforderung, die beiden planetaren Energien **gebündelt** und **ausgeglichen** zu leben. Jedoch ist es vor allem bei der Konjunktion wichtig zu unterscheiden, welche Planeten da „aufeinanders Schoss sitzen". Eine Jupiter – Venus – Konjunktion (♃ ☌ ♀) hat offensichtlich eine andere Qualität als eine Saturn – Mars – Konjunktion (♂ ☌ ♄). Bei der Deutung fasst man einfach die archetypischen Schlüsselworte und –Dynamiken der beiden Planeten in astro-logischen Sätzen, entsprechen ihrer Stellung in Haus und Zeichen sinnvoll zusammen. Die Konjunktion gilt als stressvoller Aspekt und wird in Rot im Horoskop eingezeichnet[67].

---

[67] Die Farbe ist nur eine persönliche Empfehlung für Aspekte. Die Farbe kann nach belieben gewählt werden. Dennoch empfiehlt es sich, die stressvollen Aspekte in ein und derselben

Opposition ☍ **180°** Zwei Planeten im größtmöglichen Abstand innerhalb des Kreises

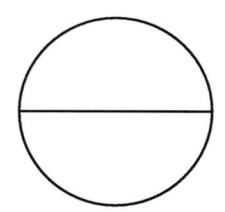

Die Opposition (Kreis von 360° geteilt durch 2) schafft die größtmögliche Polarisation. Daher besteht hier **extreme** Spannung bzw. scheinbare Widersprüchlichkeit. Oft kommt es (vor allem in jungen Jahren) beim Natalen zu einem „entweder-oder" oder einer „mal-hier-mal-da"-Dynamik entsprechend beider planetarer Energien, die sich dann oft als Extreme zeigt. Manchmal wird Planet A gelebt und die Dynamiken von Planet B werden auf andere Menschen projiziert, oder umgekehrt. Normalerweise führt die Opposition den Natalen dazu, mit der Zeit, sein Bewusstsein so zu weiten, dass beide polaren Dynamiken ausgeglichen gelebt werden können. Die Opposition ist ein stressvoller Aspekt und wird daher in Rot im Horoskop eingezeichnet.

Trigon △ **120°**

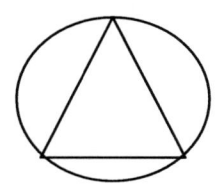

Das Trigon (Kreis von 360° geteilt durch 3) bringt einen kreativen, vitalen Fluss der planetaren Energien. Die beiden Planeten befinden sich in **kreativer Harmonie** zu einander. Doch hat das Horoskop keine Spannung, also keine stressvollen Aspekte, kann das Trigon selbstzufrieden sein Potential bewundern, aber nicht umsetzen. Der coole Gigolo bleibt im 120° Winkel an der Wand gelehnt und das genügt ihm. Trigone gelten als harmonische Aspekte und werden daher in Blau im Horoskop eingezeichnet.

Farbe und die harmonischen in einer anderen Farbe zu zeichnen. Mit der Zeit und mit praktischer Deutungserfahrung, nimmt die rechte Gehirnhälfte die Farbe direkt auf, und liefert wichtige Deutungsinformationen zu den Aspekten.

Quadrat □ 90°

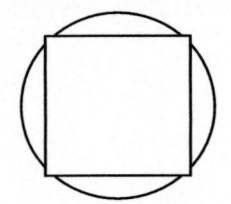

Das Quadrat (Kreis von 360° geteilt durch 4) bringt **Spannung**, um in **Handlung** zu gehen. Wie oben schon erwähnt, wurden Quadrate für Jahrhunderte als schlecht angesehen. Doch das war während eines Zeitgeistes, bei dem Eigenhandlung nicht gerne gesehen wurde. Wir brauchen Spannung, um Dinge voranzubringen, indem wir in Handlung und Aktion gehen. Wir stehen ja auch im Rechten Winkel zum Erdboden und können daher in alle Richtungen losgehen! Das Quadrat trägt in sich eine Spannung, die dazu drängt, Dinge anzugehen und durch Aktivität in die Welt zu bringen. Abhängig von den Planeten, die ein Quadrat bilden, kann das Quadrat konstruktives, aber eben auch destruktives hervorbringen. Quadrate sind stressvolle Aspekte und werden in Rot im Horoskop eingezeichnet.

Halbquadrat ∠ 45°

Salopp könnte man sagen, dass Halbquadrate die halbe Spannung des Quadrates in sich tragen. Auch sie drängen zur Handlung und bringen entsprechend der Phasenlehre einen wichtigen evolutionären Spannungs- bzw. Energiewechsel. Halbquadrate lassen sich schwer im Horoskop erkennen, und werden daher oft übersehen oder als nicht wichtig angesehen. Das Halbquadrat ist stressvoll und wird daher in Rot ins Horoskop gezeichnet.

Anderthalbquadrat ⚻ 135°

Nochmals kann man salopp sagen, dass das Anderthalbquadrat eineinhalb soviel Spannung in sich trägt wie das Quadrat. Dementsprechend auch hier die Spannung, die zur Aktion führen will. Das Anderthalbquadrat stellt entsprechen der Phasenlehre einen wichtigen Punkt in der Evolution eines Aspektes dar. Auch sie sind schwer im Horoskop zu entdecken, sind aber von Bedeutung! Die Aspektscheibe von Ebertin[68] ist allemal hilfreich um Aspekte zu finden – oder einfach nur der

---

[68] Ebertin Verlag, Freiburg/Breisgau

Computerausdruck. Anderthalbquadrate sind stressvoll und daher werden sie in Rot ins Horoskop gezeichnet.

Quintil Q   **72°**   und   **Bi-Quintil** Bq **144°**

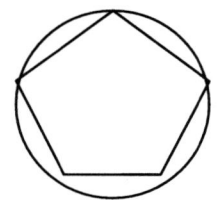

Das Quintil (Kreis von 360° geteilt durch 5) ist ein erstaunlicher Aspekt der **kreativen Transformation** und **universellen Geleitung**. Der Fünfstern ist eine natürliche geometrische Figur. Würde man, jedes Mal wenn sich die Sonne ☉ und Venus ♀ am Himmel in einer Konjunktion treffen[69], ein kleines Zeichen dort ans Firmament kleben, ergebe sich nach der 5. Konjunktion von Sonne ☉ und Venus ♀ ein exakter Fünfstern (Pentagramm), Zeichen der schöpferischen Kräfte (missbraucht auch ein Symbol der schwarzmagischen Invokation). Das heißt, die Sonne ☉ und Venus treffen sich immer wieder nach 144°, was in der Astrologie mit Biquintil betitelt wird. Quintil und Biquintil wirken in einer **universellen Schwingung**. Doch es kommt dabei auf die Bewusstheit des Natalen an: Ist dieser noch eingebetet in das dumpfe Mitschreiten mit den Werten des Haupstroms einer bestehenden Gesellschaft, dann werden Quintile in seinem Geburtshoroskop brachliegen und wahrscheinlich nichts bewirken.

Ist die Bewusstheit im Erwachen, dann bringt das Quintil oder Biquintil himmlische Fügungen, Verwandlungen und Geschenke hervor, bei denen der Natale nur eines weiß: es kommt nicht von ihm. Oft bringen Quintile bzw. Biquintile den Natalen dazu bestehendes Wissen oder Können zu verwandeln, zu veredeln und/oder universeller zu machen. Zum Beispiel hatten C.G. Jung und Albert Einstein Quintil-Aspekte in ihrem Horoskop.[70] Jung zum Beispiel, war beflügelt von Freuds Theorien, doch fand dann sehr bald seine eigenen universellen Einsichten, die – wie ich meine – bis heute nicht in ihrem metaphysischen Schatz verstanden und angenommen sind. Das Quintil und Biquintil ist etwas Besonderes. Es sollte daher mit einer besonderen Farbe in der Horoskopzeichnung markiert werden, zum Beispiel Purpur.

---

[69] entweder die direktläufige oder die rückläufige Konjunktion
[70] was nicht bedeutet, dass ein Nataler mit Quintilen ein Einstein wird!

Sextil ✶ 60°

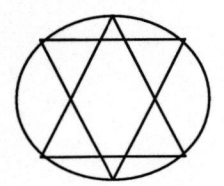

Das Sextil (Kreis von 360° geteilt durch 6) ist das Symbol des Davidsterns – der perfekten Balance von weiblicher und männlicher Energie, von Wasser und Feuer). Daher kann man Sextile als „kleine Trigone" sehen, denn auch sie schwingen in **harmonischer** Schwingung. Sie können jedoch in ihrer Manifestation sehr entspannt sein, um nicht das Wort faul zu sagen. Abhängig von den beteiligten Planeten bringen sie oft einen geschmeidigen Fluss von Schönheit und Harmonie. Kleopatra hatte Merkur im Sextil zur Venus (☿✶♀). Sie war berühmt für – nein, nicht für ihre schöne Nase[71] - sondern für ihre außergewöhnlich schöne (♀) Stimme (☿)! Das Sextil ist ein harmonischer Aspekt und wird in Blau in das Horoskop eingezeichnet.

Quinkunx ⚻ 150°

Die Quinkunx ist ein überaus wichtiger Aspekt, selbst wenn er in der klassischen bzw. traditionellen Astrologie nicht als Aspekt angesehen wird. Wohl deshalb, denn 150° stammt nicht von einer klaren Teilung des Kreises. Und genau deshalb ist dieser Aspekt der Quinkunx nicht wie andere Aspekte (harmonisch oder stressvoll). Die Quinkunx ist ein Aspekt der **(Selbst-) Verbesserung via innerer Analyse**, die oft durch innere oder äußere Krisen ausgelöst werden. Zählen wir von 0° Widder 150° weiter kommen wir zu Jungfrau ♍. Die Quinkunx trägt ähnliche archetypische Dynamiken wie die Jungfrau ♍: Krisen führen zu Analyse (mental), dann hoffentlich zu (Selbst-) Erkenntnis, und dann zu Techniken und Schritten der praktischen Umsetzung, wodurch Verbesserung bewirkt wird.

Oft sind Quinkunxen im Geburtshoroskop ein Hinweis auf eine karmisch-begründete Krise, die zur Verbesserung und somit auch zur Demut führen soll. Das Unangenehme an Quinkunxen ist, dass sie einfach nur unangenehme Energie bzw. ein mangelhaftes Gefühl mit sich bringen, das man auch über Handlung (stressvolle Aspekte) nicht loswerden kann. Erst über den Prozess der Selbstanalyse und der Selbsterkenntnis kann Linderung geschaffen werden. Die wunderbare Marion March verglich

---

[71] Asterix und Obelix

Quinkunxen einst mit einer Mücke nachts im Schlafzimmer: Sie nervt enorm! Wenn man das Licht einschaltet sieht man sie nicht, und kann auch nichts machen. Sobald man sich wieder Schlafen legt, geht das Generve wieder los, das ja wirklich nicht lebensbedrohlich ist, aber einen doch schwer zu schaffen machen kann. Mit diesem Bildnis lässt sich für den Klienten die Quinkunx gut erklären und bringt eine gewisse Entspanntheit zu diesem „Feinschliff"- Aspekt. Da die Quinkunx kein stressvoller und auch kein harmonischer Aspekt ist, sollte man sie mit einer neuen Farbe, zum Beispiel Grün, ins Horoskop einzeichnen. Ihr Orbis sollte 2° nicht überschreiten, damit sie nicht mit dem Biquintil (144°) verwechselt wird.

Halb-Sextil ⊻   30°
Das Halbsextil hat energetisch wirklich gar nichts mit dem Sextil zu tun, obwohl es oft als solches "verkauft" wird. Seine Energie bzw. evolutionärer Charakter ist wohl der Quinkunx am nächsten, wenn auch in wesentlich schwächerer Form. Das Halbsextil bringt gewisse notwendige **Krisen** im Bewusstsein bzw. im Leben, damit sich das Bewusstsein des Natalen an die Richtung der evolutionären Absicht bzw. Notwendigkeit **anpasst**. Das Halbsextil ist weder stressvoll noch harmonisch, daher wird es auch in derselben Farbe wie die Quinkunx, zum Beispiel Grün, ins Horoskop eingezeichnet.

Die Acht Hauptphasen
Das System der Acht Hauptphasen[72] ist ein wunderbares System, das ursprünglich aus der chaldäischen Astrologie stammt. Leider ist es unter den derzeitigen astrologischen Systemen fast nirgendwo zu finden – weder in Lehren noch in seiner wundervollen Anwendung. Dane Rudhyar beschreibt das Konzept der Phasen[73], und J.Green bietet in seinem Buch, „Pluto in Beziehungen"[74], eine wirklich großartige Beschreibung der Phasen aus evolutionärer Sicht, die ich jedem nur empfehlen kann, der sein Verständnis in dieser geradezu magischen Technik der Aspekte innerhalb der Phasen vertiefen will. Ich möchte Sie an dieser Stelle nur in das grundsätzliche Konzept der Acht Hauptphasen einführen und Ihnen dabei ein überaus hilfreiches Werkzeug der Horoskopinterpretation anbieten.
Vor allem bei der Arbeit mit den Achthauptphasen gilt die Regel, dass man bei der Betrachtung zweier Planeten in einem Horoskop immer den langsameren Planeten in Haus und Zeichen als die

---
[72] Graphik der Acht Hauptphasen mit Aspekten weiter unten
[73] "The Lunation Cycle" von Dane Rudhyar
[74] "Pluto in Beziehungen" von Jeff Green (Ebertin Verlag)

Berechnungsgrundlage bzw. Basis (0°) hernimmt und von dort aus gegen den Uhrzeigersinn (astrologische Richtung) den Abstand zum schnelleren Planeten in Haus und Zeichen misst[75]. Diese Regel kennt nur eine Ausnahme. Nämlich wenn die Sonne ☉ einer der beiden zu untersuchenden Planeten ist. Dann ist die Sonne ☉ in Haus und Zeichen immer als Berechnungsgrundlage bzw. als Basis (0°) zu sehen, um von ihr aus zum anderen Planeten in Haus und Zeichen gegen den Uhrzeigersinn zu messen – egal ob dieser andere Planet schneller oder langsamer als die Sonne ☉ in ihrem Umlauf ist.

Der Planet, der bei der Untersuchung zweier Planeten, entweder der Langsamere oder eben die Sonne ☉ ist, gilt als Berechnungsgrundlage oder Basis und man gibt dieser Position die Bestimmung von 0° - unabhängig auf welcher Gradzahl sich dieser langsamere Planet oder die Sonne ☉ in einem Tierkreiszeichen befindet. Von dieser Basis von 0° misst man nun gegen den Uhrzeigersinn (astrologische Richtung) bis zu dem anderen zu untersuchenden Planeten. Es kann am Anfang enorm hilfreich sein, wenn man sich eine Graphik der Acht Hauptphasen mit den darin liegenden Aspekten auf Klarsichtfolie kopiert, denn dann kann man ganz einfach die 0°-Basis auf den langsameren Planeten (oder die Sonne ☉) der zu untersuchenden Planeten legen und sieht mit einem Blick, in welcher der Acht Hauptphasen sich der andere zu untersuchende Planet befindet, und ob dieser zudem auch noch einen Aspekt zu dem Planeten an der Basis macht. Selbst wenn sich kein Aspekt zwischen den beiden zu untersuchenden Planeten ergibt, befinden sie sich doch in einer Phase zueinander!

Die 0°-Basis, an der sich langsamere Planet (oder die Sonne ☉) befindet, kann aus evolutionärer Sicht als der ursprüngliche Impuls für die Evolution des Planetenpaares durch den Zyklus der Acht Hauptphasen gesehen werden. Als sei einst einmal in der Vergangenheit (frühere Inkarnation) der schnellere der beiden zu untersuchenden Planeten an der Stelle des langsameren Planeten (oder der Sonne ☉) in Haus und Zeichen in Konjunktion gewesen[76]. Also in anderen Worten, als sei der schnellere Planet einst dort bei dem langsameren Planeten (oder der Sonne ☉) auf dem Schoss gesessen und habe da einen neuen Impuls für einen neuen evolutionären Zyklus durch die Acht Hauptphasen erfahren. Diesen ursprünglichen Impuls bringt der schnellere Planet seitdem in evolutionäre Umsetzung. Worum es bei dem ursprünglichem Impuls ging bzw. geht, lässt sich an der Position des Planeten an der 0°-Basis in dessen Haus-

---

[75] Bei Transiten und Progressionen ist der Radix-Planet die Bemessungsgrundlage (0°), bei Synastrie der Planet, der zuerst im Tierkreis steht, also Stier vor Löwe.
[76] was astronomisch nicht der Fall war!!!

und Zeichenstellung ablesen. Dieser Impuls wird im interaktiven Energiespiel des schnelleren Planeten mit dem Planeten an der Basis durch die Acht Hauptphasen mit ihren innewohnenden Aspekten er- und durchlebt.

Lassen Sie mich das anhand unseres Beispiel-Horoskops "Dick" praktisch veranschaulichen: Möchte ich zum Beispiel die Phasenbeziehung von Dicks Jupiter ♃ und Merkur ☿ untersuchen, weil wir vielleicht gerade über dessen Fähigkeit sprechen wollen, wie er ganzheitliche Einsichten (Jupiter ♃) in Kommunikation (Merkur ☿) umsetzen kann bzw. wie seine rechte Gehirnhälfte (Jupiter ♃) mit der Linken (Merkur ☿) korrespondiert, dann setzen wir als erstes Jupiter ♃ (im 11. Haus auf beinah 12° Zwilling ♊) an die Basis, also auf unsere 0° der Acht Hauptphasen. Von dort aus rechnen wir (oder nutzen unsere Klarsichtfolie) bis zu Merkur ☿, der in Dicks Horoskop im 10. Haus in Stier ♉ steht. Wir kommen auf einen Abstand von 326°. Daher befinden sich die beiden Planeten in der Balsamischen Phase zueinander. Wie jede der Acht Hauptphasen trägt auch die Balsamische Phase gewisse archetypische Energien in sich, die wir nun in Bezug zu dem ursprünglichen Impuls deuten müssen, den wir am Jupiter ♃ im 11. Haus in Zwilling ♊ ablesen.

Man könnte also sagen, dass der ursprüngliche Impuls des Jupiters ♃ im 11. Haus in Zwilling ♊ war, neue Philosophien (♃) in einer Vielzahl (♊) von Gruppen (11.) zu erfinden (11.) und zu kommunizieren (♊). Nun sehen wir, dass sich Merkur ☿ in der Balsamischen Phase befindet, die anzeigt, dass ein Zyklus, der bei der 0°-Basis begann (dort, wo Jupiter steht), zum Abschluss gebracht wird, und daher universelle Vereinfachung erleben wird (Balsamische Phase). Aufgrund der Position von Merkur ☿ im 10. Haus in Stier ♉ könnte man weiterdeuten, dass es sich hier um lebenserhaltende (♉) Strukturen (10.) handelt, die hier kommuniziert werden. Allein über diese Position und Phasenbeziehung könnte man, übertrieben gesagt, Enzyklopädien schreiben, doch ich möchte Sie nun lieber in die archetypischen Dynamiken der Acht Hauptphasen einführen.

Lassen Sie uns dafür erst einmal einen Blick auf die untenstehende Abbildung der Acht Hauptphasen mit ihren Aspekten werfen. Sie sehen den 0°-Basispunkt, der den ursprünglichen Impuls darstellt, von dem aus die Evolution durch die Acht Hauptphasen gegen den Uhrzeigersinn stattfindet. In den jeweiligen Phasen finden Sie ab und an einen Aspekt, wie er oben kurz beschrieben wurde. Sie können schon nach dem ersten Blick erkennen, dass es zum Beispiel einen gravierenden Unterschied macht, ob ein Quadrat □ auf 90° oder auf 270° bezüglich des 0°-Punktes liegt. Das eine Quadrat □ zeigt den Übergang der „Aufsteigenden Phase" zur „Ersten Viertel Phase", bei dem es zu Krisen in der Handlung kommt. Das andere Quadrat □ zeigt den Übergang der „Absteigenden Phase" zur

"Letzten Phase" an, bei dem es um Krisen im Weltbild bzw. im Glauben geht.

Ich kann Ihnen nur nochmals empfehlen, eine solche Abbildung der Acht Hauptphasen mit den Aspekten auf einer Klarsichtfolie zu zeichnen, um müheloser – ohne Rechnen – die Phasen und Aspekte erkennen zu können.

Hier nochmal die Aspekte:		
☌	Konjunktion	0°
⊻	Halbsextil	30° / 330°
∠	Halbquadrat	45° / 315°
✶	Sextil	60° / 300°
Q	Quintil	72° / 288°
□	Quadrat	90° / 270°
△	Trigon	120° / 240°
⚼	Anderthalbq.	135° / 225°
Bq	Biquintil	144° / 216°
⚻	Quinkunx	150°/ 210°
☍	Opposition	180°

<u>Die Acht Hauptphasen und die Aspekte darin:</u>

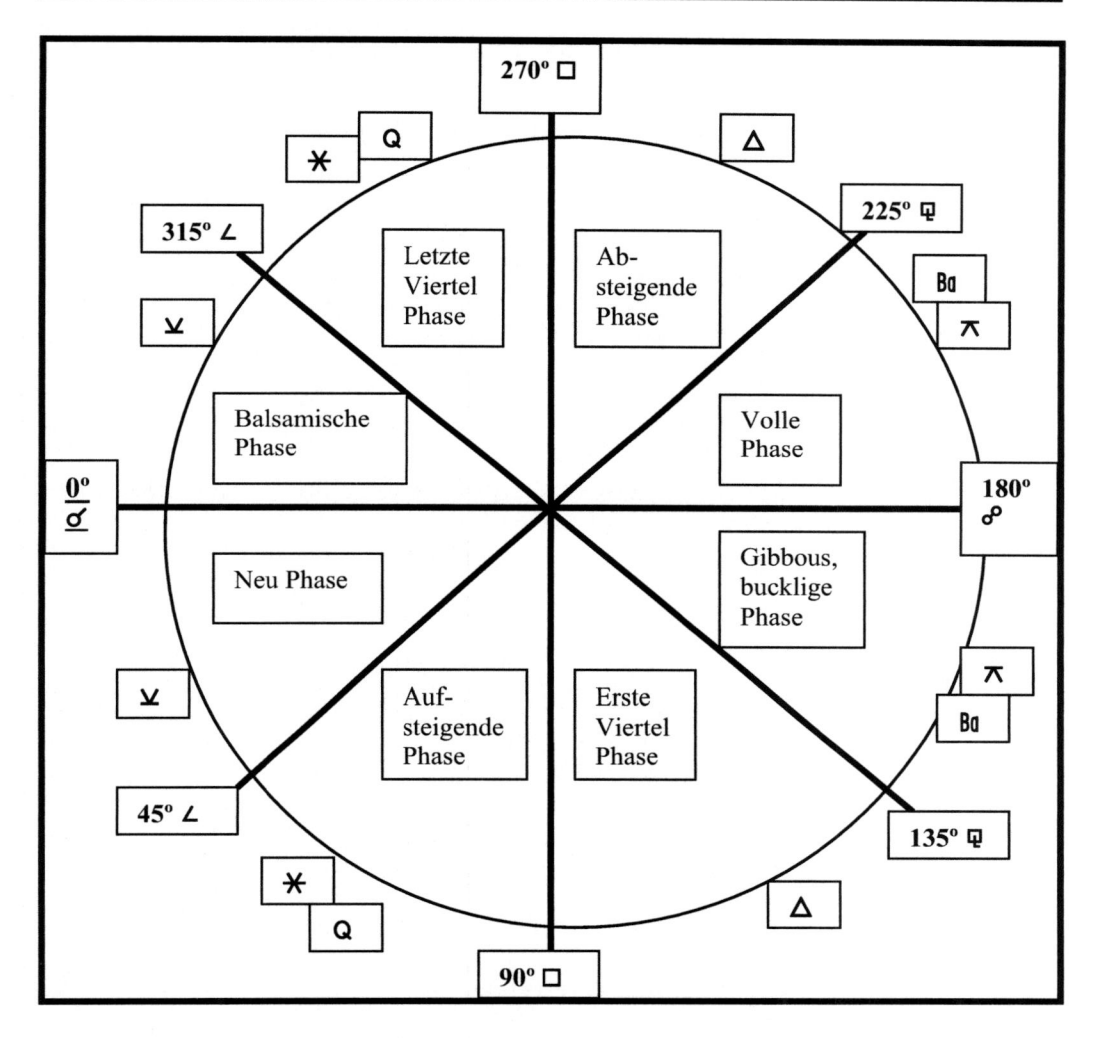

In der obigen Graphik kann man ersehen, dass jede der Acht Hauptphasen die Größe von 45° besitzt. Das zeigt, dass jeweils nach 45° die energetische Schwingung einer Phase in eine andere evolutionäre Schwingung der anderen Phase wechselt. Im Durchlauf bzw. Erleben der Acht Hauptphasen erfährt der ursprüngliche Impuls, der an der 0°-Basis begann, seine Evolution des Bewusstseins. Jede planetare Phase hat einst bei diesem 0°- Basispunkt begonnen, und wird nach dem Durchlauf durch die Acht Hauptphasen in der Balsamischen Phase wieder vom Urgrund des Bewusstseins „eingeatmet".

Neue Phase steht für den Beginn eines brandneuen Zyklus zweier Planeten, bei dem ein neuer evolutionärer Impuls (0°) entzündet wird, der nun in der Neuen Phase in Aktion gebracht wird, und somit instinktiv erforscht wird. Daher ist die Neue Phase purer Instinkt, ohne irgendein Konzept oder einen Plan. Stellen Sie sich einmal Mars ♂ und Venus ♀ in der Neuen Phase vor. Der Natale wird keine Ahnung haben, wie, wann und warum er sinnlich-erotische Beziehungen initiiert. Doch der starke Drang der Neuen Phase wird ihn dazu bringen, seine instinktiven Impulse zu leben, wenn es um sinnlich-erotische Anziehung und Beziehung geht. Somit wird er sich langsam des ursprünglichen Impulses (0°) hinsichtlich seiner Bedürfnisse in Intimbeziehung bewusst. Dieser Natale wird sich immer dann immer sinnlich-erotisch-sexuell stimuliert fühlen, wenn es den Charme des Neubeginns, des ersten Flirts in seiner Beziehung gibt – oder wenn es immer wieder neue Flirts und Begegnungen gibt. Eine feste Beziehung ist aber durchaus möglich, wenn sich beide immer wieder neu begegnen und begehren.
Um die Neue Phase mit einem Bild zu beschreiben, kann man sich ein Kind vorstellen, dass über eine Wiese läuft und lustvoll Blumen pflückt. Mal hier eine, mal da eine – immer seinen Impulsen folgend.

Aufsteigende Phase kommt es nun zu einem Energiewechsel: Die bei der Neuen Phase nach Außen (Yang) drängenden Energie, wird in der Aufsteigenden Phase nach Innen (Yin) gerichtet, um die impulsiven Erfahrungen (und ihre Reaktionen auf sie) zu verinnerlichen. Dabei entsteht eine Formulierung des ursprünglichen Impulses (0°), der dem Natalen das Gefühl von „mein" bzw. „eigen" gibt. Er definiert in der Aufsteigenden Phase den ursprünglichen Impuls nun zunehmend als sein eigen. Das kleine Kind hat seine Blumen gepflückt und beginnt nun diese zu seinem eigenen Strauss zu bündeln. Es werden also die Erfahrungen der Neuen Phase gebündelt, formuliert und für sich definiert. Somit beginnt das Bewusstsein des Natalen sich mit dem Thema des ursprünglichen Impulses zu identifizieren.
Die Energie in der Aufsteigenden Phase ist wesentlich langsamer, denn es findet ein Verinnerlichungsprozess statt. Je weiter die Aufsteigende Phase voranschreitet, umso wohler fühlt sich der Natale mit seinem „Thema" des ursprünglichen Impulses, was sogar zu einer gewissen Selbstzufriedenheit oder gar Faulheit führen kann, die auf dem inneren Glauben bzw. Gefühl beruht, man hätte erreicht, was erreicht werden sollte. Doch je näher das 90°-Quadrat, und somit der Übergang zur Ersten Viertel Phase rückt, umso mehr Stress baut sich nun im Bewusstsein auf. Auf diese innere Spannung (Quadrat □) reagiert die Aufsteigende Phase mit der ihr eigenen Politik des „Aussitzens" –

schließlich ist es doch gerade so schön einen Blumenstrauß in der Hand zu haben.

Erste Viertel Phase bringt nun evolutionären Stress, denn der ursprüngliche Impuls (0°) will nun zum Ausdruck und in äußere Handlung gebracht werden. Das Kind liebt diesen tollen Blumenstrauß und will ihn am Liebsten behalten. Doch es spürt einen inneren Ruf, ihn seiner Mutter zu schenken. Dabei stellt sich aber zugleich die Frage, soll es die Blumen beim Frühstück überreichen oder als Überraschung in die Eingangshalle stellen. In der Ersten Viertel Phase besteht also nicht nur der evolutionäre Druck, den ursprünglichen Impuls, den man jetzt zu seinem Eigen gemacht hat, der Außenwelt anzubieten, sondern dabei auch noch die Frage, wie und in welcher Form man das machen soll.

Daher nennt Dane Rudhyar dieses Quadrat auch „Krisen in und über die Handlung". Zugleich wirken auch noch zwei widersprüchliche Ängste bei dieser Phase. Die Angst vor Fehlschlag und zugleich die Angst vor Erfolg! Das Kind hat einerseits Angst, die Mutter könnte den Strauss nicht mögen, und zugleich hat es Angst, dass wenn er der Mutter gefällt, dass von ihm erwartet wird, das jetzt immer zu tun. Zu Beginn der Ersten Viertel Phase sind diese beiden Ängste – Angst vor Misserfolg und vor Erfolg – recht stark. Die Angst vor Erfolg begründet sich in der unbewussten Gewohnheit der vergangenen Aufsteigenden Phase, auf seinem Sofa gemütlich über das, was „mein" ist brüten zu können. Käme also Erfolg, dann wäre es aus mit der Ruhe, meint der Natale in der Ersten Viertel Phase.

Es ist wichtig einem Klienten mit dieser Phase diese beiden Ängste vor Augen zu führen, und ihn dann wissen zu lassen, dass es nur eine Angst ist[77]. Hat jemand zum Beispiel Mars ♂ Venus ♀ Quadrat □ in der Ersten Viertel Phase, kann das eine Person sein, die mit seinem Partner in Beziehung ist, dann wieder lieber allein ist, dann wieder mit demselben Partner zusammenzieht, wieder auszieht, wieder ein usw. Oder ein Merkur ☿ Jupiter ♃ in der Ersten Viertel Phase fühlt vielleicht den inneren Ruf, sein Wissen in die Welt zu bringen. Doch erfährt er dann inneren Stress darüber, ob er ein Buch schreiben sollte oder lieber Vorträge halten solle, oder vielleicht besser doch lieber nicht. Dieser innere mentale Stress kann dazu führen, dass dieser Natale dann oft schnell mental erhitzt und scharfe Diskussionen mit anderen führt. Es geht in dieser Phase darum, den ursprünglichen Impuls, den man seit der Aufsteigenden Phase sein eigen

---

[77] Angst auf Englisch ist "fear", was spaßeshalber False Evidence Appearing Real (falsche Beweise scheinen wahr zu sein) genannt wird.

nennen kann, mit persönlicher Kraft über Handeln und Tun in die Welt zu bringen.

Je mehr sich das Trigon △ in der Ersten Viertel Phase aufbaut, folgt der Natale einfach nur seinem inneren Ruf etwas kreativ in die Welt zu bringen, sei es als Buch, als Vortrag oder beides; er erkennt, dass er nicht seine Individualität verliert, wie anfangs beim Quadrat ☐ angenommen, sondern dieser durch sein Handeln stärkt und aufbaut. Er kann jetzt in Beziehung sein und dabei trotzdem er selbst bleiben. Es macht ihm Spaß und geht ihm leicht von der Hand, den ursprünglichen Impuls in kreativer und hochgradig individualisierter Form zu gestalten und zu leben. Um das Trigon herum wird er somit zu einem lebenden Vorbild für persönliche Vitalität, die andere inspirieren und motivieren wird und soll. Je näher es dann an das 135° Anderthalbquadrat rückt, umso mehr baut sich wieder Stress im Bewusstsein auf, die die Gibbous Phase[78] einleitet – die Außenwelt, der das Geschenk der Ersten Viertel Phase angeboten wurde, applaudiert nicht mehr – ein energetischer Thronsturz findet beim Anderthalbquadrat im Übergang zur Gibbous Phase statt.

. **Gibbous bzw. Bucklige Phase** bringt dem ursprünglichen Impuls (0°), der in der Ersten Viertel Phase beim Trigon △ seinen Höhepunkt persönlicher, individueller Kraft erfahren hat, jetzt in Dynamiken von Krisen, um Demut und somit Verbesserung zu erreichen, damit der Impuls nach der Gibbous Phase gleichwertig in die Welt der sozialen anderen gebracht werden kann (Volle Phase). Der persönliche Rohdiamant der Ersten Viertel Phase erfährt nun den universellen Diamantenschleifer! Nicht unbedingt angenehm – vor allem nicht um das Anderthalbquadrat der Gibbous Phase – aber wertvoll, denn nach den Läuterungen der Gibbous Phase, wird alles selbstherrliche, aufgeblasene, das in der Ersten Viertel Phase evolutionär notwendig war, verschwunden sein. Der ursprüngliche Impuls, lernt durch die inneren und äußeren Krisen Selbstkritik und Selbstanalyse, und wird im Dienst für ein größeres Ganzes stehen wollen.

Unglücklicherweise ist diese universelle Lektion oft aufgrund moderner Konditionierung missverstanden. Das hat zur Folge, dass die planetaren Funktionen oft unterwürfig statt demütig, oft selbstvermeidend und selbstuntergrabend, statt bescheiden und dienend in Funktion gehen. Stellen Sie sich einmal Jupiter ♃ und Merkur ☿ in der Gibbous Phase vor: Die unbewussten Erinnerung vergangener Leben und somit

---

[78] Ich bevorzuge diese Phase mit dem Englischen Titel zu belassen, denn in der Übersetzung heißt sie "Bucklige Phase" – ein nicht sehr aufbauendes Wort, falls es dem Astrologen mal in einer Beratung rausrutscht!

vorangegangener Phasen, wie zum Beispiel der Ersten Viertel Phase, in der das metaphysische Wissen (♃) in Form von Büchern und/oder Vorträgen (☿) erfolgreich in die Außenwelt gegeben wurde, und dadurch eine Stärkung des persönlichen Impulses stattgefunden hat, erlebt der Natale nun in der Gibbous Phase dauernd innere Stimmen (☿) der Selbstkritik über seine philosophischen Ansätze (♃). Er seziert jeden philosophischen Gedanken mit negativer Haltung, so dass er vor lauter Eigenkritik und Selbstzerfleischung nicht in die „Pötte kommt". Dabei gibt es doch nichts Gutes außer man tut es.

Diese inneren Stimmen der Kritik (Gibbous Phase) spiegeln sich logischerweise auch in der Außenwelt des Natalen wieder. Sei es, dass tatsächlich nörgelnde Kritik an ihn herangetragen wird oder dass der Natale die Meinung anderer als negative Kritik missversteht. Dabei ist eine wichtige Funktion in der Gibbous Phase, zwischen destruktiver und konstruktiver Kritik zu unterscheiden. Konstruktive Kritik sollte der Natale dankbar und demütig entgegen- und aufnehmen. Die Phase von Jupiter ♃ und Merkur zeigt auch an, wie die Gehirnhälften aufeinander wirken. Von der Neuen Phase bis zur Gibbous Phase führt die rechte Gehirnhälfte (♃) die Linke (☿), d.h. intuitive Impulse führen zu linearen Gedanken. Von der Gibbous Phase bis zum Beginn der Balsamischen Phase führt die linke Gehirnhälfte (☿) die rechte, d.h. linear-analytische Informationen führen zu größeren Einsichten. Ab der Balsamischen Phase führt wieder die rechte Gehirnhälfte (♃), um das lineare Wissen zu vereinfachen und in universelle Gesetzmäßigkeiten zu integrieren (Balsamische Phase).

Die Gibbous Phase ist eine Phase der Selbstinvestition, um das Persönliche des ursprünglichen Impulses nun durch Verbesserung auf die kommende Volle Phase vorzubereiten. Je näher die Opposition rückt, umso stärker baut sich extreme Spannung im Natalen zwischen den beiden Planeten auf. Diese Spannung wird in der Gibbous Phase aber dann wieder oft zum Anlass für Selbstkritik und somit Selbstvermeidung. Der Natale richtet dabei aber schon seine Energie auf die Welt der anderen, die ab der Vollen Phase von äußerster Bedeutung für ihn und den ursprünglichen Impuls wird. In der Gibbous Phase jedoch empfindet sich der Natale wie ein kleines Kind am Tisch mit Erwachsenen, zu denen er aufschaut – dabei sein eigenes Potential, das er nun zunehmend bereit ist, den anderen zu geben, anzuerkennen.

Volle Phase beginnt mit der Opposition; der größtmöglichen Spannung im Kreis. Daher bringt diese Dynamiken von Extremen zwischen den beiden Planeten. Da die Volle Phase die energetische Orientierung hin zu der Welt der anderen in sich trägt, um ihnen geben zu können, was sie entsprechend ihrer Bedürfnisse brauchen, besteht vor allem bei der

Opposition in der Vollen Phase die Tendenz, eine der beiden planetaren Energien über Spiegelung bzw. Projektion eines anderen Menschen zu erleben. Hat ein Nataler zum Beispiel eine Saturn ♄ Mond ☽ Opposition ☍ in der Vollen Phase, kann es sein, dass er selbst die Rolle seines Mondes ☽ spielt und die Energien seines Saturns ♄ auf eine andere Person projiziert; also im anderen eine Autorität bzw. Vaterfigur sieht und erlebt. Zugleich kann der Natale bei einer anderen Person (oder sogar bei derselben) die Rolle seines Saturns ♄ übernehmen, und den anderen über Projektion zu seinem Mond ☽, zum Beispiel Inneren Kind, machen. Solch Dynamik führt natürlich zu Extremen, die den Natalen früher oder später immer wieder auf sich selbst zurückwerfen, damit er mit der Zeit sein Bewusstsein so weit erweitert, dass er beide planetaren Energien seiner Opposition der Vollen Phase in sich tragen und leben kann, um diese Dynamik dann in die Welt der anderen einzubringen, wo sie gebraucht wird. Im extremen Fall von krankhafter Manifestation kann die Opposition der Vollen Phase auch zu schizoiden Zügen bzw. Verhalten führen![79]

    Aus evolutionärer Sicht geht es bei der Vollen Phase darum, den ursprünglichen Impuls (0°) in die soziale Welt anderer Menschen zu bringen. Dazu muss der Natale die Bedürfnisse der anderen erkennen. Um dazu in der Lage zu sein, muss er nun Zuhören lernen und zu geben, was gebraucht wird. Manchmal sogar nicht zu geben, um Dynamiken von Extremen und Unausgeglichenheiten zu vermeiden. Manchmal ist der Akt des Nicht-Gebens ein Akt des Gebens! Hier in der Vollen Phase lernt und praktiziert der Natale den ursprünglichen Impuls zwischen eigener Individualität und den Bedürfnissen vieler anderer Menschen zu balancieren. Er lernt Geben und Empfangen auszugleichen. Durch die Volle Phase macht der Natale unendlich viele Erfahrungen hinsichtlich der Bedürfnisse anderer Menschen in bezog auf seinen ursprünglichen planetaren Impuls. Dadurch lernt er „den Markt" anderer kennen und will ihnen von seinen planetaren Möglichkeiten geben, was er kann und was gebraucht wird. Er entwickelt gute Menschenkenntnis und soziales Wissen.

    Das Bewusstsein wird sich der Gleichwertigkeit mit anderen – seien diese noch so anders – bewusst und glaubt dabei all zu leicht, es hätte die mitmenschlichen Belange schon gemeistert. Doch je näher das Anderthalbquadrat des Übergangs zur Absteigenden Phase rückt, umso stärker rückt eine weitere soziale Herausforderung an den planetaren Impuls des Natalen. Die Absicht dabei ist es nun, die sozialen Fähigkeiten, die sich der Natale in der Vollen Phase angeeignet hat, auf den gesellschaftlich-sozialen Prüfstein zu bringen. Um das Anderthalbquadrat von der Vollen Phase zur Absteigenden Phase kommen kommt es oft zu

---

[79] Das bedeutet nicht, dass eine Opposition ein Hinweis auf Schizophrenie ist!

gesellschaftlichen Prüfungen, Tests und Forderungen an Zertifikate und Abschlüsse, denn jede Gesellschaft, will gerne diejenigen geprüft und für gut befunden wissen, die offiziell auf die sozialen Belange anderer Einfluss haben.

Absteigende Phase bringt wieder Stress im Bewusstsein, in der evolutionären Absicht, alle Überidentifikationen mit der sozialen Welt der anderen zu eliminieren und den ursprünglichen Impuls nun zu einer gesellschaftlich nützlichen Blüte zu bringen (Trigon △ der Absteigenden Phase). Die planetare Phase des ursprünglichen Impulses kommt in der Absteigenden Phase zu ihrer sozial-integrierten Blüte. Um das Anderthalbquadrat kommt es daher oft zu Prüfungen und Test, denn für eine bestehende Gesellschaft genügt es nicht, nur gut mit anderen Menschen umgehen zu können und vielleicht von Natur aus psychologische Fähigkeiten zu haben. Man will Zertifikate sehen. Das löst im Bewusstsein des Natalen Stress und oft auch Widerstand aus, vor allem wenn er von Innen heraus fühlt, dass er etwas zu geben hat (unbewusste Erinnerungen aus der Vollen Phase). Um aber zum Beispiel als Therapeut arbeiten zu dürfen, muss sich der Natale durch das Nadelöhr gesellschaftlicher Tests zwängen. Dabei kann es oft zu Reibereien zwischen dem Establishment und dem Natalen geben.

Der Spruch, „wer zuletzt lacht, lacht am Besten", kann zu einem unterstützenden Mantra für den Klienten werden. „Machen Sie die Prüfungen, indem sie das lernen und beantworten, was man von Ihnen hören will – haben Sie erst einmal den Schein, können Sie ihr Wissen und Können entsprechend des ursprünglichen Impulses in die Gesellschaft einbringen – und man wird Ihnen zuhören und Ihre Gaben dankbar annehmen!" Die Absteigende Phase führt nun mal auf das Trigon zu, das man als sozial-gesellschaftliche Hochblüte ansehen kann. Der ursprüngliche Impuls ist durch so viele Erfahrungen, Metamorphosen und Feinschliffe gegangen, dass er jetzt beim Trigon erfolgreich aus den Vollen schöpfen kann. Dabei inspiriert er wahrlich die bestehende Gesellschaft mit dem was der ursprüngliche Impuls für sie von Anfang an bereithielt. Erfolg und sogar Ruhm sind um das Trigon hier angesagt.

Je weiter die Phase nun an das 270° Quadrat rückt umso mehr tauchen universelle Sinnfragen im Bewusstsein des Natalen auf – ein Hinweis auf einen weiteren Wechsel der energetischen Schwingung des ursprünglichen Impulses. Solange sich das Quadrat in der Absteigenden Phase noch aufbaut, werden solche inneren Sinnfragen als störend wahrgenommen und oft verdrängt und vermieden. Doch die leisen Stimmen nach dem universellen Sinn dessen, was man hier in die Gesellschaft einbringt, wachsen. Dennoch hat hier die Absteigende Phase die Tendenz am Ruhm des Bekannten festzuhalten, während es den Ruf nach dem tieferen, universellen Sinn zu überhören versucht. Das führt zunehmend zu dem, was Dane Rudhyar beim 270° Quadrat als „Stress im Bewusstsein und Glauben" beschrieb. Dieser Stress findet seinen Höhepunkt im Übergang zur Letzten Viertel Phase.

Letzte Viertel Phase bringt beim Quadrat tiefe Sinnfragen universeller Qualität: "Macht ein brechender Ast wirklich ein Geräusch, wenn kein Mensch zuhört?" Solche tiefen Fragen bringen in der Letzten Viertel Phase das Bewusstsein zu tiefer innerer Kontemplation und Reflektion. Dabei wirken zwei Dynamiken: Eine, die sich mit den unbewussten Erinnerungen an sozial-gesellschaftlichen Ruhm und Erfolg (Absteigende Phase) auseinandersetzt. Die andere, die auf den universellen Ruf der noch kommenden Balsamischen Phase reagiert und sich in dessen Richtung orientieren will – „doch wie geht das? Ich kenne doch nur das sozial-gesellschaftliche?" Der Erfolg, der auf dem Können der Absteigenden Phase beruht, wird unter einem universelleren Licht betrachtet: „Ist das, was ich in der Gesellschaft anbiete, wirklich von universellem Nutzen – bringt das eigentlich irgendetwas für die anderen und für meine innere seelische Entwicklung?" Solche Fragen bringen das Bewusstsein in der Letzten Viertel Phase zu einer tiefen, reflektiven Innenschau. Dabei häutet sich das Bewusstsein wie eine Schlange von alten, unbewussten Erinnerungen vorangegangener Phasen, um sich für den universellen Ruf des ursprünglichen Impulses zu öffnen.

Ich nenne diese Phase oft auf die „Rentner-Phase" – ähnlich wie ein Mensch, der in den Ruhestand geht, reflektiert er über sein Berufsleben, zu dem er nun nicht mehr gehört, und stellt sich profundere Sinnfrage über das, was als nächstes auf ihn zukommt. Nur haben wir es hier nicht mit einem Rentner zu tun, sondern mit einer planetaren Phase. Das heißt auch ein 10-jähriges Kind kann Planeten in dieser Phase haben und wird daher recht introvertiert sein. Es reflektiert über universelle Sinnfragen, während seine Altersgenossen Fußball spielen.

Je weiter die Letzte Viertel Phase voranschreitet, umso mehr wird sich das Bewusstsein des Natalen bezüglich des planetaren Impulses von 0° klar, was es an Altem los- und gehen lassen kann. Um das Sextil der Letzten Viertel Phase wird die planetare Phase zunehmend Menschen ins Leben ziehen, die den universellen Ruf des ursprünglichen Impulses von 0° symbolisieren und/oder inspirieren und fördern. Doch wird der Natale deshalb noch nicht in der Lage sein, den universellen Ruf völlig umzusetzen, denn es gilt noch „Altlasten" aufzulösen, wozu die Balsamische Phase zuständig sein wird. Daher besteht um das Sextil eine Tendenz, sich mit den Menschen zu identifizieren, die bereits schon universellere Dynamiken in ihrem Leben integrierte haben: Der Steuerrechtsanwalt, dessen besten Freunde einen spirituellen Weg beschreiten, den er über sie erlebt. Hierbei kann der Faulheitsaspekt des Sextils wirken. Dennoch entwickelt das Bewusstsein beim Sextil neue Ideen, die dem ursprünglichen Impuls universelleren Sinn geben könnten. Es baut sich ein Wollen auf, sein Leben mehr auf diese universellen Werte auszurichten. Damit wird auch schon der Stress im Übergang zur Balsamischen Phase eingeleitet, denn um das Leben universeller oder gar spiritueller auszurichten, muss Ungelöstes und Überflüssiges gelöst und aufgelöst werden.

Balsamische Phase wird durch das Halbquadrat eingeläutet. Das Bewusstsein wird sich nun bewusst, dass es sich von vielen „Altlasten" des abklingenden Zyklus der Phasen reinigen und lösen will/muss, um den ursprünglichen Impuls von 0° universell zu integrieren. Alte, ungelöste, unabgeschlossene Dynamiken der Vergangenheit (vergangener Leben – vergangener Phasen des Zyklus durch die Acht Hauptphasen) kommen jetzt zur Tagesordnung, damit diese friedlich zum Abschluss gebracht werden und somit losgelassen werden können. Der Natale erlebt in der Balsamischen Phase, dass ihm dauernd „alte, unbearbeitete bzw. unvollständige Akten aus seinem inneren Archiv vergangener Leben" auf den Tisch bzw. vor den Latz geknallt werden, damit diese zum Abschluss gebracht werden, so dass Frieden (Essenz des Lebens) im Bewusstsein einkehren kann. Dummerweise haben wir Menschen eine Tendenz auf Altbekanntes im altbekannten Muster zu reagieren, denn das gibt uns ein altbekanntes Gefühl von Sicherheit. Doch die Balsamische Phase will nicht, dass wir das Alte wiederholen, sondern dass wir es befrieden, sogar segnen, und gehen lassen. Im Englischen sagt man: „Let go – let God[80]."

Haben wir zum Beispiel Mars ♂ Venus ♀ in der Balsamischen Phase, dann werden wir Menschen, mit denen wir in vergangenen Leben in Beziehung waren, wieder anziehen, um ungelöste Beziehungsdynamiken zwischen uns und den anderen zu heilen und zu erlösen. Das geschieht aber nicht, indem wir wieder die alten Muster auftischen, sondern indem wir sie loslassen! Ein Bildnis, das ich Klienten mit Balsamsicher Phase von Planeten gebe ist, der Buddha, der auf dem Berg sitzt, die Regenwolke kommen lässt, regnen lässt und gehen lässt, ohne zu reagieren – nur lassen, ohne sich als Opfer zu fühlen, sondern die Kraft der Hingabe und des Friedens des Nicht-Reagierens genießen! Eine ganz schöne Aufgabe, vor allem für uns Westler!

---

[80] „Lass es los, lass es Gott machen"

Je weiter die Balsamische Phase alte Dynamiken befriedet hat, umso mehr kommt auch schon eine Ahnung über den Neuen Impuls des neuen Zyklus im Bewusstsein auf (kommende Neue Phase). Die Gefahr dabei ist, dass die Balsamische Phase sich dann oft selbst betrügt, indem sie sich vormacht, alles alte Ungelöste sei nun erledigt, und man könne das Neue schon leben. Das führt zu unangenehmen Enttäuschungen, denn es kommen immer noch Akten aus dem Keller auf den Tisch – bis das Muster erschöpft ist! Es ist wie bei einem Umzug von einer Wohnung in eine Neue. Die Alte Wohnung muss besenrein sein, damit man sich völlig auf die neue Wohnung einlassen kann. Wir alle wissen, wie viel zeitraubende Details beim Auszug zu erledigen sind, bis es wirklich besenrein ist! Je näher die Konjunktion rückt, umso größer ist die Tendenz, das Neue schon leben zu wollen, von dem man eine starke Ahnung hat, aber noch nicht zum Zuge kommt bis die Konjunktion der Neuen Phase beginnt, die dann aber oft einen anderen neuen Impuls hervorbringt als in der Balsamischen Phase angenommen.

Wichtige Planeten-Paare

Um in der Lage zu sein, planetare Beziehungen bezüglich der Achthauptphasen und den darin liegenden Aspekten effektiv untersuchen und deuten zu können, möchte ich Ihnen hier einige der wichtigsten und herkömmlichsten Planeten-Paare aufzeigen. Diese Planeten-Paare ermöglichen Ihnen bezüglich eines gewissen Themas, das Sie gerade in der Horoskopanalyse bearbeiten wollen, genau zu wissen, welche beiden Planeten sie zur Feinanalyse der Phasen und Aspekte zu untersuchen haben.

Sonne ☉ - Mond ☽ zeigen in ihrer Phase (der Acht Hauptphasen), wie die emotionalen Bedürfnisse (☽) in den persönlichen Lebenszweck integriert (☉) werden können. D.h. wie gebe ich meinem emotionalen Bedürfnis nach Geborgenheit und Sicherheit einen konstruktiven Platz in meiner Arena des Lebens, so dass diese emotional unterstützend auf meine Vitalität und Schaffenskraft wirken. Auf der energetischen Ebene der Chakren, zeigt dieses Planeten-Paar das Zusammenspiel von Drittem-Auge-Chakra (Ashna) (☉) und Medulla-Chakra (☽) an.

Mars ♂ - Venus ♀ zeigen in ihrer Phase zueinander, wie Beziehungen initiiert und gelebt werden. Durch die Acht Hauptphasen wird sich das Bewusstsein darüber klar, welche Bedürfnisse in Beziehung (♀) bestehen und wie diese in Handlung (♂) gebracht werden bzw. angezogen werden können. Dabei zeigt es auch an, wie man den erotischen Funken (♂) in einer bestehenden Beziehung (♀) am Lodern halten kann. Des Weiteren zeigt dieses Planeten-Paar, wie der Natale entsprechend der bestehenden Phase sein Bedürfnis nach Freiheit und Unabhängigkeit (♂)

mit dem Bedürfnis nach sozialen Interaktionen und Beziehungen (♀) leben und balancieren kann.

Jupiter ♃ - Merkur ☿ zeigen in ihrer Phase zueinander, wie die rechte Gehirnhälfte (♃) mit der Linken (☿) zusammenarbeitet. Von der Neuen Phase bis zu Gibbous Phase führt die rechte Gehirnhälfte (♃) die Linke, d.h. ganzheitliche Einsichten werden in lineare Gedanken und Ordnung gebracht. Von der Gibbous Phase an bis zum Beginn der Balsamischen Phase führt die linke Gehirnhälfte (☿) die Rechte, d.h. lineare Gedanken und Informationen führen zum Bild des Ganzen. Die Balsamische Phase lässt wieder die Rechte Gehirnhälfte (♃) führen, damit alles Wissen und mentalen Erfahrungen des gesamten Zyklus in die universelle Ganzheit „eingeatmet" werden kann.

Zudem zeigt die Phase dieses Planeten-Paares, wie wir unsere Glaubensgrundsätze (♃) in Kommunikation und in das Forum diverser Meinungen anderer (☿) einbringen können, und wie wir im Gegenzug, Meinungen anderer (☿) in unser philosophisch-metaphysisches Weltbild (♃) einwirken lassen können, um eine Expansion des Bewusstseins (♃) zu erfahren. Dementsprechend zeigt dieses Planeten-Paar auch, wie wir in der Lage sind, zu lernen und uns mit anderen Glaubensgrundsätzen und kulturellen Werten auseinandersetzen können.

Saturn ♄ - Mond ☽ zeigen in ihrer Phase zueinander, wie die Eltern – Mutter ☽ und Vater ♄ - während der Kindheit des Natalen zu einander in Beziehung standen. Zudem zeigt dieses Planeten-Paar die elterlich-gesellschaftlichen Erwartungen (♄) gegenüber des Kindes Geschlechterrolle (☽), und somit das emotionale Wohlbefinden (☽) des Kindes/Natalen hinsichtlich seines physischen Geschlechts im Rahmen eines elterlich-gesellschaftlichen Umfeldes mit seinen Definitionen und Erwartungen (♄) an die Geschlechter (☽).

Die Phase von Saturn ♄ - Mond ☽ kann auch ein zusätzlicher Indikator beim Geschlechtswechsel[81] sein: Befindet sich der Mond ☽ in der Balsamischen Phase zu Saturn ♄, bereitet sich das Bewusstsein auf einen Geschlechtswechsel vor, während es zugleich alte, ungelöste Dynamiken des nun endenden Zyklus hinsichtlich seines Geschlechts und der Geschlechterrollen zum Abschluss bring (Balsamisch). Befindet sich der Mond ☽ in der Neuen Phase zu Saturn ♄ ist das ein zusätzlicher Indikator, dass das Geschlecht jüngst gewechselt wurde.

---

[81] Hauptindikatoren zum evolutionären Geschlechtswechsel sind in Kapitel Vier (Steinbock ♑) und Kapitel Sechs beschrieben. Diese Hauptindikatoren müssen zum Großteil gegeben sein, bevor man die Phasenbeziehung von Saturn ♄ - Mond ☽ als Feinanalyse hinzunehmen kann.

Saturn ♄ - Jupiter ♃ zeigen in ihrer Phase zu einander, wie der Natale seine Einstellungen und Glaubensgrundsätze über das Leben (♃) in seiner Lebensstruktur (♄) integriert; sprich, wie er seine inneren philosophisch-metaphysischen Einstellungen Grundsätze(♃) in der weltlichen Struktur einer bestehenden Gesellschaft mit ihren Werten (♄) aufbaut – wie er seine innere Wahrheit (♃) in einer weltliche Lebensstruktur bringt und dafür die Verantwortung (♄) trägt. Zudem zeigt dieses Planeten-Paar wie der Natale wirtschaftlich innerhalb der gegebenen Gesellschaft ein Überleben meistern kann, denn das ist auch abhängig von seinem inneren Glauben.

Auf einer kollektiven Ebene ist die Phase von Jupiter ♃ und Saturn ♄ äußerst interessant: Diese beiden Planeten treffen sich alle 20 Jahre und formen eine Konjunktion am Himmel, die man große Konjunktion nennt. Zu dieser Zeit wird ein neuer evolutionärer Impuls globaler, politischer, wirtschaftlicher und religiös-philosophischer Dynamiken geboren, der sich über die nächsten 20 Jahre durch die Acht Hauptphasen, die Jupiter ♃ zu Saturn ♄ durchläuft, kollektiv-global entwickelt! Bei solch großer Konjunktion kann man mundahn-astrologisch auch noch berechnen, ob diese Konjunktion, wenn sie den ersten Kontakt bildet, an einem wichtigen Ort auf der Erde stattfindet. So begab sich zum Beispiel die vorletzte große Konjunktion von Saturn ♄ und Jupiter ♃ genau am Aszendenten von Mekka – der islamische Fundamentalismus entwickelte sich. Das heißt eine Religion (♃) hatte ihren Einfluss auf die gesellschaftlichen Strukturen (♄) nicht nur in der islamischen Welt, sondern global.

Die letzte große Konjunktion von Saturn ♄ und Jupiter ♃ im Mai 2002 fand mundan-astrologisch genau auf der Himmelsmitte (MC) von Washington DC statt! Diese Konjunktion fand im Zeichen Stier ♉ statt – Überleben bzw. Festhalten an bestehenden Werten. Es war daher schon abzusehen, dass im neuen Zyklus weltwirtschaftlicher Dynamiken, Washington DC und somit die USA ihre Werte (♉), die zum Großteil auf konservativ-christlichem Konservatismus bzw. Fundamentalismus bestehen, als religiös-philosophische Begründung (♃) herzunehmen, um eine Weltordnung (♄) zu schaffen, die ihrem Glauben (♃) entspricht, und die Welt mit von ihrem Glauben zu überreden und zu überzeugen zu versuchen (♃).

Pluto ♇ - Mond ☽ zeigt in seiner Phase zueinander, einen weiteren wichtigen Indikator für Geschlechtswechsel. Ist der Mond ☽ Balsamisch zu Pluto ♇, dann werden alte, ungelöste Dynamiken des zu Ende gehenden Zyklus bezüglich emotionaler Definition und Wohlbefinden (☽) über das eigene Geschlecht in der bestehenden Gesellschaft zum Abschluss gebracht, um sich emotional (☽) auf den bevorstehenden Geschlechtswechsel (♇) vorzubereiten. Dabei werden auch alte ungelöste familiär-partnerschaftliche Beziehungen vergangener Leben bis zur emotionalen (☽) Erschöpfung (♇) der alten Muster wiederholt – wie im Film, „Und täglich klopft das Murmeltier". Ist der Mond ☽ in der Neuen Phase zu Pluto (♇), dann hat kürzlich ein Geschlechtswechsel stattgefunden, der von dem Natalen emotionale noch immer als sehr neu und somit ungewohnt wahrgenommen wird[82].

Pluto ♇ - Saturn ♄ ebenso wie die Phase des Planeten-Paares von Pluto ♇ - Mond ☽ ist diese Planeten Paar ein wichtiger Indikator für Geschlechtswechsel. Befindet sich Saturn ♄ in der Balsamischen Phase zu Pluto ♇, dann wird ein alter Zyklus bezüglich Erfahrungen der Geschlechterdefinition zum Abschluss gebracht, um sich auf einen kommenden Geschlechtswechsel vorzubereiten. Befindet sich Saturn ♄ in der Neuen Phase zu Pluto ♇, dann hat kürzlich ein Geschlechtswechsel stattgefunden, und der Natale muss sich noch an die neue Rolle hinsichtlich der Geschlechtererwartungen der bestehenden Gesellschaft gewöhnen[83].

Kulturelle Entsprechungen

Bei der Evolutionären Astrologie betrachtet man das Geburtshoroskop als symbolische Niederschrift der Vergangenheit; das bedeutet alles, was die Seele in vergangenen Leben erfahren und was davon in der jetzigen Inkarnation für die karmisch-evolutionäre Evolution wichtig ist, spiegelt sich in der Platzierung der Planeten, der Mondknoten in Zeichen und Häusern des Geburtshoroskop wider. Daher ist das Geburtshoroskop eben nicht nur ein flaches Stück Papier, auf dem ein paar Symbole stehen, sondern es ist einer Spirale gleich, die sich von fernen Zeiten in das Gegenwärtige erstreckt. Dabei findet jedes der astrologischen Symbole des Geburtshoroskops eine vielschichtige Entsprechung zur Erfahrungen in diversen Kulturen der Vergangenheit.

Stellen Sie sich einmal Venus ♀ in Zwilling ♊ vor. Die kulturelle Entsprechung verweist durch das Zeichen Zwilling ♊ auf frühere Kulturen des Handels, somit der Seidenstrasse und antiker Handelswege. Aus diesen Zeiten bezieht der Natale mit seiner Venus ♀ in Zwilling ♊ seine Werte, denn es ist aus diesem Symbol ersichtlich, dass er/sie des Öfteren ein Händler war. Zugleich kann die Stellung der Venus ♀ in Zwilling in

---

[82] Die Hauptindikatoren zum evolutionären Geschlechtswechsel sind in Kapitel Vier (Steinbock ♑) und Kapitel Sechs beschrieben. Diese Hauptindikatoren müssen zum Großteil gegeben sein, damit obige. Planetenphasen als Feinanalyse gedeutet werden können.
[83] Die Hauptindikatoren zum evolutionären Geschlechtswechsel sind in Kapitel Vier (Steinbock ♑) und Kapitel Sechs beschrieben. Diese Hauptindikatoren müssen zum Großteil gegeben sein, damit obige. Planetenphasen als Feinanalyse gedeutet werden können

mittelalterlichen Zeiten ein Hinweis auf Inkarnationen sein, bei denen der Natale mit Schrift, Büchern etc. zu tun hatte. Lesen und Schreiben war aber im Mittelalter nur den Mönchen vorbehalten, die zum Beispiel Schriften übersetzten, kopierten (♊) und schmückten (♀).

Über kulturelle Sitten und Bräuche ehemaliger Kulturen bescheid zu wissen ist für die Praxis der Evolutionären Astrologie überaus hilfreich. Daher kann ich jeden nur ermutigen, seinen geschichtlich-kulturellen Horizont immer wieder zu erweitern. Dabei sind historische Daten nicht so wichtig wie zum Beispiel Einsichten in das tatsächliche Leben eines damaligen Bürgers, Dieners, Knecht, Sklaven, Soldaten, Ritter, Priester einer Edelfrau, Zofe, Magd, verheirateten Frau, Mutter, Kurtisane usw. Romane und Erzählungen lassen sich darüber genug finden, auch bieten diverse Radiosender und Fernsehstationen oft atemberaubende Dokumentationen über das Leben in vergangenen Kulturen. Wir Evolutionären Astrologen brauchen nur zuzuhören und das Gehörte mit unseren archetypischen Schlüsselworten und -Dynamiken verbinden. Meditieren wir nach solchen Dokumentationen und erlauben dem inneren Wissen uns weitere Einsichten zu geben, wird unser Schatz an kulturellen Entsprechungen immer größer.

In diesem Unterkapitel möchte ich Ihnen gerne zwei Systeme vorstellen, die ich in der Evolutionären Astrologie benutze, um vergangene Leben des Klienten in früheren Kulturen definieren zu können, und wie diese den Klienten durch unbewusste Erinnerungen auch in diesem Leben beeinflussen. Ich möchte Sie jedoch bitten, Ihre eigenen Nachforschungen und Studien zu betreiben. Die weiter unten beschriebenen Techniken sollen Ihnen dabei als Ansporn und Gedankenanstoß dienen.

Das Geodetische System wurde von Edward Jondro[84] Ende des 18. Jahrhundert entwickelt. Er suchte nach einer Möglichkeit, die 12 Tierkreiszeichen des Zodiakus in Beziehung zu Orten auf der Erde zu bringen. Anfangs erschuf er ein recht kompliziertes System, das in seinem Werk „Earth and Heavens" beschrieben ist. Doch später vereinfachte er das System und wir wenden dieses vereinfachte System in der Evolutionären Astrologie bei den kulturellen Entsprechungen an.

Man legt den Tierkreis einfach um den Globus. Dabei legt man 0° Widder ♈ auf den Greenwich Meridian und geht von dort aus mit jedem Zeichen 30° weiter ostwärts. Das heißt, dass von Greenwich bis 30° östlicher Breite wirkt das Zeichen Widder ♈. Hamburg liegt auf dem 10. Breitengrad, was 10° Widder ♈ entspricht. Von 30° bis 60° östlicher Breite

---

[84] "Earth and Heavens" von Edward Jondro

wirkt das Zeichen Stier ♉ (Osteuropa, Russland etc), danach von 60º bis 90º Ost wirkt Zwilling (z.B. Indien) usw.

Interessanterweise findet man in Nordamerika etwas zu diesem System sehr bezeichnendes vor. Die amerikanische Westküste in Kalifornien macht in der Gegend um Santa Barbara einen Knick und die Küste verläuft südöstlich weiter. In dieser Gegend unterscheidet man auch zwischen Nord- und Südkalifornien, die sich durch Klima, Vegetation und auch durch Lebenskultur auffällig unterscheiden. In der Anwendung des vereinfachten Jondro-Systems liegt das Zeichen Skorpion ♏ noch an der nördlichen Seite der amerikanischen Westküste, also Vancouver (Kanada), Seattle, Portland, San Francisco – alles Skorpion-Energie! Ab dem Knick bei Santa Barbara beginnt das Zeichen Schütze ♐ zu wirken und zieht sich über den Mittleren Westen (Prärie und Baumwollgürtel) bis zu den Großen Seen, von da an ist Ostküsten-Energie. Nun Südkalifornien, Los Angeles, Phoenix und auch weiter nördlich die Rocky Mountains sind ohne Frage Schütze-Energie! Die Ostküste Amerikas mit all seinen Metropolen ist aber schon Steinbock ♑ - Neu England! Land und Leute an der amerikanischen Ostküste sind ohne Frage sehr „steinböckisch" währenddessen die Lebensart und Menschen an der Westküste sehr „schützig" sind

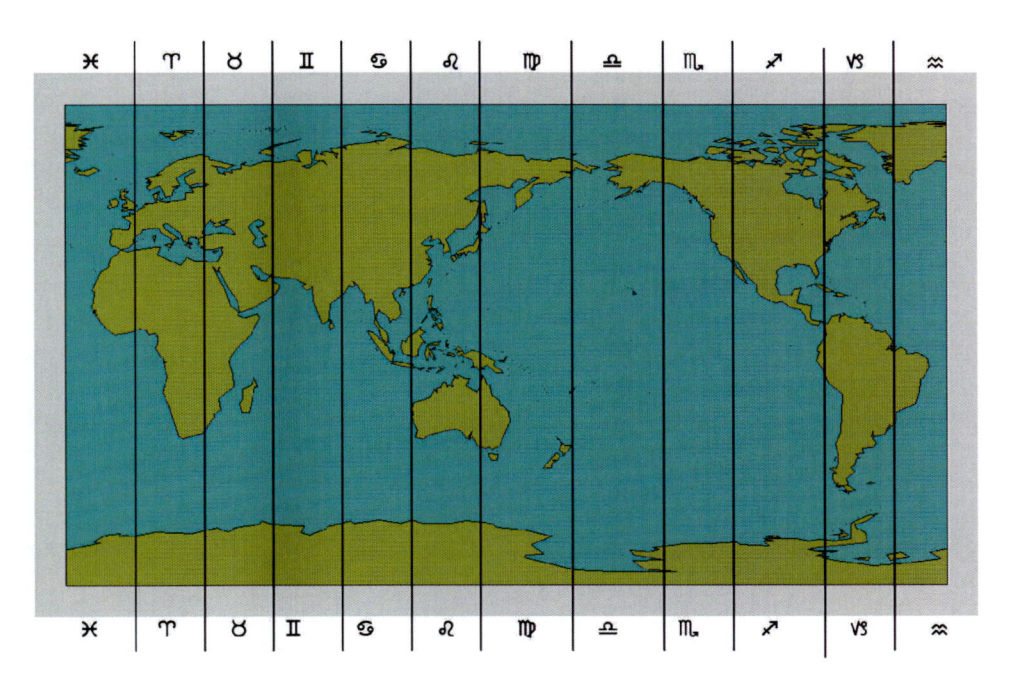

Diese Graphik ist nicht akkurat, doch sie soll Ihnen eine Idee geben, und sie dazu inspirieren, sich eine Weltkarte zu besorgen, auf der Sie alle 30° eine dicke Linie einzeichnen und mit dem dementsprechenden Tierkreiszeichen betiteln. Wenn Sie dann mal mit Ihren Klienten ein bisschen Forschungsarbeit betreiben, und zum Beispiel fragen, zu welchen Kulturen oder Ländern sie sich hingezogen fühlen, werden Sie sicherlich staunen, dass dies immer Länder sind, die einer Planetenstellung im Horoskop entsprechen! Aus evolutionärer Sicht wird es dann aber erst richtig spannend, wenn man der Stellung des Südknotens Beachtung schenkt. Von dort her rühren die tiefsten evolutionären Erinnerungen und emotionalen Sicherheiten!

Einige Astrologen wenden das Geodetische System von Jondro auch noch anders an: Sie arbeiten mit dem so genannten „Ring of Fire", der uns Europäern wohl nicht so geläufig ist, wie den Menschen die an den Pazifikküsten Asiens und Amerika leben. „Ring of Fire" ist die geographische Beschreibung der Region der Erde, wo sich die Erde weiter gebährt – mit Vulkanausbrüchen und Erdbeben. Daher legen solche Astrologen 0° Widder auf 140° West und gehen von dort aus alle 30° weiter östlich. Damit wäre das Amazonas Delta 0° Krebs, wo der größte Eintritt von Frischwasser in einen Ozean stattfindet, was unser gesamtes Klima des Globus beeinträchtigt.

Wie sie sehen, entwickelt sich Astrologie mit seinen Systemen und Anwendungen auch noch immer weiter. Daher ist es angebracht, seine eigenen Nachforschungen zu machen, um die Systeme für sich herauszufiltern, die einem am genausten bei der Arbeit von Hilfe sein können.

Die Zeitalter

Die Zeitalter in der Astrologie sind ein seit je her wirksames System, das aber oft zu Verwirrung führt, denn dummerweise sind die astronomische Bezeichnungen der Sternbilder, den astrologischen Bezeichnungen der Tierkreiszeichen gleich. Die astronomischen Sternbilder definieren sich aus den Fixsternkonstellationen, die sich auf der Ekliptik (Sonnenumlaufbahn) befinden. Diese astronomischen Sternbilder werden in der östlichen Astrologie, zum Beispiel bei den Indern, tatsächlich hergenommen. Diesen tatsächlichen Tierkreis der astronomischen Sternbilder nennt man „siderischen Tierkreis". Im siderischen Tierkreis betrachtet man einen Planeten zum Beispiel die Venus vor dem tatsächlichen Sternbildhintergrund der Fixsternkonstellation.

Die westliche Astrologie arbeitet aber mit dem so genannten „tropischen Tierkreis". Der tropische Tierkreis bezieht sich nicht auf die tatsächlichen, astronomischen Sternbildhintergründe[85], sondern auf die Jahreszeiten mit ihrem Lichteinfall der Sonne. Dazu geht man vom so genannten „Frühlingspunkt" (Äquinox) aus. Der Frühlingspunkt berechnet sich ganz einfach: In der Nacht der so genannten Tag-und-Nacht-Gleichen, also am 21. März projiziert man den 0°-Greenwich-Meridian genau um Mitternacht der Greenwich-Zeit in das Firmament, genauer gesagt auf die Ekliptik (Sonnenumlaufbahn) mit ihren astronomischen Sternbildern. Dort wo, der projizierte Greenwich-Meridian oder besser gesagt der so genannte Frühlingspunkt auf ein Sternbild der Ekliptik trifft, ist für die Westastrologie der Anfang vom Tierkreiszeichen Widder ♈ (0° ♈). Hier beginnt der tropische Tierkreis, den wir in der Westastrologie hernehmen – nach 0° Widder ♈ kommt nach 30° der Stier ♉, nach weiteren 30° der Zwilling usw.

Doch dort, wo der projizierte Frühlingspunkt landet, und somit für die Westastrologie das Tierkreiszeichen Widder ♈ beginnt, findet sich <u>nicht</u> das astronomische Sternbild des Widders! Zurzeit landet der projizierte Frühlingspunkt im astronomischen Sternbild der Fische. Und weil dieses an jener Stelle astronomisch bereits mit dem Sternbild des Wassermanns überlappt, landet der derzeitige Frühlingspunkt auch zusätzlich schon im Sternbild des Wassermanns.[86] Der Frühlingspunkt wandert mit jedem Jahr ein klein wenig weiter, wenn auch extrem langsam. Seine natürliche Richtung ist rückläufig! Der Frühlingspunkt braucht ca. 26.000 Jahre um einmal durch den astronomischen Tierkreis mit seinen Sternbildern zu wandern. Diese Zeitspanne nennt man auch ein Äon oder ein Tag Gottes.

Somit braucht der Frühlingspunkt ungefähr 2.200 Jahre um durch ein astronomisches Sternbild zu wandern. Der Durchlauf des Frühlingspunktes durch ein astronomisches Sternbild, wie zum Beispiel zurzeit noch durch das Sternbild der Fische, wird Zeitalter genannt. Daher befinden wir uns noch immer im Fische-Zeitalter. Da sich aber das astronomische Sternbild der Fische mit dem Sternbild des Wassermann überschneidet bzw. überlappt, befinden wir uns auch schon im Beginn des Wassermann-Zeitalters.

Da ich weiß, wie verwirrend dieses Thema anfangs ist, will ich es noch einmal anders formulieren: Wir haben es also mit zwei Kreisen zu tun: Einmal mit dem Kreis der tatsächlichen, astronomischen Fixsternkonstellationen auf der Ekliptik, genannt Sternbilder. Diese bilden

---

[85] In der Einführung des Buches musste ich das erst einmal „falsch" bzw. vereinfacht erklären, da es ansonsten für den Anfänger wirklich zu verwirrend ist.
[86] Leider sind da draußen im Weltraum keine klaren Grenzen zwischen den astronomischen Sternbildern; und manchmal überlagern sich diese sogar ein wenig, wie beim Sterbild der Fische und dem des Wassermanns!

den siderischen Tierkreis, der in der östlichen Astrologie seine Anwendung findet. Und zum anderen noch den tropischen Tierkreis, der die astrologischen Tierkreiszeichen der Westastrologie beschreibt (♈ bis ♓). Dieser definiert sich aus der Projektion des Frühlingspunktes in den Fixsternhintergrund der astronomischen Sternbilder zu Frühlingsbeginn. Dort, wo der projizierte Frühlingspunkt landet, ist der Anfang des tropischen Tierkreises mit dem Tierkreiszeichen Widder ♈.

Man könnte sagen, dass sich der tropische Tierkreis, der sich über den projizierten Frühlingspunkt ergibt, in ca. 26.000 Jahren einmal durch den astronomischen Sternbildhintergrund dreht. Das heißt der Frühlingspunkt und somit der 0°-Widder-♈-Punkt des tropischen Tierkreises (Westastrologie) wandert in ca. 2.250 Jahren[87] durch ein astronomisches Sternbild. Dabei ist die Bewegung des Frühlingspunktes rückläufig - also vom astronomischen Sternbild des Widders wandert der Frühlingspunkt, und somit der 0°-Widder-♈-Punkt des tropischen Tierkreises, in das astronomische Sternbild der Fische und vom Sternbild der Fische in das astronomische Sternbild des Wassermanns usw. Diese Bewegung bzw. Wanderschaft des Frühlingspunktes – und somit des 0°-Widder-♈-Punktes des tropischen Tierkreises - definiert die Zeitalter.

Vor ungefähr 2.000 Jahren – also um die Zeit Jesu – traf der projizierte Frühlingspunkt tatsächlich auf das astronomische Sternbild des Widders. Das heißt, in jener Zeit war der siderische (astronomische) und der tropische (west-astrologische) Tierkreis ein und derselbe. Doch wegen der natürlichen Rückläufigkeit des Frühlingspunktes wanderte dieser zur Zeit Jesu vom astronomischen Sternbild des Widders in das astronomische Sternbild der Fische. Das Fische-Zeitalter begann! Und mit ihm der endgültige Verfall der alten Paradigmen des endenden Widder-Zeitalters vom zornigen (Widder), männlichen (Widder) Gott hin zu den neuen Paradigmen, die die Gestalt des Jesu mit seinen Gleichnissen in die Welt brachte: „Ich mache Euch zu Menschen-Fischern" (Fische). „Wisst Ihr nicht, dass ein jeder von Euch Göttlich (Fische) ist." Der bedingungslos liebende Gott (Fische). Das Himmelsreich ist innen (Fische). Das Waschen der Füße (Fische). Das erste Symbol der Christen, war sogar der Fisch!

Wann immer ein Zeitalter seinem Ende zugeht, bauen sich kulturell nochmals die ihm eigenen Paradigmen auf, um dann einen Verfall zu erleben. Daher ist der Übergang von einem Zeitalter zum anderen in der Weltgeschichte so spannend. Denn die neuen Paradigmen werden allmählich von einigen in die Welt gebracht, wie zum Beispiel vor Jesus

---

[87] Diese Zeit ist von Sternbild zu Sternbild verschieden, da die astronomischen Fixsternkonstellationen nicht alle 30° groß sind, und daher der Frühlingspunkt manchmal kürzer oder länger in einem Sternbild.

von den Essenern und anderen, während das „Establishment" noch auf Krampf versucht die alten, traditionellen Paradigmen aufrecht zu erhalten, wie zur Zeit Jesu der Tempel und auch das Römische Reich. Doch mit der Zeit verlieren die alten Paradigmen ihren Wert und Sinn, und die Neuen werden sich mit der Zeit durchsetzen. Solche Übergänge der Zeitalter gehen mit enormen Veränderungen auf allen Ebenen einher.

So auch damals als das Stier-Zeitalter, in dem vor allem die ägyptische Kultur mit ihren Paradigmen dominierte. Sie baute, entsprechend der Eigenschaften des fix-irdischen Stier Bauwerke, die noch heute stehen, und frönte nicht nur dem Ackerbau (Stier), sondern auch der Schönheit (Venus) in ihren Tempelanlagen. Doch als der Übergang vom Stier-Zeitalter ins Widder-Zeitalter begann, tauchte da eine kleine Gruppe weniger auf, die später von Moses angeführt wurde. Diese brachten ein neues Paradigma: Der eine Gott (Widder), der auch zornig sein kann (Widder), und der ein auserwähltes Volk hat (Widder ist Nummer Eins im Tierkreis). Vor allem die Geschichte vom „Goldenen Kalb" spiegelt den Konflikt im Paradigmenwechsel von Zeitaltern wider: Als Moses das neue Gesetz auf dem Berg Sinai (Gesetz und Berg sind Archetyp Steinbock – Widder macht Quadrat zu Steinbock), fielen seine Gefolgsleute in die alten Muster zurück. Sie schmolzen ihr Gold (Gold ist Archetyp Löwe – Stier macht Quadrat Löwe) und gossen ein Goldenes Kalb (Stier). Als Moses das sah, wurde er wütend (Widder) usw. Ähnliches geschah im Übergang von Zwillings-Zeitalter zum Stier-Zeitalter, nur haben wir darüber kaum Berichte. Fakt bleibt, die Übergänge von Zeitaltern sind profund für die gesamte Welt. Wir befinden uns zurzeit wieder in einem solchen Übergang!

Befinden sich im Geburtshoroskop ein oder mehrere Planeten in einem bestimmten Zeichen, ist das interessanterweise ein Hinweis auf Inkarnationen in jenem Zeitalter und somit auch auf unbewusste Erinnerungen an jene Kulturepoche mit den ihr eigenen Paradigmen. Das heißt, hat ein Nataler einen Planeten zum Beispiel in Zwilling II, dann weist das auf frühere Leben in den dementsprechenden Kulturen und Länder hin, die über die Zeitalter-Entsprechung den Energien des Zeichens Zwillings II entsprechen, zum Beispiel Mesopotamien, Persien, Indien - zu deren kulturellem Aufstieg, Blütezeit und Verwandlung. Daher rühren dann auch unbewusste Erinnerungen, Fähigkeiten, ungelöste karmische Verstrickungen und die daraus resultierenden evolutionären Absichten nach Lösung und Weiterentwicklung her. Entsprechend der natürlichen Archetypen und Qualitäten des Planeten in jenem Zeichen, können daraus „archetypen-schwangere" Deutungen und auch individuelle Lösungen besprechen. So wird eine Venus ♀ in Zwilling II aus den Zeiten ihrer Inkarnationen im Nahen Osten einen Sinn für synkopische, rhythmische

Musik haben. Findet man durch andere Planetenstellungen oder sogar durch Aspekte zu dieser Venus ♀ Verletzungen des Selbstwertes (♀) oder der Sinnlichkeit (♀) kann man dem Natalen Tanz zu rhythmischer Musik orientalischer Couleur empfehlen, wie zum Beispiel Bauchtanz oder Suffi-Tanz.

Nun gibt es während jedes Zeitalters aber auch noch ein darin wirkendes Unterzeitalter. Das Unterzeitalter eines Zeitalters, also zum Beispiel vom Zeitalter der Fische, ist das gegenüberliegende Zeichen im Tierkreis; hier also Jungfrau als Unterzeitalter des Fische-Zeitalter. Und Waage als das Unterzeitalter des Widder-Zeitalters, Skorpion ist das Unterzeitalter vom Stier-Zeitalter usw. Ein Unterzeitalter beginnt ca. in der Mitte der Dauer / Zeit des Zeitalters. Also ca. 1.200 Jahre nach Beginn des Zeitalters. Das Unterzeitalter wirkt durch seine astrologischen Archetypen, also zum Beispiel denen der Jungfrau ♍, im Rahmen der Paradigmen des herrschenden Zeitalters, zum Beispiel Fische-Zeitalter. Ein Beispiel dazu gleich.

Man kann sogar noch Unter-Unterzeitalter über die Quadrate des Zeitalters definieren. Dabei geht man gegen den Uhrzeigersinn (astrologische Richtung) vom zu untersuchenden Zeitalter in Richtung des nächsten Zeichens selber astrologischer Qualität (kardinal, fix, veränderlich) weiter (gleich dem Quadrat ☐). Damit ist man in der Zeit ca. 570 Jahre (Viertel von ca. 2.250 Jahren) seit Beginn des Zeitalters in einem energetischen Unter-Unterzeitalter. Das nächste Quadrat von dort aus gegen den Uhrzeigersinn führt zum Unterzeitalter, wie oben beschrieben. Das nächste und letzte Quadrat gegen den Uhrzeigersinn führt zum Unter-Unterzeitalter, das ca. 1.720 Jahre nach Beginn des Zeitalters zu wirken begann. Die Übergänge von einem Zeitalter zu einem anderen variieren zwar, aber man kann immer von 150 bis 200 Jahren absteigend des alten Zeitalters und zusätzliche 150 bis 200 Jahre aufbauend des neuen Zeitalters ausgehen.

Nun kann man sich mit seinem Geschichtswissen oder mit „Steins Großer Kulturplan[88]" hinsetzen und mal durch die Zeitalter, Unterzeitalter und sogar Unter-Unterzeitalter reisen. Sie werden erstaunliche kulturelle Perioden, passend zu den dazu entsprechenden astrologischen Archetypen entdecken. Dabei wirken die Unterzeitalter im Rahmen des Zeitalters, indem sie ihre archetypischen Energien als Unterzeitalter manifestieren. Sie sind dabei inspiriert bzw. motiviert durch die Archetypen des Zeitalters mit entsprechenden Paradigmen des wirkenden Zeichens (zum Beispiel Fische-Zeitalter). Als sich das Fische-Zeitalter mit seiner bereits im Anfang schon verfälschten (Fische) Lehren des Jesu als einzigen Sohn Gottes

---

[88] Werner Stein – Der Großer Kultur Fahrplan

etabliert hatte, begann ab ca. 1150 – 1200 n. Chr. das Unterzeitalter Jungfrau, die zu der Zeit herrschenden Paradigmen mit seinen Jungfrau-Archetypen umzusetzen, und damit das Paradigma durch seine Art zu beeinflussen. Ab dem Unterzeitalter Jungfrau – innerhalb des Fische-Zeitalters - entstand der neue Zeitgeist dafür zu sorgen, dass man geläutert ins Himmelreich kommt. 1254 wurde die „Heilige Inquisition" gegründet.

Eine einst frühchristlich-gnostische Dynamik von Exerzitien – also einem westlichem Körperyoga, das zur Medikation (Gebet) führen sollte – wurde nun im Unterzeitalter durch die Archetypen der Jungfrau ♍, die wiederum von den Archetypen der Fische ♓ übergeordnet geprägt wurde, in eine weltliche Ordnung gebracht. Nicht nur dass Abbildungen des Jesus am Kreuz von nun an gedemütigt und leidend dargestellt wurden, was vor 1200 n. Chr. kaum der Fall war, und Gläubige auf „lose-lose" – Schuld-Trips geschickt wurden (z.B. durch die Erbsünde), sondern auch dass überall klerikale Bauwerke entstanden, die nicht nur die weltliche Ordnung verwalteten, sondern auch einen perfekten Baustil anstrebten. So entstanden zum Beispiel in Frankreich Kathedralen, die in dem Geist mathematischer Perfektion (Jungfrau ♍) entworfen und gebaut wurden. Kapriolen mathematisch-geometrischer Numerologie sollten in den Bauwerken, wie zum Beispiel in der Kathedrale von Chartres, die Perfektion des Himmlischen widerspiegeln. Interessanterweise wurden in Frankreich mehrere Kathedralen um das Jahr 1200 n. Chr. fertig gestellt, die in diesem Geiste entworfen waren. Markiert man diese Kathedralen auf der Landkarte ergibt sich die Fixsternkonstellation des Sternbildes der Jungfrau. Zudem sind diese Kathedralen auf früheren Einweihungssteten matriarchaler Tempelanlagen gebaut, die die schwarze Madonna, also den dunklen weiblichen Aspekt des Göttlichen, geweiht waren – Jungfrau!

Nun möchte ich Ihnen eine kurze Zuordnung der Zeichen der Zeitalter und ihren Unterzeitaltern geben. Diese Liste hat keinen Anspruch auf Vollständigkeit, sondern soll mehr als Ausgangsbasis für Ihre eigenen geschichtlichen und prähistorischen[89] Nachforschungen und daraus folgenden Zuordnungen sein.
- ❖ Letzte Wassermann-Zeitalter vor ca. 25.500 Jahren: Urformen matriarchaler Kulturen, die auf der Beobachtung der Naturgesetze, die Gleichheit aller Wesen im Traum der Göttin sahen.

---

[89] Historie auf Englisch ist „History", was man oft auch als „His Story" ausspricht, d.h. seine Geschichte, also die, des Patriarchats! Prähistorisch wäre also all jene Kulturen von denen unsere Geschichtslehrbücher nichts wissen oder wissen wollen. Dennoch kann man sich durch Meditation, innere Zeitreisen und schamanische Reisen mit solchen „prähistorischen" Kulturen auseinander setzen.

- ❖ Steinbock-Zeitalter – leider keine Informationen.
- ❖ Schütze-Zeitalter: Naturvölker, die sich als Indios (In-Deus – in Gott lebend) sahen. Sie sind/waren hoch entwickelt in den Inneren Reisen, denn sie sahen sich als Hüter der Erde bzw. wie die Aborigines als „wahre Menschen".
- ❖ Skorpion-Zeitalter: Kulturen, die das tief-okkulte kultivierten. Das Mysterium von Leben und Tod.
- ❖ Waage-Zeitalter – leider keine Informationen.
- ❖ Jungfrau-Zeitalter: Die überaus spirituelle Kultur von Lemuria (Mu). Ein restlicher Hauch dieser wunderbar-friedlichen Epoche ist noch auf seinen Überresten, den Inseln des Südpazifiks, zu spüren. Friedrich von Oppeln schrieb ein wunderbares Buch, basierend auf seinen inneren Reisen nach Lemuria[90].
- ❖ Löwe-Zeitalter: Atlantis mit seiner spirituellen Hochkultur und weit entwickelten Technologie. Leider erlebt die Menschheit bei den Zeitaltern von Löwe und auch beim Zeitalter des Wassermanns einen Polsprung des Bewusstseins von der Wahrnehmung der Einheit (vor Löwe-Zeitalter) zur Wahrnehmung von Trennung (ab Löwe-Zeitalter). Dies wird auch die 12 Tage des Lichts genannt (Akascha Chronik). Ab Atlantis entstand – basierend auf der Wahrnehmung von getrennt-sein – Dynamiken von Über- und Untergeordnet, Besser-Schlechter und vor allem auch Ausbeutung und Missbrauch der Natur mit ihren Gesetzmäßigkeiten. Das Unterzeitalter des Wassermann beschleunigte diese besagte Entwicklung und führte die Atlantische Kultur an einen Punkt, wo die eigene Zerstörung notwendig wurde, um die Biosphäre der Erde und des Lebens zu retten. Edgar Cayce hat in seinen Trancen viel über Atlantis berichtet. Auch gibt Rudolph Steiner wunderbare Einsichten in jene Zeit. Bevor sich Atlantis selbst auslöschte, brachte es sein Wissen an andere Orte der Erde, zum Beispiel nach Süd- und Mittelamerika und auch in das Land der Nubier, später bekannt als Ägypten.
- ❖ Krebs-Zeitalter: Siedlungen dörflich, sesshaften Lebens bilden sich. Matriarchale Werte wirken im emotionalen Bewusstsein der Menschen. Doch zunehmend wächst auch Machtmissbrauch im Matriarchat. Das hat zur Folge, dass das Unterzeitalter des Steinbocks Geschichten hervorbringt, die der bisher wirkenden weiblichen Gottheit nun einen männlichen Beschützer an die Seite stellt. Zunehmend entwickeln sich metaphysische Geschichten, die das Patriarchat im Kern einleiten. Somit beginnt die Unterdrückung des natürlich Weiblichen im Leben und im Menschen.

---

[90] Friedrich von Oppeln – „Lemuria"

- Zwillings-Zeitalter: Erfindung von Schrift, Zahl und somit von Handel, Handelswegen, die im Unterzeitalter Schütze ihre internationale Expansion finden, und somit auch ein Austausch diverser kulturellen Philosophien stattfindet. Die linearen Symbole von Schrift und Zahl wurden durch das gegenüberliegende Zeichen von Schütze von Anfang an als lineare Sprache des ganzheitlichen Bewusstseins gesehen. Damals hatten Zahlen nicht nur quantitativen Wert, sondern auch metaphysisch-qualitative Bedeutung, zum Beispiel Numerologie.
- Stier-Zeitalter: Ackerbau und Landbesitz führen vor allem im Land der Nubier, Ägypten zu einer atemberaubenden Hochkultur, die während des Unterzeitalters Skorpion zunehmend heilige Rituale falsch anwendet und Missbraucht. Sexualmagie und Totenkulte führen diese Kultur zum energetischen Verfall. Auch ist seit dem Stierzeitalter mit Unterzeitalter Skorpion das Erbrecht (♏) von Land und Besitz (♉) eine weitere Vertiefung patriarchaler Dynamiken. Männer wollten ihren Besitz und Boden an die Söhne weitervererben. Dazu mussten sie natürlich wissen, wer sein Kind ist oder nicht. Daraus resultierten die possessiven Partnerschaftswerte, die wir auch heute noch in unserer Gesellschaft haben. In matriarchalen Zeiten waren Kinder als Geschenk der Großen Mutter für den Stamm angesehen. Sie waren teil des Ganzen und wurden vom Stamm entsprechend ihrer natürlichen Gaben und Sehnsüchte gefördert und „ausgebildet". In den Patriarchalen Erbdynamiken wird vor allem der Sohn als derjenige gesehen, der durch Geburtsfolge das Hab und Gut übernehmen und später durch Heirat (Mitgift) mehren soll.
- Widder-Zeitalter: Das auserwählte (Widder ist Nummer Eins) Volk hat nur einen (Widder ist Eins) Gott, der wütend, zornig und auch blutig sein kann. Vor allem aber ist er männlich, und in den entstehenden Riten, die auf den Werten der oben beschrieben patriarchalen Erb- und somit Geschlechterdefinitionen beruhen, ist für das Weibliche nur sehr begrenzt Platz. Strenge Sitten- und Maßregeln schreiben der „sündigen Frau" (à la Eva der Bibel) vor wie sie dem „übergeordneten Männlichen" zu folgen hat. Verstößt die Frau aufgrund ihrer natürlichen Dynamiken gegen diese von Männern gemachten Gesetze, wird sie ausgestoßen, gebrandmarkt, gesteinigt etc. Im Unterzeitalter Waage, wirkt Widders kriegerische Herrschaft in der Antike vor allem in Form des Römischen Reichs, das blutig seine Macht erkämpft, aber auch der Ästhetik und Schönheit (♎) frönt. Eine Frau hat von da an drei Wahlmöglichkeiten ihr Leben zu gestallten. 1. Priesterin im Tempel (anfangs noch basierend auf tantrisch- matriarchalen Werten, später durch das Patriarchat völlig verzerrt) oder 2. Ehefrau zu werden, d.h. gut verheiratet zu werden (meist bestimmt durch den Vater) und für

ihren Ehemann Kinder, wenn möglich nur männliche in die Welt zu setzen. Dabei hat sie kaum Rechte und muss sich meist im Haus aufhalten. Ausbildung und Besitz stehen ihr nicht zu. 3. Sich offiziell als Kurtisanen zu deklarieren. Das erlaubte ihr zutritt zu den Lehrstätten, den Bibliotheken. Sie durfte Sprachen lernen, Lehrer haben und auch eigenen Besitz; ja, sogar ihr eigenes Unternehmen führen (Freudenhaus). Es gab zwar auch billige Bordelle, doch eine gebildete, weltgewandte Kurtisane unterhielt meist ein Etablissement, in dem sie sich junger verstoßener Mädchen (auch Jungs) annahm, in dem Kunst und Kultur einen anspruchsvollen Touch für Unterhaltung und Bildung förderte. Eine solche Kurtisane hatte durch ihre (doppelmoralische) Klientel einen enormen Einfluss auf die sozial-politischen Machenschaften – wenn auch nicht offiziell im Senat, doch wohl eingerichteten Schlafzimmer ihres Etablissements. Die Doppelmoral dabei war, dass Männer mit ihren Gesetzen, die Kurtisanen immer wieder zum Sündenbock für all mögliche Dynamiken machten, während sie gleichzeitig mit Ihnen schliefen, Kinder zeugten, usw. Der amerikanische Hollywood Film, „Dangerous Beauty" gibt hervorragende Einsichten in diese Dynamiken. Ich kann nur empfehlen, diesen Film anzusehen, denn er inspiriert in die qualvolle Rolle der Frau jener Zeit.

- Fische-Zeitalter: Es begann sich mit der Gestalt des Jesus zu manifestieren. Eine damals überaus revolutionäre Lehre über Gott, der liebend, vergebend und jedem zugänglich ist, der bei den Armen, den Schwachen und Kranken zu finden sei, war der Stein, der das Römische Reich mit seinen Paradigmen zum Einsturz bringen sollte. Wenn auch im Übergang die Christenverfolgung zum Volksport wurde, und grauenvolle Dinge mit den Christen gemacht wurden, wie zum Beispiel sie lebendig mit Pech bestrichen abends als Straßenlaternen an den Einfallstrassen nach Rom aufzuhängen! Die anfänglichen Symbole der Christen mit ihren gnostischen Praktiken war der Fisch. Die Hingabe an den liebenden Gott, der in jedem Herzen wohnt, führte zu Märtyrertum, was als heldenhaft gesehen wurde. Je mehr sich das Christentum durch seine Verweltlichung etablierte, umso mehr wurden auch die ursprünglichen Lehren des Jesus verfälscht (♓) und wie von Paulus vorbereitet mischten sich wieder patriarchale Dynamiken von Übergeordnet und Untergeordnet, von Schuld und Sühne in die Reinheit der Lehren Jesu. Mit dem Unterzeitalter-Jungfrau nahmen diese Lehren nun eine „ordentliche" Form an. Ora et Labora (Beten und Arbeiten) war der Weg zum liebenden Gottvater. Und es wurde dafür gesorgt, dass sich die Menschen auch immer wieder schlecht und sündig fühlten. Sei es durch die hirnrissige Lehre der Erbsünde oder durch den Holocaust der Hexenverfolgung, der in Mitteleuropa fast 800

Jahre herrschte! Alles Natürliche im und am Menschen galt als sündig und musste unterdrückt, bestraft und besühnt werden. Diese wirkenden Archetypen überlebten sogar die Renaissance und fanden erst durch die Missionare und später durch die Film- und Medienindustrie (♓) ihr neues Mittel der Verbreitung jener Paradigmen: Die meisten Hollywood-Filme (♓) zeigen den Kampf von Gut und Böse. Die meiste Zeit wird dabei Gewalt und das „Böse" verherrlicht, damit dann ein blonder, Adam-Mann mit zweitrangiger, aber passenden Eva-Frau (die nie eine dunkelhäutige, lesbische Frau ist) den Triumph des vom Fische-Zeitalter gemachten Guten besiegelt – weit entfernt von wahren universell-spirituellen Wahrheiten! Aber solche archaischen Bilder wirken auf das individuelle und kollektive Unbewusste, wie im Mittelalter die Skulpturen und Bilder des leidenden (♓) Jesu, der ja als „einziger Sohn Gottes" (etwas, das er nie so sagte oder sah) für unsere Schlechtigkeit gekreuzigt wurde – prima PR, um die Menschen auf einen endlosen Schuld- und Sühne-Trip zu schicken. Da wird zurzeit das Ende des Fische-Zeitalters und den allmählichen Beginn des Wassermann-Zeitalters erleben, kann man sehen, wie sich diese alten, sterbenden Paradigmen nochmals auf der Weltenbühne wie bei einem Grand Finale aufbäumen. Die dahinter stehende evolutionäre Absicht ist, dass die Masse der Menschen diese alten Paradigmen als nicht mehr gültig ansieht und sie gehen lässt, um die neuen, frischen Paradigmen des Wassermann-Zeitalters zu lassen. Werden die emotionalen Verhaftungen an die alten Paradigmen kollektiv aber nicht losgelassen, dann läuft die Menschheit Gefahr, diese im Rahmen des neuen Zeitalters (Wassermann) in recycelter Form zu wiederholen – wie sich zum Beispiel die alten Paradigmen des Widder-Zeitalters heimlich (♓) ins Fische-Zeitalter einschlichen und zu einen Irrlehre führte, die mehr Blut und Leben kostete, als irgendeine andere religiöse Lehre zuvor!

Es gibt bei den kulturellen Entsprechungen der Evolutionären Astrologie eigentlich auch noch eine dritte Art und Weise, Korrelationen von Zeichen zu Ländern und Kulturen zu gewissen Zeitepochen herzustellen. Man nimmt betrachtet einfach ein Land mit seiner Kultur zu einer gewissen Zeit, und findet die astrologischen Archetypen, die dazu passen. Zum Beispiel galt Deutschland einst einmal als das Land der Dichter und Denker, also Zwilling ♊ und Schütze ♐ (Philosophie). Unter der dunklen Herrschaft im 3. Reich wollte Deutschland ein arisches Land werden (Widder auf Englisch ist Aries), also Widder ♈. Im Mittelalter waren die Deutschen Länder auf Leibeigenschaft und auf das Dienen und Bedienen der Kirche mit ihrem Ora et Labora geeicht, also Fische ♓ und

Jungfrau ♓. Mit diesem Hinweise möchte ich Sie wieder bitten ihr eigenes Geschichtswissen in astrologische Entsprechung zur Anwendung zu bringen.

Hier nun abschließend einige Länder- und Kultur-Schlüsselworte und –Dynamiken zu den einzelnen Zeichen. Diese Liste hat keinen Anspruch auf Vollständigkeit, sondern soll als Inspiration und Grundlage für anfängliche Schritte hinsichtlich kultureller Entsprechungen gelten:

- ❖ Widder ♈: alle kriegerischen Völker und auch Völker, die sich als Nummer Eins ansehen. Somit das patriarchale Judentum (nicht das, das Opfer des Holocaust wurde!), Japan, Deutschland.
- ❖ Stier ♉: alle Völker mit hauptsächlichem Ackerbau. Also das alte Ägypten, Kreta (Minotaurus), Osteuropäische Länder, wie Rumänien, Bulgarien.
- ❖ Zwilling ♊: Kulturen der Schrift, Sprache, Zahl, sowie des Denkens, Lesen und Schreibens und auch des Handels. Also Mesopotamien (die Wurzel der Astrologie für den Westen und den Osten!), die Sumerer, Nordafrika, Seidenstrasse (von Italien über den Nahen Osten nach Indien), Irak, Iran, Afghanistan, Pakistan, Indien.
- ❖ Krebs ♋: Wiege der Menschheit – Afrika. Matriarchale Kulturen und Zeitepochen. Dazu zählt interessanterweise Bayern, Böhmen, Tschechien, Polen die eine der letzten Bastionen des Matriarchats in Europa waren. Keltische und Gälische Kulturen, wie England, Schottland, Irland, Teile Nordfrankreichs. Länder der Druiden, Elfen und Feen. Aber auch Kulturen mit einer starken Volksseele, wie zum Beispiel Russland.
- ❖ Löwe ♌: Zentralistische Kulturen und Monarchien. Also Frankreich, China. Aber auch Kulturen mit Sonnen- und Goldanbetung, wie die Inkas, Mayas, Ägypten, Mexiko zu dem einst auch Südkalifornien gehörte, Mittelamerika, Karibik. Und weit zurückliegend Atlantis.
- ❖ Jungfrau ♍: Arbeitsame, fleißige, technische Kulturen und Völker, die sich im Dienst zu einem größeren sehen, wie Schweden, Norwegen, Finnland, Deutschland[91], Schweiz, Luxemburg, Belgien, Niederlande, Dänemark, Ungarn, Bulgarien, slowakische Völker, Japan, Philippinen, Südpazifische Inseln (aufgrund der Wurzeln zu Lemuria), Neuseeland, Australien (Aboriginees entsprechen Jungfrau-Schütze), Hawaii und Kalifornien. Aber auch das Arbeiter

---

[91] als ich kürzlich in Burma (Myanmar) war, verbeugt sich ein buddhistischer Mönch vor mir, als er hörte ich sei aus Deutschland. Er sagte: Man verehre Deutschland und Schweden in seinem Land, denn diese Länder würden die Lehren Buddhas, nämlich den Armen und Kranken zu helfen, in ihrem Staatsgefüge verankert haben!

England, alle Völker, die eins Leibeigene, Knechte, Mägde und Bedienstete hatten. Lemuria vor langer, langer Zeit.
- Waage ♎: Kulturen der Ästhetik und der Orientierung zur Harmonie und Wohlbefinden des anderen. Also des antike Griechenland und Römische Reich, somit die Mittelmeerländer, Italien, Griechenland, Südfrankreich, Südspanien, aber auch die Türkei (mit ihrem umwerfenden Charme für Ästhetik). Länder des Lächelns, wie Thailand, Burma, Laos, teilweise China, Singapur und die Philippinen.
- Skorpion ♏: Länder mit tiefen Lehren über das Mysterium von Leben und Tod. Also Tibet, Nepal, das alte tantrische Indien, Mongolei (zur Zeit der Dschingis Khans), Ägypten.
- Schütze ♐: alle Naturvölker (Indios, Indianer), Nomadischen Stämme (Zigeuner, Tuarecks usw.) und Länder die sich zum Missionieren berufen fühlten und missioniert wurden: Also Süd- und Mittelamerika, aber auch Nordamerika, Spanien, Portugal, Vereinigten Staaten von Amerika, Kanada.
- Steinbock ♑: Hierarchisch Strukturierte Länder mit Anspruch auf Führung, wie das Vereinte Königreich von Großbritannien, Russland der Zaren, Commonwealth, modernes China, UdSSR, USA seit G. W. Bush. Zugleich ist aber hier eine Entsprechung auf uralte Kulturen matriarchaler Strukturen wie das druidische Engeland vor Merlin. Auch Diktaturen (ehem. 3. Reich, Chile, Irak etc.) können mit Steinbock in Verbindung gebracht werden, vor allem in Kombination mit Löwe, wenn in der Diktatur ein starker Personenkult herrscht.
- Wassermann ♒: alle Völker geistiger Freiheit und Gleichheit der Wesen: Also der ursprüngliche Beginn von Matriarchat beim letzten Wassermann-Zeitalter. Kulturenformen die aus einer befreienden Revolution geboren wurden, Frankreich, das Vereinte Deutschland, Vereinigten Staaten von Amerika (Neue Welt). Aber auch Australien, wo das Britische Reich seine Gefangenen abschob. Wassermann korreliert auch mit Wüsten, somit mit dortigen Kulturen. Wassermann steht auch für außerirdische Lebensräume.
- Fische ♓: Kulturen, die vom Meer leben, und / oder abseits (isoliert) gelegen sind. Also Irland, Grönland (somit Eskimos), Norwegen, Japan. Aber auch Völker oder Völkergruppen, die zum Opfer von patriachal-dyfunktionalen Regimes wurden, wie die Holocaust-Juden, -Geistlichen, -Zigeuner und –Homosexuellen; wie die Bosnier, die Kurden und all diejenigen deren Auflistung den Rahmen des Buches sprengen würde!

Kapitel Sechs

Die Techniken der Evolutionären Horoskop-Interpretation

Philosophische Grundlage
Evolutionäre Astrologie betrachtet die Dynamiken der Seele, die aus früheren Leben in das jetzige Leben gebracht werden. Solche frühere Lebensdynamiken finden ihre astrologische Widerspiegelung im Geburtshoroskop. Das Geburtshoroskop zeigt symbolisch all das, was bis vor der Geburt in diesem Leben in anderen Inkarnationen erfahren wurde und was im jetzigen Leben evolutionär-karmisch von Bedeutung ist. Die unbewussten Erinnerungen an solche früheren Lebensdynamiken geben dem Natalen ein unbewusstes Gefühl von innerer, emotionaler Sicherheit, denn er nimmt diese in ihrer Wiederholung als bekannt wahr. Deshalb haben wir alle eine Tendenz, unbewusst zu Lebensbereichen und Dynamiken zu streben, die wir aus vorangegangenen Leben kennen und die uns deshalb mit einem Gefühl von Sicherheit versorgen, selbst wenn solche Dynamiken schmerzvoll oder dysfunktional sind.

Da wir gerade über Dynamiken der Seele sprechen, ist es wohl angebracht, einen Moment lang den Begriff „Seele" zu definieren, die in der Astrologie durch den Planeten Pluto ♇ symbolisiert wird: Die Essenz von allem, was da ist, ist Bewusstsein – das Eine bzw. Göttliche, vergleichbar mit dem Ozean. In der Astrologie wird das Eine bzw. Göttliche durch Neptun ♆ bzw. Fische ♓ symbolisiert – ewiglich in alle Richtungen fließend. Es steht für das „Ich Bin" – Bewusstsein, das hinter allem liegt. Ähnlich wie eine Welle, die eine Form annimmt, so formt sich auch die Seele aus dem Urgrund des Göttlichen Bewusstseins (Ich Bin). Wichtig ist dabei anzumerken, dass sich weder die Welle noch die Seele jemals von ihrem Urgrund trennt, also vom Ozean bzw. vom Göttlichen. Doch in der Welle wie auch in der Seele gibt es eine treibende Kraft, die ihre Richtung bzw. ihren Fokus für die meiste Zeit ihrer Existenz vom eigenen Urgrund ablenkt bzw. abwendet. In der Welle ist das die Schubkraft. In der Seele sind es die Verlangen bzw. besser gesagt die separierenden Verlangen.

So wie die Welle durch die Schubkraft in eine Form kommt und über den Ozean rollt, dabei aber ihre Identität als Welle behält, so „rollt" auch die Seele über den Ozean des Göttlichen Bewusstseins. Dabei ist sie getrieben von den in ihr angelegten separierenden Verlangen. Dadurch hat die Seele ein eigenes Selbst-Empfinden bzw. eine eigene emotionale Identifikation über ihre emotionale Form (Welle). Sie ist von ihren separierenden Verlangen getrieben, behält dadurch die „Schubkraft" und trachtet nach Erfüllung ihrer separierenden Verlangen. Das wiederum lässt den Fokus (emotionale Ausrichtung) der Seele von ihrem eigenen Urgrund abgelenkt sein – sie vergisst die eigene Göttliche Essenz! Die ursprüngliche Bedeutung von Sünde, kommend aus der aramäischen Sprache, war, „das Göttliche vergessen"!

Doch es besteht in der Welle wie auch in der Seele nebst der Schubkraft bzw. den separierenden Verlangen gleichzeitig noch eine andere Kraft. Bei der Welle ist es die Gravitationskraft, die die Welle mit dem Ozean verbunden hält. In der Seele ist diese Kraft das Verlangen mit dem eigenen Urgrund, also der eigenen Göttlichen Essenz, eins zu werden und zu verschmelzen, um das zu werden, was sie von jeher ist – das Eine. Dieses Verlangen nach Verschmelzung mit dem eigenen essentiellen Urgrund ist von Anfang an da, wird aber im Rausche der Erfüllung separierender Verlangen nicht wahrgenommen, außer wenn ein separierendes Verlangen seine Erfüllung gefunden hat. Dann macht sich mehr oder minder kurz ein inneres Gefühl breit, dass es noch etwas besseres bzw. anderes oder erfüllenderes gibt. Dies ist eigentlich der innere Ruf nach Vereinigung mit dem eigenem Urgrund. Doch solange noch weitere separierende Verlangen latent in der Seele angelegt sind bzw. schlummern, wird sich schon bald ein neues separierendes Verlangen ins Bewusstsein drängen. Und wieder wird gehofft, dass die Erfüllung dieses separierenden Verlangens die ultimative Erfüllung bringen wird. Doch sobald dieses separierende Verlangen befriedigt ist, kommt wieder die Stimme, dass es doch eine größere Erfüllung geben muss – die Stimme des Verlangens nach Verschmelzung – und ein weiteres latent angelegtes separierendes Verlangen kommt auf die Tagesordnung.

So werden über viele, viele Inkarnationen die Myriaden von angelegten separierenden Verlangen in der Seele er- und durchlebt, wodurch die „Schubkraft" der separierenden Verlangen immer schwächer wird. Dadurch wird das andere Verlangen mit dem eigenen, essentiellen Urgrund zu verschmelzen immer stärker und dominanter im Bewusstsein der Seele – natürliche Spiritualisierung setzt ein. Das heißt, die Seele sehnt sich zunehmend nach Verschmelzung mit dem eigenen Urgrund, trägt aber in sich noch separierende Verlangen, die sie zuerst er- bzw. durchleben muss.[92] Wenn alle separierenden Verlangen in der Seele er- und durchlebt wurden, hat die Seele keine „Schubkraft" mehr und wird wie die Welle, die sich ausgelaufen hat, eins mit dem Ozean bzw. mit dem Göttlichen Bewusstsein des Einen „Ich Bin".

Lassen Sie mich das zusammenfassend noch einfacher beschreiben und dabei astrologische Archetypen zu Hilfe nehmen, um die oben

---

[92] Das Er- bzw. Durchleben von separierenden Verlangen kann auf der weltlichen Bühne geschehen oder in der inneren Welt der emotionalen Erfahrung. Einige separierende Verlangen lassen sich nur körperlich-weltlich durchleben!

beschriebene Dynamik zu veranschaulichen: Stellen Sie sich vor, das Göttliche Bewusstsein bzw. das Eine, das „Ich Bin", ist wie der Ozean und wird von Fische ♓ bzw. von Neptun ♆ beherrscht. Das Göttliche Bewusstsein gebiert aus sich selbst heraus eine Seele, so wie der Ozean aus sich selbst heraus eine Welle formt. Wasser in einer Form – fix Wasser – entspricht dem Skorpion ♏ bzw. Pluto ♇. Die Seele ♇ / Welle wird von angelegten Verlangen getrieben, die ihre Aufmerksamkeit vom eigenen Urgrund ♆ auf die Erfüllung jener separierenden Verlangen lenken. Dadurch „rollt" die Seele ♇ / Welle über den Ozean des Göttlichen Bewusstsein ♆. Doch mit jeder Erfüllung solcher separierenden Verlangen wird die „Schubkraft" über den Ozean ♆ zu „rollen" in der Seele ♇ / Welle geringer. Dadurch kommt zunehmend die andere Kraft bzw. das andere Verlangen in der Seele vorherrschend zu Bewusstseins, das schon immer da war, aber nicht bzw. nur gering wahrgenommen wurde: Das Verlangen mit dem eigenen essentiellen Urgrund ♆ eins zu werden. Doch auch wenn jenes Verlangen, eins mit dem eigenen Urgrund ♆ zu werden, stärker wird, so hat die Seele ♇ immer noch separierende Verlangen und aufgelaufene karmische Lasten, die sie durchleben will / muss, um dann eins mit dem Einen zu werden – etwas, das sie außerdem schon immer war, denn die Welle ist immer Teil des Ozeans! Genauso sehen wir, dass die Umlaufbahn von Pluto ♇ und von Neptun ♆ einander kreuzen – Seele und Göttliches ist eins!

Sagt die Welle zum Ozean: „Ach, lieber Ozean, ich wäre so gerne wie Du. Was soll ich tun?" Der Ozean antwortet: „Beruhige Dich"!

    Soweit also zum Zusammenspiel zwischen Göttlichem ♆ und der Seele ♇, was *jenseits* der Raum-Zeit-Ebene stattfindet. Nun sollten wir einmal untersuchen, wie es durch die separierenden bzw. seelischen Verlangen zu Inkarnationen auf der weltlichen Ebene der Raum-und-Zeit-Ebene kommt. Wir sehen also die „Seelen-Welle" ♇ über den Ozean des Göttlichen Bewusstseins ♆ rollen, was jenseits der Raum-und-Zeit-Ebene bzw. eigentlich gleichzeitig mit ihr geschieht – doch das kann man weder linear beschreiben noch linear verstehen.

    Betrachten wir die Welle auf dem Ozean etwas näher, sehen wir, dass sich auf ihre viele, unzählige kleinere Wellen gebildet haben, die also aus der Welle entstanden sind, welche wiederum aus dem Ozean entstand. Stellen wir wieder den Vergleich von Welle zur Seele ♇ her, dann stehen diese kleinen Wellen für die diversen körperlichen Inkarnationen mit ihren dazugehörigen Persönlichkeiten oder kurz gesagt, den Ego - ☽ - Strukturen der unzähligen Inkarnationen der Seele ♇ auf der Raum-Zeit-Ebene des Weltlichen wie zum Beispiel auf der Erde. Das heißt, dass jede dieser kleinen Wellen auf der Seelen ♇ - Welle für eine Inkarnation in einem emotionalen Ego-Körper ☽ auf der Raum-Zeit-Ebene des Weltlichen steht. Jede dieser kleinen Wellen repräsentiert eine Inkarnation im Weltlichen, wozu die Seele ♀ aus sich heraus einen emotionalen Egokörper ☽ erschafft, der in einen physischen Körper „schlüpft", um entsprechend ihrer angelegten seelischen Verlangen, sprich ihrer evolutionären Absichten, eigene Erfahrungen im Weltlich-Körperlichen zu machen.

Solche Inkarnationen im Weltlichen brauchen für das weltliche Leben im physischen Körper ein emotionales Selbstbild ☽ bzw. eine emotionale Persönlichkeit ☽, die von evolutionär-karmischen Dynamiken der Seele ♀ definiert bzw. erschaffen werden. Daher steht das Zeichen Krebs ♋ bzw. der Mond ☽ für das emotionale Selbstbild bzw. – Ego, das die Seele ♀ in der jeweiligen Inkarnation braucht, um ihre evolutionär-karmischen Erfahrungen auf ihrer Reise über den Ozean des Göttlichen Bewusstseins ♆ zu machen, um eines Tages alle separierenden Verlangen er- bzw. durchlebt zu haben und um dann wieder Ozean ♆ zu werden.

Die Mondknoten
Untersuchen wir nun die Qualität des emotionales Egokörpers ☽ bzw. des emotionalen Selbstbildes ☽ von Moment zu Moment genauer, erkennen wir, dass sich ein jeder von uns im Spannungsverhältnis von Vergangenem und Zukünftigem definiert, also in der Spannung der Erscheinung von Zeit. Raum und Zeit gehören zusammen und stehen für die Essenz von Dualität. Wir leben hier auf der Erde in einem Dualen Universum als Individuen (vgl. „Indivi-Dualität"). Im Taoismus wird gesagt, dass jedes mal wenn ein Mensch „Ich" sagt, meint er alles über sich, was er in diesem Leben bis zum jetzigen Moment gewesen ist. Wäre sich der Mensch nur des jetzt herrschenden Augenblicks voll bewusst, wäre er schon ein Einklang von Seele ♀ und Göttlichem ♆. Doch wir sind meist nicht präsent im Augenblick, sondern entweder emotional in der Vergangenheit oder in der Zukunft! Somit befindet sich das emotionale Selbstbild ☽ immer zwischen der Vergangenheit. In der Evolutionären Astrologie steht der *Südknoten des Mondes ☋ für die Vergangenheit*, und die *Zukunft wird durch den Nordknoten des Mondes ☊* symbolisiert.

Die Mondknoten sind astronomisch die beiden Kreuzungspunkte der Sonnenumlaufbahn, der Ekliptik, und der Mondumlaufbahn, die sich zur Sonne ☉ in einem schrägen Winkel befindet.

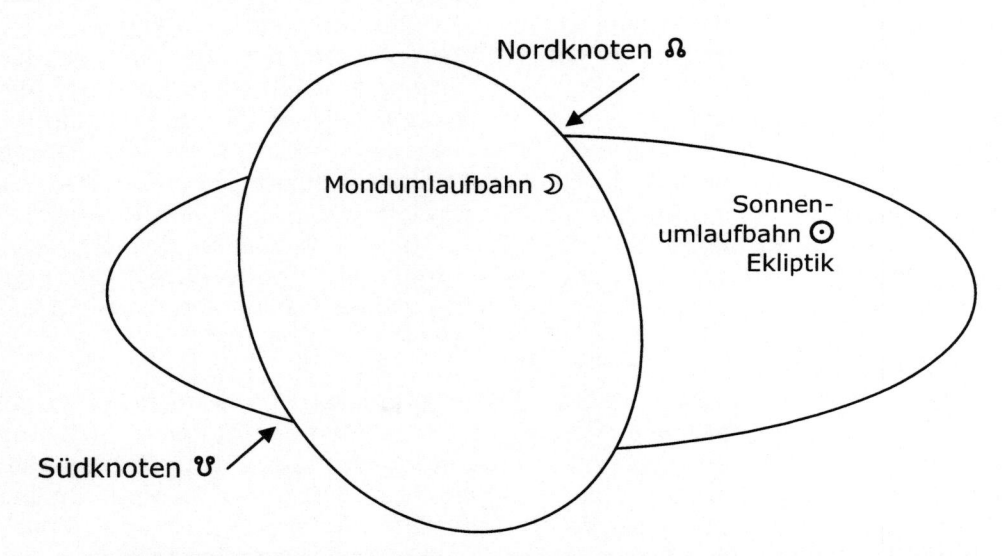

```
                    Nordknoten ☊

         Mondumlaufbahn ☾
                                    Sonnen-
                                    umlaufbahn ☉
                                    Ekliptik



    Südknoten ☋
```

Die Mondknoten, Süd ☋ - und Nordknoten ☊ des Mondes, befinden sich immer in Opposition ☍ zueinander. Sie bilden daher eine Achse und werden oft auch Mondknotenachse genannt. Sie sind also keine Planeten, doch vor allem in der Evolutionären Astrologie enorm wichtig. Ihre natürliche Bewegung ist rückläufig und sie brauchen ca. 18 Jahre, um einmal durch den Tierkreis zu laufen. Das bedeutet, sie brauchen ca. 18 Monate bzw. 1.5 Jahre für den Durchlauf eines Zeichens. Wie gesagt sind die Mondknoten in der Evolutionären Astrologie von höchster Bedeutung. Der Südknoten ☋ steht für die Vergangenheit, der Nordknoten ☊ steht für die Zukunft oder besser für die zukünftige Orientierung der evolutionär-karmischen Dynamiken.

Gehen wir zurück zu unserem Beispiel der "Seelen-Welle" ♀ auf dem Ozean des Göttlichen Bewusstseins ♆, das jenseits der Raum-Zeit-Ebene stattfindet, so haben wir auf der Seelen-Welle ♀ kleine Wellen, die der emotionalen Egostruktur ☾ einer jeden Inkarnation auf der Raum-Zeit-Ebene (♑) entspricht. Jedes emotionale Selbstbild ☾ bzw. Egostruktur ☾ findet sich im Spannungsverhältnis von Vergangenheit - Südknoten ☋ - und Zukünftigem - Nordknoten ☊.

> In einem physischen Körper (Widder ♈, Mars ♂) geboren zu sein, bedeutet also, dass die Seele (Skorpion ♏, Pluto ♇), die aus dem Göttlichen Bewusstsein ♆ entspringt, aus sich selbst heraus einen Emotionalkörper (Krebs ♋, Mond ☽) für die gegenwärtige Inkarnation erschafft, der der evolutionär-karmischen Notwendigkeit der seelischen Reise ♇ über den Göttlichen Ozean ♆ entspricht. Dieser Emotionalkörper ☽ ist die emotionale Linse, durch die ein jeder von uns seinen Lebensfilm sieht, erlebt und erfährt. Ohne diese emotionale Linse ☽ hätten wir kein Ich-Empfinden ☽ für unsere weltliche Existenz. Dabei befinden wir uns immer im Spannungsverhältnis zwischen Vergangenem (Südknoten ☋) und Zukünftigen (Nordknoten ☊).

In der Evolutionären Astrologie steht der Südknoten ☋ im Horoskop für all die emotionalen Persönlichkeiten bzw. Egokörper ☽, die die Seele ♇ in vergangenen Leben erschaffen hatte. Der Südknoten ☋ ist also das Symbol, das für all die „Monde ☽ vergangener Inkarnationen" mit all ihren Erfahrungen und daraus resultierenden Fähigkeiten, Gewohnheiten, Ängsten etc. steht. Das heißt also, dass der Südknoten ☋ in meinem Horoskop für all die ehemaligen „Ulrichs" steht, die meine Seele ♇ bezüglich ihrer Verlangen und evolutionären Absichten in vergangenen Leben erschaffen hatte.

Der Nordknoten ☊ steht in der Evolutionären Astrologie für die weitere Orientierung und evolutionäre Richtung, die der Natale, also seine emotionale Persönlichkeit in diesem Leben, anvisieren sollte, um im Einklang mit der evolutionären Absicht seiner "Seelen-Welle" ♇ in diesem Leben zu sein. Das soll heißen, wenn ich mich in meinem jetzigen Leben auf den Bereich bzw. die Bereiche fokussiere, die durch die Stellung des Nordknotens ☊ in Haus und Zeichen in meinem Geburtshoroskop symbolisiert werden, werde ich mich aus meinen alten, emotionalen Mustern der Vergangenheit (Südknoten ☋) heraus weiterentwickeln[93] – im Einklang mit der Seelen-Absicht für dieses Leben.

In der unteren Abbildung sehen wir unter anderem den Mond ☽ als emotionalen Egokörper der jetzigen Inkarnation, den Südknoten ☋ für alle Persönlichkeiten vergangener Leben stehend und den Norkknoten ☊ für die weitere zukünftige Orientierung und Entwicklung.

---

[93] Das soll nicht heißen, dass alte Fähigkeiten und Muster über Bord geworfen werden, sondern dass man sich mit ihnen im Einklang der seelischen Evolution weiterentwickelt – unter Einbeziehung alter Fähigkeiten, Talente etc.

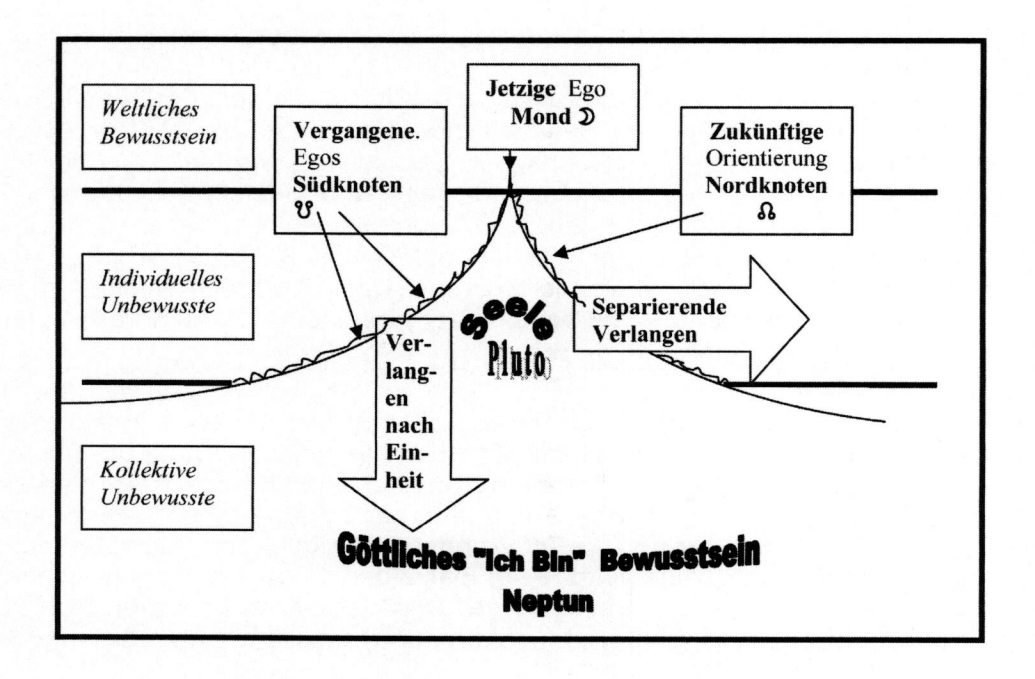

```
┌─────────────────────────────────────────────────────────────────┐
│  Weltliches       Vergangene.      Jetzige Ego                  │
│  Bewusstsein      Egos             Mond ☾      Zukünftige       │
│                   Südknoten                    Orientierung     │
│                   ☋                            Nordknoten       │
│                                                ☊                │
│  ─────────────────────────────────────────────────────────────  │
│                                                                 │
│  Individuelles                         Separierende             │
│  Unbewusste            Ver-            Verlangen     ══▶        │
│                        lang-   Seele                            │
│                        en      Pluto                            │
│                        nach                                     │
│                        Ein-                                     │
│  Kollektive            heit                                     │
│  Unbewusste             ▼                                       │
│                                                                 │
│         Göttliches "Ich Bin" Bewusstsein                        │
│                      Neptun                                     │
└─────────────────────────────────────────────────────────────────┘
```

Verlangen und Evolution

Bei der Betrachtung der in der Seele angelegten Verlangen ist es hilfreich, wenn man sich vorstellt, sie schlummern latent in der Seele und kommen zu einem gewissen Zeitpunkt an die Oberfläche des Bewusstseins. Das geschieht entweder durch innere Bewusstwerdung oder aber durch äußere Reize bzw. Symbole, die das innere, latente Verlangen wachrufen. Zum Beispiel hat der Nachbar ein neues Auto, und nun will man selbst eines. Sobald ein latentes Verlangen ins Alltagsbewusstsein kommt, beginnt es dieses mehr oder minder stark zu beeinflussen bzw. zu beherrschen. Die Egostruktur will dies oder jenes jetzt haben oder werden, denn es stellt fest, dass es dies oder jenes nicht hat oder nicht ist. Dabei meint es, sobald das Verlangen erfüllt ist, das durch das eine oder andere symbolisiert wird, wird ein permanentes Wohl- und Glücksgefühl erreicht sein. Da es sich aber um separierendes Verlangen handelt, wird sich nach der Verlangenserfüllung früher oder später eine Unzufriedenheit einstellen, gepaart mit dem Gefühl, dass ein anderes Verlangen zu jenem dauerhaften Wohl- und Glücksgefühl führen kann. Somit er- und durchlebt man seine angelegten separierenden Verlangen, die über die vielen Inkarnationen zu Bewusstwerdung über sich und das eigene Selbst führen, welches ultimativ das „Ich-Bin"- Bewusstsein des Göttlichen Urgrundes ist.

In der Astrologie stehen Skorpion ♏ und Pluto ♇ für die seelischen Verlangen.

Sobald ein Verlangen bewusst wird, erkennt man, wenn man in seine "Schatzkammer sieht" (Stier ♉, innere Venus ♀), dass man das, was man da verlangt, nicht hat, nicht kann bzw. werden will. Daraufhin richtet sich die emotionale Energie des Verlangens (Pluto ♇) auf das begehrte Objekt bzw. Können. Dieser Prozess führt zu einer energetischen Osmose (Pluto ♇), einer Verschmelzung mit dem begehrten Objekt oder Können. Dies führt zu einer Metamorphose (Pluto ♇): Die Person wird danach nicht mehr so sein, wie einst als das Verlangen begann – Evolution (Pluto ♇).

Als Beispiel können wir einen Mann nehmen, der durch einen Freund das Verlangen verspürt, selbst ein Haus zu kaufen. Nun richtet er all seine Energie, seine Ersparnisse auf die Erfüllung des Verlangens. Nach einer gewissen Weile hat er sein Haus und findet sich als Eigenheimbesitzer wieder, was er zuvor nicht war. Doch ab einem gewissen Punkt wird er innerlich spüren, dass das Eigenheim nicht die Erfüllung gibt, wie er sich anfangs erhoffte (unbewusster Ruf des inneren Verlangens nach Verschmelzung und Einswerdung mit dem eigenen, essentiellen Urgrund). Ein neues separierendes Verlangen wird an die Oberfläche seines Bewusstseins kommen, das er nun versucht zu erfüllen.

Je mehr die separierenden Verlangen aus- und durchlebt wurden, umso schwächer wird der „Drive" in der Seele, und umso stärker gewinnt das Verlangen nach Verschmelzung mit dem eigenen, essentiellen Urgrund an Gewicht und Motivation – natürliche Spiritualisierung des Bewusstseins. Wir können also sehen, dass die Erfüllung der nach Außen gerichteten Verlangen nur den Zweck hat, diese zu erfahren, um Bewusstwerdung zu erleben. Das eigentliche Objekt des Verlangens ist nur äußeres Mittel zum Zweck; dem Zweck der Selbst-Bewusstwerdung der inneren, angelegten Verlangen, die anfangs latent und nach der Durchlebung bewusst geworden sind.[94]

Unglücklicherweise proklamiert unser modernes Westsystem, dass die Anhäufung von materiellen Dingen der Weg zum Glück sei, obwohl sie doch nur Mittel der Selbst-Erfahrung und Bewusstwerdung sind. Sobald eine materielle Manifestation eines Verlangens seinen Zweck erfüllt hat, nämlich die Metamorphose des Selbstbildes hin zu größerer Bewusstheit, ist der materielle Gegenstand nicht mehr von Nöten – dennoch kann man ihn behalten, wenn man ihm unverhaftet bleibt. Doch leider werden die

---

[94] Im Buch von Marlon Morgan "Traumfänger", ist im Kapitel "Juwelen" eine wunderbare Geschichte einer Aborigine-Frau, die sich mit Blumen schmückt, um das Gefühl von Schönheit zu erleben. Nachdem alle ihr Komplimente machten, gibt sie die Blumen wieder der Erde zurück und trägt die emotionale Erinnerung an die Erfahrung von Schönheit in sich.

meisten Menschen an dem festhalten, was sie da angeschafft bzw. erreicht haben, denn ihr Schwerpunkt ist nicht auf inneren Reichtum gerichtet. Schließlich, so sagen viele, habe ich so viel Fleiß oder Zeit da rein gesteckt. Doch betrachten wir das Leben ein wenig, erkennen wir, dass alles fließt und sich verändert. Das Objekt ehemaligen Verlangens gehen lassen zu können und die daraus gewonnene Erfahrung in sich zu tragen, wäre der Natur des Lebens viel angemessener. „Dinge und Menschen kommen in unser Leben nicht um zu bleiben, sondern um wieder zu gehen!"[95] – das Drama von Skorpion ♏ und Pluto ♇, das durch Goethes "stirb und werde" so wundervoll beschrieben ist.

Verlangen führen also zu Evolution des Bewusstseins. Es gibt archetypisch vier Formen von Evolution, die ich bereits schon in Kapitel Vier unter Skorpion ♏, Pluto ♇ und dem 8. Haus beschrieben habe. Hier sollen sie nochmals in ihren zwei harmonischen und zwei kataklastischen[96] Manifestationen knapp erwähnt werden:

- Harmonische Evolution ausgelöst durch ein inneres Gefühl bzw. natürliches Interesse an etwas Neuem; dies kann ein Objekt, eine Person oder ein Lebensbereich sein. Schrittweise nähert sich die Person diesem Neuen und lernt und erfährt mehr darüber. Mit der Zeit wird der Mensch mit diesem Neuen vertrauter, wenn nicht sogar eins mit ihm. Beispiel: Man beginnt Astrologie interessant zu finden, besucht Kurse, liest Bücher und macht praktische Erfahrungen mit anderen Astrologen oder Klienten. Mit der Zeit ging man über Metamorphosen durch eine Evolution und wurde zum (Hobby-) Astrologen – etwas, was man zuvor noch nicht war.
- Latent schlummerndes Potential macht sich im Leben breit. Fähigkeiten und Talente, die bis dahin latent in einer Person schlummerten, kommen an die Oberfläche seines Bewusstseins und wollen Ausdruck im Leben der Person finden. Das löst eine Metamorphose des bestehenden Lebensstils aus. Je mehr die neu auftauchenden Fähigkeiten Raum im Leben der Person finden, desto mehr geht diese durch eine Verwandlung bzw. Evolution, denn sie wird zu etwas, was sie vorher nicht war. Beispiel: Ein Nataler schreibt einen Traum von sich auf und entdeckt dabei, wie viel Freude ihm das Schreiben macht. Schrittweise beginnt er, Gedanken niederzuschreiben, bis er eines Tages eine

---

[95] Byron Katie „The Work"
[96] Der Begriff "kataklastisch" kommt aus der Erdbebensprache. Wenn zwei Kontinentalplatten aufeinander Druck ausüben, kommt es ab einem gewissen Punkt zu einem intensivem Ruck, einem Erdbeben.

Kurzgeschichte schreibt. Diese liest er Freunden vor, die ihm in seinem aufkommenden Talent loben. Er schreibt mehr Geschichten, wird in Zeitungen veröffentlicht, schreibt ein Buch oder Drehbuch o.ä. und wird durch diese harmonische Evolution zu einem Schriftsteller.

- Widerstand gegenüber den evolutionären Impulsen: Diese Form der Evolution ist kataklastisch. Die Person fühlt, dass ein neues evolutionäres Verlangen „anklopft" – ausgelöst durch innere Wahrnehmungen oder durch äußere Stimulation. Doch die Person ist mit ihrem gegenwärtigen Lebensstil emotional stark verhaftet und hält daher an diesem fest. Sie will keine Veränderung, sei es aus Bequemlichkeit oder aus dem Gefühl, so viel Kraft und Energie in das Gegenwärtige investiert zu haben. Doch der neue evolutionäre Impuls steigt und mit ihm der innere Widerstand, ihn nicht zuzulassen. Der Druck steigt. Die ersten kleinen, universellen Hinweise bzw. Warnsignale werden überhört und übersehen, wodurch die universellen Hinweise intensiver und lauter werden. Vielleicht machen sich auch schon die ersten Gesundheitsprobleme als Zeichen breit. Doch der Widerstand wird aufrechterhalten. Und ab einem gewissen Punkt – Bumm! - Kataklastische Evolution nimmt sich der Sache an. Die Person geht durch Tage, manchmal sogar Wochen von inneren und äußeren Turbulenzen emotionaler Intensität, vergleichbar mit einem Boot im Sturm. Nach einer gewissen Weile kehrt langsam Ruhe ein, und die Person findet sich in völlig veränderten Lebensumständen; erschöpft, doch auch gereinigt und befreiter, meist sogar innerlich erfrischt. Beispiel: Man will nicht wahrhaben, dass die gegenwärtige Beziehung nicht mehr funktioniert und man gehen soll. Selbst die dauernden verletzenden Streitigkeiten nimmt man genauso wenig als Hinweis, wie die Tatsache, dass man den Körpergeruch des Partners nicht mehr leiden kann. Doch man hält fest, denn schließlich ist man gerade in die schöne Luxuswohnung gezogen. Eines Tages verliert man seinen Job, vielleicht weil die Firma Pleite geht, kommt daher früher nach Hause und findet seinen Partner *in flagranti*, mit dem Nachbarn. Das bestehende Leben bricht innerhalb von Stunden wie ein Kartenhaus zusammen und man muss sich nun auf die neue Evolution einlassen. Wochen später erkennt man den Segen in diesem „Erbeben".
- Katatonische[97] Evolution: Man hat sich einen gewissen Lebensstil entsprechen früherer Verlangen erschaffen. Man ist glücklich oder

---

[97] Katatonie – „psychische Leichenstarre"

zumindest zufrieden. Doch zunehmend verliert man innerlich den Kontakt zu dem, was man sich da geschaffen hat. Alles um einen herum verliert an persönlicher Bedeutung und Sinn. Das Leben wird als schwere, langweilige Routine erlebt, ähnlich wie in dem Film, „Und täglich klopft das Murmeltier". Man versucht, alte Werte wieder zu aktivieren, doch man bleibt in seiner emotionalen Katatonie und fühlt sich mit nichts verbunden. Ein äußerst unangenehmes Gefühl, denn man erlebt in dieser Zeit einen Verlust von Perspektiven über das eigene Leben und eine weitere Orientierung in der Zukunft. Doch nach einer gewissen Zeit – oft erst nach langen, bedeutungslosen Wochen und sogar Monaten – sieht man ein „Licht am Ende des Tunnels". Neue Perspektiven kommen ins Leben, die dankbar und freudvoll angenommen und umgesetzt werden, wodurch Evolution stattfindet.

Normalerweise findet Evolution immer in einer Kombination aus meist zweien der oben beschriebenen Dynamiken statt. Bei den beiden letztgenannten bedarf es immer eines gewissen inneren, emotionalen Drucks, der nichts mit intellektuellem Verständnis zu tun hat, damit eine Metamorphose stattfinden kann. Oftmals bedarf es sogar der emotionalen Erschöpfung der alten Muster. Das heißt, sie müssen auf seelischer Ebene erschöpft werden, damit der nächste evolutionäre Schritt stattfinden kann. Selbst der Widerstand gegenüber evolutionären Impulsen wird meist, nachdem die Metamorphose stattgefunden hat, als ein notwendiger Segen gesehen. Genau deshalb sahen die antiken Philosophen und Astrologen das Tierkreiszeichen Skorpion ♏ mit seinem Altherrscher Mars ♂ (Yin-Mars) als die Fähigkeit der tiefsten Selbst-Heilung an, die den sogar solch einen Natalen befähigt, andere in ihren tiefen, oft dunklen Prozessen innerer Metamorphose zu begleiten und zu führen.

Einige praktizierende Evolutionäre Astrologen behaupten, dass harmonische Evolution stattfindet, wenn Pluto ♇ harmonische Aspekte wie Sextile ✶ und Trigone △ zu anderen Planeten bildet. Kataklastische Evolution ist mehr bei stressvollen Aspekten wie bei Konjunktionen ☌, Quadraten ☐, Halbquadraten ∠, Anderthalbquadraten ⚼ und auch bei Quincunxen ⚻ zu finden, so sagen sie. In meiner persönlichen Erfahrung astrologischer Arbeit mit Menschen konnte ich jedoch alle oben genannten Formen der Evolution bei harmonischen und stressvollen Aspekten beobachten. Ich kam daher zu dem Schluss, dass die Qualität der Evolution vielmehr etwas mit der Bewusstheit und Offenheit des Natalen gegenüber profunden Veränderungen zu tun hat als die Verallgemeinerung bzw. Korrelation zu harmonischen bzw. stressvollen Aspekten von Pluto ♇ zu anderen Planeten. Die Bewusstheit und Offenheit bei einem Natalen hat nebst den astrologischen Energiemustern des Geburtshoroskops auch viel mit der sozialen, gesellschaftlich-kulturellen und religiösen Konditionierung und Prägung zu tun.

Konditionierung und Stadien der Bewusstheit

Vor jeder Horoskopanalyse ist es von absoluter Wichtigkeit, der sozial-gesellschaftlichen, kulturellen, wirtschaftlichen und religiösen Prägung und kindheitlichen Konditionierung des Natalen bzw. des Klienten Aufmerksamkeit zu schenken. Dazu empfiehlt es sich, dem Klienten gezielte Fragen hinsichtlich seiner elterlichen Prägung und gesellschaftlich-kulturellen, religiösen und wirtschaftlichen Konditionierung zu stellen. Die kindheitliche Prägung und Konditionierung durch Gesellschaft, Kultur, Religion und durch wirtschaftliche Umstände (Krieg, Not, Hunger, Sparsamkeit, Wohlstand etc.) sind für den beratenden Astrologen von essentieller Wichtigkeit, um in der Lage zu sein, die astrologischen Symbole im Geburtshoroskop angemessen interpretieren zu können.

Stellen Sie sich einen Klienten vor, der viele Planeten in Schütze ♐ im 9. Haus hat. Sie gehen als beratender Astrologe davon aus, dass der Klient in Deutschland in einem hier üblichen christlichen Umfeld aufwuchs. Doch es stellt sich heraus, dass der Klient in Thailand in einem buddhistischen Umfeld heranwuchs. Sein 9. Haus mit Schütze ♐ muss daher aus buddhistischer Prägung und thailändischem Wertesystem gedeutet und interpretiert werden! Fragen wie die folgenden empfehle ich dem Klienten vor der Horoskopdeutung zu stellen. Es empfiehlt sich dabei, bei der Antwort gut zuzuhören und schon die ersten Korrelationen mit dem Geburtshoroskop herzustellen:

- „In welchem Land und welcher Kultur wuchsen Sie auf[98]?"
- „Wie waren die wirtschaftlichen Verhältnisse ihres familiären Umfeldes in der Kindheit?"
- „Gab es eine religiöse Prägung in der Kindheit?" Diese Frage wird bei den meisten deutschen Klienten anfangs verneint. Fragt man dann nochmals nach, ob es keinen Religionsunterricht, kein Schulgebet, keinen Kirchgang, keine Kommunion oder Konfirmation gab, dann sagen die meisten Klienten: „Ja, doch das schon." Sie sind sich also meist gar nicht bewusst, dass sie mit einem kulturell-religiösem Glauben geprägt bzw. konditioniert wurden.

---

[98] Wenn der Klient in einem Land aufwuchs mit diversen kulturellen Schattierungen, wie zum Beispiel Deutschland, wo Berlin andere kulturelle Wurzeln als München hat, dann empfiehlt es sich genauer nachzufragen. Ist der Klient in einer Kultur aufgewachsen, die Ihnen nicht bekannt ist, bitten Sie den Klienten, Ihnen ein wenig über diese Kultur zu erzählen.

Ich kann Sie nur dazu ermuntern, den Klienten Fragen zu stellen. Wenn Ihnen eine Antwort nicht genügt, fragen Sie weiter. Der Klient wird ihr Interesse als professionell anerkennen, und Sie werden genauso wie er von der daraufhin folgenden Beratung profitieren.

Es gibt noch einen wichtigen Faktor, den man vor der eigentlichen Horoskopinterpretation geklärt haben sollte. Nein, nicht das Honorar, obwohl das auch von Anfang an klar kommuniziert sein sollte. Sondern das Stadium der Bewusstheit des Klienten, d.h. auf welcher Ebene von Bewusstheit schwingt der Kern des Klienten. Nun, dies ist natürlich eine recht schwierig einzuordnende Frage. Dennoch ist es hilfreich, den Klienten und seine Kernschwingung durch Beobachtung für die gegenwärtige Beratung im gegenwärtigen Augenblick einstufen zu können. Da kann man zum Beispiel einfach nur unterscheiden, ob der Klient auf seiner Seelenreise im Augenblick eine Bewusstheit hat, die sich noch mit dem Persönlichkeitsaufbau, oder schon mit dem Persönlichkeitsabbau bezüglich der evolutionären Reise der Seele über den Göttlichen Ozean des Bewusstseins befindet. Oder man kann ein recht simples Schema anwenden, um zu erkennen, wo im Augenblick der Beratung der Schwerpunkt der Bewusstheit des Klienten liegt:

- **Gesellschafts-Bewusstsein** – definiert die Person sich, ihr Leben und somit andere auf unreflektierte Weise genauso wie die bestehende Gesellschaft Werte von „Richtig und Falsch" definiert? Das heißt, akzeptiert die Person die Wertevorgaben ihrer Kultur und Zeit als für sie richtig, um sich als Person wohl und sicher zu fühlen?[99]
- **Individualisiertes Bewusstsein** – hat bzw. reflektiert die Person über die bestehenden kulturellen Werte, um für sich persönlich-individuell herauszufinden, ob diese auch für sie als Individuum gelten? Stimmt sie nicht mit den gesellschaftlichen Werten und Vorgaben des derzeitigen Zeitgeists überein, hat sie dann auch den Mut durch Individuation ihr eigenes Wertesystem zu leben und sich dabei wohl und sicher zu fühlen?[100]
- **Universelles Bewusstsein** – richtet und gestaltet die Person ihr Leben nach universellen Werten und Orientierungen aus und ein? Wodurch ein Wegfall vieler energetischer Grenzen stattfindet, die dem o.g. Gesellschaftlichen Bewusstsein fast polar entgegenstehen. Erlebt die Person ein Wohl- und Sicherheitsgefühl von Innen heraus

---
[99] Solche Menschen kommen meist nicht zu einem Evolutionären Astrologen!
[100] Solche Menschen kommen zum Evolutionären Astrologen. Ein Teil der beratenden Tätigkeit ist, diese Klienten in ihrer Individuation zu bestärken und schon den ersten Fingerzeig auf universelle bzw. spirituelle Werte zu gestalten.

und richtet ihr Leben im Einklang universeller Werte zum eigenen Wohle und zum Wohle anderer aus.

Ein gutes Beispiel zu diesen drei Ebenen der Bewusstheit lässt sich bei den Lehren und Vorträgen von David Deida[101] über das universell Weibliche und universell Männliche finden. So beschreibt dieser zum Beispiel, dass eine Beziehung zwischen dem Männlichen und dem Weiblichen stark durch die gesellschaftliche Geschlechterrollenvorgabe geprägt ist, wenn sich beide noch im Gesellschaftlichen Bewusstsein befinden. Zum Beispiel der Mann geht Geld verdienen, die Frau kümmert sich um das Heim. Befinden sie sich aber im Individualisierten Bewusstsein, dann wird die Beziehung zwischen ihnen durch die Gleichwertigkeit der Geschlechter definiert sein. Jeder der beiden ehrt den Partner als gleichwertiges Individuum, das das Recht hat, sein eigenes Geld zu verdienen und sein eigenes Leben zu leben und zu gestalten. Das Problem in diesem Stadium einer Beziehung ist nur leider, dass die erotische Spannung oft neutralisiert wird und nur noch der Wecker im Schlafzimmer auf „Sex" steht, denn die natürliche Polarisierung vom Weiblichen und Männlichen wird neutralisiert.

Befindet sich ihre Beziehung aber im universellen Bewusstsein, werden beide einander als umgekehrt gepoltes Gegenüber gleicher universeller bzw. Göttlicher Qualität anerkennen und sehen. Sie sehen sich als gleich an, feiern aber im universellen Liebesrausch die Unterschiedlichkeit ihrer erotischen Energie, also des Weiblichen und des Männlichen, als Göttlicher Tanz der Pole in der Schöpfung. Dadurch wird die erotische Spannung immer neu genährt und in Sinn- und heiliger Körperlichkeit ausgedrückt und ausgetauscht. Die erotische Spannung von universell Weiblich und universell Männlich bleibt bestehen und wird zum lebbaren Vehikel der Bewusstseinserweiterung ins Göttliche Bewusstsein.

Wir alle schwingen mal von der gesellschaftlichen Ebene zur universellen und zur individualisierten usw. Dennoch kristallisiert sich meist eine Grundschwingung heraus, die aber nicht absolut festgelegt ist, wie es zum Beispiel J.Green in seinen „Natürlichen Stadien" vermittelt. Bei der Arbeit muss ich vielleicht ins gesellschaftliche Bewusstsein eintauchen, bei meinen Freunden kann ich individualisiert leben, und in meiner Partnerschaft habe ich vielleicht schon begriffen, wie wichtig es ist, meine universelle Männlich-Weiblichkeit in einen erotischen Tanz der polaren Spannung von Männlich-Weiblich der Schöpfung zu bringen, um einen immer währenden Quell körperlich, sinnlicher, energetisch-spiritueller Auffrischung zu erfahren.

---

[101] www.Deida.com

Bei der astrologischen Beratung halte ich es für wichtig, mit dem Klienten ein kleines Vorgespräch zu führen, um dabei durch Beobachtung herauszufinden, wo steht dieser Mensch im Augenblick steht und wie ich ihn darin am besten mit der Horoskopdeutung unterstützen, bestärken, motivieren und inspirieren kann, denn schließlich ist astrologische Beratung ein Dienst!

Regeln der Evolutionären Horoskop Interpretation

> *"Eine Seele inkarniert in dem Augenblick, wenn die planetaren Konstellationen in Einklang mit dem individuellen Karma stehen. Deshalb ist ein Geburtshoroskop die symbolische Widerspiegelung der unveränderbaren Vergangenheit und der wahrscheinlichen zukünftigen Entwicklung." (Swami Sri Yukteswar)[102]*

Basis Schritte der Evolutionären Horoskopinterpretation[103]

Da sich die Evolutionäre Astrologie mit den Kernthemen innerhalb der Seele befasst, die aufgrund früherer Lebensdynamiken zur Ursache für Umstände und Dynamiken der gegenwärtigen Inkarnation werden, beginnen wir nach einem Gesamtüberblick die Horoskopanalyse der Evolutionären Astrologie mit der natalen Stellung von Pluto ♇ in Haus, Zeichen, Aspekte/Phasen zu anderen Planeten.[104]

Dieser erste Deutungsschritt von Pluto ♇ in Haus, Zeichen, Aspekte/Phasen steht für die seelischen Verlangen – also die Verlangen der „Seelenwelle" – bzw. das „Verlangenspaket" der Seele in vergangenen Leben. Verlangenspaket soll heißen, dass die Seele auf verschiedenen Ebenen verschiedene Verlangen und Orientierungen hatte und hat. Anhand der natalen Stellung von Pluto ♇ können wir also im Geburtshoroskop ablesen, welche Verlangen die Seele in vergangenen Inkarnationen hatte. Diese Verlangen können auch in diesem Leben noch weiter Motivation und Antrieb der Seele sein, vor allem, wenn sich Pluto ♇ in einem kardinalen Zeichen bzw. kardinalen Haus befindet.

Zudem stehen diese Verlangen vergangener Leben der Seele, die durch die Platzierung von Pluto ♇ in Haus, Zeichen, Aspekte/Phasen angezeigt wird, auch für die tiefsten unbewussten Muster von innerer

---

[102] „Autobiographie eines Yogi" von Paramahansa Yoganada
[103] Entwickelt von Jeff Green – „Pluto – die Evolutionäre Reise der Seele"
[104] Pluto bewegt sich sehr langsam und wird daher als kollektiver oder als Generationsplanet angesehen. Dennoch ist Pluto im Geburtshoroskop in einem individuellen Haus platziert und macht individuelle Aspekte/Phasen zu anderen Planeten. Somit kann man sehen, wie Generationsthemen durch die Individualität des Natalen in ein persönliches Leben gebracht werden. Diese Themen sind die Folge früherer Inkarnationen entsprechend der evolutionären Verlangen und Absichten der Seele. Es ist daher durchaus legitim, den „kollektiven" Planeten Pluto in der persönlichen Horoskopdeutung für individuelle Grundmuster anzuwenden. Penny Thornton erklärt in ihren Werken, dass wir in einer Zeit leben, in der kollektive Dynamiken zunehmend zu individuellen Dynamiken werden; deshalb die Planeten Uranus, Neptun und Pluto durchaus als persönliche Planeten angesehen werden sollten.

Sicherheit und Geborgenheit. Alles, was uns bekannt ist, gibt uns ein Gefühl von Vertrautheit. Genau das ist auch der Grund, warum wir alle eine Tendenz haben, unbewusst zu diesen alten Mustern bzw. Lebensdynamiken zu schweifen, wenn wir uns in Lebensherausforderungen bzw. -Krisen befinden. Wir finden dort unsere tiefste Sicherheit wieder – sei sie noch so unangenehm.

Schritt Zwei der Evolutionären Horoskopanalyse ist nun die Position des Südknotens ☋ in Haus, Zeichen und Aspekten zu anderen Planeten. Er steht für <u>alle</u> Persönlichkeiten bzw. emotionalen Egostrukturen vergangener Lebensreihen, die die Seele ♇ entsprechend ihrer Verlangen bzw. ihres Verlangenspakets (Schritt Eins) erschaffen hat. Man kann sich also vorstellen, der Südknoten ☋ wäre viele, viele Monde ☽ also Egostrukturen vergangener Leben auf der „Seelenwelle" ♇. Der Südknoten ☋ in meinem Horoskop steht für all die „Ulrichs", die meine Seele in vergangenen Leben hinsichtlich ihrer evolutionären Verlangen erschaffen hat. Bei der Deutung muss die Position des Südknotens ☋ in Haus, Zeichen und Aspekten „astro-logisch" und „psycho-logisch" in Zusammenhang mit den Verlangensdynamiken der Seele ♇ (in Haus, Zeichen, Aspekte/Phasen) vergangener Leben gebracht werden. Der Südknoten ☋ steht also für die emotionalen Egostrukturen bzw. Persönlichkeiten vergangener Leben mit ihren Erfahrungen, Gewohnheiten, Vorlieben, Fähigkeiten, aber auch Blockaden und Ängsten der Vergangenheit, die in diesem Leben als unbewusste Erinnerungen bei der emotionalen Sicherheit von Bedeutung sind.

Schritt Drei der Evolutionären Deutung gibt uns nun noch genauere Hinweise darüber, <u>wie</u> diese emotionalen Egostrukturen bzw. Persönlichkeiten (Südknoten ☋) agierten, lebten, reagierten und <u>was</u> sie erlebten. Sie wirken im Leben des Natalen ebenfalls als unbewusste Erinnerungen und somit auch als emotionale Sicherheiten kommend aus vergangenen Leben. Sie werden am planetaren Herrscher des Südknotens ☋ in Haus, Zeichen, Aspekte/Phasen zu anderen Planeten als *modus operandi* abgelesen.

Der planetare Herrscher des Südknotens ☋ ist der Planet, der über das <u>Zeichen</u> herrscht, in dem der Südknoten ☋ steht (nicht Herrscher des Hauses, in dem der Südknoten ☋ steht!). Dieser spezifische Planet – der planetare Herrscher des Südknotens ☋ - gibt detaillierte Informationen darüber, *wie* und *was* die Persönlichkeiten (Südknoten ☋), die die Seele ♇ entsprechend ihrer evolutionären Verlangen in vergangenen Leben erschaffen hat, erlebten, handelten, interagierten und lebten.

Wir sehen, dass die ersten drei Deutungsschritte der Evolutionären Astrologie ineinander und miteinander verwoben sind – wie Maschen. Die Dynamiken des Südknotens ☋ sind in Beziehung mit Pluto ♇ in Haus,

Zeichen, Aspekte/Phasen zu bringen. Die Dynamiken des planetaren Herrschers des Südknotens ☋ in Haus, Zeichen, Aspekte/Phasen sind in Beziehung mit dem Südknoten ☋ in Haus, Zeichen und Aspekten zu bringen, der wiederum in Beziehung mit der Stellung von Pluto ♇ steht.

> **TIPP:** Anfangs ist es wirklich hilfreich, wenn man für jeden der drei Deutungsschritte zwei bis drei archetypisch bedeutungsvolle Sätze[105] bildet und diese dann wie folgt aneinander reiht:
> 1. Die seelischen Verlangen vergangener Leben und somit die tiefsten emotionalen Sicherheitsmuster, die durch Pluto ♇ in Haus, Zeichen, Aspekte/Phasen zu anderen Planeten symbolisiert werden.
> 2. Welche vergangene Leben/Inkarnationen als emotionale Persönlichkeiten hinsichtlich der seelischen Verlangen (Pluto ♇) er- und gelebt wurden, werden an der Position des Südknotens ☋ in Haus, Zeichen und Aspekten angezeigt.
> 3. Wie und was diese Persönlichkeiten (Südknoten ☋) machten und erlebten, zeigt die Stellung des planetaren Herrschers des Südknotens ☋ in Haus, Zeichen, Aspekte/Phasen.

Diese drei Deutungsschritte lassen sich dann auch virtueller kombinieren. Ich nenne das Jojo-Spielen. Vom ersten Deutungsschritt (Pluto ♇) zum Zweiten (Südknoten ☋) zum Dritten (planetarer Herrscher des Südknotens ☋) und von dort wieder über den Zweiten zum Ersten usw. Dabei lassen sich hervorragend „astro-logische" und „psycho-logische" Dynamiken beschreiben, wenn man die archetypischen Schlüsselworte[106] mit gesundem Menschenverstand und intuitivem Gefühl anwendet.

Diese ersten drei Deutungsschritte der Evolutionären Astrologie offenbaren die Kernthemen vergangener Lebensdynamiken der Seele. Sie beschreiben sozusagen die DNA der seelischen Inkarnation. Jeder andere Planet des Geburtshoroskops ist an dieses seelische Kernthema, also die seelische DNA, gekoppelt und muss dementsprechend gedeutet werden. Man kann sich die ersten drei Deutungsschritte wie einen Baumstamm vorstellen, aus dem die Äste und Zweige der anderen Planeten in ihren Positionen in Häusern, Zeichen mit Aspekten/Phasen kommen. Hierin besteht also die Kunst, die anderen Planeten des Horoskops in evolutionär sinnvollem Bezug zu dem seelischen Kernthema der ersten drei

---

[105] Siehe Kapitel Zwei
[106] Kapitel Vier

Deutungsschritte von Pluto ♇, Südknoten ☋ und dessen Herrscher jeweils in Haus, Zeichen mit Aspekten/Phasen zu interpretieren.

Spielerisches Üben ist dabei der beste Weg zur Meisterschaft. Erlaubt man sich, mit einem Horoskop anfangs nur die ersten drei Deutungsschritte virtuos und aus allen möglichen Lebenslagen bezüglich der gegebenen astrologischen Symbolik spielerisch mit archetypisch-sinnvollen, bedeutungsvollen Sätzen zu interpretieren, erkennt man, wie diese seelische DNA der ersten drei Deutungsschritte tatsächlich spiralförmig zurück durch die Zeiten vergangener Leben geht. Während einer Evolutionären Beratung wird man immer wieder mit diesen drei Deutungspunkten arbeiten, um die seelischen Kernthemen des Natalen und seines Horoskop tief zu lesen:

- Pluto ♇ in Haus, Zeichen mit Aspekten/Phasen zu anderen Planeten steht für das "Seelenpaket" vergangener Lebensverlangen und somit auch für die tiefste emotionale Sicherheit.
- Südknoten ☋ in Haus, Zeichen und Aspekten steht für die Persönlichkeiten bzw. emotionalen Egostrukturen vergangener Leben, die die Seele ♇ entsprechend ihrer Verlangen erschaffen hat.
- Planetarer Herrscher des Südknotens ☋ in Haus, Zeichen, Aspekte/Phasen zu anderen Planeten zeigt, wie und was von diesen Persönlichkeiten (Südknoten ☋) in vergangenen Leben erlebt und erfahren wurde. Er ist sozusagen der „modus operandi" früherer Inkarnationen. Er ist der planetare Herrscher des Zeichens (nicht des Hauses), in dem der Südknoten ☋ steht.

Alle anderen Planeten des Geburtshoroskops sind zu diesen drei Deutungsschritten, die die seelischen Kernthemen bzw. die seelische DNA widerspiegeln, in Beziehung und müssen daher dementsprechend gedeutet werden. Eine Venus in Skorpion (♀♏) von einem Natalen, der Pluto in Jungfrau (♇♍) im 6. Haus hat und den Südknoten in Steinbock in 10 (☋♑) mit dessen planetaren Herrscher, Saturn in Steinbock (♄♑) ist anders zu deuten und zu integrieren, als bei einem Natalen, der Pluto in Jungfrau (♇♍) im 7. Haus hat, mit Südknoten in Schütze (☋♐) in 8 und planetaren Herrscher, Jupiter in Stier (♃♉) im 2. Haus. Wendet man die archetypischen Schlüsselworte logisch an, wird sich die folgerichtige Deutung jener Venus ♀ ganz natürlich ergeben.

AC, DC, MC, IC & Hausspitzen

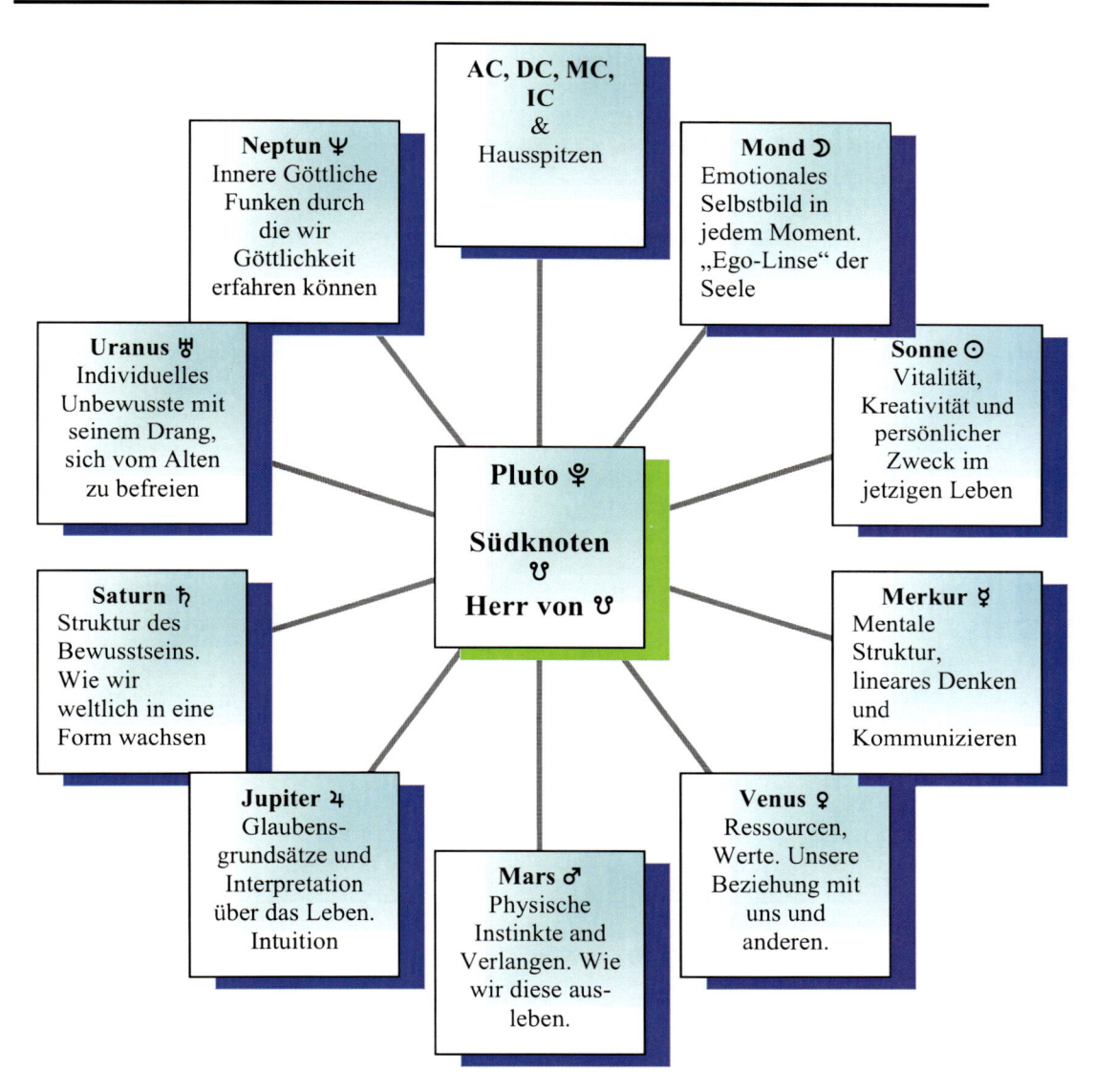

Neptun ♆
Innere Göttliche Funken durch die wir Göttlichkeit erfahren können

Mond ☽
Emotionales Selbstbild in jedem Moment. „Ego-Linse" der Seele

Uranus ♅
Individuelles Unbewusste mit seinem Drang, sich vom Alten zu befreien

Sonne ☉
Vitalität, Kreativität und persönlicher Zweck im jetzigen Leben

Pluto ♇
Südknoten ☋
Herr von ☋

Saturn ♄
Struktur des Bewusstseins. Wie wir weltlich in eine Form wachsen

Merkur ☿
Mentale Struktur, lineares Denken und Kommunizieren

Jupiter ♃
Glaubensgrundsätze und Interpretation über das Leben. Intuition

Mars ♂
Physische Instinkte and Verlangen. Wie wir diese ausleben.

Venus ♀
Ressourcen, Werte. Unsere Beziehung mit uns und anderen.

Der Meister und Lehrer von Paramahansa Yogananda, Swami Sri Yukteswar, sagte, dass „ein Kind in dem Augenblick geboren wird, wenn die astronomischen Positionen der Planeten genauso stehen, dass sie das individuelle Karma des Natalen widerspiegeln. Daher ist das Geburtshoroskop eine Widerspiegelung der unveränderbaren Vergangenheit und ein Richtungsweiser für die wahrscheinliche zukünftige Entwicklung."

Das heißt in anderen Worten, dass der Natale alles, was im Geburtshoroskop symbolisch steht, bereits schon war, erlebt hat und kennt. Deshalb gravitiert er unbewusst zu solch vertrauten Lebensbereichen, Interessen, Fähigkeiten, denn sie geben ihm ein Gefühl der Identität und somit der Sicherheit. Deshalb empfiehlt es sich, anfangs das Horoskop aus Sicht der vergangenen Lebensdynamiken zu interpretieren. Dabei beginnt man zuerst mit den ersten drei oben genannten Deutungsschritten, um die seelische DNA zu beschreiben, und addiert dann die anderen Planeten in ihren Stellungen im Horoskop sinnvoll dazu. Damit zeichnet man ein archetypisches Bild, in dem sich der Natale bzw. der Klient auf tief emotionale Weise erkennt und versteht – schließlich entsprechen diese archetypischen Dynamiken seinen unbewussten Erinnerungen vergangener Lebenserfahrungen.

Doch das Geburtshoroskop kann auch der evolutionäre Wegweiser für zukünftige Orientierung und Richtung in diesem Leben sein. In ihm steht die universelle Einladung geschrieben, über die altbekannten Muster vergangener Leben hinaus zu wachsen, um sich im gegenwärtigen Leben in Einklang mit den seelischen Absichten für dieses Leben zu bringen. Es empfiehlt sich, nach der Beschreibung vergangener Lebensdynamiken (o.g. Deutungsschritte) nun auf die zukünftigen Orientierungen für den Natalen in diesem Leben zu kommen:

Dafür ist Schritt Vier der Evolutionären Deutung eines Geburthoroskop der so genannte „Pluto-Polaritäts-Punkt (PPP)", der genau gegenüber des Radix Pluto ♇ im gegenüberliegenden Haus und Zeichen zu finden ist. Der Pluto-Polaritäts-Punkt (PPP) steht für die Entwicklungsabsicht der Seele in diesem Leben. Die Seelenabsicht der gegenwärtigen Inkarnation steht also für das angestrebte Wachstum der Evolution der Seele für das gegenwärtige Leben, um sich über alte Muster und emotionale Verhaftungen, aber auch Begrenzungen hinaus zu entwickeln. Im Bild unserer Welle auf dem Göttlichen Ozean steht der Pluto-Polaritäts-Punkt (PPP) für die Richtung der Seelenwelle in dieser Inkarnation.

> **TIPP**: Diese evolutionäre Absicht der Seele in diesem Leben, die durch den PPP symbolisiert wird, beschreibt man als astrologischer Berater möglichst mit zwei bis drei knappen, aber inhaltsvollen, archetypischen Sätzen. Somit erfährt der Klient die Richtung seiner seelischen Absicht, verwechselt diese aber nicht mit seiner gegenwärtigen Egostruktur und deren Orientierungen (Mond ☽ und Mondknoten). Schließlich ist der Natale nicht seine Seele, sondern ein kleiner emotionaler Teil von ihr.[107]

Schritt Fünf der Evolutionären Deutung ist nun die Interpretation des Nordknotens ☊ in Haus, Zeichen und Aspekten. Seine Position im Horoskop symbolisiert die Richtung und Bereiche, auf die der Natale (☽) seinen emotionalen Fokus (Nordknoten ☊) in jedem Moment richten soll, damit die Evolution seines Bewusstseins entsprechend seiner Seelenabsicht (PPP) in diesem Leben voranschreiten kann.[108] Dafür werden bei diesem Deutungspunkt vielfältige Orientierungen mithilfe archetypischer Schlüsselwörter und deren Kombination von Haus, Zeichen und Aspekten des Nordknotens ☊ formuliert, um dem Natalen eine klare Richtung zu skizzieren, die ihn aber nicht in seiner Entscheidungsfreiheit einengt, sondern motiviert und inspiriert. Je mehr der Natale sich auf die Bereiche des Nordknotens ☊ in Haus, Zeichen und Aspekten zu anderen Planeten besinnt, umso mehr kommt er mit seinem Leben in Einklang mit seiner Seelenabsicht (PPP) in diesem Leben und wird alte Talente und Fähigkeiten in ein neues größeres Bewusstsein entwickeln können.

Schritt Sechs, der letzte Schritt der Evolutionären Deutungsregeln, untersucht nun den planetaren Herrscher des Nordknotens ☊ in Haus, Zeichen, Aspekten/Phasen zu anderen Planeten. Er ist das „modus operandi", das <u>Wie</u> und <u>Was</u> der Natale machen kann / soll, um die Richtung seines Nordknotens ☊ in seinem gegenwärtigen Leben umzusetzen, damit die Seelenabsicht (PPP) verwirklicht werden kann. Der planetare Herrscher des Nordknotens ☊ ist der Planet, der über das Zeichen (nicht das Haus) herrscht, in dem der Nordknoten ☊ steht! Er gibt genauer definierte Hinweise, *wie* der Natale die evolutionären Anforderungen in diesem Leben mit seinen Fähigkeiten angehen und umsetzen kann.

---

[107] C.G. Jung sagte, dass die meisten Menschen meinen, ihre Seele sei ein Teil von ihnen – und dass wäre genauso komisch, wie wenn ein Fisch sagen würde, das Meer sei irgendwo ein Teil in ihm.

[108] Zu dieser Regel gibt es Ausnahmen! Also, bitte noch nicht das eigene Horoskop oder das von anderen deuten, denn manchmal kann auch der Südknoten ☋ der Punkt im individuellen Horoskop sein, der die Richtung und Orientierung für den Natalen darstellt, um seine Seelenabsicht in diesem Leben zu verwirklichen.

Ist der Nordknoten beispielsweise in Zwilling ♊, kann das ein Hinweis sein, dass der Natale zum Beispiel ein Buch schreiben kann / soll, um sein metaphysisches Wissen vergangener Leben (Südknoten ☋ in Schütze ♐) in eine Sprache zu bringen, die im Forum anderer Meinungen (Zwilling ♊) kommuniziert wird. Ist der planetare Herrscher des Nordknotens ☊ zum Beispiel in Löwe, kann das Buch für Kinder (Löwe ♌) geschrieben werden, oder vielleicht mit selbst gezeichneten (☊ ♊) Bildern (♌) ausgestattet sein. Er könnte auch sein metaphysisches Wissen vergangener Leben (☋♐) in kreativen Spielen (♌) in Kommunikation (☊♊) bringen. Der planetare Herrscher des Nordknotens gibt dem astrologischen Berater also als ein „modus operandi" eine Vielfalt von Empfehlungsmöglichkeiten für die evolutionäre Orientierung für den Natalen.

Schritte der Evolutionären Horoskop-Deutung:

1. **Pluto** ♇ in Haus, Zeichen, Aspekten/Phasen steht für das "Verlangenspaket" seelischer Verlangen in vergangen Leben, die auch noch in diesem Leben wirken. Zudem steht er für die tiefsten Muster von emotionaler Sicherheit.
2. **Südknoten** ☋ in Haus, Zeichen, Aspekten steht für all die Persönlichkeiten bzw. emotionalen Egostrukturen vergangener Inkarnationen, die die Seele ♇ entsprechend ihrer Verlangen erschaffen hat. Wir können den Südknoten ☋ als viele Monde ☽ vergangener Inkarnationen in der Raum-Zeit-Ebene, also des Weltlichen ansehen.
3. **Planetarer Herrscher des Südknotens** ☋ in Haus, Zeichen, Aspekten/Phasen zeigt in detaillierter Weise, „wie" und „was" diese Persönlichkeiten (Südknoten ☋) in vergangenen Leben er- und durchlebten, wie sie agierten und das Umfeld auf sie reagierte. Der planetare Herrscher des Südknotens ☋ ist der *modus operandi* des Südknotens ☋ in Bezug auf die seelischen Verlangen ♇ in vergangenen Leben. *(Nun können alle anderen Planeten und astrologischen Symbole im Geburthoroskop im Kontext vergangener Lebensdynamiken hinsichtlich der evolutionären Kernthemen (o.g. Schritte) als Feindeutung vergangener Dynamiken, Erfahrungen und unbewusster Erinnerungen gedeutet werden.)*
4. **Pluto-Polaritäts-Punkt (PPP)** liegt gegenüber des natalen Pluto ♇ im gegenüberliegenden Haus und Zeichen. Er steht für die

Seelenabsicht in diesem Leben. Befindet sich ein Planet auf diesem PPP (12° Orbis), dann müssen dessen archetypischen Dynamiken in die Interpretation der Seelenabsicht dieses Lebens miteinbezogen werden. Andere Aspekte zum PPP sind nicht relevant. Die Seelenabsicht beschreibt man am Besten in zwei bis drei inhaltsvollen Aussagen, damit der Klient die Richtung seiner Seele bzw. „Seelenwelle"in diesem Leben kennt.

5. **Nordknoten** ☊ in Haus, Zeichen, Aspekten zeigt nun den Bereich und die Richtung für evolutionäre Orientierung und Fokussierung in diesem Leben für den Natalen an, um sich über Muster der Vergangenheit hinaus zu entwickeln und zugleich in Einklang mit der Seelenabsicht (PPP) in diesem Leben zu kommen. Richtet der Natale seinen emotionalen Hauptfokus auf das Haus, Zeichen und die Aspekte des Nordknotens ☊, entwickeln sich neue Formen emotionaler Selbstdefinition und Sicherheiten, wobei sich der Natale zunehmend in Einklang mit der Seelenabsicht seiner Seele bringt (PPP). Befindet sich ein oder mehrere Planeten im T-Quadrat zu den Mondknoten, dann gilt hier eine Ausnahme, die weiter unten beschrieben ist.

6. **Planetarer Herrscher des Nordknotens** ☊ in Haus, Zeichen, Aspekten/Phasen gibt nun zusätzlich detaillierte Hinweise, „wie" und „was" der Natale machen kann, um die evolutionären Anforderungen seines Nordknotens ☊ (evolutionäre Orientierung) praktisch im Leben umsetzen und anwenden zu können, damit das Leben in Einklang mit der Seelenabsicht (PPP) schwingt. Es ist wie beim Reifenwechsel: Der Pluto-Polaritäts-Punkt (PPP) ist die Absicht, den Reifen zu wechseln. Doch dafür zieht man nicht wie wild am Rad! Dort, wo der Nordknoten ☊ steht, soll der Natale den Wagenheber ansetzen, um den Reifen zu wechseln (PPP). Der planetare Herrscher des Nordknotens zeigt an, *wie* der Natale den Wagenheber (Nordknoten ☊) bedienen soll, um den Reifen zu wechseln (PPP).

Lassen Sie mich jetzt die obigen 6 Deutungsschritte der Evolutionären Astrologie anhand eines erfundenen Beispielhoroskops (Abbildung unten) Schritt für Schritt anwenden und mit einigen einfachen Aussagen skizzieren.

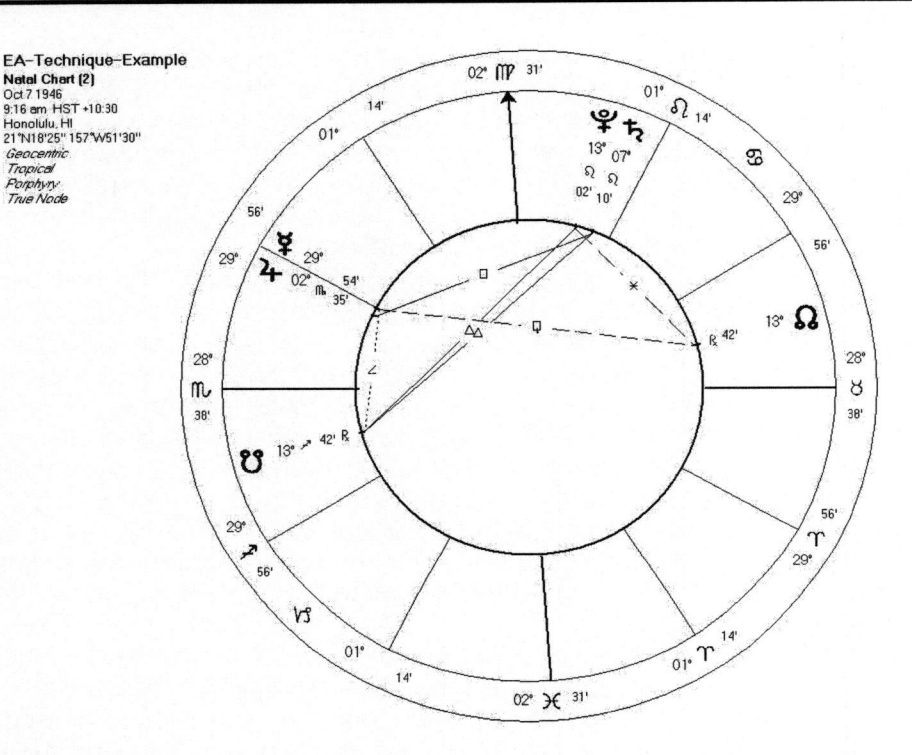

In der obigen Abbildung sind nur die astrologischen Symbole zu sehen, die für die Untersuchung und Deutung der evolutionären Kernthemen vergangener Lebensdynamiken und seelischer Absichten in diesem Leben wichtig sind. Ich kann jedem Anfänger der Evolutionären Astrologie nur empfehlen, anfangs die astrologischen Symbole, die für die Untersuchung des evolutionären Kernthemas wichtig sind (♇, ☋, Herr von ☋), vom Horoskopausdruck auf ein Blatt Papier zu übertragen und dort erst mal die evolutionäre Deutung zu beginnen. Dadurch wird der Verstand nicht von anderen Planetensymbolen abgelenkt und man übt sich, mit wenigen Symbolen tiefe, vitale Deutungsaussagen mithilfe der archetypischen Schlüsselworte zu machen.

Die folgende evolutionäre Interpretation hat in keiner Weise den Anspruch auf Vollständigkeit aller möglichen Dynamiken, sondern dient vielmehr als Demonstration der Anwendung obiger Evolutionärer Deutungsschritte:

Entsprechend des ersten Deutungsschritts sehen wir Pluto ♇ in Löwe ♌ im 9. Haus, der eine Konjunktion ☌ mit Saturn ♄ in der

Balsamischen Phase[109] bildet, denn Pluto ♇ ist der langsamere Planet der beiden. Folglich läuft Saturn ♄ in Pluto ♇, was man eine Konjunktion ☌ der Balsamischen Phase nennt. Daraus kann man schon ablesen, dass Dynamiken hinsichtlich der Archetypen von Saturn ♄ und Pluto ♇ (sowie wo ♑ und ♏ im Horoskop zu finden sind) in diesem Leben durch Wiederholung und Recycling zum evolutionär-karmischen Abschluss und zur Vervollständigung gebracht werden wollen. Wir sehen hier eine Seele (♇), die das Verlangen hatte, auf kreative, vitale Weise (♌) metaphysisch-philosophische Naturgesetzmäßigkeiten (9.) ernsthaft (♄) zu erforschen und zu vertiefen (♇).

Der zweite Deutungsschritt – Südknoten ☋ in Haus, Zeichen (☋♐ 1.) – zeigt, dass die Seele (♇) Inkarnationen in diversen Kulturen natürlichen und sogar in nomadischen Lebens also Naturvölker (☋♐) erschaffen hatte, in denen die Egostrukturen/Persönlichkeiten (☋) einem starken Bedürfnis folgten, unabhängig und frei zu sein (☋ 1.), um emotionale Erfahrungen (☋) kosmisch-metaphysischer Dynamiken (♐) über und durch den physischen Körper (☋ 1.) zu machen. Daher ist es wahrscheinlich, dass der Natale[110] in vergangenen Leben als solche Persönlichkeiten (☋) ganzheitliche Formen von Sport (Yoga, Tai Chi etc.) und körperlicher Ertüchtigung (☋♐ 1.) betrieb, um den Körper flexibel (☋ 1. mit veränderlichem Zeichen ♐) zu halten, um sein Bewusstsein dadurch erweitern (☋♐) zu können.

Schritt Drei – Herrscher des Südknotens ☋ in Haus, Zeichen (♃ ♏ 12.) – zeigt, dass die Persönlichkeiten vergangener Leben des Natalen (☋) in ehemaligen Inkarnationen das innere Universum (12.) zu erforschen (♏) versuchten; zum Beispiel wurde nach den ganzheitlichen Körperertüchtigungen wie zum Beispiel Yoga (☋♐ 1.) meditiert (12.) oder auf schamanische Astralreisen (♃ 12.) gegangen, um seine Weisheit zu vertiefen (♃♏). Solch innere Erfahrungen der Bewusstseinserweiterung (♃) waren oftmals auch durch die Einnahme von natürlichen Rauschmitteln (♃ 12.) ausgelöst, die zu tiefen inneren Einweihungen durch spirituelle Lehrer (♃♏ 12.) und/oder Astralwesen (12.) führten, oder von diesen genutzt wurden. Solche inneren Reisen (♃ 12.) führten zu todesähnlichen Erfahrungen (♃♏).

Nun lassen Sie uns das „Deutungs-Jojo" wieder über den Südknoten ☋ zurück zu Pluto ♇, dann wieder von Pluto ♇ über Südknoten ☋ und Herrscher des Südknotens ☋ rollen und dabei etwas virtuoser in unseren Kombinationen werden:

---

[109] Kapitel Fünf
[110] In der Gesamten Deutung dieses Horoskops spreche ich aus Gründen der Einfachheit vom Natalen nur in der männlichen Form.

Diese intensiven Astralreisen (♃♏ 12.) tiefer, universeller Lehren (♃♏ 12.) waren aber für seinen physischen Körper (☋ 1.) toxisch (♃♏), somit musste der Natale natürliche Formen der Selbstdisziplin (♄ 9.) anwenden, um seine Vitalität zu behalten (♌). Dafür kann er Formen von Yoga (☋♐ 1.) und reinigende Bäder (♃ 12.) oder auch Formen natürlichen Tantras (☋♐ 1., ♃♏ 12.) angewandt haben, um seinen Körper (☋ 1.) zu regenerieren (♌). Durch solch tantrische Praktiken und heilige Sexualität (☋♐ 1., ♃♏ 12.) war er auch in der Lage, das, was er energetisch in seinen inneren Reisen (♃ 12.) erfahren hatte, dadurch zu prüfen (♏), indem er es jetzt körperlich anwandte (☋ 1.). Das machte ihn mit der Zeit (♄) zu einer vitalen, natürlichen Autorität (♄♌ 9.) - einem Lehrer (9.☋♐) metaphysischer (♐), körperlicher (☋ 1.) und spiritueller Weisheiten (♃ 12.) inklusive heiliger Sexualität (♃♏ 12.) als körperlichem Vehikel (☋ 1.) der Bewusstseinserweiterung (☋♐, ♃ 12., ♇♄ 9.). Diese befähigten ihn, tiefere Weiterbildung und Einsichten (♇ 9.) über das Leben (♌), den Körper (☋ 1.) und das innere Universum (♃ 12.) zu erfahren und dabei immer wieder das Bewusstsein von Blockaden (♄) über den Körper (☋ 1.) zu reinigen (♃ 12.), indem energetische Gifte eliminiert wurden (♃♏). Das hatte wiederum Verjüngung der Seele und der Bewusstseinsstruktur zur Folge (♇♄♌), was wiederum zu seiner charismatischen Ausstrahlung als metaphysischer Lehrer beitrug (♇♌ 9.).

In unserer virtuosen Deutung dieser drei Deutungspunkte können wir auch auf andere Dynamiken eingehen:

Wir sehen hier eine Seele (♇), die das innere Verlangen (♇) hatte, ihre intuitiven Fähigkeiten (9.) und Stärken (♌) bis zum Level von Meisterschaft (♄) zu vertiefen und auszudehnen (♇ 9.). Dafür nutzte die Seele Inkarnationen, bei denen der Natale seinen/ihren Körper mit seinen Instinkten (☋ 1.) dazu hernahm, sich dem inneren Göttlichen tief hinzugeben (♃♏ 12.), was ihm im Gegenzug besondere (1.) Kräfte, sogar Mächte (♃♏) und Fähigkeiten (♌) gab. Diese Fähigkeiten wandte er dazu an, um vor allem Kinder (♌) zu unterrichten (♇ 9., ☋♐), zu führen und zu erziehen (♄♌ 9.). In natürlichen Zeiten (vor patriarchalen Zeiten) war er also ein Schamane (♇ 9., ☋♐), der auch Jungendliche einweihte (♄♌ 9., ♃♏), ihre Sexualität als ein Göttliches Vehikel (♃♏ 12.) vital (♌) anzuwenden. Dabei setzte er oft den eigenen Körper als Lehrmittel ein (☋♐ 1.), was sich für uns „zivilisierte“ Menschen vielleicht eigenartig anhört.

Dabei blieb er aber immer zu seiner inneren Beziehung mit dem inneren Universum verbunden (♃♏ 12.) und vermied damit natürlich auch eine Begegnung mit der anderen Person auf gleichwertiger Ebene (☋ 1., ♃ 12.). Das kann bei manch einem seiner eingeweihten Schüler der körperlichen Liebe zu Besitzansprüchen und/oder zu Rache geführt haben (♃♏). Sie begannen vielleicht, Lügen über ihn zu verbreiten (☋♐, ♃ 12.), in der Absicht ihn zu schädigen oder gar zu vernichten (♃♏). Somit erfuhr er die ♏-Dynamiken von Macht- und Machtlosigkeit zusammen mit der Erfahrung von Verrat und der Verletzung von Vertrauen (♏), welche im Gegenzug in ihm Dynamiken nach Vergeltung und Rache (♏) an denen hervorbrachte, die ihn zu schwächen versuchten (♃♏ 12.). Dabei nutzte und benutzte er seine Fähigkeiten und Verbindungen mit den destruktiven Kräften/Macht des inneren Universums (♃♏ 12.), um sich selbst wieder in die eigene Kraft zu bringen (☋ 1., ♇♌), sich wieder als Nummer Eins (☋ 1.) und als übergeordneten Lehrer des Metaphysichen (♇♄♌ 9.) darzustellen, um somit sicher zu gehen, dass ihm niemand mehr weh tun kann (♏) – und zurückzuschlagen, wenn er sich von anderen bedroht fühlte (☋ 1., ♃♏ 12.)

Durch so eine oder ähnliche Dynamik kam er in Kontakt mit destruktiven Kräften und manipulativen Mächten (♃♏), die er zum Eigenzweck (☋ 1.) einsetzte, um andere, wie zum Beispiel Kinder (♌) entsprechend seiner persönlichen Überzeugungen (♇♄♌ 9., ☋♐ 1.) zu lehren, zu führen und auch zu kontrollieren (☋♐, ♇♄ 9.), um dabei sicherzustellen (♇♄), dass er Nummer Eins (☋ 1.) und in unsichtbarer Kontrolle (♃♏ 12.) bleibt. Wer immer daran einen Zweifel hegte (♏), kam mit seinen destruktiv-manipulativen Fähigkeiten (♃♏ 12.) durch Rache, Drohung, Astral-Manipulationen oder Attacken und Verbreitung von Lügen in Kontakt (♃♏ 12.), denn er nutzte auch schwarze Magie (♃♏ 12., ♇♄), um seine Widersacher loszuwerden.

Bei solchen Dynamiken spielt natürlich auch die Manipulation der eigenen Überzeugungen (♃♏) eine wichtige Rolle, die er bei sich selbst anwandte (☋♐), um sich selbst in die Tasche zu lügen (♃ 12.), wenn er sich von universellen Prinzipien abwandte (♃♏ 12.) und diese zum Eigennutz (☋ 1.) verletzte (♃♏), um seinen narzisstischen Bedürfnis (♌) nachzukommen, die Nummer Eins (☋ 1.) unter den metaphysischen Lehrern zu sein (♇♄♌ 9.). Er hatte sich also selbst zur einzigen wahren metaphysischen Autorität ernannt (☋♐ 1., ♇♄♌ 9.) und machte seinen Schülern durch unsichtbare Manipulationen weiß (♃♏), der einzige Weg zu Gott ginge über ihn und seine Lehren und Vorgaben (☋♐ 1., ♇♄♌ 9.). Daher kann man ihn leicht als schwarzmagischen Kultführer sehen (♇♄♌ 9., ☋ 1., ♃♏ 12.), wo auch Menschenopfer (♇♄, ♃♏ 12.) unter seiner Führung (♇♄) mithilfe von hypnotischer Manipulation (♃♏ 12.) durchgeführt wurden.

Solche Dynamiken vergangener Leben schufen solch ein tiefes Karma bzw. legitime Schuld in ihm (♇♄ balsamisch, ♃♏ 12.), dass ihn daraufhin folgende Inkarnationen zu selbst-reinigenden, selbst-aufopfernden (♃♏ 12.) Dynamiken brachten/zwangen, bei denen er auch mit und über seinen physischen Körper für die Formen von

Machtmissbrauch vergangener Leben (♇ ♄ ♌ 9., ☋ ♐ 1., ♃ ♏ 12.) „büsste" (☋ 1., ♃ 12.). Auf diese Weise lernte er, bzw. lernt er immer noch, (Mondknoten in kardinalen Häusern) die Lektion des universell-rechten Gebrauchs von metaphysischen Kräften durch Eliminieren destruktiver Absichten und Machenschaften (♃♏ 12.). Dabei bestand und besteht jedoch immer noch die Gefahr (Mondknoten in kardinalen Häusern), dass er sich leicht bedroht fühlt (♏ und das 12. Haus gehören dem sensiblen Wasserelement an) und dann als Folge in den Missbrauch seiner Fähigkeiten rutscht, um Rachegott (♏ 12.) zu spielen; auch weil Skorpion ♏ ebenso wie Pluto ♇ und Saturn ♄ in Löwe ♌ eine Tendenz dazu haben, in alte Muster zurück zu fallen. Das kreiert wieder einen karmischen Bumerang (Ursache-Wirkung), so dass er Ablehnung (♏) und körperlich-spirituelle Schwierigkeiten und Schwächen erfährt (☋ 1., ♃♏ 12.).

Richten wir jetzt den Blick auf das gegenwärtige Leben, sehen wir sowohl die reichen, kraftvollen, schönen metaphysischen Fähigkeiten (♇♌ 9., ☋♐, ♃ 12.), wie auch die Dynamiken alter ungelöster Schuld durch Machtmissbrauch (♄ balsamisch zu ♇) zurückkehren. Durch die Balsamische Phase erkennen wir, dass alte, ungelöste Dynamiken vergangener Leben wieder durchlebt werden, damit diese geheilt und zum Abschluss gebracht werden können (Balsamische Phase, ♃, Herr des ☋, in 12.). Daher würde ich dem Natalen in einer Beratung raten, nicht auf solche „alten Akten" im altbekannten Muster zu reagieren, selbst wenn er sich phasenweise als Opfer des Lebens fühlen mag (♃♏ 12.) - was leicht geschehen kann, wenn ein Nataler den Herrscher des Südknotens ☋ im 12. Haus, zudem noch in Skorpion ♏, hat. Es sind die eigenen Motivationen, Absichten und Handlungen vergangener Leben (♇♄ ♌, ☋ 1., ♃♏ 12.), die nun eine energetische Reaktion in dieser Inkarnation verursachen. Die Absicht ist dabei, die alten Verhaltensmuster durch „Wieder-Erleben ohne im Alten zu reagieren" zu brechen und das Thema zu befrieden (♄ balsamisch zu ♇). Durch diesen essentiellen Punkt in der Beratung hat der Klient eine Chance, die Dynamiken von Macht und Ohnmacht (♏) aus einer größeren Perspektive (Balsamisch) zu erkennen und nicht in die alten Muster zu verfallen.

Wenden wir Schritt Vier der Evolutionären Deutungstechniken an, den Pluto Polaritäts-Punkt (PPP), erkennen wir, dass dieser im 3. Haus in Wassermann ♒ steht. Somit ist seine Seelenabsicht in diesem Leben, seine alten, metaphysischen Weisheiten (♇♄ 9.) in das Forum diverser anderer Meinungen durch Kommunikationsformen einzubringen, die einen freien Austausch freigeistiger Gedanken anderer zulässt (PPP ♒ 3.). Dadurch wird er in der Lage sein, seine eigene Weisheit, aber auch seine eigenen Überzeugungen und Glaubensgrundsätze (9.) objektiv zu betrachten (♒), sich somit von selbst-absorbierten Einstellungen (♇♄♌ 9.) zu befreien und zugleich neue Gedanken und Ideen zuzulassen (PPP ♒ 3.). Dadurch besteht für ihn die Möglichkeit, neue Kommunikationsformen zu erfinden (PPP♒), so dass er seine alten Weisheiten auf neue Weise in Gruppen geistig Gleichgesinnter in Austausch bringen kann (PPP♒ 3.), in denen die diversen Gedanken und Ideen (PPP♒ 3.) anderer mit seinen Einstellungen in freien Austausch gehen (PPP♒ 3.) und nicht wie in vergangenen Leben von ihm zwanghaft konstituiert werden (♇♄♌ 9.). Somit kann sich seine Seele von dem Zwang, immer Recht haben zu müssen (♇♄♌ 9.) befreien.

Schritt Fünf der Evolutionären Deutungstechnik führt uns zum Nordknoten ☊ in Zwilling ♊ im 7. Haus und ist ganz klar eine universelle Einladung für ihn, seinen metaphysischen Schatz an Weisheit über kosmologische Dynamiken (♇♌ 9., ☋♐) und Gesetzmäßigkeiten des Körpers als heiliges Vehikel (☋ 1., ♃ 12.) an andere weiterzugeben (☊ 7.) und dabei diverse Kommunikationstechniken anzuwenden (☊♊), so dass andere ihn verstehen (☊♊ 7.). Das bedeutet, dass er erkennen bzw. lernen soll (☊♊ 7. – kardinales Haus), was die anderen wirklich brauchen (☊ 7.) und wie er das dann durch Kommunikation vermitteln bzw. geben kann (☊♊ 7.). Dabei rät der Nordknoten ☊, dass er das Wissen, den Wissensstand und die Gedanken bzw. Meinungen anderer als gleichwertig anerkennen soll (☊♊ 7.), damit er sich von seinem zwanghaften Bedürfnis, Nummer Eins zu sein und immer Recht zu haben (♇♄♌ 9., ☋♐ 1.) befreien kann (PPP♒).

Das kann dadurch geschehen, indem er Vorträge, persönliches Coaching und/oder Workshops hält (☊♊). Er kann aber auch bzw. zudem (♊) Artikel, Bücher oder auch Drehbücher schreiben (☊♊). Zu empfehlen ist dabei, dass er lernt (kardinal), eine harmonische Sprache der Vielfalt zu entwickeln (☊♊ 7.), die jederzeit genug Raum lässt, dass Schüler bzw. Klienten ihre eigenen Gedanken entwickeln können und wenn nötig auch Fragen stellen können (☊♊ 7.), ohne dass er wütend wird (☋ 1.) und sich missverstanden (♃♏) und dann als Opfer (♃ 12.) fühlt. In solch einem geschaffenen Forum der Kommunikation (☊♊) hat er die Möglichkeit, nicht nur von den Fragen und Anmerkungen seiner Schüler / Klienten zu lernen, sondern auch besser in seiner Art der Wissensvermittlung zu werden (☊ 7.).

Er ist zudem im gegenwärtigen Leben, evolutionär dazu eingeladen, sich gleichwertigen Beziehungen zu öffnen (☊ 7.). Das heißt also nicht nur, seine Schüler und Klienten als gleichwertig anzusehen, sondern vor allem auch seine Intimpartner(-in), durch die/den er lernen kann/soll Geben und Empfangen auszugleichen (☊ 7.). Das geschieht durch Zuhören (☊ 7.) und durch die mentale Anerkennung (☊♊ 7.) des Gegenübers als gleichwertig und geistig, intellektuell gleichgestellt (☊♊ 7.), auch wenn diese/dieser eine andere Meinung oder Denkweise hat (☊♊). Da das 7. Haus mit

Berührung und Zwilling ♊ mit den Händen zu tun hat, kann man in der Beratung dieses Natalen auch empfehlen, er könnte Formen der Körperarbeit erlernen, bei denen er mit den Händen (♌♊) arbeitet. Das könnte als ein weiteres wertvolles Vehikel für ihn werden, sein/altes Wissen über Körperlichkeit (☋♐1.) an andere weiterzugeben (♌♊ 7.). Dabei würde er auch lernen (♌ kardinales Haus), körperliches Vertrauen zu Berührung von und durch andere aufzubauen (♌ 7.), was in vergangenen Leben Verletzungen und Missbrauch ausgesetzt war (☋ 1., ♃♏).

Unser letzter Schritt, Schritt Sechs, der Evolutionären Deutungsschritte ist nun der planetare Herrscher des Nordknotens ♌, hier Merkur ☿ in Waage ♎ im 11. Haus als *modus operandi*. Dabei sehen wir auch eine astrologisch-energetische Wiederholung zum Pluto Polaritäts-Punkt PPP, der ja in Wassermann ♒ im 3. Haus steht. Der planetare Herrscher des Nordknotens ♌, Merkur ☿ (Archetyp Zwilling ♊ und 3. Haus) steht im 11. Haus (Archetyp Wassermann ♒). Der Nordknoten ♌ steht in Zwilling (Archetyp 3. Haus und Merkur ☿) und im 7. Haus (Archetyp Waage ♎, wo sich der Herrscher des Nordknotens ♌ befindet!). Das zeigt eine weitere evolutionäre Betonung bzw. Wichtigkeit für diese Leben an, die Themen, die oben schon unter dem Pluto Polaritätspunkt PPP und auch bei der Deutung des Nordknotens ♌ gemacht wurden, als wichtigen Fokus für weitere Orientierung anzunehmen.

Merkur ☿ in Waage ♎ im 11. Haus ist also als *modus operandi* des Nordknotens ♌ zu deuten, d.h. wie und was der Natale machen kann, um die Anforderungen des Nordknotens ♌ im Alltag zu erfüllen. Wir sehen hier nochmals, dass er seine Weisheit in Gruppen (11.) einbringen kann/soll, die Bedarf (♎) an innovativen Gedanken (☿ 11.) haben. Er kann durch eine außergewöhnliche Sprache bzw. Kommunikation (☿ 11.) andere dazu bringen (♎), ihr eigenes Denken objektiv zu betrachten (☿ 11.), sich davon zu befreien (11.), um gemeinsam (♎ 11.) etwas Neues hervorzubringen (11.). Astrologie (Archetyp des Wassermanns ♒, somit des 11.Hauses) könnte ein wunderbares Kommunikationsinstrument (♌♊, ☿ 11.) für ihn sein, das ganzheitliche Wissen der Vergangenheit (☋♐) in eine lineare, verständliche Sprache zu bringen (♌♊ 7.).

Wie Sie in dieser Kurzanalyse der weiteren Entwicklung sehen, würde ich viele diverse Richtungen und Dynamiken empfehlen, denn sein Nordknoten ist im Zeichen Zwilling ♊, der Vielfalt braucht. Bei solchen Empfehlungen bleibe ich aber seinen Fähigkeiten und Gaben vergangener Leben treu und kreiere Orientierungen, die im Einklang mit der astrologischen Symbolik vom Pluto Polaritäts-Punkt PPP in Wassermann ♒ im 3. Haus, vom Nordknoten ♌ in Zwilling ♊ im 7. Haus und vom planetaren Herrscher des Norknotens ♌, hier Merkur ☿ in Waage ♎ im 11. Haus, stehen. In Bezug auf seine Partnerschaft (♌ 7. ☿♎) würde ich betonen, dass es sich um eine sehr außergewöhnliche Person (☿, Herr von ♌ 7., in 11.) handeln würde, die ihm aber doch geistig gleichwertig (☿♎ 11.) ist. Sie wird sicherlich anders denken (♌Ⅱ 7., ☿ 11.), doch das dient evolutionär seiner Unterstützung in der Befreiung von alten Mustern (11.), und wird ihm ermöglichen, zuzuhören und eine andere Meinung zu akzeptieren lernen, die ihm gleichwertig ist (♌Ⅱ 7., ☿♎ 11.).auch die Erickson-Hypnose-Technik erlernen (☿ 11.) und anwenden, um anderen zu helfen (♎), sich von individuell unbewussten Gedankenmustern (☿ 11.) zu befreien (11.) und neue Gedanken und Ideen (☿ 11.) zuzulassen. Wählt er zudem auch die vorhin empfohlene Körperarbeit mit den Händen, würde er über das Tun (☿) neue Griffe bzw. Berührungstechniken erfinden (☿♎ 11.), die anderen helfen (♎), sich von Dingen zu befreien (11.) Er könnte auch die mentalen Selbsthinterfragungs-Techniken von Byron Katies „The Work" erlernen und anwenden (♌Ⅱ, ☿♎ 11.), die ich im Kapitel Vier unter Zwilling Ⅱ kurz beschrieben habe. Damit hätte er ein wundervolles Werkzeug, sich selbst und andere immer wieder in den Gedankenwirren zu objektivieren (☿♎ 11.). Auch Aktivitäten und Kommunikationsformen über das Internet (11.) könnten in einer Beratung

Wichtigste Ausnahme der Evolutionären Horoskopdeutung

Planet (-en) im T-Quadrat zu den Mondknoten

Die herkömmlichste und auch absolut wichtigste Ausnahme der Evolutionären Deutungsregeln ist, wenn ein Planet bzw. mehrere Planeten ein sog. T-Quadrat zu den Mondknoten bilden. Das heißt, ein oder sogar mehrere Planeten formen jeweils ein Quadrat □ zum Nordknoten ☊ und gleichzeitig zum Südknoten ☋ (genannt T-Quadrat zur Mondknotenachse). Um diese wichtige Ausnahme zu erkennen, ist es daher äußerst wichtig, dass man ein Geburtshoroskop vom ersten Augenblick an dahingehend überprüft, ob sich ein oder mehrere Planeten im T-Quadrat zu den Mondknoten befinden. In der Evolutionären Astrologie arbeitet man dabei mit einem Orbis bis zu 11°.[111]

Wenn ein oder mehrere Planeten ein T-Quadrat zu den Mondknoten bilden, dann zeigt das an, dass Dynamiken bezüglich der Stellung dieses bzw. dieser Planeten und der Stellung der Mondknoten in vergangenen

---

[111] In der Arbeit mit vergangenen Lebensdynamiken ist es legitim und sogar notwendig, mit größeren Orben zu arbeiten. Der Astrologe arbeitet soz. mit einem Weitwinkel-Objektiv. In meinen persönlichen Nachforschungen arbeitete ich für einige Zeit mit einem Rückführungs-Hypnose-Therapeuten und seinen Klienten. Die Einsichten seiner vergangenen Lebenssitzungen bestätigten, mit einem Orbis von bis zu 11° bei Planeten im T-Quadrat zu den Mondknoten zu arbeiten.

Leben nicht zum Abschluss gebracht worden sind bzw. nicht vervollständigt werden konnten, weil Dinge geschehen sind, die den emotionalen Prozess (Mondknoten) der Evolution störten. Somit wurde das „Alte" (Südknoten ☋) nicht vollständig zum Abschluss gebracht und zugleich die neue evolutionäre Orientierung (Nordknoten ☊) bereits angegangen.

Um in einem individuellen Geburtshoroskop die Ursachen und Gründe dafür zu verstehen, muss man das Wesen des bzw. der Planeten in Zeichen und Haus untersuchen, der das T-Quadrat zu den Mondknoten bildet; zudem muss man auch noch die Stellung von Nord- und Südknoten in Zeichen und Haus sowie deren planetaren Herrschern in Zeichen und Haus untersuchen und vor allem auch noch, über welches Haus bzw. Häuser der bzw. die Planeten herrschen, die das T-Quadrat zu den Mondknoten bilden, um die Grunddynamiken für diese sog. „übersprungenen Schritte[112]" in vergangenen Leben zu verstehen.

Finden wir beispielsweise Jupiter ♃ im T-Quadrat zur Mondknotenachse, haben die unabgeschlossenen Dynamiken etwas mit Themen von Jupiter ♃ zu tun, die durch dessen Stellung in Zeichen und Haus klarer definiert sind. Die Position der Mondknoten und deren planetaren Herrscher in Zeichen und Häusern geben weitere Informationen darüber, wie, warum, was „übersprungen" wurde. Das Haus, das von dem Planeten, der das T-Quadrat bildet, beherrscht wird, gibt dann noch weitere wichtige Informationen. Hier ist das Jupiter ♃. Das heißt, wir suchen also, an welcher Hausspitze wir das Zeichen Schütze ♐ finden. Befindet es sich zum Beispiel am DC/7. Haus, dann spielen archetypische Dynamiken des 7. Hauses (Archetyp Waage ♎) über den Jupiter ♃, der das T-Quadrat zu den Mondknoten bildet, eine wichtige Rolle.

---

[112] Jeff Green nennt in seinem Buch, „Pluto – die Evolutionäre Reise der Seele" die Dynamik von einem oder mehreren Planeten im T-Quadrat zu den Mondknoten "skipped steps" – übersprungene Schritte.

> **TIPP**: Hier nochmals aufgelistet, was man bei einem bzw. mehreren Planeten im T-Quadrat zu den Mondknoten bei der Bestimmung der Gründe, Ursachen und somit Dynamiken beachten muss, um die Dynamik der „übersprungenen Schritte" in vergangenen Leben ersehen und deuten zu können:
> - Welcher Planet (Planeten) bilden das T-Quadrat zu den Mondknoten
> - In welchem Zeichen und Haus steht dieser Planet (Planeten)
> - In welchen Zeichen und Häusern befinden sich die Mondknoten
> - In welchen Zeichen und Häusern befinden sich die planetaren Herrscher der Mondknoten
> - Über welches Haus (Häuser) herrscht der Planet (die Planeten) im T-Quadrat zur Mondknotenachse

Steht im Geburtshoroskop ein oder mehrere Planeten im T-Quadrat zu den Mondknoten, steht das also für „übersprungene Schritte" in vergangenen Leben. Das heißt, Dynamiken des Südknotens ☋ und dessen planetaren Herrschers wurden gelebt, aber – aus welchen Gründen auch immer – nicht vervollständigt, während Dynamiken des Nordknotens ☊ und dessen planetaren Herrschers <u>in vergangenen Leben bereits schon gelebt wurden</u>! Doch diese konnten auch nicht weiter fortgeführt werden, denn die ungelösten Dynamiken des Südknotens ☋ brachten den Natalen in vergangenen Leben immer wieder dazu, sich um die ungelösten Dinge des Südknotens ☋ zu kümmern; wandte er sich diesen Dynamiken des Südknotens ☋ zu, so „riefen" die bereits begonnenen Dynamiken des <u>bereits gelebten Nordknotens ☊</u> nach emotionaler Aufmerksamkeit (Mondknoten) des Natalen in vergangenen Leben. Dadurch entstand ein energetisches Hin- und Her, vom Süd- zum Nordknoten und vom Nord- zum Südknoten, immer über den (die) Planeten, der (die) das T-Quadrat zur Mondknotenachse bildet (bilden).

Stellen Sie sich einmal vor, ich würde in der Küche (♋) kochen und es ruft mein Business-Agent (♑) an, um mich aufzufordern, ganz schnell einen Geschäftstext (♑) zu schreiben, den er dann weiterleitet. Ich lege auf und rase in die Küche (♋), wo schon alles überkocht, drehe den Herd runter und hechte mich zu meinem PC, um einen Geschäftstext (♑) zu schreiben. Dann fällt mir ein, ich habe den Ofen (♋) nicht runtergedreht, rase in die Küche, als der Agent (♑) wieder anruft, und fragt, wo der Text bleibt! Dieses Beispiel könnte für einen Merkur ☿ (Schreiben, Agent, Text) im T-Quadrat zu Südknoten ☋ in Krebs ♋ (Küche) und Nordknoten ☊ in Steinbock ♑ (business) stehen. Hin und Her – übersprungene Schritte.

Hier noch ein kleines Beispiel, denn ich weiß, wie schwer es anfangs fällt, Dynamiken übersprungener Schritte bezüglich eines T-Quadrats zu den Mondknoten zu verstehen:

Stellen Sie sich ein sehr begabtes Kind vor. Die Lehrer entscheiden, es von der 2. Klasse (☋) gleich in die 3. Klasse (☊) zu versetzen. Doch nach einigen Wochen stellen das Kind und die Lehrer fest, dass die 3. Klasse (☊) in manchen Fächern doch zu viel ist. Es wird wieder in die 2. Klasse (☋) gesetzt. Dort (☋) langweilt es sich nun in einigen Fächern, denn es kennt schon die Anreize der 3. Klasse (☊). In anderen Fächern muss es noch üben und pauken, um in die 3. Klasse (☊) kommen zu können.

Ein oder mehrere Planeten im T-Quadrat zur Mondknotenachse haben sehr ähnliche Dynamiken, die man aber in Bezug zur Stellung des (der) Planeten, der das T-Quadrat bildet, mit seinen Archetypen in Bezug zu den Mondknoten in Zeichen, Häusern und deren planetaren Herrschern in Zeichen und Häusern, sowie das Haus (die Häuser), über das der Planet (die Planeten) herrscht, untersuchen muss. Puh, das hört sich richtig kompliziert an! Keine Sorge, weiter unten werden Sie Schritt für Schritt durch ein Deutungsbeispiel für einen Planeten im T-Quadrat zu den Mondknoten geführt.

TIPP: Es empfiehlt sich, bei der Deutung eines oder mehrerer Planeten im T-Quadrat zu den Mondknoten wirklich Schritt für Schritt vorzugehen und zu jedem Deutungsschritt ungefähr drei bedeutungsvolle Sätze zu bilden, die "astro-logisch" und "psycho-logisch" aus den archetypischen Schlüsselworten zusammengesetzt wurden. Daraus ergibt sich dann das Gesamtbild der übersprungenen Schritte.

Wie oben bereits erwähnt, war der Nordknoten ☊ mit seinen Dynamiken und somit auch mit seinem planetaren Herrscher in vergangenen Leben bereits gelebt, wenn sich ein oder mehrere Planeten im T-Quadrat zu den Mondknoten befinden. Deshalb kann man sich einfach vorstellen, der Nordknoten ☊ wäre auch *wie* ein Südknoten. D.h. befinden sich ein oder mehrere Planeten im T-Quadrat zur Mondknotenachse, dann empfiehlt es sich, beide Mondknoten als Südknoten einzuzeichnen oder vorzustellen, denn beide Mondknoten wurden in vergangenen Leben über den (die) Planeten, der (die) das T-Quadrat bilden gelebt. Eine Bewertung, welcher der Knoten mehr oder weniger gelebt wurde, ist nicht notwendig, denn meist ziehen sich solche „übersprungenen Schritte" über recht viele Leben hin. Schließlich erschufen sie eben auch unbewusste Muster der emotionalen Sicherheit und werden daher in vielen Leben wiederholt. Deshalb kann man sich dann die Mondknotenachse wie eine Schaukel bzw. Wippe vorstellen, bei der einmal der eine Mondknoten mit dessen planetaren Herrscher in Zeichen, Haus und Aspekten/Phasen in vergangenen Leben gelebt wurde, und dann durch und aufgrund der Dynamiken des (der) Planeten, der (die) das T-Quadrat bildet (-n), der anderer Mondknoten mit dessen planetarem Herrscher in Zeichen, Haus und Aspekten/Phasen in der Vergangenheit gelebt wurde. Hin und Her, Her und Hin.

- Der natale Pluto ♇ steht dabei weiterhin für die seelischen Verlangen bzw. das Verlangenspaket vergangener Leben, das diverse emotionale Persönlichkeiten (Südknoten ☋ und Nordknoten ☊) in der Raum-Zeit-Ebene erschuf, um seine evolutionäre Reise des Bewusstseins entsprechend der angelegten Verlangen (♇) zu erleben.
- Sowohl der Südknoten ☋, als auch der Nordknoten ☊ stehen daher für die vergangenen Leben-Ego-Strukturen, die die Seele ♇ erschuf.
- Die planetaren Herrscher sowohl von Süd- als auch von Nordknoten sind nun als *modi operandi* jener Ego-Strukturen zu deuten. Sie geben detaillierte Hinweise darüber, *wie* und *was* von den Persönlichkeiten erlebt und gelebt wurde.
- Der Planet bzw. die Planeten, die das T-Quadrat zu den Mondknoten bilden, gelten soz. als Dreh- und Angelpunkt für die Wippe der „übersprungenen Schritte". Daher wird die Deutung der vergangenen Lebensdynamiken bei einem oder mehreren Planeten im T-Quadrat zur Mondknotenachse wesentlich dichter und virtuoser.

Die Dynamiken „übersprungener Schritte" (T-Quadrat zu den Mondknoten) wird über die astrologische Symbolik in dieses Leben dieser Inkarnation gebracht, um diese „übersprungenen Schritte" durch Wiederholen und energetisches Wiedererleben zu recyceln, emotional zu erschöpfen, um diese „übersprungenen Schritte" wieder in Ordnung zu bringen – um nicht zu sagen zu heilen – damit die Evolution voranschreiten kann. Ich stelle mir das immer wie ein eingerissenes Stück Stoff vor (T-Quadrat zu den Mondknoten), mit dem der Natale in dieses Leben kommt und dementsprechend durch das frühkindliche Umfeld geprägt wird, damit er in diesem Leben, den Stoff wieder „zusammennäht". Zusammennähen geschieht durch einen Nadelstich links und dann einen rechts, dann wieder links, also vom Süd- zum Nordknoten ☊ und wieder zum Südknoten ☋ usw.

Die Regeln der Evolutionären Horoskopdeutung besinnen sich auf seelische Kerndynamiken, gleich der DNA. Bei einem oder mehreren Planeten im T-Quadrat zur Mondknotenachse sehen wir, dass – entsprechend des (der) Planeten im T-Quadrat zu den Mondknoten – die energetische DNA durch Wiederholung der alten, „übersprungenen"

Dynamiken langsam wieder zusammengebracht wird, damit eine weitere Evolution entsprechend der Seelenabsicht für dieses Leben (PPP) verwirklicht werden kann.

Der evolutionär-karmische Druck bei einem Horoskop mit einem oder mehreren Planeten im T-Quadrat zur Mondknotenachse ist sehr stark und sorgt dafür, dass die „übersprungenen Schritte" schon von Kindheit an recycelt und ein Leben lang durch Wiederholen „zusammengenäht" werden. Die Frage, die sich dann für den beratenden Astrologen und somit auch für den Natalen stellt, ist, welchen der beiden – in vergangenen Leben bereits gelebten – Mondknoten soll man nun als Fokus für die weitere Orientierung im jetzigen Leben hernehmen, damit die Seelenabsicht PPP vorankommen kann und der Natale trotz des Hin und Her des T-Quadrats zu den Mondknoten auf eine Richtung besinnen kann?

Also, auf welchen der beiden Mondknoten richte ich nun als Berater oder als Nataler meinen emotionalen Fokus, damit der PPP verwirklicht werden kann, und das Horoskop im Einklang mit der seelischen Evolution gelebt wird? Einer der beiden in vergangenen Leben gelebten Mondknoten muss doch als mein *„Lösungsknoten"* gelten. Bestünde kein T-Quadrat zur Mondknotenachse, wäre es ja der Nordknoten ☊, doch aufgrund des T-Quadrats wurde der Nordknoten ☊ in vergangenen Leben ja auch schon gelebt.

Der Lösungsknoten, also der Mondknoten, auf den der Natale in diesem Leben seinen emotionalen Fokus in jedem Moment richten soll, damit die Seelenabsicht PPP verwirklicht werden kann, ist sehr einfach zu bestimmen, auch wenn es in J.Greens Buch, „Pluto – die Evolutionäre Reise der Seele" nicht nur sehr kompliziert ausgedrückt wurde, sondern leider auch noch falsch ins Deutsche übersetzt wurde.

Hier ist die einfache Lösung: Der Lösungsknoten des Hin und Her des T-Quadrats zu den Mondknoten ist der Mondknoten, der linker Hand vom Planeten steht, der das T-Quadrat zu den Mondknoten bildet[113].

---

[113] Jeff Green beschreibt, dass der Lösungsknoten, der Mondknoten ist, der als Letztes eine Konjunktion ☌ mit dem Planeten gebildet hat, der das T-Quadrat zur Mondknotenachse bildet („Pluto – die Evolutionäre Reise der Seele). Einfacher: Das ist immer der Mondknoten, der Linker Hand zu dem Planeten steht, der das T-Quadrat bildet!

> **TIPP**: Man stelle sich auf den (die) Planeten, der das T-Quadrat zur Mondknotenachse bildet und schaue in das Zentrum des Horoskopkreises. Der <u>Mondknoten, der zur Linken steht, ist der Lösungsknoten</u> aus Sicht des (der) Planeten, der das T-Quadrat bildet. Dieser Lösungsknoten kann der Nordknoten ☊ oder aber auch der Südknoten ☋ sein.

Der Lösungsknoten ist der Mondknoten, auf den sich der Natale in diesem Leben emotional in jedem Moment fokussieren soll, auch und vor allem wenn die „übersprungenen Schritte" durch Hin und Her recycelt werden. Der emotionale Fokus auf den Lösungsknoten (linker Hand vom Planeten, der das T-Quadrat bildet) unterstützt den Klienten, im Einklang mit seinen evolutionären Absichten seiner Seele (PPP) zu leben.

Befinden sich Planeten zueinander in Opposition ☍ und bilden zudem ein T-Quadrat zur Mondknotenachse, dann ist für jeden der beiden Planeten ein anderer Mondknoten dessen Lösungsknoten; nämlich der Mondknoten, der Linker Hand zu dem Planeten steht. Ich habe zum Beispiel eine Mond ☽ - Saturn ♄ - Opposition☍, die ein T-Quadrat zu meinen Mondknoten bilden. Aus Sicht des Mondes ☽ ist bei mir der Nordknoten ☊ in Zwilling ♊ der Lösungsknoten; also zum Beispiel meine Emotionen ☽ zum Ausdruck ♊ zu bringen. Aus Sicht des Saturn ♄ ist aber mein Südknoten ☋ in Schütze ♐ der Lösungsknoten; also zum Beispiel meinen Beruf ♄ durch metaphysisches Lehren ♐, auch international ♐ zu gestalten. Ganz astro-logisch!

Deutungsschritte beim T-Quadrat zur Mondknotenachse

1. **Pluto** ♇ in Haus, Zeichen, Aspekten/Phasen steht für das „Verlangenspaket" seelischer Verlangen in vergangen Leben, die auch noch in diesem Leben wirken. Zudem steht er für die tiefsten Muster von emotionaler Sicherheit.
2. **Südknoten** ☋ *und* **Nordknoten** ☊ in ihren Zeichen, Häusern und Aspekten zu anderen Planeten stehen für all die emotionalen Persönlichkeiten bzw. Ego-Strukturen vergangener Inkarnationen, die die Seele ♇ entsprechend ihrer Verlangen / Verlangenspaket in der Raum-Zeit-Ebene erschaffen hat. **Der Planet bzw. die Planeten, die ein T-Quadrat zu den Mondknoten bilden** zeigen das Wesen, die Ursachen und Gründe für die „übersprungenen Schritte" an. Das Haus bzw. die Häuser, über die der Planet bzw. die Planeten, die das T-Quadrat zur Mondknotenachse bilden, herrscht bzw. herrschen, geben weitere wichtige Dynamiken und Themenbereiche der „übersprungenen Schritte". Der Planet bzw. die Planeten im T-Quadrat zur Mondknotenachse sind bei der Deutung der „übersprungenen Schritte" der „Dreh- und Angelpunkt" des Hin und Her zwischen den beiden in vergangenen Leben aktivierten und gelebten Mondknoten.
3. **Planetarer Herrscher des Südknotens** ☋ *und* **planetarer Herrscher des Nordknotens** ☊ in ihren Positionen in Zeichen, Haus mit Aspekten/Phasen zu anderen Planeten zeigen das genauere *Wie* und *Was* diese Ego-Strukturen (Mondknoten) in vergangenen Leben erfuhren und erlebten. Sie wirken als *modi operandi* jener emotionalen Persönlichkeiten vergangener Leben und geben weitere Hinweise darauf, wie die „übersprungenen Schritte" er- und gelebt wurden. *(Nun können alle anderen Planeten und Häuserspitzen in die Deutung vergangener Lebenskerndynamiken "astro-logisch" und "psycho-logisch" hinzugenommen und gedeutet werden.)*
4. **Pluto Polaritäts-Punkt (PPP)** im gegenüberliegenden Zeichen und Haus des natalen Pluto steht er für die Seelenabsicht in diesem Leben. Befindet sich ein Planet auf dem PPP (Orbis von max. 12°) ist dieser in die Deutung der Seelenabsicht mit einzubeziehen. Es ist ratsam, den PPP bzw. die Seelenabsicht mit nur einigen wenigen, aussagestarken Sätzen für den Klienten zu beschreiben, der ja nicht seine Seele ist, sondern ein Teil seiner Seele!
5. **Lösungsknoten** in Zeichen, Haus und Aspekten zu anderen Planeten zeigt den Lebensbereich an, auf den sich der Natale im Hin und Her des T-Quadrats zur Mondknotenachse in diesem Leben

in jedem Augenblick emotional fokussieren soll, um im Einklang mit der Seelenabsicht PPP zu sein. Durch den Fokus auf den bzw. die Bereiche des Lösungsknoten findet zwar immer noch ein Hin- und Her und ein wiederholtes Recyceln der „übersprungenen Schritte" statt, doch der Klient bleibt emotional wesentlich klarer und wird mit der Zeit erfahren, wie er sich von den „übersprungenen Schritten" erholt. Somit kann die Evolution seiner Seelenabsicht PPP vorankommen. Der Lösungsknoten ist der Mondknoten, der aus Sicht des (der) Planeten, der das T-Quadrat zur Mondknotenachse bildet, <u>Linker Hand</u> steht. Das kann der Nordknoten ☊, aber auch der Südknoten ☋ sein.

6. **Planetare Herrscher des Lösungsknotens** in Zeichen, Haus und Aspekten/Phasen zu anderen Planeten gibt nun praktische, vielfältige Zusatzinformation über das *Wie* und *Was* der Natale machen kann, um den / die Bereiche des Lösungsknoten in seinem Leben umzusetzen. Es ist der modus operandi des Lösungsknoten. Der PPP ist die Seelenabsicht, zum Beispiel den Reifen zu wechseln. Der Lösungsknoten ist der Bereich, wo der Wagenheber angesetzt wird. Der planetare Herrscher des Lösungsknotens zeigt an, wie der Wagenheber bedient werden soll.

Lassen Sie uns nun nochmals unser erfundenes Beispielshoroskop von oben hernehmen, anhand dessen ich die Evolutionären Grunddeutungsregeln veranschaulichte. Nun setzen wir einfach einen Planeten in das Horoskop, den Mond ☽ in Fische ♓ im 4. Haus, der nun ein T-Quadrat zur Mondknotenachse bildet. Sie werden sehen, wie sich Deutung und vor allem auch die Lösung im Vergleich zu oben, wo wir noch keinen Planeten im T-Quadrat hatten, verändern.

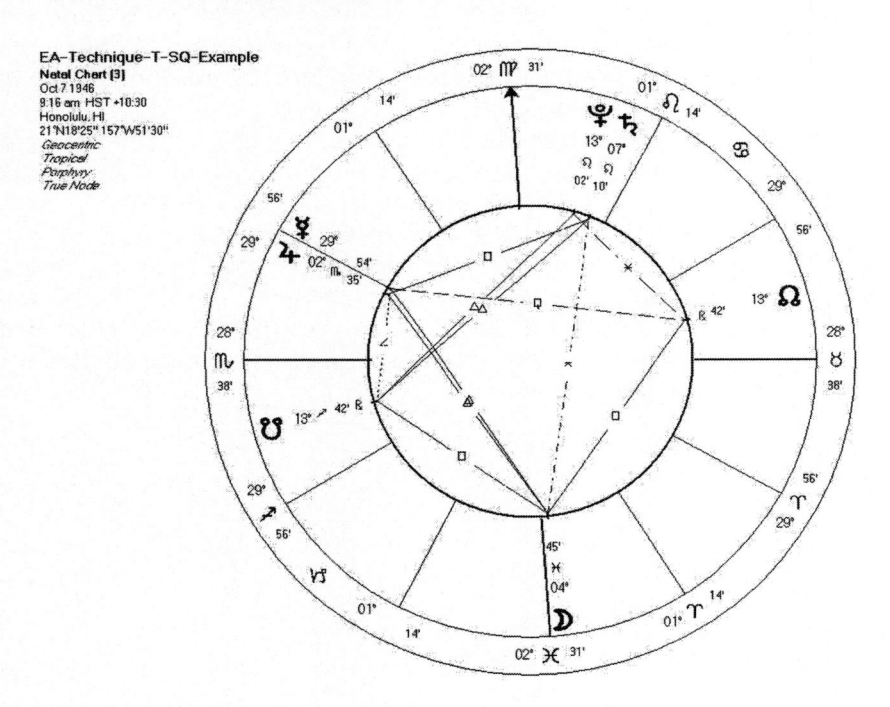

Der erste Schritt bei jedem Horoskop ist es zu überprüfen, ob sich ein oder mehrere Planeten im T-Quadrat zur Mondknotenachse befinden! Hier in unserem erfundenen Anschauungshoroskop ist das natürlich der Fall: Der Mond ☽ in Fische ♓ im 4. Haus bildet ein T-Quadrat zu den Mondknoten. Daher wissen wir schon, dass beide Mondknoten in vergangenen Leben bereits gelebt wurden. Wir können uns daher vorstellen, der Nordknoten ☊ sei auch wie ein Südknoten ☋.

Schritt Eins unserer Evolutionären Deutung bei einem T-Quadrat zur Mondknotenachse ist wieder Pluto ♇ in Zeichen, Haus und Aspekten zu anderen Planeten, hier in der Balsamischen Konjunktion mit Saturn ♄, der ebenfalls in Löwe ♌ im 9. Haus steht. Es zeigt, wie oben bereits gedeutet eine Seele, die all ihre Stärke (♌) anwandte, ihr inneres Gefühl, mit etwas

Größerem verbunden zu sein (9.), bis zur Meisterschaft (♄) zu vertiefen (♇). Das geschah durch diverse philosophische und metaphysische Studien (9.) in diversen Kulturen (9.), die ihre Gesetzmäßigkeiten und Gebräuche (♄) auf das Naturgesetz (9.) aufbauten. In solchen Kulturen hielt dieser Natale oft verantwortungsvolle Positionen (♄) inne, wie die eines Schamanen, eines visionären Priesters und Lehrers (9.).

Schritt Zwei der Evolutionären Deutung eines T-Quadrats zur Mondknotenachse führt uns nun zum Südknoten ☋ in Schütze ♐ im 1. Haus und zusätzlich auch zum Nordknoten ☊ in Zwilling ♊ im 7. Haus. Schritt Drei der Evolutionären Deutung, die planetaren Herrscher der Mondknoten, Jupiter ♃ in Skorpion ♏ im 12. Haus und Merkur ☿ in Waage ♎ im 11. Haus können bzw. sollten dabei gleich mit in die Deutung integriert werden. Zudem müssen wir dabei den Mond ☽ in Fische ♓ im 4. Haus als Dreh- und Angelpunkt der "übersprungenen Schritte" mitdeuten. Lassen Sie uns das, wie oben empfohlen, Schritt für Schritt angehen, um dann virtuoser in unserem evolutionären Jojo-Deuten zu werden:

Er hatte in vergangenen Leben ein starkes Bedürfnis nach Unabhängigkeit und Freiheit (☋ 1.), um die metaphysischen Lehren (☋♐) über den eigenen Körper (☋ 1.) zu erfahren. Dazu ging er oft in die Einsamkeit/Isolation (♃ 12.) und/oder in intensive Meditation (♏ 12.), um diese machtvollen Lehren (♃♏) zu verinnerlichen (12.) und über den eigenen Körper (☋ 1.) meisterhaft (♄) zu integrieren (♌).

Aufgrund seiner inneren Sehnsucht (♓), im inneren Universum zu Hause zu sein (☽♓ 4.), um Frieden (♓) und Geborgenheit (☽ 4.) zu erleben, vermied (♓, ♃ 12.) er Intimbeziehungen (☽ Nebenherrscher über sein 8. Haus, ♏ 12.) und/oder Familienleben (☽♓ 12.), um unabhängig (☋ 1.) bleiben zu können und seine inneren Reisen (♃ 12.) der spirituellen Metamorphosen (♃♏ 12.) machen zu können. Es ist sehr wahrscheinlich, dass er oft in metaphysischen Strukturen integriert war (♄♌ 9.) wie zum Beispiel in Klöstern (♃ 12., ☽♓), die ihm nicht erlaubten (♄), sexuelle Intimbeziehungen/Familie zu haben (♇♄, ♃♏ 12., ☽♓ 4.) - ein in vielen religiösen Strukturen vorherrschender Glaube (♄ 9.), dass man die körperlich-instinktiven Bedürfnisse (☋ 1.) opfern muss (♃ 12.) und dabei Sexualität und Intimbeziehungen/Familie vermeiden soll (♃♏ 12., ☽♓ 4. als Nebenherrscher vom 8. Haus), um seine Spiritualität vertiefen bzw. erweitern zu können (♃♏ 12.). Das hat jedoch zur Folge, dass natürliche Verlangen (☋♐ 1.) und sexuelle Sehnsüchte (♃♏ 12.) unterdrückt werden (♇♄). Alles, was unterdrückt wird, wird verzerrt. Dementsprechend entstand aus diesen Dynamiken eine Selbst-Lüge (☽♓, ♃ 12.), die ihm in seinem zwanghaften Streben (♇♄) nach Spiritualisierung (♃ 12, ☽♓) entsprechend der vorgegebenen Reglementierungen von Richtig und Falsch (♄ 9.) nicht einmal bewusst wurde (♃ 12., ☽♓), denn sexuelle

Verlangen wurden und werden in vielen Religionen als Versuchung bzw. Prüfung (♏ 12.) angesehen.

Nun nehmen wir noch den Nordknoten ☊ in Zwilling ♊ im 7. Haus mit seinen planetaren Herrscher Merkur ☿ in Waage ♎ im 11. Haus dazu, den wir genauso wie einen Südknoten ☋ in Bezug auf die seelischen Verlangen ♇ in vergangenen Leben und die „übersprungenen Schritte" hinsichtlich des Mondes ☽ in Fische ♓ im 4. Haus interpretieren: Er war in früheren Leben in der Lage, mit all seiner Kraft und seinen metaphysischen Fähigkeiten (♇♌ 9.), anderen Menschen mit Rat (♊) und Tat (☋ 1.) zu helfen (☊ 7.). Sicherlich war er als Schamane bzw. Lehrer (☋♐) in diversen Gruppen (☿ 11.) tätig und gab sein Wissen an andere weiter (☊♊ 7., ☿♎). In Inkarnationen, bei denen er in Klöstern (♃ 12., ☽♓) wirkte, nahm er sich sicherlich auch in emotionaler Ummutterung (☽♓ 4.) der Kinder (♇♌) an, die ausgesetzt oder Waise (☿ 11.) waren. Dabei lehrte er sie nicht nur die Glaubensregeln des Ordens (♇♄ 9.), sondern auch Lesen, Schreiben und andere Handfertigkeiten (☊♊ 7., ☿♎).

Doch aufgrund der erzwungenen Unterdrückung bzw. Verteuflung seiner natürlichen, sexuellen Verlangen (♇♄, ☋♐ 1, ♃♏ 12.) ist es sehr wahrscheinlich, dass einige seiner Schüler (☊♊) in ihm „verbotene Gelüste" (♃♏ 12.) auslösten, auf die er ab einem gewissen Punkt durch heimliche sexuelle Affären (♃♏ 12.) reagierte (☋ 1.), um seine eigenen emotionalen Sehnsüchte nach Geborgenheit und Kuscheln (☽♓ 4.) zu stillen. Doch nach solchen Momenten „besonderer Nähe" mit einer anderen Person bzw. einem Schüler (☊♊ 7.) fühlte er sich schuldig (♃ 12., ☽♓) oder bekam Angst, dass seine heimlichen sexuellen Aktivitäten (☋ 1., ♃♏ 12.) entdeckt werden könnten (♃♏, ♇♄), und er aus dem Kloster (♃ 12., ☽♓) rausgeworfen wird (☿ 11.). Es ist ebenso möglich, dass er sich nicht nur schuldig (♃ 12.) und vom Weg abgekommen fühlte (☿ 11.), sondern auch vom Teufel verführt (♃♏ 12.) vorkam, denn aus seiner religiösen Sicht in solchen Vorleben werden heilige Mönche (♃ 12.) gerne vom Bösen durch und über Sexualität versucht (♃♏ 12.). Solch selbst verurteilende Einstellung (♄ 9.) war die verzerrte Interpretation (alles, was unterdrückt wird, wird verzerrt) auf sein natürliches körperliches Verlangen (☋♐ 1.), emotionale Nähe und Intimität (☽ 4., also Nebenherrscher von 8.) mit einem anderen Menschen (☊ 7.) zu erleben, bei dem er sich verstanden (☊♊) und geistig gleichgesinnt fühlte (☿♎ 11.).

Doch die Angst und Interpretation von Versuchung (♄ 9., ♃♏ 12.) brachte ihn entweder dazu, sich von jenem Schüler/Menschen, mit dem Sinnlichkeit und Intimität ausgetauscht wurde (☊ 7., ☿♎), völlig zu distanzieren (☿ 11.), oder seine übergeordnete Position (♇♄♌ 9.) zu missbrauchen (♇♄, ♃♏) und dem Schüler/anderen Menschen vorzuwerfen, er hätte ihn versucht bzw. sei vom Teufel besessen (♃♏) und würde ihn vom rechten Weg abbringen wollen (♃♏ 12.). Solch eine Dynamik wäre natürlich auf völliger Selbst-Täuschung und Selbstverleugnung bzw. Selbstverblendung aufgebaut (☽♓ 4., ♃ 12. als Herr von ☋ 1.), somit eine Lüge (♓, 12.), die er bewusst oder unbewusst einsetzte, um seine Position (♄) und somit seine emotionale Sicherheit (♇♌, ☽ 4.) aufrecht zu erhalten.

Ein anderes Szenario lässt sich hier auch lesen: Er verliebte sich wahrhaft (☋♐, ♃ 12.) in eine andere Person (☊ 7.) und hatte eine heimliche Liebesaffäre mit ihr (♃♏ 12.), um seine tiefen Sehnsüchte nach Nähe und Geborgenheit (☽♓ 4.), die auf matriarchaler Spiritualität (☽♓) und somit auf Tantra beruhen (☽ Nebenherrscher von 8, ♃♏ 12.) zu stillen. Doch geriet er in partriarchalen Zeiten mit seinen religiösen Werten (♄ 9.) in Konflikt (☽ T□): Zwischen dieser liebevollen Beziehung (☊ 7.) und seinem starken Verlangen nach persönlicher Spiritualisierung (☋ 1., ♃♏ 12.). Deshalb trennte er sich von dieser Liebe bzw. Beziehung (☿♎ 11.), folgte dem gesellschaftlich anerkannten Weg des religiösen Lebens (♄ 9., ☋♐), vermied Intimbeziehung (♃♏ 12.) und widmete sich der Bildung durch Schriften (☊♊) und des Unterrichts anderer (☊♊ 7., ☿♎) in Gemeinden und Gruppen (11.), während er das Privatleben Gott opferte (☽♓ 4.). Jedoch behielt er den Kontakt zu der geliebten Person (☊ 7., ☿♎) bei, aber in Form von Freundschaft (☿♎ 11.), was jedoch eine emotionale Lüge (☽♓ 4.) war.

Und noch eine weitere mögliche Dynamik würde ich gerne schildern: Er war in Urzeiten tief in matriarchalen Dynamiken der Spiritualisierung involviert (♇♌ 9., ☽♓ 4.), bei denen der Körper als natürliches Vehikel genutzt wurde (☋♐ 1.), um innere Seelenreisen und –Erfahrungen zu machen (♃♏ 12.), was ihn zu einem natürlichen Schamanen machte (♇ 9., ☋♐, ♃♏ 12.) machte, der vielen anderen mithilfe außergewöhnlicher Techniken und Handlungen half (☊♊ 7., ☿♎ 11.). In natürlichen Volkstämmen wurden die androgynen (männlich-weiblich) Menschen als die Heiler und Schamanen erkannt, denn sie sind in der Lage, beide energetischen Pole des Weiblichen und des Männlichen in sich zu leben und damit zu arbeiten.

Der Mond ☽ im 4. Haus, der ein T-Quadrat zur Mondknotenachse macht, sowie Saturns ♄ Balsamische Konjunktion ☌ zu Pluto ♇ sind klare Indikatoren für das Thema „Geschlechts-Definition bzw. –Wechsel. Die Stellung des Mondes ☽ im Zeichen der Fische ♓ deutet dabei auch auf Verwirrung (♓) hinsichtlich der Geschlechtsdefinition im Rahmen der gegebenen Geschlechtererwartungen der Gesellschaft hin, die in vergangenen Inkarnationen Spiritualisierung (♓, 12.) und somit metaphysische Expansion des Bewusstseins (♇ 9.) patriarchal (♄) vorschrieb. Deshalb fühlte er sich gezwungen (♇♄), seine wahre Natur (☋♐) zu verbergen, zu verleugnen und zu vermeiden (♃ 12., ☽♓), denn er hörte (☊ 7.) auf die verzerrten Lehren und Worten anderer (♇♄, ☊ ♊ 7.,☿♎ 11.) wie zum Beispiel religiösen Autoritäten (♄ 9.) und spirituellen Lehrern (♃ 12.), was ihn dazu bewegte, Teile seiner inneren Anima/Animus zu verstecken (☽♓ 4. T□).

Das mag dazu geführt haben, dass er heimlich (♓, 12.) mit Gleichgesinnten (☿ 11.) in Beziehung ging (☊♊ 7.), die wie er Teile ihrer natürlichen Sexualität versteckten (♃♏ 12., ☽♓). „Alles, was unterdrückt wird (♄), wird verzerrt (11.)." Aufgrund seiner natürlichen Männlich-Weiblichkeit (☽ 4. T□, ♇♄) ist es auch möglich, dass er oft in gleichgeschlechtliche Liebesbeziehungen mit Gleichgesinnten ging (☿♊ 11.). Doch wenn solche Beziehungen aufgedeckt wurden und die Wahrheit ans Licht kam (♃♏, ♇♄ 9.), erfuhr er extreme (Mondknotenachse auf 1. und 7.) Demütigungen (☽♓, ♃ 12.) durch Bestrafungen (♄), wie zum Beispiel den Ausschluss aus einer Gemeinde (☿ 11.) oder die Ablehnung und Verleugnung (♃♏ 12.) durch seine eigene Familie (☽♓ 4.), die durch ihre Konditionierung des damaligen Zeitgeistes der Meinung waren, er hätte Scham (♓, 12.) über sie gebracht, weil die Familie zugleich Angst vor der religiösen Bestrafung kirchlicher Autoritäten hatte (♇♄ 9., ☽♓ 4.). Deshalb bringt er ungelöste Dynamiken hinsichtlich des Themas „Familie" in dieses Leben (☽♓ 4. T□) - also auch der eigenen Ursprungsfamilie dieser Inkarnation.

Dabei scheint seine Mutter der Dreh- und Angelpunkt (☽ 4. T□) seiner ungelösten Wut und Rage (☽♓ 4., ☋ 1., ♃♏) zu sein, obschon ich auch den Einfluss seines Vaters in dieser Kindheit hinsichtlich unterdrückter Rage (♇♄) als einen kritischen Faktor hinsichtlich seines emotionalen Wohlbefindens (☽ 4.⚻♄) bezüglich seiner wahren Natur (☋♐) ansehe. In Dynamiken des in Deutschland so bekannten Familienstellens (Konstellations-Arbeit) würde ich sagen – wenn dieser Natale in einem männlichen Körper inkarniert ist - , dass er eine so starke Verstrickung mit den ungelösten Dynamiken seiner Mutter hat (☽♓ 4.T□), er wahrscheinlich einen geliebten Menschen, nach dem die Mutter sich sehnte, für sie energetisch ersetzt (☽♓ ☊ 7.). Durch das energetische Identifizieren mit der Energie eines ersehnten/geliebten Menschen der Mutter (☽♓ 4.), was ihn förmlich ein energetisches Kostüm eines anderen tragen lässt (☊ 7., ☿ 11.) und was zugleich die Opferung seiner eigenen Identität mit sich brachte (☽♓, ♃ 12.), erkannte ihn der eigene Vater nicht als seinen Sohn (☽♓), sondern als Mitstreiter (♌) um die Mutter (☽). Das führte dazu, dass der Vater ihn ablehnte (♇♄) und somit kein „Vatersaft" floss – sprich die energetische Anerkennung und somit Liebe eines Vaters zum Sohn. Wenn ein Sohn diese väterliche Anerkennung nicht empfängt bzw. empfangen kann, dann fehlt ihm eine wichtige Komponente im Leben als erwachsener

Mann. Die Folge ist, dass er Frauen anzieht, die ihn als schwach sehen und ihn von Mitleid motiviert ummuttern (☽♓ 4., ☊ 7.).

Solch Mangel an gleichwertiger Erotik (☽♓ T□) hält ihn einerseits schwach (☽♓, ♃ 12.) und andererseits macht es ihn wütend und aggressiv (☋ 1., ♃♏) vor allem auf Frauen (☊ 7.), mit denen er seine ungelöste Mutterdynamik bzw. –Verstrickung durchlebt (☽ 4. T□). Wir können hier also auf ein passiv-aggressives Muster hinsichtlich Beziehungen bzw. Frauen schließen, dass in einer Fremdidentifizierung über die Mutter in diesem Leben wurzelt. Eine Lösung (Lösungsknoten linker Hand vom Mond ☽ in 4., also der Südknoten ☋ in 1. mit Herrscher ♃ in Skorpion ♏) weist auf Familientherapie (☽ T□, Lösung in ♏), zum Beispiel Familienstellen oder wie ich es nenne, „Konstellations-Arbeit". Damit wären wir also schon bei der Lösungsorientierung für dieses Leben, obschon wir noch viele weitere und tiefere Dynamiken vergangener Leben hinsichtlich des T-Quadrats zur Mondknotenachse beschreiben könnten.

Der vierte Schritt unserer Evolutionären Deutung eines T-Quadrats zur Mondknotenachse besteht in der Deutung des Pluto Polaritätspunktes PPP, in Wassermann ♒ im 3. Haus, der die Seelenabsicht in diesem Leben anzeigt. Diesen empfehle ich, immer nur kurz und knapp zu deuten: Wie schon oben in unserem ersten Fallbeispiel erwähnt, ist seine Seelenabsicht in diesem Leben (PPP), seine alte Weisheit in ein Forum der diversen Meinungen von Gruppen (♒ 3.) einzubringen und dabei eine verständliche Sprache zu (er-) finden (♒ 3.), die seine metaphysisch-philosophischen Einsichten (♇ 9.) zum Ausdruck bringt (3.). Das beinhaltet vor allem auch, dass er als ehemalige Autorität (♄) metaphysischer Bereiche (♇ 9.) die Meinungen (3.) und Ideen (♒) anderer als wertvoll und gleichwertig annimmt (♒ 3.). Somit lernt seine Seele, Sprache für sich neu zu erfinden (♒) und anzuwenden (3.).

Schritt Fünf ist nun, den Lösungsknoten zu deuten. Der Lösungsknoten ist der Knoten, der linker Hand von dem Planeten (☽♓ 4.) steht, der das T-Quadrat zu den Mondknoten bildet. Das ist hier der Südknoten ☋ in Schütze ♐ im 1. Haus! Das heißt, dieser wird nun so gedeutet, als sei er ein Nordknoten in den regulären Evolutionären Deutungsregeln ohne T-Quadrat zu den Mondknoten. Dieser Lösungsknoten, hier Südknoten ☋ in Schütze ♐ im 1. Haus, wird nun die emotionale Orientierung des Klienten in diesem Leben anzeigen, sich von den „übersprungenen Schritten" zu erholen, damit die Evolution seiner Seele (PPP) weitergehen kann. Indem sich der Natale auf den Lösungsknoten, hier den Südknoten ☋ fokussiert, wird der Nordknoten über das T-Quadrat trotzdem noch wirken, jedoch mit der Zeit, der Mechanik eines Uhrwerkes gleich, an „seinen Platz" fallen. Das soll heißen, der Natale richtet seinen Fokus auf den Südknoten ☋, den Lösungsknoten, und der Nordknoten kommt damit im Laufe der Zeit in Dynamiken, die übersprungenen Schritte abklingen zu lassen und im Einklang mit der Seelenabsicht dieses Lebens (PPP) zu wirken.

Schritt Sechs, der planetare Herrscher des Lösungsknotens ist am Besten mit Schritt Fünf zusammen zu deuten. Hier ist es Jupiter ♃ in Skorpion ♏ im 12. Haus als planetarer Herrscher des Lösungsknotens, Südknoten ☋ in Schütze ♐ im 1. Haus, der als *modus operandi* für den Lösungsknoten gilt:

Als Lösung der "übersprungenen Schritte" scheint es für ihn wichtig zu sein, das Göttliche (♓ 12.) über die ehrliche Akzeptanz seines physischen Körpers (☋♐ 1.) mit seinen natürlichen Instinkten (☋♐ 1.) zu verstehen und anzuerkennen. Das beinhaltet sicherlich auch natürliches Leben (☋♐) unter feinfühliger Beachtung (♃ 12.) seines Körpers (☋ 1.). Die „übersprungenen Schritte" der Vermeidung von privaten Intimbeziehungen (☽♓ 4., ♋ 8.), um im vorgegebenen Rahmen zu spiritualisieren (♇♄ 9., ♃ 12.) fordern den Natalen in diesem Leben dazu auf, seinen physischen Körper mit seiner instinktiven Natur (☋♐ 1.) mit einer Einstellung (♃) zu umhegen und zu „ummuttern" (☽ 4.), dass dieser als Göttliches Vehikel bzw. als Tempel des Göttlichen angesehen und behandelt wird (♃ 12.).

Dazu sind sportliche (♐) Körperbetätigungen (☋ 1.) ganzheitlichen Wesens (♐) wie zum Beispiel Thai Chi, Chi Gong, Yoga, Aikido sicherlich sehr hilfreich, denn sie ermöglichen ihm, das innere Universum (♃ 12.) mithilfe des Körpers (☋ 1.) zu erforschen (♃♏). Dabei werden alte, verzerrte, ungelöste Emotionen (☽-T□) – von Wut, Rage, Rache basierend auf dem Gefühl von Verrat (♏) bis hin zum Opferbewusstsein (☽♓, ♃ 12.), die tendenziell zu destruktivem Körperverhalten (Alkohol, Tabletten, Drogen) führten bzw. führen – geheilt (♃ 12.), indem sie aus dem Emotionalkörper (☽), dem physischen Körper (☋ 1.) und der Seele (♃♏, PPP♒) eliminiert werden (♃♏). Dabei kann auch Therapie seiner tiefen Vertrauensmissbrauchsthemen und Verlassensängste (♃♏) einen wichtigen Baustein in der emotionalen Heilung seiner Emotionen aus der Kindheit bezüglich Mutter und auch Vater (☽♓ 4. ⚻ ♄) darstellen.

Mit der Zeit (♄ balsamisch zu ♇) wird es zu einer Reinigung (♃ 12.) seiner Inneren-Kind-Emotionen (☽♓ 4.) bezüglich der Verletzungen seines Vertrauens und des Machtmissbrauches (♃♏, ♇♄, ♋ 8.) kommen. Damit kann sein unschuldiges, reines Wesen (♃ 12.) wieder zum Vorschein kommen und lebensfroh seinen Körper (☋♐ 1.) bewohnen und somit das Göttliche durch den physischen Körper strahlen und mit jeder Handlung wirken lassen kann (♃ 12, ☋♐ 1., ☽♓). Dazu bedarf es aber auch einer intensiven Eigendynamik (♃♏) von Selbst-Vergebung (☽♓ 4., ♃♏ 12.) und Vergebung der Mutter (☽♓ 4.) und anderer (☊ 7.), die er in diesem Leben wieder angezogen hat, da es noch ungelöste Dynamiken mit anderen gab (☽ T☐ ♌ 7., ☿♎).

Die Stellung des planetaren Herrschers des Lösungsknotens, Jupiter ♃ in Skorpion ♏, wird in diesem Leben eine tiefe und intensive Metamorphose (♃♏) nach der anderen erzeugen, um aus dem verwundeten Inneren Kind bzw. Göttlichen Kind (☽♓ T☐), das Angst vor Verletzungen durch Verrat und vor „Ohn-macht" hat und sich daher legitimiert fühlt, zurückzuschlagen und sich zu rächen (♃♏, ♀♄), einen Menschen zu machen, der in inneren Frieden mit sich, seinem Körper und seiner „Geschichte" kommt (☽♓, ☋ 1., ♃ 12.), da er die dunklen Seiten in sich (☋ 1., ♃♏) und somit in der menschlichen (♌ 7., ☿♎) Psyche (♏) kennt und anerkennt als „Schattenspiel" der dualen Schöpfung (♃♏ 12.); ein Mensch, der sein Bewusstsein tief gereinigt hat (♃♏ 12., ☽♓, ♄ balsamische ☌ ♀) und zu einem stillen, inneren Verständnis der wahren Natur des Göttlichen Bewusstseins (♃ 12.) gelangt, das in Wahrheit (♐) den Körper mit all seinen Funktionen (☋ 1.) in der dualen Welt von Raum-Zeit gleich einer Kinoleinwand hernimmt, auf der all möglichen Lichtspiele ablaufen – doch das Göttliche Bewusstsein bleibt dabei unberührt, wie die Leinwand, egal welcher Film darauf projiziert wird. Je mehr er also sich über den physischen Körper (☋ 1.) als Göttliches Vehikel reinigt (♃ 12.), umso mehr wird er anderen Menschen (♌ 7.), das an spirituellen Lehren und Einsichten geben (♃♏ 12.), was sie wirklich brauchen (☿♎). Dabei wird seine Kommunikations- und Ausdrucksform des metaphysisch (♃)-spirituellen (12.) Wissens (♌♊) außergewöhnlich und geradezu revolutionär sein (PPP♒) - ganz egal, ob er mit den Händen arbeitet, Vorträge hält, schreibt (♌♊ 7., ☿♎) oder nur in Stille und Frieden dasitzt (☽♓, ♃ 12.) und mithilfe seines physischen Körpers lehrt (☋♐ 1.), indem er so etwas wie Sat Sang gibt, bei dem das Göttliche durch seine physische Präsenz wirkt (♃ 12., ☋♐ 1.).

Dieses kleine Deutungsbeispiel hat wirklich keinen Anspruch auf Vollständigkeit, sondern soll veranschaulichen, wie lebendig die Evolutionären Deutungsregeln angewendet werden können, wenn ein (oder mehrere) Planet (-en) ein T-Quadrat zur Mondknotenachse bilden. Eine vollständige Evolutionäre Deutungsanalyse unseres Beispielhoroskops von Dick, das am Anfang dieses Buches vorgestellt wurde und bei dem sich auch Planeten im T-Quadrat zur Mondknotenachse befinden, finden Sie auf meinen Internetseiten unter www.ulrichbold.com.

Viele Schüler haben mich über Jahre hinweg gebeten, für jeden Planeten im T-Quadrat zur Mondknotenachse einen kleine Beschreibung zu liefern, die den Einstieg in die Deutung eines solchen T-Quadrates erleichtert. Obschon ich kein Freund solcher „Kochbuch-Astrologie"-Aussagen bin, denn sie engen die Deutungsmöglichkeiten viel zu sehr ein – vor allem bei Planeten im T-Quadrat zu den Mondknoten – werde ich doch dem Drängen der Schüler nachkommen und zu jedem Planeten im T-Quadrat zur Mondknotenachse eine kleine Denk- und Deutungsanstoß-Beschreibung liefern. Dennoch möchte ich nochmals betonen, wie wichtig es ist, die archetypischen Schlüsselworte der Planeten zu verinnerlichen und diese „astro-logisch" bei Planeten im T-Quadrat zur Mondknotenachse anzuwenden.

> **TIPP**: Trotz der nun folgenden Beschreibungen, bitte ich eindringlich darum, die individuelle Stellung eines Planeten in Zeichen und Haus zu beachten, der ein T-Quadrat zu den Mondknotenachsen formt, andere Aspekte zu anderen Planeten mit in die Deutung einzubeziehen und vor allem auf das Haus zu achten, über das der Planet herrscht, der das T-Quadrat zu den Mondknoten bildet (ist Jupiter ♃ im T-Quadrat zur Mondknotenachse – an welcher Hausspitze bzw. in welchem Haus findet sich Schütze ♐?)!

Mond ☽ T-Quadrat zu den Mondknoten

Abhängig von der Stellung des Mondes ☽ in Zeichen, Haus, sowie anderer Aspekte zu anderen Planeten, und vom Zeichen Krebs ♋ an einer Hausspitze bzw. in einem Haus, zeigt ein Mond ☽ im T-Quadrat zur den Mondknoten folgende Grunddynamiken hinsichtlich „übersprungener Schritte":

- Anima/Animus – somit Geschlechtsdefinitionsthemen und/oder auch sogar Geschlechtswechseldynamiken; der Natale inkarnierte mal im weiblichen, mal im männlichen Körper – hin und her zwischen beiden Geschlechtern, um sein eigenes Männlich-Weibliches in ein androgynes Wesen zu integrieren. Daher kommt es oft zu einem Gefühl von Fremdheit mit dem eigenen Geschlecht bezüglich der elterlichen bzw. gesellschaftlichen Erwartungen an die Geschlechterrolle. Ein partnerschaftliches Intimleben funktioniert meist nur mit einem Partner/Partnerin, der/die ebenso männlich-weiblich schwingt und lebt.
- Mutter/Familie – der Natale hat bereits oft in diesem Familiensystem inkarniert und/oder zumindest oft mit dieser Mutter dieser Inkarnation. Daher bestehen auch oft starke Tendenzen, sich mit ungelösten Familiendynamiken früherer Generationen

energetisch zu verstricken bzw. zu identifizieren (à la Familienstellen bzw. „Konstellations-Arbeit") und diese als die eigenen emotionalen Konflikte wahrzunehmen und lösen zu wollen. Werden solche Verstrickungen nicht „zurückgegeben" und dadurch gelöst, besteht die Gefahr, dass diese an die eigenen Kinder weiter übernommen werden, falls der Natale eine eigene Familie gründet.
- Zuhause/Heim – oft findet sich der Natale auf einer „Wanderschaft" nach dem zuhause, in dem er sich wirklich wohl, geborgen und zuhause fühlt. In solch einem Fall zieht der Natale oft um, lebt in diversen Städten, sogar Ländern, um dabei zu lernen wie er sich ein Heim erschaffen kann, das seinen emotionalen Bedürfnissen nach Geborgenheit und Nestwärme entspricht. Letztendlich ist das wahr zuhause aber in ihm.
- Matriarchat – abhängig vom Gesamthoroskop bringt die Person unbewusste Erinnerungen an matriarchale Werte und Lebensformen mit in dieses Leben, fühlt sich daher in der Kindheit fremd in der Familie und der Gesellschaft. Sind solche familiären Themen „übersprungener Schritte" gelöst, findet sich der Natale oft in einem privaten und/oder beruflichen Pfad matriarchale Werte in seinem Leben aufzubauen und diese sogar der Gesellschaft als Unterstützung anzubieten.

Sonne ☉ T-Quadrat zu den Mondknoten
Abhängig von der Stellung der Sonne ☉ in Zeichen, Haus, sowie anderer Aspekte zu anderen Planeten, und vom Zeichen Löwe ♌ an einer Hausspitze bzw. in einem Haus, zeigt eine Sonne ☉ im T-Quadrat zur den Mondknoten folgende Grunddynamiken hinsichtlich „übersprungener Schritte":
- Kinder – ein Kind oder mehrere Kinder in diesem Leben aufzuziehen ist geradezu ein evolutionäres "Muss". Ich habe noch keinen einzigen Klienten mit Sonne ☉ im T-Quadrat zu den Mondknoten gesehen, der sein Leben ohne Kinder durchlief. Jeder von ihnen hat mindestens ein Kind, sei es ein eigenes oder ein durch Heirat angenommenes oder ein adoptiertes Kind. Solch ein Kind (Kinder) geben dem Natalen einen evolutionären Lebenszweck und bringen ihn dadurch in seine persönliche Kraft. Das Kind oder zumindest eines der Kinder ist ein Kind aus vergangenen Leben, das aus welchen Umständen auch immer weggegeben werden musste bzw. nicht vom Natalen aufgezogen werden konnte. Durch die Kind-Elternschaft in dieser Inkarnation kann dieser Kreis geschlossen werden und latente Kräfte können wieder in das Leben integriert werden.

- Schaffenskraft/Kreativität – oft eng verbunden mit dem Aufziehen von einem Kind/Kindern wird kreatives Schaffenspotential aktiviert, das in vergangenen Leben versteckt oder übersehen wurde bzw. werden musste. Der Natale erlebt in dieser Inkarnation ein „Wieder-in-die-Kraft-Kommen" seines Potentials, das in vergangenen Leben aus welchen Umständen heraus auch immer nicht gelebt wurde bzw. gelebt werden konnte. Der Natale strotzt vor Schaffenskraft und wird bestrebt sein, diese auch für die Welt sichtbar in eine persönliche Arena der Selbstverwirklichung zu bringen; sei es in der Kunst oder im Unternehmerischen – jedes Mal steht dahinter ein starker Spieltrieb, der voller Lust latentes Potential vergangener Inkarnationen ins Licht des Bewusstseins bringt.

Merkur ☿ T-Quadrat zu den Mondknoten

Abhängig von der Stellung von Merkur ☿ in Zeichen, Haus, sowie anderer Aspekte zu anderen Planeten, und von den Zeichen Zwilling ♊ und Jungfrau ♍ an einer Hausspitze bzw. in einem Haus, zeigt ein Merkur ☿ im T-Quadrat zu den Mondknoten folgende Grunddynamiken hinsichtlich „übersprungener Schritte":

- Geschwister – abhängig vom Gesamtbild des Horoskops bestehen hier "übersprungene Schritte" mit zumindest einem der Geschwister[114]. Oft hält eines der Geschwister einen wichtigen Schlüssel für den Natalen oder der Natale für ein Geschwister, der kommuniziert werden muss, damit Evolution voranschreiten kann.
- Lineares Denken/Sprache – die linke Gehirnhälfte regiert in diesem Leben auf die "übersprungenen Schritte" vergangener Inkarnationen. Entweder konsumierte die Person in vergangenen Leben wahllos jede mögliche Information, oder es gab Umstände, die die Funktionen der linken Gehirnhälfte und sogar des gesamten Nervensystems schädigten (Folter, Gas, o.ä.) und deren Auswirkungen sich in diesem Leben bemerkbar machen. Daher kann der Natale ungewöhnlich rastlos und unruhig sein. Kein Gedanke wird zu Ende gedacht und oft werden selbst Sätze nicht fertig gestellt und/oder die Sätze bzw. Gedankengänge anderer werden dauernd unterbrochen. Das Kurzzeitgedächtnis ist einerseits überaktiv und doch funktioniert es andererseits nicht richtig. Lineare Information wird rasend schnell verarbeitet und

---

[114] Hat der Natale keine Geschwister, besteht die hohe Wahrscheinlichkeit, dass es doch irgendwo ein Halbgeschwister gibt, von dem auch der Vater nichts weiß – und/oder es kann sich um ein ungeborenes Geschwister und/oder einen nicht geborenen Zwilling handeln.

doch oft meist nicht lange behalten. Das kann zu Problemen in Kommunikation mit anderen Menschen führen, die entweder nicht folgen können, oder sich durch das dauernde Unterbrechen bzw. den häufigen Themenwechsel nicht respektiert fühlen. Bei geschädigter Nervenisolierung möglicherweise durch Erfahrung im vergangenen Leben mit Nervengas[115] gilt das Gegenteil: Gedankenprozesse und mehr noch motorische Funktionen sind extrem stark verlangsamt.
- Gesundheit – die körperliche und mentale Gesundheit ist oft eine evolutionäre Anforderung bei Merkur ☿ im T-Quadrat zu den Mondknoten. Besondere Aufmerksamkeit sollte den Atemwegen, -organen, dem Nervensystem, den Funktionen der Dendriten und Synapsen gegeben werden, aber auch den peristaltischen Funktionen, der Motorik, den Stimmbändern, dem Adams-Apfel, den Armen und Händen und dem Kehlchakra. Doch es sollten hierbei vor allem auch das 6. Haus und das 12. Haus mit seinen Zeichen an den Hausspitzen, deren planetaren Herrscher in Zeichen, Häusern und Aspekten/Phasen und eventuellen Planeten in diesen Häusern untersucht werden, um genauere Einsichten in die gesundheitlichen Dispositionen zu gewinnen. Daraus lassen sich dann individuelle Übungen und regelmäßige Routinen ableiten, die dem Natalen helfen, die merkurische Energien der „übersprungenen Schritte" zu erden.

Venus ♀ T-Quadrat zu den Mondknoten

Abhängig von der Stellung der Venus ♀ in Zeichen, Haus, sowie anderer Aspekte zu anderen Planeten, und den Zeichen Stier ♉ und Waage ♎ an einer Hausspitze bzw. in einem Haus, zeigt eine Venus ♀ im T-Quadrat zur den Mondknoten folgende Grunddynamiken hinsichtlich „übersprungener Schritte":
- Innere Beziehung zu sich selbst – wie die Person mit sich selbst in Beziehung steht, auf ihre Bedürfnisse hört und ihre Werte definiert und erspürt ist ein wichtiger evolutionärer Fokus in diesem Leben bezüglich der "übersprungenen Schritte" vergangener Inkarnationen. Abhängig vom Gesamtbild des Horoskops hat die Person entweder äußere Kräfte und Umstände erfahren, die ihr nicht erlaubten bzw. ermöglichten, auf natürliche Weise mit ihren Werten und Gaben in selbst liebender Beziehung und Achtung zu stehen. Sei es in Dynamiken, die das weltliche Überleben betreffen, oder sei es vor allem auch in Bezug auf Sinnlichkeit und

---

[115] Geschädigte Nervenisolierung (Myelin)

eigenerotische Gefühle. Oft haben weltliche Werte oder Umstände des Überlebens den Natalen dazu gebracht, das eigene Wertgefühl zu missachten, was zu diversen Formen von Selbstmissbrauch und/oder Verletzung der eigenen Sinnlichkeit durch andere führte.
- Ressourcen/Hab und Gut – aufgrund der oben erwähnten Dynamiken hat die Person in vergangenen Leben den eigenen inneren Schatz nicht geehrt, was dazu führte, dass sie in vergangenen Leben entweder oft in Armut lebte und um das nackte Überleben kämpfte oder sich über Kompensation für den Mangel an eigener innerer Wertschätzung an äußere, materielle Werte klammerte und diese lieblos anhäufte, in der Hoffnung etwas zu fühlen, was aber nur Innen gefunden werden kann.
- Beziehungen und Beziehungsmuster zu anderen – Dynamiken mit anderen in Beziehung zu stehen waren aus der Balance. Die genaueren Gründe dafür können nur im Gesamtbild des Horoskops gesehen werden. Dennoch war daher auch das Geben und Empfangen auf gleichwertige Weise gestört/gestört worden. Sei es, dass der Natale entweder überaus bedürftig war und sich in extreme Co-Abhängigkeiten ziehen ließ oder dass er andere aus dieser Bedürftigkeit heraus zu seinem Alter Ego machte. Daher wird der Natale in diesem Leben wieder Menschen vergangener Leben anziehen, um mit ihnen wieder die alten Beziehungsmuster zu durchleben bzw. zu recyceln, um Dynamiken zu finden, mit sich selbst und somit die anderen in ihren Werten ehren, achten und lieben zu können. Das heißt, der Natale wird in all seinen sozialen Kontakten auf Menschen treffen, die er aus vergangenen Leben kennt. Seien es Freunde, Klienten, Schüler, Familienmitglieder und natürlich auch Intimpartner. Alte Beziehungsdynamiken werden mit ihnen wieder erlebt, um sich aus Co-Abhängigkeiten und projizierter Bedürftigkeit zu einer liebevolleren Interaktion zu entwickeln.

Mars ♂ T-Quadrat zu den Mondknoten
Abhängig von der Stellung von Mars ♂ in Zeichen, Haus, sowie anderer Aspekte zu anderen Planeten, und vom Zeichen Widder ♈ an einer Hausspitze bzw. in einem Haus, zeigt ein Mars ♂ im T-Quadrat zur den Mondknoten folgende Grunddynamiken hinsichtlich „übersprungener Schritte":
- Handlungen / Aggression – abhängig von den Gesamtbild des Horoskops geht es hier um eine Person, die in vergangenen Leben entweder nicht entsprechend der eigenen inneren Impulse und Instinkte gehandelt hat oder – was wesentlich wahrscheinlicher ist

– nur auf die eigenen Impulse reagierte und diese „auf Teufel komm raus" umsetzte, wodurch es sogar zu Gewalt und im Gegenzug zu Aggressionen von Seiten anderer kam. In beiden Szenarien bringt der Natale ungelöste Wut und Aggression mit in dieses Leben, mit der es in dieser Inkarnation besser umzugehen geht.
- Physischer Körper / Sexuelle Instinkte – oft wurden die physischen Verlangen des Körpers entweder übersehen, was zu einer aufbauenden Wut im Körper führte, oder aber sie wurden als überwichtig angesehen, bewertet und dementsprechend ausgelebt. Das wiederum führte dazu, dass der Natale durch seine Handlungen körperliche und auch sexuelle Dynamiken wild auslebte, dabei sich und andere damit verletzte. Aggression und sogar Gewalt von anderen mag das Resultat gewesen sein, die wiederum mehr Wutdynamiken im Natalen hervorbrachte. Daher ist die evolutionäre Herausforderung in diesem Leben, die eigenen physischen Dynamiken auf ausgeglichene Weise zu leben. Umstände vergangener Leben mögen den Natalen zu der Einsicht gebracht haben, die eigenen sexuellen Verlangen als falsch anzusehen, wodurch diese vermieden und verleugnet oder aber lieblos ausgelebt wurden. Solch innere Schwingung mag dann auch andere angezogen haben, die selbst Sexualität als etwas Schlechtes ansahen und es dementsprechend auf Kosten anderer, inklusive des Natalen, auslebten – ein Spiegel der eigenen Ablehnung. All solche Dynamiken brachten immer mehr Wut im Natalen auf, die in diesem Leben eine Kerndynamik spielt. Daher ist die Anforderung in dieser Inkarnation, konstruktive körperliche Aktivitäten, wie zum Beispiel ganzheitliche Kampfkünste (Akido, Thai Chi), zu praktizieren, die der ungelösten physischen Wut genug Raum geben, ausgeglichen ausgelebt zu werden. Denke bevor Du handelst, sollte zum Lebensmotto des Natalen in dieser Inkarnation werden.

Jupiter ♃ T-Quadrat zu den Mondknoten

Abhängig von der Stellung von Jupiter ♃ in Zeichen, Haus, sowie anderer Aspekte zu anderen Planeten, und vom Zeichen Schütze ♐ an einer Hausspitze bzw. in einem Haus, zeigt ein Jupiter ♃ im T-Quadrat zur den Mondknoten folgende Grunddynamiken hinsichtlich „übersprungener Schritte":
- Wahrheit – Umstände vergangener Inkarnationen, wie zum Beispiel religiöser Druck und entsprechende Erwartungen zwangen die Person in einen Konflikt mit der eigenen inneren Wahrheit, und

somit zu Unehrlichkeit (innen und Außen). Eine Verwirrung (Jupiter ♃ ist Altherrscher von Fische) darüber, was wahr und was nicht wahr ist, entstand und wurde zu einer Kerndynamik, die in dieses Leben gebracht wird. Daher ist es für den Natalen in diesem Leben wichtig, wieder die eigene Wahrheit zu spüren und diese als „meine Wahrheit" wert zu schätzen. Damit sollen auch Folgedynamiken wie Überkompensation, Übertreibung und Unwahrheiten aus dem Leben entlassen werden, um wahrhaftiger selbst zu werden.

- Metaphysisches / Glauben – abhängig vom Gesamtbild des Horoskops hat der Natale wahrscheinlich in vergangenen Leben widersprüchliche Lehren metaphyisch-philosophisch-religöser Natur erlebt, die zu inneren und somit auch zu äußeren Konflikten führten. Diese können sich in Form von kulturellem Entfremdungsgefühl manifestiert haben oder aber auch in Konflikten mit seinen Lehrern/Priestern. Man erinnere sich, dass der Glaube und somit die philosophischen Glaubensgrundsätze tief mit dem emotionalen Sicherheitsgefühl gekoppelt sind (♐♃♋). Das kann auch dazu geführt haben, dass der Natale versuchte, andere zu überreden, zu überzeugen und zu bekehren, um sich selbst emotional sicher zu fühlen, selbst wenn in ihm ein innerer Glaubenskonflikt am Brennen war. Im gegenwärtigen Leben werden solche konfliktierenden Glaubensgrundsätze und Lebenseinstellungen recycelt, so dass der Natale ein einziges ganzheitliches bzw. metaphysisches Glaubenssystem findet, durch dass er Wahrheit als einen fortschreitenden Expansionsprozess des Bewusstseins wahrnehmen und erleben kann.
- Großeltern / Lehrer – zumindest ein Großelternteil spielt in dieser Inkarnation eine Schlüsselrolle. Sei es, dass es sich um ungelöste, familiäre Verstrickungen handelt, und/oder beide miteinander wichtige Verbindungen in vergangenen Leben hatten, die dem Natalen in diesem Leben ein Geschenk der Weisheit bieten.
- Lehrer – oft finden sich Natale mit Jupiter ♃ im T-Quadrat zu den Mondknoten in stressvollen Situationen mit Lehrern, vor allem mit religiös-philosophischen Lehrern, wieder. Mit solchen Lehrern gibt es ungelöste Dynamiken vergangener Leben, die sich in diesem Leben wiederholen, um in Wahrhaftigkeit gelöst zu werden. Dabei kann auch die Dynamik von unterbrochener Aus- bzw. Weiterbildung ein Thema sein. Der Natale findet sich entweder in Aus- und Weiterbildungen, die nicht seiner Wahrheit entsprechen und bricht diese irgendwann vorzeitig ab. Oder aber der Natale hat in seinem Leben ein Grundgefühl, nicht darin ausgebildet worden zu sein, wonach er sich wirklich sehnt. Dieser Mangel kann dann als

Ansporn genutzt werden, sich das Wissen selbst oder von entsprechenden Lehrern anzueignen.

Saturn ♄ T-Quadrat zu den Mondknoten

Abhängig von der Stellung von Saturn ♄ in Zeichen, Haus, sowie anderer Aspekte zu anderen Planeten, und vom Zeichen Steinbock ♑ an einer Hausspitze bzw. in einem Haus, zeigt ein Saturn ♄ im T-Quadrat zur den Mondknoten folgende Grunddynamiken hinsichtlich „übersprungener Schritte":

- Geschlechts-Definition – die Person hat mal als Frau mal als Mann, hin und her, inkarniert (um das innere Männlich-Weibliche zu integrieren). Doch dabei wurde aufgrund der gesellschaftlichen Erwartungen mit ihren Be- und Verurteilungen ein Teil des inner Männlich-Weiblichen unterdrückt, da auch eine große Angst vor gesellschaftlicher Ächtung bestand. Dementsprechend hat die Person wahrscheinlich auch andere hinsichtlich deren Geschlechtes verurteilt, um sich im Rahmen der gesellschaftlichen Erwartungen und Definitionen über die Geschlechterrollen sicher zu fühlen. Dieses Leben wird diese Dynamiken wieder auf die Tagesordnung bringen, um Verantwortung für den eigenen inneren „Geschlechtsdefinitions-Haushalt" und das Be- und Verurteilen zu übernehmen.
- Vater / Autoritäten – die Person hat oft in derselben Familie und/oder zumindest mit diesem Vater inkarniert. Abhängig vom Gesamtbild des Horoskops gibt es hier ungelöste karmische Verbindungen mit dem Vater dieses Lebens und/oder karmisch-familiäre Verstrickungen mit dem jetzigen Familiensystem, wobei hier meist eine schwere Last für den Vater bzw. die Vaterlinie getragen wird, für die sich der Natale verantwortlich fühlt (obwohl er es wahrscheinlich nicht ist). Dabei ist oft die dahinter liegende Motivation, des Vaters Schutz und Anerkennung zu bekommen. Doch die Lösung ist meistens, die Last bzw. die Verantwortungen an den Vater bzw. das väterliche Familiensystem zurück zu geben und Verantwortung für die eigene Rolle in der natürlichen Ordnung innerhalb des Familiensystems zu übernehmen, somit das eigene Leben in die eigene Hand zu nehmen – damit wird der Natale emotional erwachsen wird, so wird er Anerkennung ernten. Es geht also hinter den ungelösten Vaterdynamiken um Führung – Führung des eigenen Lebens.
- Führung / Schuld - ein Saturn ♄ im T-Quadrat zu den Mondknoten kann auch mit „übersprungen Schritten" hinsichtlich Führung und Verantwortung zu tun haben, wo es aufgrund der universellen

Natur dieser evolutionären Lektion eben auch zu Fehlern und Fehlschlägen kommen kann. In vergangenen Leben wurden eventuell in führenden Verantwortungen Fehlentscheidungen getroffen, die sich der Natale unbewusst immer noch schuldhaft selbst vorwirft und sich somit selbst anklagt – Schuld! Oder aber hochgestellte Positionen vergangener Leben brachten den Natalen in politische Engpässe, und es wurde aus Angst vor Verlust des Status Quo unverantwortlich gehandelt. Das Gesamthoroskop gibt genauere Einsichten. Auf jeden Fall geht es darum, Verantwortung für die eigenen Handlungen zu übernehmen und sich nicht durch Schuld in seinem inneren Ruf nach Wachstum blockieren zu lassen. Wir haben alle mal Mist gebaut! „Wer ohne Schuld ist, werfe den ersten Stein."

- Beruf / Berufung – aufgrund elterlicher bzw. gesellschaftlicher Erwartungen in vergangenen Leben hat der Natale nicht auf den eigenen inneren Ruf zur Berufung gehört, sondern einen Beruf ausgeübt, der ihm vorgeschrieben wurde. Das führt auch zu einer Schwächung, denn ein inneres Gefühl von Schuld sich selbst gegenüber ist die Folge. Deshalb will die jetzige Inkarnation, dass der Natale, einen Berufsweg einschlägt, der ihm erlaubt seine eigene innere und somit äußere Autorität zu etablieren – Berufung wird sich langsam in der beruflichen Struktur herauskristallisieren.
- Patriarchat – aufgrund der von Menschen gemachten männlich orientierten Religionen und den dazu gehörigen Werten, Be- und Verurteilungen von Richtig und Falsch erlebte der Natale in vergangenen Leben die Auswirkungen des Patriarchats am eigenen Leib. Aus Angst vor gesellschaftlicher Bestrafung wurde er dann selbst zu einem Teil des patriarchalen Wertesystems und be- und verurteilte sich und andere basierend auf solchen Werten. Das hat wiederum innere, natürliche Schulddynamiken zur Folge, die den Natalen in diesem Leben blockieren können. Dementsprechend muss sich der Natale in diesem Leben immer wieder Zeit nehmen, über sich und sein Leben zu reflektieren, um den nächsten weltlichen Schritt in einer Weise anzugehen, dass er im Einklang mit seiner wahren inneren Autorität steht. Somit bauen sich Schritt für Schritt die Blockaden aus vergangenen Leben ab. Befreiung findet statt und mit ihr kommen auch unbewusste Erinnerungen wieder an die Oberfläche des Bewusstseins, die auf universell gültigen Werten basieren.

Uranus ♅ T-Quadrat zu den Mondknoten

Abhängig von der Stellung von Uranus ♅ in Zeichen, Haus, sowie anderer Aspekte zu anderen Planeten, und vom Wassermann ♒ an einer Hausspitze bzw. in einem Haus, zeigt ein Uranus im T-Quadrat zur den Mondknoten folgende Grunddynamiken hinsichtlich „übersprungener Schritte":

- Ideen / Innovationen – die Person hatte in vergangenen Leben revolutionäre Ideen und innovative Geistesblitze, die sie der Gesellschaft zu ihrer Befreiung von sozialen Lasten und Gewohnheiten anbot. Doch solche Ideen waren ihrer damaligen Zeit weit voraus und die Gesellschaft nahm sie als rebellische Gefahr wahr und bekämpfte sie daher, indem sie diese als verrückt und gefährlich verurteilte und verfolgte. Daher erlebte die Person oft die Ächtung und die Ausgrenzung aus der Gesellschaft, sei es als Vogelfreier oder als Enteigneter. Oft wurde der Natale in eine „Irrenanstalt" gesteckt und dementsprechend behandelt oder ins Exil geschickt, wo er sich ein Leben lang als Fremder empfand. In diesem Leben geht es darum, diese Ideen von damals wieder an die Oberfläche des Bewusstseins aufsteigen zu lassen und diese ohne Angst vor Bestrafung dort anzubieten, wo sie willkommen sind – in Gruppen geistig Gleichgesinnter oder im Internet (♒), also der jetzigen Zeit entsprechend.

- Gruppen – der Natale war in vergangenen Leben Mitglied von Gruppen, doch fühlte er sich immer fremd und anders. Doch aufgrund des Gruppendrucks machte er nie den Schritt aus der Gruppe heraus hin zur Individuation. Das gegenwärtige Leben ist daher die universelle Einladung, den Mut zu Individuation aufzubringen – wenn es sein muss, eine Gruppe von nur einer Person zu werden, bis wirklich Gleichgesinnte als Freunde gefunden werden. Dazu bedarf es des Muts zur Individuation.

- Trauma / Trennung – abhängig vom Gesamtbild des Horoskops bestehen hier meist ungelöste Traumata aus vergangenen Leben, die in dieses Leben mitgebracht werden. Diese werden in dieser Inkarnation wieder ausgelöst – ähnlich wie ein Feuerwerk alte Kriegstraumata aktiviert - damit der Energiekörper des Natalen wieder traumatisch schwingt und durch das Recyceln solcher Dynamiken die Integration solcher traumatisierten Persönlichkeitsanteile vollbringt. Damit wird der Natale von den alten Traumata befreit und erlebt sich somit als neue Person. Oft hat solch ein ungelöstes Trauma mit einer abrupten Trennung von einer geliebten Person bzw. Lebensumstand zu tun. Uranus ♅ fordert dazu auf, in das individuelle Unbewusste zu gehen, wo alle

Erinnerungen abgespeichert sind, um sich darüber von traumatischen Trennungserinnerungen zu befreien. Ich hatte einst eine europäische Klientin, die zwar in Italien geboren war, aber völlig asiatisch aussah. Sie hatte Uranus in Löwe im T-Quadrat zur Mondknotenachse (♅ ♌ T☐ MK). Sie war in ihrer letzten Inkarnation ein Hiroshima-Opfer und sie hatte klare Erinnerung (♅) daran, wie ihr Kind (♌) in ihren Armen starb, und ein wenig später sie selbst. Der Schmerz, das eigene Kind durch die Atombombe im Arm sterben zu sehen, war für sie der zerreißende Schock.

Neptun ♆ T-Quadrat zu den Mondknoten

Abhängig von der Stellung von Neptun ♆ in Zeichen, Haus, sowie anderer Aspekte zu anderen Planeten, und vom Zeichen Fische ♓ an einer Hausspitze bzw. in einem Haus, zeigt ein Neptun ♆ im T-Quadrat zur den Mondknoten folgende Grunddynamiken hinsichtlich „übersprungener Schritte":

- Idealisierung / Vermeidung – abhängig vom Gesamtbild des Horoskops geriet die Person in vergangenen Leben in Dynamiken von Idealisierung. Idealisieren heißt aber immer auch Vermeiden! Solche Idealisierungen haben die Person dazu gebracht in einer Traumwelt zu leben. Das hatte zur Folge, dass eine Lebenskrise bzw. Enttäuschung nach der anderen immer wieder an „die Tür klopfte", um den Natalen „wach zu küssen". Meist gab es ursprünglich extrem schmerzhafte Umstände, die den Natalen dazu brachten, sich in eine Traumwelt zu flüchten. Die wiederholten „Ent-Täuschungen" und Krisen, die den Natalen eigentlich aus der Traumwelt holen wollten, hatten aber meist zur Folge, dass sich der Natale immer mehr als Opfer des Lebens fühlte. Das kann zu Formen von Alkohol-, Drogen- oder anderen betäubenden Missbrauchsdynamiken geführt haben, um sich tiefer in die Lebensvermeidung zu begeben. Dabei muss aber bedacht werden, dass hinter solchen Dynamiken oft eine Sehnsucht nach dem Göttlichen steckt:
- Spiritualität / Verwirrung – die Person hatte in vergangenen Leben wahrlich spirituelle Fähigkeiten entwickelt (Hingabe an das innere Universum, daher auch Heilung, Hellsichtigkeit o.ä.), die auf natürlicher Spiritualität basierten und aus dem inneren Universum kamen. Doch die patriarchalen Definitionen von Spiritualität stellen meist das genaue Gegenteil von wahrer Spiritualität dar und machten die matriarchalen Formen des Gott- und Göttinnen-Erlebens zu ihrem Sündenbock und Opferlamm. Das brachte die Person in vergangenen Leben nicht nur in Dynamiken von

Verfolgung und Leid, sondern vor allem auch Verwirrung über das Göttliche und die eigenen spirituellen Werte und Fähigkeiten. Da patriarchale Spiritualität mit Dynamiken von Schuld und Androhung auf Bestrafung arbeitet, entwickelte sich in der Person Verwirrung und Unsicherheit über das Göttliche. Oft hat das zur Folge, dass sich die Person sogar für die eigenen übersinnlichen bzw. spirituellen Fähigkeiten sündig und schuldig fühlt und diese unterdrückt und vermeidet, denn die unbewussten Erinnerungen und Ängste fürchten die Göttliche Strafe gemäß dem patriarchalen Dogma. Das hat wiederum zur Folge, dass sich der Natale innerlich leer fühlt, denn etwas Essentielles fehlt bzw. wird vermieden – dementsprechend fühlt sich der Natale innerlich schlecht. Somit bringt auch die jetzige Inkarnation Verwirrung hinsichtlich des spirituellen Weges.

- Opfer / Sühne – die Person hat in der Vergangenheit Opfer-/Sühne-Dynamiken entwickelt, die sie auch in diesem Leben wiederholen will. Abhängig von der Stellung von Neptun ♆, dem Zeichen Fische ♓ an einer Hausspitze und der Stellung der Mondknoten, versucht der Natale für etwas zu sühnen bzw. sich zu opfern, was oft gar nichts mit ihm zu tun hat. So kann zum Beispiel für ein Familiengeheimnis oder andere Taten der Familie unbewusst gesühnt werden (z.Bsp. ♆♎ T☐ ☊♋ ☋♑ ist oft ein Hinweis für ein Kind, das mit der Verantwortung der Ehe der Eltern belastet ist und versucht, diese zu harmonisieren, denn oft haben die Eltern aufgrund der Schwangerschaft heiraten müssen.). Oftmals opfert eine Person mit Neptun ♆ im T-Quadrat zu den Mondknoten ihr Leben für eine andere Person; manchmal auch für die eigenen Taten vergangener Inkarnationen. Auch kann es sehr gut möglich sein, dass der Natale „einen energetischen Besucher" hat (Besetzung bzw. Verstrickung mit einem Astralwesen aufgrund vergangener Lebensdynamiken oder Familienverstrickung). Solch ein Thema ist in einer Beratung sehr heikel, denn es steht auf wackligem Grund. Dennoch habe ich oft Klienten in der Aufstell-Arbeit (Konstellations-Arbeit) gesehen, die mit einem Astralwesen verbunden, verstrickt oder heimgesucht wurden. Es kann auch ein unbeachteter Verwandter aus dem eigenen Familiensystem sein, der aus der Familie ausgeschlossen wurde oder dessen man sich schämte und den man nicht mehr erwähnen durfte. So oder so geht es in diesem Leben darum, die „übersprungenen Schritte" und Verstrickungen aufzulösen, um an den eigenen Kern der Spiritualität zu gelangen, die, wenn sie erst einmal erlebt wird, ganz anders ist als es irgendeine Beschreibung verständlich machen könnte.

Pluto ♇ T-Quadrat zu den Mondknoten

Abhängig von der Stellung von Pluto ♇ in Zeichen, Haus, sowie anderer Aspekte zu anderen Planeten, und vom Zeichen Skorpion ♏ an einer Hausspitze bzw. in einem Haus, zeigt ein Pluto ♇ im T-Quadrat zur den Mondknoten folgende Grunddynamiken hinsichtlich „übersprungener Schritte":

- Verlangen / Evolution – der Natale widerstand seinen eigenen Verlangen, sich weiter im Fluss der voranschreitenden Evolution zu entwickeln, indem er an seinen alten Definitionen seiner eigenen tiefster emotionaler Sicherheit festhielt. Dabei entwickelte er auch ein intensives, possessives Verhalten gegenüber seinem Hab und Gut, aber auch gegenüber den Menschen, mit denen er sich verbunden fühlte, um seiner Veränderungs-Resistenz treu zu bleiben. Ebenso ist es möglich, dass die Person, tiefe Verbindungen, wie Partnerschaft oder Sexualität ablehnte. In der jetzigen Inkarnation wird der evolutionäre Druck so stark, dass Evolution voranschreiten wird. Dinge und Dynamiken, denen in vergangenen Leben widerstanden wurde, drängen sich in diesem Leben entweder förmlich auf, oder der Natale schnappt nach ihnen und sie entziehen sich ihm immer wieder kurz vor seiner Nasenspitze.
- Macht / Machtlosigkeit – Umstände vergangener Leben brachten den Natalen oft in Situationen bzw. Positionen, bei denen er mehr oder minder große Macht hatte, die aber auch missbrauchend angewandt wurde, um sich selbst vor emotionalen bzw. lebensbedrohlichen Verletzungen zu schützen. Daraus entstanden als Folge wiederum Gegendynamiken, die dem Natalen in Positionen bzw. Situationen brachten, in denen er Machtlosigkeit bzw. Machtmissbrauch an sich selbst erlebte. Das führte wiederum zu tiefer Wut und Rage oder sogar zu Racheabsichten, die wieder den Kreislauf von Macht bzw. Machtmissbrauch und als Folge die Machtlosigkeit zur Folge hatten. Dabei wurde das Vertrauen tief verletzt. In dieser Inkarnation bringt der Natale Wut und Rage mit in dieses Leben, die mit einer tiefen Angst vor Verrat und Vertrauensmissbrauch verbunden sind. Die Tendenz sich vor Verletzungen zu schützen und dabei „unter der Gürtellinie" zu manipulieren und zu verletzen, kann sich auch in der jetzigen Inkarnation wiederholen. Dabei ist die evolutionäre Absicht

jedoch, diesen Kreislauf von Macht- und Machtlosigkeit durch Vertrauen und Eigenwertschätzung zu beenden, und sich aus solch zwanghaftem Verhalten zu erlösen.

Weitere Ausnahmen der Evolutionären Deutungsregeln

Pluto ♇ in Konjunktion ☌ mit dem Nordknoten ☊

Wenn Pluto ♇ in Konjunktion ☌ mit den Nordknoten ☊ im Geburtshoroskop steht, dann zeigt das eine Seele an, die in diesem Leben ihre seelischen Absichten (PPP) genau dort weiter ansetzt, wo die Verlangen vergangener Leben (♇) erlebt und erfahren wurden. Das heißt, der natale Pluto ist zugleich auch das Symbol für die Seelenabsicht in diesem Leben, die in den anderen Deutungsregeln mit dem Pluto-Polaritäts-Punkt (PPP) gleichgesetzt werden. Dabei besteht in dieser Inkarnation jedoch ein gewisser evolutionär-karmischer Druck, die evolutionären Absichten des natalen Pluto ♇ in Zeichen, Haus, Aspekten/Phasen, der ja zugleich für die Seelenabsicht in diesem Leben steht, zu erfüllen, denn in vergangenen Leben wurden die seelischen Verlangen und Orientierungen (♇) nicht ernsthaft angenommen bzw. umgesetzt oder muss in diesem Leben fortgesetzt werden.

In anderen Worten soll das heißen, dass aufgrund Widerstands gegenüber den seelischen Verlangen in vergangenen Leben in dieser Inkarnation ein starker Druck besteht, nun die Orientierungen angezeigt durch Pluto ♇ anzunehmen und zu leben. Oder dass vergangene Fähigkeiten, die sich Seele (♇) tief angeeignet hatte, weiter gelebt, erfahren und möglicherweise auch zum Wohl des Kollektiven angewendet und/oder weitergegeben werden sollen. Dabei wird der Nordknoten ☊ in Zeichen, Haus, Aspekte mit seinem planetaren Herrscher in Zeichen, Haus, Aspekten/Phasen dem Natalen die Orientierung und den modus operandi in jedem Augenblick seines Lebens anbieten, *wie* die seelischen Absichten (♇) in diesem Leben von Moment zu Moment umgesetzt werden können.

Die einzelnen Evolutionären Deutungsschritte bleiben eigentlich dieselben, außer dass der Pluto-Polariäts-Punkt (PPP) nicht existiert und stattdessen der natale Pluto ♇ auch als Deutungsschritt Nummer 4, Seelenabsicht in diesem Leben, in Haus, Zeichen, Aspekten/Phasen gedeutet wird:

Pluto in Konjunktion mit dem Nordknoten

1. **Pluto** ♇ in Zeichen, Haus, Aspekte/Phasen steht für das „Verlangens-Paket" der Seele in vergangenen Leben und somit auch für die tiefsten emotionalen Dynamiken, die aufgrund unbewusster Erinnerungen für das tiefste Gefühl von Sicherheit stehen.
2. **Südknoten** ☋ in Zeichen, Haus, Aspekte steht für all die Persönlichkeiten bzw. Ego-Strukturen, die von der Seele ♇ entsprechend ihrer Verlangen in vergangenen Leben erschaffen wurden.
3. **Planetarer Herrscher des Südknotens** ☋ in Zeichen, Haus, Aspekten/Phasen zeigt, „wie" und „was" diese Persönlichkeiten (☋) in vergangenen Leben erlebt und erfahren haben. *(Nun können alle anderen astrologischen Symbole wie Planeten, Hausspitzen etc. in die Kerndynamiken vergangener Leben untersucht und gedeutet werden.)*
4. **Pluto** ♇ ist hier zugleich das astrologische Symbol für die Seelenabsicht in diesem Leben! Dazu wird der natale Pluto ♇ in Zeichen, Haus, Aspekten/Phasen als Seelenabsicht für bzw. in diesem Leben gedeutet. Dabei besteht hier eine evolutionäre Notwendigkeit, diese Richtung und Orientierung ernsthaft anzunehmen.
5. **Nordknoten** ☊ in Haus, Zeichen, Aspekten zeigt nun den Bereich und die Richtung für evolutionäre Orientierung und Fokussierung in diesem Leben für den Natalen an, um sich über Muster der Vergangenheit hinaus zu entwickeln und zugleich in Einklang mit der Seelenabsicht (hier: ♇) in diesem Leben zu kommen. Richtet der Natale seinen emotionalen Hauptfokus auf das Haus, Zeichen und die Aspekte des Nordknotens ☊, entwickeln sich neue Formen emotionaler Selbstdefinition und Sicherheiten, wobei sich der Natale zunehmend in Einklang mit der Seelenabsicht seiner Seele bringt (hier: ♇).
6. **Planetarer Herrscher des Nordknotens** ☊ in Haus, Zeichen, Aspekten/Phasen gibt nun zusätzlich detaillierte Hinweise, „wie" und „was" der Natale machen kann, um die evolutionären Anforderungen seines Nordknotens ☊ (evolutionäre Orientierung) praktisch im Leben umsetzen und anwenden zu können, damit das Leben in Einklang mit der Seelenabsicht (hier: ♇) schwingt.

Pluto ♇ in Konjunktion ☌ mit dem Südknoten ☋

Wenn Pluto ♇ eine Konjunktion ☌ mit dem Südknoten ☋ bildet, besteht eine der drei folgenden evolutionären Dynamiken:

1. „Meisterschaft" – der Natale hat die Themen, die durch die Stellung des natalen Pluto ♇ und durch die Stellung des Südknotens ☋ in Zeichen, Haus, Aspekten/Phasen symbolisiert werden, in vergangenen Leben gründlich bzw. durch und durch erfahren, erlebt und verinnerlicht. Daher hat er eine Ebene erreicht, die ich „Meisterschaft" nenne. Für den Natalen besteht hinsichtlich dieser Themenbereiche keine Möglichkeit oder auch Notwendigkeit für persönliches Wachstum mehr – er kann und kennt es! Doch Umstände bzw. Bedürfnisse auf der kollektiven Ebene brauchen einen Menschen mit seinen Fähigkeiten wie ihn, der durch Pluto ♇ und durch den Südknoten ☋ mit dessen Herrscher in Zeichen, Haus und Aspekten/Phasen beschrieben ist. Das heißt, die Inkarnation des Natalen ist nicht durch ein Trachten nach persönlicher Evolution definiert, sondern findet ihre Motivation in einem kollektiven Bedürfnis nach seinen Fähigkeiten[116]! Daher erkennt der Natale in dieser Inkarnation, dass er Fähigkeiten und Talente besitzt, die er in diesem Leben nicht erlernt hat – er kann bzw. kennt sie einfach. Er wird durch Lebensumstände dazu gebracht werden, diese Talente anzuwenden, auch wenn er für sich das Gefühl hat, dass er dabei kein persönliches Wachstum erfährt. Daher erlebt der Natale trotz all des guten Gelingens seiner Fähigkeiten ein starkes Gefühl der Stagnation und Frustration. Normalerweise wird der Natale die alten Fähigkeiten (♇, ☋, Herr von ☋) bis zur 2. Saturn ♄ - Rückkehr leben und anwenden müssen. Erst dann öffnen sich ihm die lang ersehnten Tore nach weiterer Evolution und persönlichem Wachstum, wie sie vom Pluto-Polaritäts-Punkt, vom Nordknoten ☊ und vom Herrscher des Nordknotens in Zeichen, Haus und Aspekten/Phasen angezeigt werden. Natürlich gibt es auch Ausnahmen, dass sich der Nordknoten auch schon früher für das persönliche Wachstum öffnen kann – wenn zum Beispiel Uranus ♅ im Transit oder in einer Progression über den Nordknoten geht oder Mars ♂, Jupiter ♃ günstige Aspekte zum Nordknoten ☊ bilden, oder

---

[116] Stellen Sie sich einen Chirurgen vor, der Weltspitze ist – jede Operation gelingt ihm bestens. Er hat alles erreicht, was er nur erreichen kann, und entscheidet sich daher, seinen Beruf als Arzt an den Nagel zu hängen, um sich eine Farm zu kaufen und biologischen Anbau zu betreiben (...neues persönliches Wachstum für ihn). Doch es kommt auf seinen Ländereien zu einem tragischen Flugzeugabsturz! Nun muss er mit seinem medizinischen Wissen helfen, denn das Kollektive ruft danach.

in der Sonnenbogen Direktion oder Sekundär Progression günstig auf den Nordknoten ☊ fallen – doch erst um die 2. Saturn ♄ - Rückkehr erlebt der Natale eine wesentliche Erleichterung von den kollektiven Anforderungen und somit frische Orientierungen in seinem persönlichen Leben. Bis dahin scheint ihm das Leben oft, wie der Film, „Und täglich klopft das Murmeltier".

2. „Widerstand" – der Natale widerstand in vergangenen Leben den eigenen seelischen Verlangen, wie sie von Pluto ♇, vom Südknoten ☋ und von dessen Herrscher in Zeichen, Haus und Aspekten/Phasen symbolisiert werden, mit aller Kraft – wie der Suppenkaspar von Wilhelm Busch: „Nein, meine Suppe esse ich nicht!" In diesem Leben erfährt der Natale die Konsequenzen dieses Widerstands. Er erfährt auf frustrierende Art und Weise, dass sich sein Leben einem Hamsterrad gleich immer auf derselben Stelle bewegt – ähnlich wie im Film, „Und täglich klopft das Murmeltier". Er sehnt sich nach Weiterentwicklung, vor allem auch in die Bereiche, die er in vergangenen Leben so stark ablehnte (♇, ☋, Herr von ☋). Doch, was immer er auch versucht, nun doch diese Bereiche erfüllt zu erleben und zu leben, sie entziehen sich ihm immer wieder – als wollte der Suppenkaspar nun doch die Suppe essen, doch sobald er den Löffel eintaucht, verschwindet sie wieder. Die Reaktion auf den Widerstand vergangener Lebensverlangen wird nun erlebt. Sehr frustrierend, vor allem da der Natale aus seiner jetzigen Lebenssicht nicht verstehen kann, „warum er keine Suppe bekommt". Eine Evolutionäre Beratung kann ihm zumindest Einsicht in diese Dynamik geben, die fortbestehen wird, auch wenn er sie intellektuell versteht. Denn die Seele ♇ will in diesem Leben die emotionalen Muster des damaligen Widerstands bis in die Wurzeln erschöpfen. Das dauert normalerweise bis um die 2. Saturn ♄ - Rückkehr (Ausnahmen wie oben). Ab dieser Zeit öffnen sich energetisch die Pforten des Nordknotens ☊, seines planetaren Herrschers in Zeichen, Haus und Aspekten/Phasen, so dass der Pluto-Polaritäts-Punkt verwirklicht werden kann.

3. Kombination von „Meisterschaft" und "Widerstand" – dies ist die häufigste Variante bei einer Pluto Konjunktion mit dem Südknoten (♇☌☋). Es ist sozusagen eine Kombination aus Punkt 1 und Punkt 2. Einerseits bringt der Natale meisterhafte Fähigkeiten und Talente aus vergangenen Leben mit in dieses Leben, die nun vom Kollektiv gebraucht und angenommen werden können. Zugleich gibt es Lebensbereiche, bei denen sich der Widerstand vergangener Leben wie unter Punkt 2. beschrieben breit macht. Auch hierbei erfährt der Natale eine tiefe Frustration. Einerseits ist er durchwegs gut in

Bereichen, für die er sich in diesem Leben kaum hat mühen müssen, andererseits sehnt er sich nach etwas, was ihm immer wieder kurz vor Erreichen weggezogen wird. Erst ab der 2. Saturn ♄ - Rückkehr erlebt der Natale, dass er sich über den Nordknoten ☊ und dessen Herrscher in Zeichen, Haus und Aspekten/Phasen persönlich weiterentwickeln kann, um seine Seelenabsicht, die durch den Pluto-Polaritäts-Punkt PPP symbolisiert wird, zu verwirklichen.

TIPP: Es ist bei einem Klienten mit Pluto Konjunktion Südknoten (♇☌☋) zu empfehlen, dass man ihm vor der astrologischen Beratung Fragen stellt, um einstufen zu können, welcher der drei oben beschriebenen Punkte zutrifft. Am Besten man fragt, ob er das Gefühl hat, gewisse Gaben zu haben, die er wirklich gut beherrscht, aber sie nie wirklich hatte erlernen/studieren müssen. Danach, ob er das Gefühl hat, als gebe es Bereiche, bei denen er – egal, was er macht – auf keinen grünen Zweig kommt. Bejaht der Klient beide Fragen, dann ist er zum Beispiel als Kombination von „Meisterschaft" und „Widerstand" zu beraten. Lassen Sie sich aber zuvor vom Klienten einfach einmal beschreiben, wo er die „Meisterschaft" und wo den „Widerstand" wahrnimmt bzw. erlebt. Sie werden aus solchen Erzählungen enorm viel lernen, wenn Sie dabei in das Horoskop sehen!

Die Evolutionären Deutungsschritte sind hier eigentlich dieselben wie bei den Evolutionären Grundregeln der Deutung. Es muss nur unterschieden werden, ob sich der Klient eher in der „Meisterschaft", im „Widerstand" oder in der Kombination aus beiden befindet. Die Deutung des Pluto-Polaritäts-Punktes PPP, des Nordknotens ☊ und dessen Herrscher jeweils in Zeichen, Haus und Aspekten/Phasen zeigt die Evolutionäre Lösung für den Klienten an, die sich wahrscheinlich erst um die 2. Saturn ♄ - Rückkehr um das 54. Lebensjahr öffnen wird:

Pluto in Konjunktion mit dem Südknoten

1. **Pluto** ♇ in Haus, Zeichen, Aspekten/Phasen steht für das "Verlangenspaket" seelischer Verlangen in vergangen Leben, die auch noch in diesem Leben wirken. Zudem steht er für die tiefsten Muster von emotionaler Sicherheit. Aus dem Vorgespräch mit dem Klienten sollte bereits unterschieden worden sein, ob es sich bei ihm um einen Fall der „Meisterschaft", des „Widerstandes" oder der Kombination aus beiden handelt.
2. **Südknoten** ☋ in Haus, Zeichen, Aspekten steht für all die Persönlichkeiten bzw. emotionalen Egostrukturen vergangener Inkarnationen, die die Seele ♇ entsprechend ihrer Verlangen erschaffen hat. Wir können den Südknoten ☋ als viele Monde ☽ vergangener Inkarnationen in der Raum-Zeit-Ebene ansehen.
3. **Planetarer Herrscher des Südknotens** ☋ in Haus, Zeichen, Aspekten/Phasen zeigt detaillierter Weise, „wie" und „was" diese Persönlichkeiten (Südknoten ☋) in vergangenen Leben er- und durchlebten, wie sie agierten und das Umfeld auf sie reagierte. Der planetare Herrscher des Südknotens ☋ ist das *modus operandi* des Südknotens ☋ in Bezug auf die seelischen Verlangen ♇ in vergangenen Leben. *(Nun können alle anderen Planeten und astrologischen Symbole im Geburthoroskop im Kontext vergangener Lebensdynamiken hinsichtlich der evolutionären Kernthemen (o.g. Schritte) als Feindeutung vergangener Dynamiken, Erfahrungen und unbewusster Erinnerungen gedeutet werden.)*
4. **Pluto-Polaritäts-Punkt (PPP)** liegt gegenüber des Radix Pluto ♇ gegenüberliegenden Haus und Zeichen. Er steht für die Seelenabsicht in diesem Leben. Befindet sich ein Planet auf diesem PPP (12° Orbis), dann müssen dessen archetypischen Dynamiken in die Interpretation der Seelenabsicht dieses Lebens miteinbezogen werden. Andere Aspekte zum PPP sind nicht relevant. Die Seelenabsicht beschreibt man am Besten in zwei bis drei inhaltsvollen Aussagen, damit der Klient die Richtung seiner Seele bzw. „Seelenwelle" in diesem Leben kennt. Normalerweise ergibt sich hier bei dieser Ausnahme die Öffnung in Richtung neuer Orientierungen erst um das 52. bis 56. Lebensjahr zur 2. Saturn ♄ - Rückkehr.
5. **Nordknoten** ☊ in Haus, Zeichen, Aspekten zeigt nun den Bereich und die Richtung für evolutionäre Orientierung und Fokussierung in diesem Leben für den Natalen an, um sich über Muster der Vergangenheit hinaus zu entwickeln und zugleich in Einklang mit

der Seelenabsicht (PPP) in diesem Leben zu kommen. Richtet der Natale seinen emotionalen Hauptfokus auf das Haus, Zeichen und die Aspekte des Nordknotens ☊, entwickeln sich neue Formen emotionaler Selbstdefinition und Sicherheiten, wobei sich der Natale zunehmend in Einklang mit der Seelenabsicht seiner Seele bringt (PPP). Befinden sich ein oder mehrere Planeten im T-Quadrat zu den Mondknoten, dann gilt hier eine Ausnahme, die weiter unten beschrieben ist.

6. **Planetarer Herrscher des Nordknotens** ☊ in Haus, Zeichen, Aspekten/Phasen gibt nun zusätzlich detaillierte Hinweise, „wie" und „was" der Natale machen kann, um die evolutionären Anforderungen seines Nordknotens ☊ (evolutionäre Orientierung) praktisch im Leben umsetzen und anwenden zu können, damit das Leben in Einklang mit der Seelenabsicht (PPP) schwingt. Es ist wie beim Reifenwechsel: Der Pluto-Polaritäts-Punkt (PPP) ist die Absicht den Reifen zu wechseln. Doch dafür zieht man nicht wie wild am Rad! Dort, wo der Nordknoten ☊ steht, soll der Natale den Wagenheber ansetzen, um den Reifen zu wechseln (PPP). Der planetare Herrscher des Nordknotens zeigt an, wie der Natale den Wagenheber (Nordknoten ☊) bedienen soll, um den Reifen zu wechseln (PPP).

Planeten auf dem Südknoten ☋ oder auf dem Nordknoten ☊

Finden sich ein oder mehrere Planeten auf dem Südknoten ☋, dann werden Dynamiken und Fähigkeiten entsprechend des/der Planeten und ihren Archetypen aus vergangenen Leben mit in dieses Leben gebracht, die als alte Fähigkeiten und Potential in dieses Leben eingebracht werden sollen. Man kann sich die Deutung recht leicht machen, indem man sich einfach zusätzlich vorstellt, der Südknoten ☋ würde in dem Zeichen stehen, über das der Planet herrscht, der mit dem Südknoten ☋ in Konjunktion steht. Also findet sich der Mond ☽ auf dem Südknoten ☋, kennt man die Mutter und die Familie dieses Lebens auch aus vergangen Inkarnationen, die sogar auf matriarchale Zeiten mit ihren Werten zurückgehen, denn Mond ☽ herrscht über Krebs ♋. Befindet sich Merkur ☿ auf dem Südknoten ☋, bringt der Natale Wissen- und Sprachfähigkeiten aus vergangen Leben mit in dieses Leben. Er hat altes (☋) Wissen (☿).

Planeten auf dem Nordknoten ☊ geben zusätzliche Information über die weitere Orientierung und Entwicklung in diesem Leben, so dass die Seelenabsicht (PPP) verwirklicht werden kann. Steht zum Beispiel die Sonne ☉ auf dem Nordknoten ☊ ist das ein Fingerzeig darauf, dass der

Natale mehr in seine persönliche Kraft kommen soll – sei es durch Kreativität oder auch durch ein Kind (☉).

Befinden sich die Herrscher der Mondknoten jeweils auf dem anderen Mondknoten, also Herr des Südknotens ☋ auf dem Nordknoten ☊ und Herr des Nordknotens ☊ auf dem Südknoten ☋, dann besteht eine ähnliche Dynamik wie bei Pluto in Konjunktion mit dem Südknoten (♇☌☋), bei dem man unter den drei Möglichkeiten unterscheiden muss. In solch einem Fall fokussiert sich alles auf den Pluto Polaritätspunkt PPP, um eine weitere Evolution verwirklichen zu können.

Kapitel Sieben

Evolutionäre Deutung in der Praxis und Lösungen zu den Übungen

Transkript einer Evolutionären Horoskopbesprechung

Mit der freundlichen Erlaubnis einer Klientin füge ich dem Buch nun eine Abschrift einer Evolutionären Horoskopberatung zu, wobei ich die Deutungen in Klammern mit den astrologischen Begründungen versehe. Das Deutsch mag dabei phasenweise ein wenig unschön ausfallen, was daran liegt, dass diese Beratung auf Englisch gehalten wurde, und von mir auf einer Weise ins Deutsche übersetzt wurde, die den Fluss der Beratung mit ihren astrologischen Begründungen klar wiedergeben soll. Diese Klientin wohnt in den Vereinigten Staaten von Amerika, wohin sie nach der politischen Verfolgung im Iran unter Asyl aufgenommen wurde, was ich zum Zeitpunkt der telefonischen Beratung natürlich nicht wusste.
Ihre Geburtsdaten sind: 23. April 1960 um 13h in Teheran, Iran.

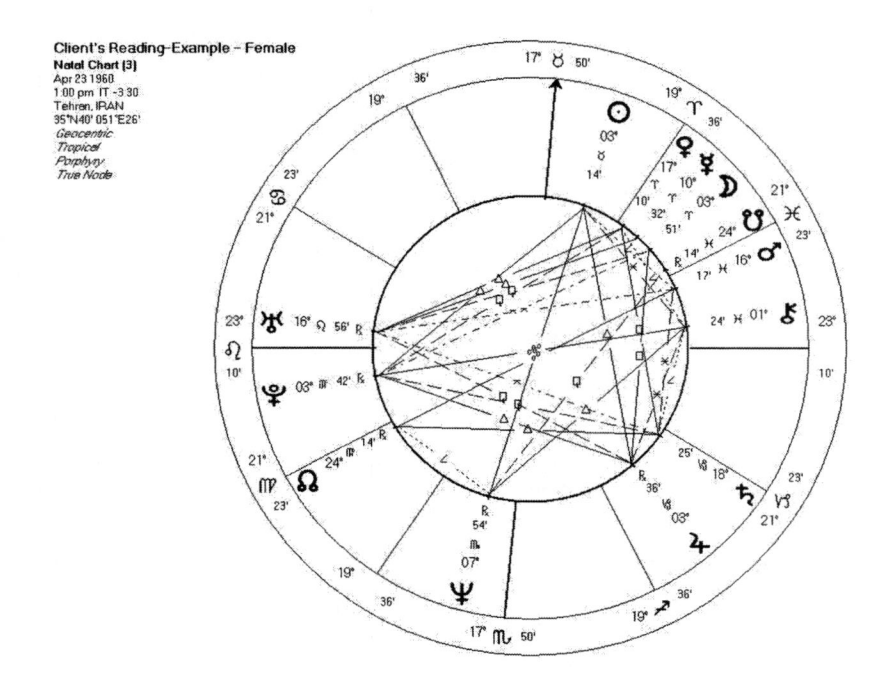

Der erste Blick auf ihr Horoskop lässt erkennen, dass sich Jupiter ♃ in Steinbock ♑ im 5. Haus befindet und ein T-Quadrat zu den Mondknoten bildet. Dabei besteht ein Orbis von 9°. Der Südknoten des Mondes ☋ befindet sich in Fische ♓ im 8. Haus, mit dessen planetaren Herrscher Neptun ♆ in Skorpion ♏ im 3. Haus. Der Nordknoten ☊ befindet sich in Jungfrau ♍ im 2. Haus, und dessen planetarer Herrscher Merkur ☿ bildet eine Konjunktion ☌ mit Venus ♀ in Widder ♈ im 8. Haus. Der Lösungsknoten aufgrund des T-Quadrats ist der Südknoten ☋ in Jungfrau ♍ im 2. Haus, mit Herrscher Merkur ☿ Konjunktion ☌ Venus ♀ in Widder ♈ im 8. Haus. Dieser Lösungsknoten wird der Fokus für die weitere Orientierung und Lösung in diesem Leben. Der planetarer Herrscher, Merkur ☿ wird als *modus operandi* anzeigen, *wie* und *was* die Klientin machen kann, um sich im Einklang mit dem Lösungsknoten zu entwickeln.

Das Deutungsgespräch:
„Lassen Sie mich nun zu den Planetenpositionen in Ihrem Geburtshoroskop ein paar Gedanken erwähnen: Sie sind Löwe Aszendent. Der Aszendent ist wie der erste Akkord bei einer Symphonie, aus dem heraus sich alles entwickelt. Mit dem Löwe Aszendent geht es alles in Ihrem Leben um die Stärkung Ihrer Selbst und somit auch um Selbst-Verwirklichung. Der Herrscher von Löwe ist die Sonne in Stier im 9. Haus. Bei Stier geht es um Selbst-Erhaltung vor allem durch Selbstliebe, Selbstannahme; und im 9. Haus geht es um Ehrlichkeit bezüglich der wahren eigenen Natur. Es hat auch etwas, mit fremden Kulturen zu tun. Meine Sonne ist auch im 9. Haus, und wir beide finden uns hier im Ausland wohnend. Ihr ganzes Leben wird sich also um Selbst-Stärkung bzw. – Verwirklichung drehen, die Sie auf ihrer inneren Wahrheit aufbauen werden.

Manchmal wollen Leute wissen, wo der Mond ist. Ihr Mond ist in Widder, und Merkur und Venus stehen da auch. Widder hat eine Menge damit zu tun, genug Unabhängigkeit und Freiheit zu haben bzw. zu schaffen, um in seinen eigenen Handlungen, den eigenen Impulsen und Instinkten zu folgen. Er befindet sich im 8. Haus. Daher gehen Sie immer wieder durch Dynamiken von Metamorphosen, um sich mehr und mehr zu befreien, um zunehmend in der Lage zu sein, so zu handeln und das zu machen, was ihrer eigenen Wahrheit entspricht. Aber das braucht Zeit, weil das 8. Haus viel Widerstand in sich trägt, und es geht meist durch einen intensiven emotionalen Prozess der inneren Verdichtung, aus der heraus dann der Wandel geboren wird.

Ich will Sie nicht zu viel mit astrologischem Zeug nerven, aber eine Sache empfinde ich noch erwähnenswert: Aus meiner Sicht befindet sich Ihr Jupiter, der auch ein astrologisches Symbol ist, das mit Wahrheit zu tun hat, im 5. Haus, als der Herrscher des 5. Hauses; und das 5. Haus trägt wiederum Energien wie Löwe, der das 5. Zeichen des Tierkreises ist. Wieder geht es um Selbst-Verwirklichung, Selbststärkung, Selbstdarstellung und die Wiedereingliederung von Dynamiken, die in vorherigen Leben nicht integriert wurden bzw. werden konnten. Dieser Jupiter bildet ein T-Quadrat zu den Mondknoten, die eine Menge mit vorherigen Leben und ihren Dynamiken zu tun haben. Weil Jupiter dieses T-Quadrat zu den Mondknoten bildet, zeigt es an, dass Sie hinsichtlich ihrer persönlichen Wahrheiten von den Gesellschaften vergangener Leben – und wahrscheinlich auch in diesem Leben – zu einem Sündenbock gemacht wurden, und man Sie für Ihre Einstellungen bestrafte - Südknoten im 8. Haus in Fische. Das soll heißen, dass Sie entweder Leuten vertrauten, die versteckte, schlechte Absichten hatten (☋ 8.) und/oder doppelzüngige Täuscher waren, die Sie für ihre eigenen Zwecke in deren Machenschaften beschwatzten (3.). Dann wurden Sie im Grunde verraten oder erfuhren Missbrauch Ihres Vertrauens... in unserer Sprache wurden Sie gemein gelinkt (8.)!

Sie hatten oft einen sehr hohen, natürlichen Idealismus (☋♓) und Sie bemühten sich zusammen mit solchen Personen an dem hohen Ziel zu arbeiten (☊♍)[117], etwas in der Gesellschaft (♑) zu verbessern. Aber solche Personen hatte verborgene Absichten und Motive, von denen Sie nichts ahnten (♓) oder wussten (3), oder Sie vermieden, diese real anzuerkennen, (☋♓ ☊♍), obwohl Sie mit Ihrer starken Intuition (♃♑ 5.) spürten, dass etwas nicht stimmt. Aber Sie wischten solche übersinnlichen Intuitionen (☋♓, ♃ 5.) mit scheinbar logischen Rationalisierungen und Begründungen (☊ ♍) vom Tisch, um Ihre inneren Instinkten nicht zuzuhören (☿♀♈ 8.), was zur Folge hatte, dass sie gelinkt bzw. verraten wurden (☋♓ 8.) – Spiegel für den eigenen Verrat (☋ 8.) an ihrer Intuition (♃) und inneren Stimme (☿♀♈). Aufgrund des Jupiters in Steinbock im T-Quadrat zur Mondknotenachse ist es dann wahrscheinlich, dass die politischen Umstände bzw. die Gesellschaft oder auch Ihre eigene Familie mit ihren Gesetzen, von Menschen gemachten Regulierungen Dynamik Gericht über Sie hielt, um Sie bestrafen (♃♑ T☐ ☋♓ ☊♍). Und schon wieder wurden Sie zum Opfer bzw. Sündenbock (☋♓).

---

[117] Aufgrund des T-Quadrats von Jupiter zu der Mondknotenachse deute ich auch den Nordknoten als einen in der Vergangenheit bereits aktivierten bzw. gelebten Knoten (wie ein Südknoten). Der Lösungsknoten aus diesem T-Quadrat definiert sich dadurch, dass man den Knoten als Lösungsknoten hernimmt, der linker Hand aus Sicht von Jupiter steht – das ist der Nordknoten in Jungfrau im 2. Haus. Sein planetarer Herrscher, Merkur, steht als *modus operandi* in Widder im 8. Haus in Konjunktion mit der Venus. (Mehr zu den Deutungsregeln in Kapitel Sechs)

Erinnert mich ein klein bisschen an einen Charles Chaplin Film[118] aus den 30-igern, in denen er Arbeiter war. Ein Lastwagen markierte seine überlange Ladung mit einer roten Fahne und fährt an dem Arbeiter Chaplin vorbei, wobei der Wagen in einer Kurve diese rote Fahne verliert. Der gute Arbeiter, Chaplin, bemerkt das, hebt die Fahne auf und rennt mit der Fahne schwenkend hinter dem Lastwagen her, um die Fahne zurückzugeben. Ohne es zu merken, sammeln sich mehr und mehr Arbeiter hinter dem rennenden Chaplin und folgen ihm und der roten Fahne. Die rote Fahne war das Symbol für den Kommunismus, damals der große Feind der Vereinigten Staaten. Charles Chaplin wollte in diesem Film einen Witz über die hysterische Einstellung der USA in Bezug auf Kommunismus machen, indem er als kleiner Arbeiter einem Lastwagen seine rote Fahne zurückbringen will, und hinter ihm zunehmend mehr und mehr Leute, die ihn als kommunistischer Anführer sehen, folgen. Eine wirkliche lustige Szene, die nur ein zeitkritischer Witz sein sollte. Leider dachte das amerikanische System jener Zeit jedoch, dass Charles Chaplin tatsächlich ein Kommunist sei. Von diesem Tag an wurde er beschattet und beobachtet. Eines Tages wurde ihm nicht mehr erlaubt, in die Vereinigten Staaten zurückzukommen.

Wenn ich Ihr Horoskop so anschaue, erinnert es mich an diese Geschichte mit ihren archetypischen Dynamiken. Ich meine damit, dass Sie mit Ihren guten, höchst idealistischen Absichten (♃, ☋♓) oft mit anderen Leuten in Kontakt kamen, deren Absicht bei Gott nicht so edel waren wie die Ihren (☋♓, ♆ ♏). Dann wurden Sie diejenige, die den Preis dafür bezahlen musste (☋ ♓, ☊ ♍, ☿ 8.). Der Preis war, dass die gegebene Gesellschaft Sie bestrafte, (♃♑), Sie im Stich ließ, ablehnte und/oder „brandmarkte" (☋ 8., ☿ Herr von ☊ in 8) – all diese schmerzhaften Umstände von Bestrafung (♑), Folter (♆♏), Verrat (8.) und Einschränkungen (♑), die Ihnen per Menschen gemachtem, männlich-orientiertem / patriarchalem Gesetz (♑) auferlegt wurden, hinderten Sie in vergangenen Leben daran, Ihren persönlichen Lebenszielen wahrhaftig vollen Ausdruck zu verleihen (♃♑ 5., ♆ 3.).

Deswegen haben Sie in diesem gegenwärtigen Leben ein gewaltiges Bedürfnis (☋2. ☿☌♀♈ 8.), Ihren eigenen Lebenszweck (♃♑ 5.T□) mit der Zeit aufzubauen (♈, ♑ kardinale Zeichen) – trotz aller Widerstände (8.). Nach dem Motto: "Wenn Sie nicht mit mir einverstanden sind, dann lassen Sie mich in Ruhe, (☿♈ 8.) und gehen Sie mir aus der Sonne." Deshalb ist es sehr wichtig für Sie, sich immer genug Zeit (♑ 5.) für sich selbst zu gönnen (☿☌♀♈), selbst und vor allem, wenn verwirrende Gedanken und/oder Konversationen (♆ 3.) mit Leuten stattfinden, denen sie

---

• [118] Modern Times von und mit Charles Chaplin

vertrauen (☋ ♓) bzw. die Ihnen nahe stehen - prüfen Sie bitte immer (☿ 8.), ob diese Menschen vertrauenswürdig sind, und ihr Bedürfnis nach Eigenständigkeit (♃♑ 5.) und Unabhängigkeit (☿♀ ♈) unterstützen oder von hinten durch die kalte Küche untergraben und sabotieren (☋♓, ♆♏). Vor allem, wenn es zu Vertragsabschlüssen (8.) oder rechtlichen (♑) Vereinbarungen (8.) kommt, bitte opfern Sie ihre Prozente bzw. Ihre Anteile (☋ ♓) nicht, obwohl das vielleicht idealistisch sein mag (♓), denn damit untergraben Sie (☋♓, ☊♍) ihren eigenen evolutionären Lebenszweck der Selbststärkung (♃♑ 5., ☿♀♈), um vollständig in Ihre Kraft zu kommen (5.). Es geht darum, dass Sie Ihr Potential wieder ehren (♃ 5., Lösungsknoten ☊ 2., ☿☌♀), sei es in ihrer Arbeit (☊♍) oder in ihren tiefsten intimsten Bereichen - Körper mit eingeschlossen (☿ ♈ 8.).

Wissen Sie, Sie hatten so viele schmerzvolle Vorleben in hochgradig dysfunktionalen bzw. patriarchalen Gesellschaften (♃♑), in denen eine Frau wie Sie, die frei, unabhängig (♈) und selbst bestimmt (♃♑) sein will, und nicht gewillt ist, sich für die Ehe aufzuopfern (☋♓) und „nur" Haus und Hof zusammen zu halten (☊♍ 2.), eigentlich nur zwei weitere Wahlmöglichkeiten hatte: Entweder ein klösterliches Leben (☋♓), wo kaum der Rahmen für die Selbstverwirklichung besteht, nachdem sich ihre Seele seit vielen Leben sehnt (♃ 5., ☋♓), und sie stattdessen all möglichen wirren Dinge über Schuld und Sühne, Heil und Hölle gelernt haben (♆♏ 3.). Oder eine Frau wie Sie deklarierte sich offiziell als Kurtisane[119] (☋8., ♆♏ 3.). Das ermöglichte Ihnen, Ihren Horizont durch diverse Studien (♆ 3.) zu erweitern (♃), Ihr eigenes Unternehmen zu führen (♃♑ 5.) und eigene Besitztümer zu haben (☊ 2.). Doch die unangenehme Kehrseite der Medaille war aber, dass man aus offizieller Sicht der Gesellschaft (♑) zum Abschaum gehörte (☋♓), und dass man erotisch-sexuelle Nähe zu Menschen vortäuschen musste (☋♓ 8.), die man überhaupt nicht leiden konnte (♆♏).

Das führte natürlich zu einer Verletzung (☋ 8., ♆♏) der eigenen persönlichen Wahrheit (♃ T□) und des eigenen Selbstwertgefühls (☊ 2.) der eigenen körperlichen Intimität (☿♀♈ 8.). Das hatte zur Folge, dass Sie sich und ihren Körper anfingen, abzulehnen, um nicht hassen zu sagen (☋ 8., ☿♀♈ 8.). Aufgrund ihres sensiblen Gespürs für Wahrheit (♃T□ ☋♓ ☊♍), welche Sie auf Grund der patriarchalen Umstände der Gesellschaft verletzen mussten, wurden Sie zu ihrem eigenen ärgsten Feind (☊♍)- ihr eigener innerer Inquisitor (♃♑, ☿♈ 8.) voller Selbst-Anklage (♃♑ 5. T□

[119] Tatsächlich durften schon seit der Antike Frauen, die sich offiziell als Kurtisane deklarierten, Ausbildung genießen, Eigentum anhäufen und eigenes Unternehmen betreiben, also ein Freudenhaus, wie man im Deutschen sagt. In einem Freudenhaus wurden nebst dem Offensichtlichen auch viele soziale Leistungen erbracht.

♍♓). In dieser harten Selbstanklage und einer daraus folgenden Selbst-Ächtung (8.) übersahen Sie oft die Tatsache, dass das Vortäuschen von Erotik, Ihnen als Frau dennoch so viele Möglichkeiten der Selbstverwirklichung (♃5.) gab. Wenn ich wirklich überhaupt keine Möglichkeit und Chance habe, weil die gesellschaftlichen Reglementierungen mich so einengen, dass ich nicht einmal Brot für meine Kinder kaufen kann, und ich dann Brot stehle, ist es dann ein Verbrechen oder nicht?

Zudem hatten Sie auch den Vorwürfen anderer gesellschaftlicher Ankläger Glauben geschenkt, seien es Nachbarn, Leute auf dem Markt oder Geistliche gewesen (☋♓, ♆♏ 3.), nämlich dass Sie eine Sündige, eine Hure oder sogar noch schlimmer, eine von Dämonen Besessene seien (☋♓, ♆♏). Aufgrund Ihres starken Bedürfnis nach Gerechtigkeit (♃♑) und auch nach Reinheit (☋♓), begannen Sie Ihre eigene Stärke zu untergraben bzw. Ihr Licht unter den Scheffel zu stellen als eine Form der Buße für all die illegalen Dinge (♃♑ 5. T□☋♓☊♍), die aus universeller Sicht wirklich nicht illegal waren. Sie glaubten, dass Sie durch Eigenanklage (♑), durch Ihren Kampf gegen Ihren Selbstwert (☊ 2.☿♀♈ 8.), durch das sich mit weniger zufrieden Geben (♑, ☊♍) und durch mentale Messerstiche gegen sich selbst (☿♀♈ 8.) gerechtfertigter Weise von all den „schlimmen Dingen" und vor allem von dem Gefühl von Schuld (♍♓) reinigen und reinwaschen könnten. Dadurch wurden Sie zu Ihrem eigenen ärgsten Feind (☊♍, ☿♀♈ 8.).

Doch genau dadurch wurde eine tiefere Schicht von Schuld kreiert (☋♓ 8.), nämlich die, sich an der eigenen Natur schuldig zu machen (♃ 5.T□☋♓☊♍), indem man sie ablehnt (8.) und bekämpft (☿♀♈ 8.). Genau deshalb bitte ich Sie, zum Beispiel bei Geschäftsvereinbarungen, Verträge etc., sich selbst dadurch zu ehren, indem Sie für das gerade stehen, was Ihnen zusteht (Lösungsknoten ☊ 2.), womit Sie sich selbst, Ihrem Körper und Ihrer Seele durch Handlung zeigen (☿♈ 8.), dass Sie wieder anfangen, sich selbst zu achten und lieb zu haben (Lösungsknoten ☊ 2., ☿♀).

Aufgrund der Vorleben, in denen Sie sich dazu entschieden hatten(☋ 8., ♆♏) bzw. gezwungen waren, eine Kurtisane zu sein, fühlten Sie sich selbst nach einem sexuellen Akt mit einem Klienten schmutzig und unrein (☋ 8., ☊♍ 2., ☿♀♈ 8.). Das führte dazu, dass Sie zunehmend in Dynamiken der inneren Selbst-Ablehnung ihres Körpers, der Weiblichkeit und Ihrer erotisch-emotionalen Schönheit rutschten (☋ 8., ☊ 2., ☿♀☽♈ 8.). Durch die Ablehnung dieser „inneren Juwelen" zogen Sie auf Grund Ihrer eigenen inneren Beziehung zu sich selbst (☊♍ 2.) Menschen an, die sie ebenso abweisend, ablehnend behandelten und sogar missbrauchend Ihnen gegenüber wurden (☋♓ 8., ♆♏).

Wenn ich über mich glaube, ich sei schlecht und nichts wert, dann werden mich die anderen auch so behandeln! Sie hörten in vergangenen Leben auf die missbrauchenden Vorwürfe und Aussagen solcher Menschen (♆♏ 3.). Sie begannen Ihnen zu glauben (♃ T☐), dass Sie tatsächlich schlecht und schmutzig seien (♅♓ 8., ☊♍) – und während Sie noch die Fassade aufrecht erhielten (♃♑ 5.), rutschten Sie doch zunehmend in selbstuntergrabende Dynamiken von Selbst-Vermeidung und Selbst-Sabotage (♍-♓), obwohl Ihre innere Stimme immer noch meldete: „Hallo, ich bin noch immer sehr stark!" (♃ 5., ☿♀♈). Zunehmend braute sich in Ihnen eine energetische Mischung aus Selbst-Vermeidung, basierend auf der „Schuld" und dem Bedürfnis dafür büssen zu müssen (♍-♓) und der inneren Wut und Rage, dass Sie sich nicht so verwirklichen konnten wie Sie es wollten (☿♀♈ 8., ♃ 5.), zusammen, wodurch Sie zunehmend gewaltsame Menschen anzogen, die über die emotionale Synchronizität ihre innere destruktive Wut und Rage an Ihnen und auf Ihre Kosten auslebten (♅♓, ♆♏, ☊♍, ☿♀♈ 8.).

Was ich hier eigentlich beschreiben will, ist ein Teufelskreis und es scheint mir, als wären solche bzw. ähnliche Dynamiken auch in diesem Leben geschehen – vor allem in jüngeren Jahren. Dahinter steht die evolutionäre Notwendigkeit, solche Dynamiken in diesem Leben wieder zu erleben bzw. zu recyceln, um sich von ihnen Schicht für Schicht zu befreien, um immer mehr an den Kern ihrer persönlichen Kraft und Wahrheit (♃ 5.) zu gelangen, um diesen wieder als den eigenen anzunehmen (☊ 2., ☿♀♈) und eigenverantwortlich (♑) in das Alltagsleben (☊♍) zu integrieren (5.). Dabei stellt sich bei Ihnen in geradezu jedem Augenblick die Herausforderung, Entscheidungen darüber zu treffen (☿ 8.), „was ist meine Wahrheit" bzw. „finde ich darin meine persönliche Kraft, um eigenständig mein Leben in die Hand zu nehmen?" (♃♑ 5. T☐ Lös-Knoten ☊♍ 2., ☿♈). Sobald Sie sich solche oder ähnliche Fragen stellen (☿), kommt die Antwort sofort (☿♈). Es gilt dabei, dass der „erste Impuls" zählt (☿♈). Damit erlernen Sie (wieder) bzw. praktizieren Sie wieder (Lösungsknoten ☊♍ 2.) auf die eigene Stimme der eigenen Körperempfindungen zu hören (☿♀♈) und vor allem ihr wieder zu vertrauen (8.)! – Eine Stimme, die Sie schon fast nicht mehr hören wollten (☿♀ 8.), denn sie war überschattet von so viel Schmerz und Leid (♅♓, ♆♏).

Je mehr Sie diese Technik der Selbst-Hinterfragung üben (☊♍, ☿♀♈ 8.), desto mehr werden Sie sich wieder in Ihre natürliche Kraft bringen (♃ 5., ☿♀♈) und dabei wieder erlernen, wie Sie mithilfe ihrer inneren Stimme unterscheiden lernen können, zum Beispiel, wem zu vertrauen und wem nicht (☊♍, ☿♀ 8.). Das Unterscheiden wird Ihnen schrittweise wieder zu erkennen geben, wer Sie von Natur aus sind (☊♍, ♃♑ 5.). Damit beginnen

305

Sie, sich selbst zusammen mit Ihrem Körper zu dienen (♌♍ 2., ☿♀♈), der durch die Erfahrungen vergangener Leben und auch in diesem Leben, so enorm Schmerz beladen ist, dass er eigentlich nichts und niemanden mehr an sich heranlassen will (♈ 8.).

Stellen Sie sich einmal vor, Sie hatten sich in vergangenen Leben auf Grund der schmerzvollen Erfahrungen von der Stimme Ihrer körperlichen Instinkte abgewandt (☿♀♈ 8.). Nun waren Sie in einer bedrohlichen Situation, bei der Ihr Körper Ihnen mitteilt: „Hey, renn weg!", doch Sie hörten nicht darauf, denn Sie hörten es nicht mehr! In diesem Leben ist es daher so enorm wichtig, dass ihre innere Beziehung vor allem zu ihrem Körper mit all seinen Funktionen und vor allem auch Instinkten (♌♍ 2., ☿♀♈) eigenverantwortlich wieder in Ihre Lebensarena integriert (♃♑ 5.) und geheilt wird. Daher fragen Sie sich bitte immer: „Ist das gut für mich (♌♍ 2., ☿♀♈ 8.)? Wie fühlt sich mein emotionales Herz damit (♀ - herrscht über das Herz-Chakra)? Lächelt es bei diesem Gedanken oder wird es schwer und grimmig (☿☌♀)?" Bitte erinnern Sie immer daran, dass Ihr Körper und auch Ihr Herz Ihre zuverlässigsten Freunde, ja geradezu Partner (8.) sind.

Natürlich gibt es in einem Horoskop viele Ebenen, doch mir scheint, dass bei Ihnen die physische Ebene des Körpers die wohl wichtigste ist – physiotherapeutisch oder mithilfe von Eigentherapie (Herr vom Lösungsknoten ☿☌♀☽♈ 8.). Ich weiß aus dem Vorgespräch, dass Sie als Therapeutin tätig sind, was anzeigt, dass Sie schon sehr im Einklang mit Ihren evolutionären Absichten sind (Herr vom Lösungsknoten ☿ in 8.), denn auch die selbständige Betätigung (♃♑ 5.) ist in diesem Leben ein wichtiger Baustein auf Ihrem Weg zu Selbstvertrauen (♌2., ☿ 8.). Dennoch rät das Horoskop eindringlich auch die körperlichen Ebenen in der therapeutischen Arbeit mit zu integrieren (☿♈ 8., ♃♑ 5. T□). Dadurch werden Sie noch mehr in der Lage sein, eine strahlende Führungsperson zu sein (♃♑ 5.), die anderen Menschen eben auch über die körperlich-sexuelle Ebene (♈ 8.) hilft, damit diese wieder zu sich und in ihre Kraft finden. Es wäre daher sogar ratsam, sich noch einmal um eine Zusatzausbildung bzw. physiotherapeutische Weiterbildung (♃ T□) umzusehen, bei der Sie vor allem auch mit den Händen (☿) arbeiten (♌♍), wobei sie über Berühren und Fühlen (☿☌☿) therapeutisch wirken sollten.

Damit würden Sie auch Ihr altes tantrisches Wissen, dass Sie in Ihren Händen (♆♏ 3.) tragen und was auf Vorleben im tantrischen Indien (♏) zurückgeht, in Ihre Arbeit (♌♍)integrieren können (♃♑ 5.). Über das praktische Tun (♌♍) würden Sie zunehmend den Gefühlen und Wahrnehmungen in Ihren Händen vertrauen (☿☌♀ 8.), wenn Sie mit einem Klienten körperlich arbeiten (♌♍, ☿♈ 8.). Das hätte während der Arbeit (♍) eine Bewusstseinserweiterung (♃) zur Folge, durch die Sie die

Göttliche Präsenz fühlen (☋♓, ♆ 3.) und über Ihre Hände kanalisieren könnten (☿). Damit würden Sie nicht nur dem Klienten profunde, therapeutische Unterstützung geben (☿♀ 8.), sondern auch den eigenen Körper wieder als Werkzeug des Göttlichen annehmen können (♌♍ 2., ☿♀♈, ☋♓, PPP ♓ 7.). Bringen Sie also diese wichtige Komponente noch in Ihren Karriere bzw. Arbeitsweg (♃♑, ♌♍) ein und sie werden erfahren, wie Körper, Geist und Seele wieder gesammelt in ihre Lebensarena einkehren (♃ 5.), was Ihnen zu mehr Kraft und Vitalität verhelfen wird, vor allem sich selbst mehr anzunehmen (♌♍ 2., ☿♀♈ 8.) und somit über ihre körperlich-therapeutische Techniken (♌♍ ☿♈ 8.) anderen Wunderbares geben zu können (PPP ♓ 7.).

Dabei geht es ums Tun (♍) und nicht darum es dauernd mental anzuzweifeln bzw. ihre Arbeit in Frage zu stellen (♆♏ 3., ☿ 8.), was nur das alte Muster von Vermeidung (♍-♓) bedient, und sich energetisch darauf auswirkt, welche Klientel sie anziehen werden. „Es gibt nichts Gutes, außer man tut es!"(♍) ist ein hilfreiches Mantra für Sie! Einfach nur tun, und die mentalen Zweifel und die selbstuntergrabenden Gedanken links liegen lassen (♌♍, ☿ 8.). Dann werden Sie mit der Zeit sehen (♍, ♑), wie sich nicht nur Ihr Selbstwertgefühl kräftigt (♌ 2., ☿♀♈), sondern auch Ihre finanziellen Mittel wachsen (♃ T□, Lös.: ♌ 2.). Dieses „Mehr" an Geld, können Sie dann wieder für Weiterbildung (♃) oder auch zum Ausbau Ihres Berufes einsetzen (♃♑ 5.). Also bitte ehren Sie Ihr Geld, welches ja ein „Honorar" also eine Ehrung für Ihre mitgebrachten und angelernten Fähigkeiten ist! Und bitte, hören Sie auf, sich und anderen immer wieder zu sagen, Sie seien noch nicht gut genug (♍) – Sie sind absolut gut genug – jetzt geht es ums Tun (♍). „An den Taten (♍ - ♈) werdet Ihr gemessen."

Es gibt hier aber auch noch eine weitere Dynamik hinsichtlich Ihrer Vorleben als Kurtisane, nämlich „Kinder" (♃ 5. T□). Sie mussten damals ihre Kinder aufgeben, also im Stich lassen, um Ihren Stand in Ihrer Arbeit nicht zu gefährden (♃ 5., ☋♓ 8., ♆♏, ♌♍) oder weil sie von dem Vater (♃♑), einem Klienten von Ihnen, manipuliert bzw. bedroht wurden (♆♏), denn sein Ruf war gefährdet, wenn eine Kurtisane ein Kind von ihm gebiert, was sein Geheimnis aufgedeckt hätte, dass er in Freudenhäuser geht (☋♓ 8., ♆♏ 3.). Die Formen solcher Bedrohungen von solchen Männern kann von Erpressung bis hin zu gemeinem Verrat gegangen sein, was dazu führte, dass Sie unter falscher Anklage (♃♑ T□) ins Gefängnis (☋♓) oder als beschuldigte Hexe in die Folterkammer gesteckt wurden (☋♓ 8., ♆♏, ☿♈ 8.). Unter solchen Bedrohungen, entschlossen Sie sich lieber, die Babys loszuwerden, sei es durch Abtreibung oder ähnliche Formen (☋ 8., ♆♏, ☿♈ 8. ♃ 5. T□). Und genau darin sehe ich in Ihrem Horoskop einen entsetzlichen Schmerz in Ihrer Seele – Kinder, einer der wundesten Punkte in Ihnen.

Doch in diesem Leben ist das Thema Kind bzw. Kinder genau auch der Dreh- und Angelpunkt, über den die alten Wunden und Schmerzen hinsichtlich erzwungener Aufgabe Ihrer Babys wieder geheilt bzw. integriert werden kann (♃♑ 5. T□, Lös.: ☊♍ 2., ☿♀ ♈ 8.): Durch den starken Jupiter in Steinbock im 5. Haus und den Lösungsknoten im 2. Haus mit dessen Herrscher Merkur im Widder sieht es mir eindeutig danach aus, dass Sie in diesem Leben zumindest ein Kind haben werden, das Sie wahrscheinlich auch alleine aufziehen werden (♃♑ T□ Lös.: ☊ 2., ☿♈), obwohl das Kind auch eine enorm starke Verbindung zum Vater hat (♃♑ 5.), und daher auch immer wieder dessen Präsenz und Unterstützung brauchen wird. Dennoch wird Ihr Erstgeborenes (5.) der Dreh- und Angelpunkt der Integration und Heilung vieler Verlust hinsichtlich Kinder in vergangenen Leben, und zugleich das *modus operandi* für Sie durch die täglichen Aufgaben als allein erziehende Mutter (☊♍, ☿♀☽♈) zu erkennen (♍), wie stark Sie sind (♈). Außerdem wird der Akt der Geburt Ihnen eine völlig neue Beziehung zu Ihrem weiblichen Körper geben, wodurch Ihre unbewussten Muster der Ablehnung aus vergangenen Lebensverletzungen durch Integration und durch praktisch körperliche Erfahrung wieder heilen können (♃ 5., ☊♍ 2., ☿♀☽♈, PPP ♓).

Dadurch werden Sie, je älter Sie werden (♃♑), weitere günstige Kräfte in Ihr Leben kommen, die Sie auf Ihrem Lebensweg zunehmend selbstvertrauter und eigenständiger machen werden (♃ T□ Lös.: ☊♍, ☿♀♈). Sie sind nun einmal ein „Spätblüher" (♃♑), eine Blume die erst im Herbst in volle Blüte kommt – die Blüte von Weisheit und Lebenskunst als eigenständige, selbst integrierte Frau (♃♑ 5., ☿♀☽♈). Im Augenblick, so denke ich, sind sie immer noch in der Reife bzw. Sammlerphase von Informationen und Techniken, die sie alle in Ihren Lebenskünstler- „Werkzeugkasten" integrieren, um daraus Ihr eigenes „Ding" zu kreieren (transitierender Pluto ♇ durch Schütze ♐ und durch das 4. Haus, wodurch der natale Jupiter ♃ in Steinbock ♑ im 5. Haus in Schwingung und Metamorphose geht. Zudem geht der transitierende Pluto ♇ in ca. 2 Jahren auf ein T-Quadrat zu den natalen Mondknoten). „Eile mit Weile" ist hier die Devise, denn alles in Ihrem Leben braucht Zeit (♑), damit Sie Schritt für Schritt machen können (☊♍). Eine gute Freundin von mir hat wie Sie den Jupiter auch in Steinbock im 5. Haus im T-Quadrat zu den Mondknoten. Sie begann im Alter von 50 Jahren ein Kunststudium (♃ 5.) und erkennt nun, dass all ihre früheren Erfahrungen und Ausbildungen in Ihrem Leben in diese Arena der Selbstverwirklichung einfließen können (♃♑ 5.) – das wäre niemals in jüngeren Jahren der Fall gewesen, so sagte sie mir.

Hinsichtlich Ihres Berufes ist der Pfad der Psychologie sicherlich ein wichtiger Teil Ihres Weges (Lös.: ☊♍ 2., ☿ 8.). Doch es werden Ihnen noch andere Themen in Kürze über den Weg laufen (Pluto-Transit durch Schütze

♐), die in Ihren bestehenden Berufsweg integriert werden wollen (♃♑ 5.), wie zum Beispiel therapeutische Körperarbeit (☊♍, ☿♈ 8.). Dabei wäre es gut, wenn Sie Ihren Impulsen folgen (☿♈) und ein bisschen experimentieren, was Ihnen leicht von der Hand geht und was nicht (☿♈ 8.). Versuchen Sie es mal mit Shiatsu-Massage und Akupressur (☿♈) – nicht Akupunktur, denn Nadeln sind nicht Ihr Ding – oder Cranio Sacrale (♃♑, ☿♀♈ 8.) oder Jin Shin Jyutsu, eine großartige Technik!

Anfangs erlernen Sie einfach die grundlegenden Techniken (☊♍), dann üben bzw. praktizieren Sie einfach so viel es nur geht (☊♍), und mit der Zeit werden Sie sehen, wie Sie Ihre eigenen Synthese (♃♑ 5.) aus den heut schon angewandten Techniken und den neuen Techniken in Ihrem Berufsleben entsteht (♃T□) – zweifeln Sie dann bitte nicht (☿ 8.), sondern nehmen Sie diese Weiterentwicklung und Synthese als ihr eigen an (☊ 2.). Vertrauen Sie bitte Ihrer Intuition mehr (♃, ☊♍, ☿ 8.), sie ist sehr stark und kristallklar, somit treffsicher (♃♑) – und immer daran denken, dass der erste Gedanke zählt (☿♈). Aber wie gesagt, es bedarf der Praxis (♍), nicht der intellektuellen Analyse, die bei Ihnen oft nur zu mentaler Selbst-Zerfleischung und Selbst-Untergrabung führt (♆♏ 3., ☊♍, ☿♈ 8.).

Stellen Sie sich vor, sie haben einige der oben genannten Körperarbeiten gelernt und nun sitzen Sie mit einem Klienten. Ihre Intuition und Ihr therapeutisches Wissen zeigen Ihnen, dass Sie mit dem Klienten über Gespräch nicht weiter kommen. Dann bieten Sie einfach an, ob der Klient gewillt wäre, mit Ihnen eine Körperarbeit zu machen, damit Emotionen an die Oberfläche kommen bzw. gelöst werden können. Stimmt er zu, wechseln Sie Ihr Werkzeug von psychotherapeutisch zu körpertherapheutisch, und helfen damit sicherlich Ihrem Klienten (PPP ♓ 7.). Oder Sie schlagen Ihrem Klienten vor, nun ein Bild zu malen, das Sie dann mit Ihm interpretieren (♃♑ 5. T□). Was ich sagen will ist: Bitte seien Sie die nächsten Jahre weiterhin offen, weitere Techniken, auch aus der Kunst und aus der Körperarbeit zu erlernen, und wichtiger noch, zu praktizieren, die Sie mit der Zeit in Ihren Beruf einbauen können (Pluto-Transit applikativ zu den Mondknoten durch Schütze ♐, wodurch der natale Jupiter ♃ in Steinbock ♑ in 5. durch Wandlungen geht!). Sie sind ohne Frage, schon auf Ihrem Weg – auf dem richtigen Weg!

Bezug nehmend auf Ihre Frage, ob Sie dazu eine formale Ausbildung angehen sollten, möchte ich mit "Ja" antworten, obwohl es hinsichtlich Ihrer Fähigkeiten und Ihres Potentials eigentlich nicht nötig ist (♃♑ 5.), so ist es aufgrund Ihrer vergangenen Lebenserfahrungen von gesellschaftlicher Anklage (♃♑) von Verrat und Verleumdung (☋♓, ♆♏) in Ihnen zu tiefen Misstrauen (8.) gegenüber Ihrer eigenen Ressourcen (☊♍ 2.) gekommen. Daher würde ein Zertifikat, das Ihnen gesellschaftlich bescheinigt (♃♑), dass Sie gut sind und praktizieren können (☊♍ 2., ☿♈

8.), sehr unterstützend sein, vor allem wenn sie Ihre eigenen mentalen Zweifel wieder am Wickel haben (♆♏ 3., ☊♍, ☿ 8.), brauchen Sie nur auf das Zertifikat sehen und haben Ihren anerkannten Beweis (☿ 8.). Schließlich sind Sie ein verantwortungsvoller, natürlicher Therapeut (♃♑ T□, ♆♏, ☿♀ 8.), haben heilende Hände (♆ 3.) und sogar noch übersinnliche Fähigkeiten (☋♓), für die Sie aber von damaligen Gesellschaften mit Ihren religiösen Glaubensgrundsätzen leider zu oft verfolgt, geächtet und sogar getötet wurden (☋♓, ♆♏) – daher sind gesellschaftlich anerkannte Zertifikate für Sie ein guter, sicherer Weg der Selbst-Stärkung (♃♑ 5.).

Bitte bedenken Sie auch, dass Sie in Ihren früheren Leben genug vom „Schatten-Material" der menschlichen Psyche am eigenen Leib erlebt haben (☋♓, ♆♏, ☿♀♈ 8.), was Sie veranlasste ihren „Garten der Weisheit" von den gesellschaftlichen Drohungen „zubetonieren" zu lassen (♃♑). Daraus entstand ein Gefühl von Verkehrt-Sein, und ein Mühen den gesellschaftlichen Erwartungen zu entsprechen (♃♑), einfach nur um zu überleben (☊ 2.) – doch zugleich schnitten Sie sich von Ihrem Schatz der Weisheit ab (♈, ♃T□) und übernahmen den gesellschaftlich-religiös anerkannten Glauben, dass tiefe, dunkle Dynamiken gleichzusetzen seinen mit „böse" bzw. „dämonisch".

Der Level der eingeredeten Schuld wuchs, obwohl Sie doch aus Ihren tantrischen Inkarnationen in Indien, Nepal, Tibet und der ehemaligen Mongolei (♏), wissen dass die Lotosblüte Ihre Wurzeln im dunklen Schlamm hat, aus dem heraus Heilung erwachsen kann (☋♓, ♆♏ 3.). Dunkel ist nicht gleich das Böse! Sie kennen die dunklen Bereiche des menschlichen „Schattenlandes", und genau das macht Sie zu einem so guten Therapeuten, denn Sie schrecken vor Tiefe und Dunkelheit nicht zurück – wie es eigentlich kein Therapeut tun sollte (8.). Die Seele ist kein steriler Raum! Sie haben die Fähigkeit, mit sich selbst und ihren Klienten durch die Tiefen von Schmerz, Angst etc. zu gehen, und dabei immer noch die wahre Energie hinter diesen Verzerrungen zu sehen, sich selbst und andere dorthin zu führen, wodurch Transformation und Metamorphose geschehen kann (♃♑ 5. T□ ☋♓, ♆♏ 3., ☿♀ ♈ 8.). Damit können sie Anderen wirkliche Unterstützung in deren Heilung geben (PPP ♓ 7.).

Wenn Sie dann noch zusätzlich physiotherapeutische Techniken anwenden, wie Cranio Sacrale, Jin Shin Jyutsu (☊♍, ☿♀♈ 8.), die alle mit körperlicher Berührung zu tun haben (☿♀♈) und Ihnen ermöglichen, den inneren Energiefluss zu fühlen (♀ 8.), dann können Sie sogar noch besser Ihre Klienten durch das Schattenland begleiten und wieder in die Kraft führen (☿♀♈ 8., PPP ♓ 7., ♃♑ 5.). Außerdem wäre auch die Hypnose Technik (☋♓, ♆♏ 3. ♃♑ T□, Lös.: ☿ 8.) der Erickson Methode bestens für Sie und Ihren therapeutischen Werkzeugkasten geeignet! (Klientin bestätigt, dass Sie überlegte, ob sie diese Hypnose Technik erlernen soll) Ja, bitte machen Sie den Schritt und lernen Sie Erickson-Hypnose. „Es gibt nichts Gutes, außer man tut es!" (♍, ☿♀♈) Bitte überlegen Sie nicht so lange, denn man kann mit Überlegung keinen Kuchen backen – gehen Sie in die Küche und fangen Sie einfach an (☊♍, ☿♈).

Die Schuld, die Ihnen eingeredet wurde und die negativen Gefühle, die sich in Ihnen aufbauten aufgrund der erzwungenen Prostitution mit all ihren Verletzungen des Weiblichen, des weiblichen Körpers und Ihres Selbstwertgefühls erschufen in Ihnen eine Dynamik von Masochismus (♍-♓) – damit meine ich nicht Leder und Peitsche, sondern masochistische Dynamiken, die auf Glaubensgrundsätzen von Schuld und Buße beruhen (♃T□ ♍-♓): Wann immer Ihnen Ihre innere Stimme sagt, was Sie tun sollten, werden Sie mit mentaler Analyse darauf reagieren, die schließlich zu dem negativen Schluss (♆♏ 3.) kommt, Sie seien nicht gut genug, nicht würdig und noch nicht soweit (☊♍). Das wird dann mit scheinbar logischen Begründungen untermauert, die in Wirklichkeit nur Ausreden und Selbst-Vermeidung sind (☊♍): „Ich kann mir das nicht leisten (☊♍ 2.)" oder „ich bin zu alt dafür (♃♑ T□ ♍-♓)" oder „ich kann das nicht (☋♓, ☊♍)".

Damit stellen Sie sich und Ihrer Inneren Wahrheit (♃) immer wieder ein Bein und beschneiden sich mental selbst (☊♍, ☿♈ 8.). Weitere unbewusste Glaubensgrundsätze des masochistischen Musters sind noch: „Ich bin nicht gut genug bzw. sündig und schlecht – ich weiß aber nicht, warum." „Ich verdiene daher Ablehnung, Bestrafung, Krisen, Anklage etc. – weiß aber nicht, warum." „Um glücklich zu sein, muss ich vorher oder nachher leiden - damit mich Gott liebt (☋♓)." Dies sind Glaubensgrundsätze (♃), die Ihnen in vergangenen Leben eingeredet wurden (♆♏ 3.), und die Sie unter dem Schmerz von Bestrafung (♑), Folter und Verrat (♏, 8.) geglaubt hatten, und die immer noch unbewusst in Ihrem Leben wirken. Zum Beispiel in der Tatsache, dass Sie schon seit Längerem in Erwägung ziehen, die Erickson Methode zu erlernen, aber immer wieder Gründe fanden, es nicht zu tun. Bitte bedenken Sie auch, dass Denken (☿) und Fühlen (♀) sich einander bedingen. Das heißt, wenn Sie in Ihrem Denken (☿) immer wieder Glaubensgrundsätze (♃) bedienen, die besagen, wie schlecht und ungenügend Sie sind (♍-♓, ♆♏ 3., ☿ 8.), dann werden Sie das auch immer wieder in Ihrer inneren Beziehung zu sich selbst (☊ 2.) fühlen (♀), was Ihnen dann eventuell als Beweis gilt (8.), dass dieser Gedanken bzw. Glaubensgrundsätze wahr sind. Sie sind es aber nicht! Sie sind die unbewussten Erinnerungen an die eingeredete Schuld vergangener Leben (☋♓, ♆♏ 3., ☊♍, ☿ 8., ♃♑)!

Aus meiner Sicht gibt es in Ihrem Horoskop noch eine vierte Komponente, die aus Inkarnationen zur Zeit des Frühchristentums kommt (☋♓). In dieser Zeit begann sich ein Märtyrer-Glaube (♃T□, ☋♓, ♆♏) unter den Christen breit zu machen, der in der beginnenden Missinterpretation der Mission des Jesus wurzelte: „Je mehr ich leide, desto mehr wird mich Gott lieben und belohnen." Lassen Sie uns diesen Glauben doch ein wenig tiefer durchleuchten. Lassen Sie uns Gott doch einfach mal einen überdurchschnittlich hohen IQ zusprechen – nicht zu weit hergeholt, wenn man die faszinierende Schöpfung betrachtet! Warum würde Gott wollen, dass Ihre Kinder leiden? Würden Sie als Mutter wollen, dass Ihre Tochter leidet, um sich Ihre Liebe und Belohnungen zu verdienen? Würden Sie wollen, dass sich Ihre Tochter den Finger abschneidet, um noch mehr geliebt zu werden? Wohl kaum! Wir sehen also in diesem Glauben an das Leid (♃T□, ☋♓) ein weitere Verletzung bzw. Unterdrückung der Natürlichen Gesetze (♃♑). Es gibt also überhaupt keinen spirituellen Grund für solches selbst zugefügtes Leid, vor allem da das Göttliche nur im Moment erlebt werden kann!

Doch Sie waren in vergangenen Leben wahrlich auch ein Gottessucher (♃T□, ☋♓), und hörten auf die falschen Lehrer mit ihren falschen Worten (♃T□, ♆♏ 3.), womit Sie schon begannen, Ihre Fähigkeit, Ihr eigener Lehrer und Führer zu sein (♃♑ 5.) zu untergraben und sich damit mental schwächten (☋♓, ♆ 3.). Das geht außerdem schon auf Inkarnationen im alten Ägypten (♏) zurück; zu der Zeit als dieses Reich metaphysisch-spirituell hässlich, missbrauchend und destruktiv wurde. Ich vermute, es muss um die Zeit des Echnatons gewesen sein, als es damals in Ägypten zu einer enormen Schwerpunktsverlagerung in der metaphysisch-religiösen Orientierung kam, so dass gutherzige, rein motivierte und wahrhaft spirituelle Menschen wie Sie durch Opferungen und metaphysischem Verrat in Kontakt mit sehr destruktiven, negativen Energien (♏) kamen.

Dabei spielten miese Manipulationen wie zum Beispiel Flüche und Schwüre eine große Rolle, um Gottsuchende Menschen in die blutigen, missbrauchenden, schmutzigen Geschäfte der pervertierten Priesterschaft zu ziehen (♃♑, ☋ 8., ♆♏). Ich könnte mir sehr gut vorstellen, dass für Sie irgendwann einmal ein paar Rückführungen in diese Zeit vergangener Leben wichtige Einsichten bringen könnten. Durch die daraus gewonnenen Einsichten (☊♍), könnten sicherlich auch viele Ihrer belasteten Energien (8.) zum Besseren verwandelt werden (☿ 8.). Ich kann mir sogar vorstellen, dass sich ein Teil Ihrer Seele immer noch an ein damals gegebenes Versprechen/Schwur gebunden fühlt (☋♓, ♆♏ 3.), das sie vielleicht einem Lehrmeister oder Priester (♃♑) gegeben hatten bzw. geben mussten (♆♏ 3.). Solche Versprechen bzw. Schwüre wirken oft über viele Inkarnationen und verhindern, dass man in seine Kraft kommt (♃♑ 5. T□ ☋♓ 8., ☊♍, ☿♀♈ 8.). Das kann sich zum Beispiel darin zeigen, dass jedes mal, wenn Sie kurz vor einem Erfolg oder vor dem Glücklichsein stehen, etwas in Ihnen oder um Sie herum geschieht, was das Glück dann doch nicht zu lässt, und stattdessen ein weiterer Zyklus von Leid beginnt (♃T□ ☋♓ 8., ♆♏). Doch kann ich das hier nur als Vermutung ansprechen, denn ich kann mit der Astrologie allein nicht 100% sagen, ob das bei Ihnen auch der Fall ist. Ich wollte es daher nur erwähnt wissen, damit Sie für sich selbst überprüfen können (☿ 8.), ob das eventuell Teil Ihrer Realität (☊♍) sein kann.

Wenn ja, gibt es wie gesagt Rückführungstherapie (8.), auch die Kiniesologie (☊♍, ☿♈ 8.) kann helfen; und selbst mit den Techniken des „Wissenden Feldes" das beim Familienstellen, bzw. ich nenne es in meiner Arbeit Konstellations-Arbeit, angewandt werden, kann man solche energetischen Verstrickungen mit Schwüren bzw. Versprechungen aus vergangenen Leben relativ leicht auflösen!

Aus meiner Sicht ist es daher sehr gut möglich, dass Sie in Ihren Inkarnationen als Frühchrist, den Glauben, „ich muss leiden, damit mich Gott lieb hat" vertieften, und somit sicherlich nicht nur einmal den Löwen zum Fraß vorgeworfen wurden (♃ 5.T□, ☋ 8., ☿♈ 8.) oder als brennende Fackel die Zufahrtstraßen nach Rom „schmückten" (♃♑ 5. T□, ☿♈ 8.). Bitte nehmen Sie Ihre kluge Unterscheidungsgabe her (☊♍, ☿♈) und überprüfen Sie (8.), wie tief dieser erwähnte Glaubensgrundsatz (♃) in Ihrem Leben wirkt und Sie immer wieder untergräbt (♍-♓). Und wenn Sie ihn entdecken, dann bitte eliminieren Sie ihn (8.) aus ihrem Leben, denn Gott ist bei Gott klüger als von seinen Geschöpfen Leid zu erwarten, damit Ihre Liebe fließt!

Wie Sie wissen, sind Sie ein durch und durch loyaler Mensch (♃♑ 5.) – seien Sie bitte wieder loyal zu sich selbst und ihrer eigenen Wahrheit! Sehen Sie, in vergangenen Leben, waren Sie in Ihrer unschuldigen Naivität (☋♓) für manch andere, die nicht einmal wissen, was Loyalität ist, ein gefundenes Fressen, Sie vor deren Karren zu spannen (☋♓ 8., ♆♏ 3.). Um das in diesem Leben zu vermeiden, empfiehlt das Horoskop, dass Sie in kritischen Situationen, bei denen andere Sie wieder manipulieren wollen (♆♏ 3.), zu Ihrem besten Werkzeug greifen: Die Realität (☊♍) anzusehen, wie sie ist, und klar zu unterscheiden (☊♍), ja unterscheiden, was Ihre Wahrheit (♃) ist, und was die Motivationen und Absichten des anderen sind (8.). Nun stellt sich natürlich die Frage, wie kann ich klar unterscheiden und die Realität sehen? Die Antwort liegt schon im Zeichen Widder: Handlung und Aktion (♈) – prüfen (8.) Sie andere Menschen anhand derer Handlungen (♈), nicht anhand ihrer Worte, Vorstellungen und Träume (☋♓, ♆♏ 3.), sondern anhand der Handlungen, Aktionen und sogar Reaktionen (☿♈ 8.). Wenn Sie sehen, dass ein Mensch seine Taten in Einklang mit seinen Worten begeht, können Sie diesem sicherlich besser vertrauen (8.) als jemand der viele seiner Träume kundtut (♆ 3.) und Sie zu manipulieren versucht (♆♏, 8.), damit Sie für ihn die Arbeit machen (♌♍). Erkennen Sie durch Unterscheiden (♍) der Taten (♈) einen solchen manipulativen Träumer (♆♏), dann bitte teilen Sie ihm nicht Ihre Gründe, Motivationen, Absichten, Ziele o.ä. mehr mit! Bitte nicht, denn solche Menschen werden versuchen, Sie mit Ihren eigenen Zielen, Absichten etc. auf Kreuz zu legen (☋♓ 8., ♆♏ 3.). Es ist legitim, einem Lügner nicht die Wahrheit zu sagen (Taoismus)!

All solche Glaubengrundsätze (♃T□), über die wir gesprochen haben, wollen in diesem Leben aus Ihrem „System" eliminiert werden (☿ 8.). Bitte bedenken Sie, dass diese Glaubensgrundsätze weit in der Zeit zurückgehen. Ich würde sagen an die 4.000 Jahre (♆♏ - Stier-Unterzeitalter). Sie sind also nicht nur tief in Ihrer Psyche, sondern aus meiner Sicht auch in Ihren Zellen als unbewusste Erinnerungen abgespeichert (☿♀☽♈ 8.). Deswegen ist das Erlernen von Techniken von ganzheitlicher Körperarbeit und Erickson-Methode so enorm wichtig und hilfreich für Sie. In der Anwendung solcher Techniken – für sich selbst und aber auch für andere – bringen Sie sich in Einklang mit ihrer Seelenabsicht der Reinigung und Heilung (PPP ♓), um sich selbst und anderen wieder zu vertrauen (PPP 7., ☿♀♈ 8.)

Bezüglich Ihrer Frage, ob Reiki etwas für Sie wäre, kann ich das auch nur mit "Ja" antworten, solange Sie Reiki, die japanische Energieübertragungstechnik mit den Händen (☿) in Formen von Körperbehandlung (1. Grad) an sich selbst (☿♀♈) und an anderen (8.) anwenden. Die Techniken der Reiki-Fernbehandlung wären weniger förderlich für Ihre evolutionäre Entwicklung, denn es fehlt der körperliche Kontakt (☿♀♈). Ich persönlich halte Cranio Sacral (♑) und auch Jin Shin Jyutsu (☿♀♈ 8.) für angebrachtere Techniken für Sie.

Eine weitere wirklich hilfreiche Technik (♍), die in Ihrem Horoskop unterstützend für Ihre Evolution wäre, kommt aus der NLP (Neuro Linguistisches Programmieren) (♃T□, Lös.: ♌♍, ☿♀ 8.): Sie nehmen Blatt Papier und listen auf der einen Seite all die Dinge, die Sie an sich mögen und wertschätzen, auf der anderen Seite listen Sie alles, was Sie an sich nicht mögen. Es ist zu empfehlen, sich für die Erstellung dieser Liste eine Woche Zeit zu nehmen und jeden Tag ca. 15 Minuten daran zu arbeiten. Dabei durchleuchten Sie alles an sich und in Ihrem Leben. Bitte auch den Körper, Körperteile, Ihre Haut, Ihr Geruch, Ihre Stimme usw.

Sie können dabei auch schon beobachten, wie Ihr masochistisches Muster (♍) versuchen wird, Ihnen scheinbar logische Gründe zu geben, diese Arbeit zu sabotieren und nicht fertig zu stellen. Dennoch, wenn die Liste fertig ist, gehen Sie durch die Spalte mit den Dingen, die Sie an sich nicht mögen, und verwandeln jede negative Aussage in eine positive Affirmation. Dabei achten Sie bitte darauf, dass Sie Formulierungen finden, die in Ihnen ein bestärkendes Gefühl auslösen. Vielleicht löst das Wort „hübsch" nichts bei Ihnen aus, stattdessen aber das Wort „gut aussehend". Wenn Sie mit dem Umschreiben der negativen Seite fertig sind, nehmen Sie einen dicken Stift und streichen die negativen Aussagen aus bzw. durch: Weg, aus, vorbei!

Dann erschaffen Sie noch einen Power-Satz, wie zum Beispiel: „In jedem Augenblick werde ich jetzt unterscheiden (♌♍), was meine natürliche Wahrheit (♃ 5.) ist, sie erkennen (♍) und auf sie hören (♌ 2., ☿♀). Damit honoriere ich sie (2.) als eine Göttliche Quelle (♃ Altherrscher von ♓) aus der heraus ich über mich und vor allem auch über meine körperlichen Bedürfnisse (☿♀♈) immer tiefere Erkenntnisse (☿ 8.) ziehen kann, und dadurch zum meinem vertrautesten Freund wird (☿♀ 8.). Es wird mir dadurch ermöglicht, auf meine Bedürfnisse (♌ 2.) und auf die meines Herzens (♀) zu hören, und dementsprechend zu handeln (♈) – egal, was andere sagen (♆ 3.). Das wird mir jetzt die Kraft geben (♃ 5.) sowohl in meinem Privatleben (5.) wie auch auf meinem beruflichen Weg (♑) meine eigenen Entscheidungen zu treffen (☿♈ 8.), so dass ich einen Lebensstil erschaffen kann (♃ 5.), der meine inneren, einzigartigen Fähigkeiten und Ressourcen (♌ 2., ☿♈) mit Selbst-Akzeptanz und mit Selbst-Liebe annimmt (♌ 2.) zu meinem höchsten Wohle und zum höchsten Wohle aller, und wodurch ich die Honorare und das Geld verdiene (♌♍ 2., ☿♀), das ich benötige (♌ 2.) und mehr (♃) (natürliches Prinzip der Fülle)." Dieser Satz ist so ungefähr das evolutionäre Lösungsthema, das ich in Ihrem Horoskop sehe.

Jetzt kommt für das masochistische Muster (♍-♓) der schwerste Teil: Sie nehmen sich jetzt eine 120-Minuten-Cassette, auf die Sie jetzt Ihre Liste mit den bereits positiven Einstellungen und den umgeschriebenen, verwandelten Affirmation sowie mit dem Power-Satz immer wieder mit ruhiger, starker, liebevoller Stimme (☿♀) vorlesen, bis die Kassette auf beiden Seiten damit besprochen ist. Ja, ich weiß, dass Sie jetzt gleich sagen, dass Sie ihre Stimme nicht anhören mögen (☿♀ 8.). Das ist nur ein Versuch Ihres masochistischen Musters, ein heilsames Projekt zu untergraben! Tun um des Tun willens, ist viel konstruktiver!

Als letzter Schritt nehmen Sie sich nun einen Kassetten-Rekorder oder einen Walkman neben Ihr Bett. Abends, wenn Sie im Bett sind und bereit sind einzuschlafen, schalten Sie das Gerät auf recht leiser Lautstärker auf Abspielen. Sie drehen sich um und schlafen einfach ein. Anfangs mag das noch ungewohnt sein. Doch innerhalb einiger Tage wird es Routine (♌♍). Während Ihr Alltagsbewusstsein nun dem Schlafbewusstsein weicht, hört Ihr Unbewusstes wie Ihre eigene Stimme (☿♀♈) die alten Glaubensgrundsätze über sich selbst (♃♑ 5.) in verwandelter (8.) selbst akzeptierender (♌ 2., ☿♀) Form umgestaltet (8.).

Ihre eigene Stimme wird von Ihrem Unbewussten als „system-kompatibel" akzeptiert, sowie die Eigenblutbehandlung beim Heilpraktiker. Mit der Zeit (♑) wandelt sich Ihre Einstellung (♃) zu sich selbst (☊ 2., ☿♀♈ 8.). Da die Muster sehr tief und alt sind (☋ 8., ♃♑) dauert dieser Prozess natürlich ein wenig. Ich würde Ihnen empfehlen für mindestens 2 Monate (Lösungsknoten im 2. Haus), besser sogar noch für 5 Monate (♃ im 5. Haus) jeden Abend zum Einschlafen eine Seite der Kassette neben ihrem Bett laufen zu haben. Ich verspreche Ihnen eine völlig verwandelte Beziehung zu sich selbst (☊ 2., ☿♀♈ 8.) nach dieser fünfmonatigen Selbsthilfe!

Das Resultat wird sein, dass Sie Ihnen nicht nur schneller bewusst wird, wenn die alten Muster wieder versuchen, Sie und Ihre Kraft zu untergraben (♃ 5.T□ ♍-♓), sondern vor allem auch, dass Sie Ihre Prioritäten im Leben im Einklang mit Ihrem Herzen (☊♍ 2., ☿♀) setzen und damit selbststärkende Entscheidungen treffen können (♃ 5., ☊ 2., ☿♀♈ 8.). Das Horoskop sagt ganz deutlich: „Sie zuerst!" Und wenn Sie mal wieder in die alten Muster rutschen sollten, dann folgen Sie einfach Buddhas Rat: „Lächle Deinem Herzen zu" (♃ 5., ☿♀). Je öfter Sie selbstunterstützende Entscheidungen treffen, umso mehr Vertrauen wird Ihre innere Stimme wieder zu Ihnen haben (☿♀♈ 8.) und sie immer besser führen (♃♑). Doch bitte auch Vorsicht, im Übergang von den alten destruktiven Mustern zu den konstruktiven, wird es sehr wahrscheinlich auch zu Situationen kommen, in denen Ihre Mitmenschen Sie testen werden (8.). Sie werden wahrscheinlich versucht sein, alten Manipulationen auf den Leim zu gehen (☋♓ 8., ♆♏ 3.). Solche Tests sind nur zu natürlich: Wenn ich ein Bild aufhängen will und den Nagel gerade in die Wand gehämmert habe, werde ich auch zuerst testen, ob der Nagel hält, bevor ich das gute Bild aufhänge!

Abschließend möchte ich Ihnen gerne auch noch eine weitere Technik empfehlen, die auch wunderbar für Ihre Evolution geeignet ist – nicht um Sie mit Hinweisen zu erschlagen, sondern weil ich weiß, dass Ihr Lösungsknoten, der Nordknoten in Jungfrau, gerne viele praktische Werkzeuge in die Hand bekommen möchte, um an sich zu arbeiten (☊♍, ☿♈ 8.). Es ist die als „The Work" bekannte Technik von Byron Katie – www.thework.org. Sie bietet eine messerscharfe Selbst-Hinterfragungs-Technik um die eigenen Glaubensgrundsätze und ihre energetischen Folgen auf ihren Wahrheitsgehalt zu hinterfragen und zu untersuchen (♃♑, ☊♍, ☿ 8.). Wenn es Ihnen möglich ist, einen Workshop mit Byron Katie in Person zu besuchen, kann ich Ihnen das nur raten, denn ihre Persönlichkeit vermittelt die Techniken der „The Work" wesentlich lebendiger und liebevoller als es je eines Ihrer Bücher vermitteln kann. Mit ein wenig Übung, wird „The Work" zu einem dauernden Prüfstein in den eigenen Gedanken, wodurch sich eine enorme innere Freiheit (♈) ergibt, denn der Verstand kann sich immer leichter ins Herz fallen lassen (☿♀)!"

In dieser Evolutionären Horoskop-Analyse einer amerikanischen Klientin habe ich nicht nur die evolutionären Kernthemen besprochen, sondern auch ermutigende Vorschläge erarbeitet, die der Klientin ermöglichen, Ihre Seelenabsicht mithilfe des Lösungsknotens, dem Nordknoten ☊ in Jungfrau ♍ im 2. Haus, mit dessen Herrscher, Merkur ☿, in Widder ♈ im 8. Haus zu verwirklichen, der vor allem den wichtigen Aspekt der Konjunktion ☌ zur Venus ♀ bildet. Da sich der Lösungsknoten in der Jungfrau ♍ befindet, musste ich als astrologischer Berater viele praktische Techniken und Schritte (♍) hinsichtlich der evolutionären Lösung anbieten. Diese wiederholte ich sogar mehrmals, um dadurch die Wichtigkeit zu betonen, denn das 2. Haus wie auch das 8. Haus kann ja ziemlich starrköpfig und veränderungs-resistent sein.

Einige Monate später erhielt ich von dieser Klientin eine Email mit folgendem Text, den ich mit ihrer Erlaubnis veröffentlichen darf:

"Lieber Ulrich, ich möchte Dir mitteilen, was ich über die Horoskoplesung mit Evolutionärer Astrologie empfinde, die ich vor einiger Zeit von Dir erhalten habe – auch in der Hoffnung, dass viele andere Menschen in dieser wunderbaren Arbeit Unterstützung und Richtung finden: Seit ich denken kann, habe ich versucht, mein Leben durch das Selbsterforschen all dessen zu verstehen, was irgendein Licht darauf werfen könnte, damit ich tiefer und besser verstehen kann, was da in meinem Leben geschieht und vor allem auch warum. Durch diesen Prozess habe ich Stück für Stück immer größeres Bewusstsein von Einzeldynamiken gewonnen, die jedoch wie Puzzlesteine von einander unabhängig waren Deine Evolutionäre Astrologieberatung brachte all meine Puzzelsteine zusammen und lies mich meine Dynamiken in einem viel größeren Zusammenhang erkennen, wodurch ich ein ganzheitliches Verständnis für meine Existenz und mein Dasein habe. Dadurch habe ich jetzt eine Richtung, der ich praktisch folgen kann und werde. Danke Dir sehr! F.A. aus Virginia."

Lösungs- und Deutungsvorschläge zu den Übungen

Durch das gesamte Buch hinweg, fanden Sie Übungs-Boxen, die Sie dazu einluden, Ihre eigenen astrologischen Deutungen an Hand des Beispiel-Horoskops von Dick, geboren am 23. April 1918, um 13h in New York City, NY, mithilfe der astrologischen Schlüsselworte und den Techniken des Kapitels über „bedeutungsvolle Sätze" zu erarbeiten.

Ich möchte Ihnen nun zu diesen Übungsbeispielen einige Interpretations- und Deutungsmöglichkeiten anbieten, die sich auf die an Sie gestellten Übungen und Fragen beziehen. Bitte bedenken Sie dabei, dass die von mir angebotenen Deutungsvorschläge einige von vielen Deutungs- und Kombinationsmöglichkeiten darstellen. Sie sind eventuell zu anderen Interpretationen gelangt. Solange diese "astro-logisch" und "psycho-logisch" stimmig sind, können Sie sicher sein, dass Ihre Aussagen die Dynamiken und Energien des gegebenen Übungshoroskops widerspiegeln.

Um den Rahmen dieses Buches nicht zu sprengen, finden Sie die vollständige Evolutionäre Horoskopdeutung von unserem Übungshoroskop von Dick auf meinen Internetseiten unter www.ulrichbold.com, die von einigen meiner astrologischen Kollegen, ehemalige Schüler von mir, ausgearbeitet wurden. Diese vollständigen Deutungen befassen sich nach einem astrologischen Brainstorming mit den evolutionären Kernthemen von Dicks Seele und ihren Erfahrungen in vergangenen Leben, sowie mit weiterer Orientierung hinsichtlich der Seelenabsichten für das gegenwärtige Leben von Dick. Dabei wird auch auf familiäre Dynamiken seiner Herkunftsfamilie eingegangen. Sie finden außerdem auf meinen Internet-Seiten auch aktuelle Informationen über kommende Workshops, sowie im Shop der Webseiten Vorträge und Kurse der Evolutionären Astrologie als CD- und/oder DVD-Kurse, sowie hoffentlich bald auch ein Astro-Forum, das den regen Austausch von Astrologie-Studierenden mit mir in Form eines Fragen-Antworten-Raums und geben soll.

Hier nochmals das Übungs-Horoskop von Dick:

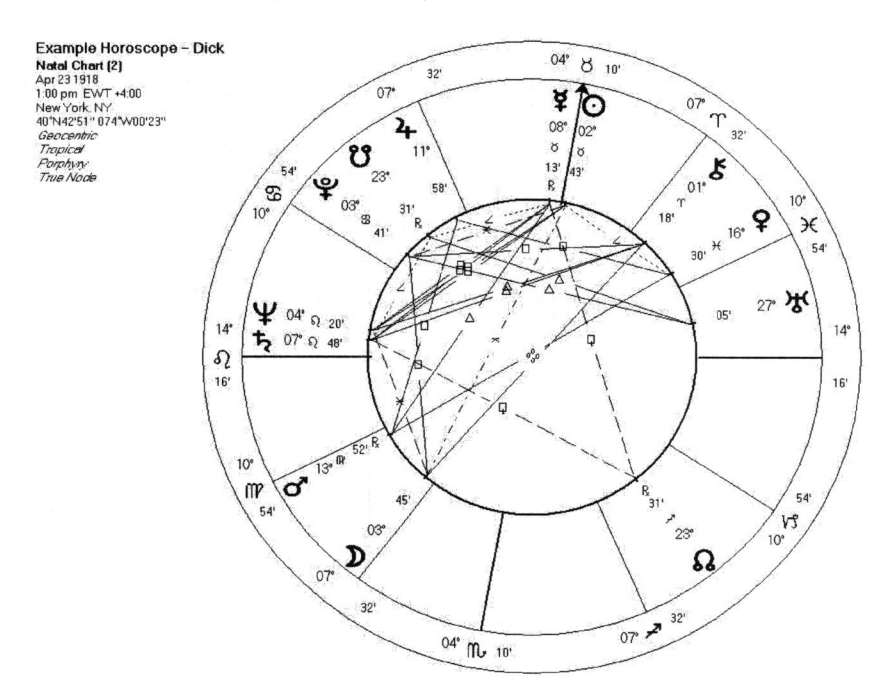

Lösungsvorschläge zu Übung Eins
1. Untersuchen Sie in Dicks Horoskop, wie das Zeichen Löwe ♌ an seinem AC seine körperliche Energie, Erscheinung und seine instinktiven Verlangen definiert.
2. Untersuchen Sie den planetaren Herrscher von Dicks AC, die Sonne ☉ in Stier ♉ als weitere Zusatzinformation, wie sein physischer Körper und seine instinktiven Verlangen gelebt werden. Falls Sie schon geschult sind, beziehen Sie dabei gerne noch das 9. Haus (Schütze ♐ Archetyp) mit ein, in dem die Sonne ☉, Herrscher des AC steht.

Das Zeichen Löwe ♌ an Dicks Aszendenten steht für eine sehr vitale (♌) körperliche (AC) Energie. Seine körperliche Erscheinung wird daher von einer starken Ausstrahlung sein. Er ist eine Person, die den Raum um sich mit seiner Präsenz ausfüllt. Seine körperlichen Instinkte (AC) richten sich auf alles Selbststärkende mit einer instinktiven Selbstdarstellung (♌) aus, was durch den Stand der Sonne ☉ im Zeichen Stier ♉ sogar noch verstärkt wird. Sein Körper (AC) strahlt daher nicht nur eine fast charismatische Gegenwart aus (♌), sondern agiert instinktiv (AC) in einer sinnlichen, geradezu eigen-erotischen Weise (♉). Köstliche Speisen (☉♉), vor allem von natürlicher und/oder ausländischer Herkunft (9.) reizen sicherlich seine körperlichen Instinkte (AC), sich selbst wie einen König (♌) zu verwöhnen (♉), was im Gegenzug seine körperlich-sinnliche Vitalität stärkt (♌, ☉♉) und ihm somit Freude (9.) macht, mit sich selbst in selbst liebender Beziehung zu stehen (☉♉). Es ist des Weiteren auch gut möglich, dass ihn sein hohes körperliches Energiepotential (AC ♌, ☉ 9.) zu Aktivitäten (AC) in der Natur (☉ 9.) führt, wie zum Beispiel Wandern oder im Garten arbeiten (☉♉ 9.) und/oder andere Länder und Kulturen zu bereisen (9.), wodurch er nicht nur durch deren kulturellen Werte (☉♉ 9.) seinen eigenen Horizont erweitern kann (9.), sondern sich auch als Mann von Welt erfahren kann (AC ♌, ☉ 9.).

Lösungsvorschläge zu Übung Zwei
1. Untersuchen Sie unser Beispiel Horoskop von Dick, wie das Zeichen Widder ♈, Herrscher Mars ♂ in Jungfrau ♍ im 2. Haus, seine philosophische Einstellung zum Leben definiert, und wie er sein Bewusstsein erweitert. Falls Sie schon Wissen in Astrologie besitzen, beziehen Sie bitte noch den natürlichen Herrscher Jupiter ♃ in Zwilling ♊ im 11. Haus mit ein.
2. Hätte Dick irgendetwas mit Lehren bzw. Unterrichten zu tun, was und worüber würde er lehren, und zu welchen Menschen?

Widder ♈ an der 9. Hausspitze kann als eine Person gedeutet werden, die auf autodidaktische Weise lernt, sich weiterbildet und ihren Horizont erweitert. Dieser Mensch wird seinen eigenen Einsichten am meisten vertrauen (♈ 9.). Aufgrund der Stellung von Herrscher Mars ♂ in Jungfrau ♍ ist er ein Mensch, der vor allem praktische, „irdische" Erfahrungen braucht (♍ 2.), um seinen Horizont zu erweitern und sich weiter zu bilden (9.). Das befähigt ihn zu unterscheiden (♍), was für ihn funktioniert (♈) und was nicht. In anderen Worten heißt das, er braucht es (2.), seinen inneren Impulsen (♈) zu folgen, indem er sie praktisch (♍) ausführt (♂). Dadurch erkennt er auch (♍), wozu er in der Lage ist (♍ 2.). Bei solch praktischer Umsetzung (♂♍) wird er auch ständig neue Impulse und Intuitionen haben (♈ 9.), wie er was noch immer besser machen und perfektionieren kann (♂♍). Er lernt (9.) also aus seinen eigenen praktischen Handlungen (♂♍) und kann diese Erkenntnisse (♍) als sein eigenes Hab und Gut wertschätzen (2.) und sogar daraus Einkommen erschaffen (2.). Diese Fähigkeiten würden ihn auch im Wirtschafts- und/oder Geldwesen (2. ♍) erfolgreich (9.) machen.

Jupiter ♃ in Zwilling im 11. Haus weist zusätzlich auf Dicks enorm schnelle Intuition, die wie ein Blitz (11.) funktioniert. Solche Gedankenblitze (Ⅱ 11.) geben ihm meist Einblick in das Gesamtbild (♃) eines Themas (Ⅱ), d.h. er sieht das Endergebnis (♃) vor den eigentlichen Schritten (Ⅱ), was ihn befähigt Ideen (11.) diverser Techniken (Ⅱ) auf außergewöhnliche Weise (11.) anzuwenden, um an dieses Ziel zu gelangen (♃). Solche Ideen (11.) muss er aber immer wieder praktisch umsetzen bzw. anwenden (♂♍), wobei er dabei weiter von intuitiven Gedanken (♃Ⅱ) gespeist wird, die die praktische Effizienz noch verbessern (♍). Dicks großer geistiger Schatz an innovativen Ideen (♃Ⅱ 11.) hat eine Tendenz vor allem in und durch Gruppen (11.) ausgelöst zu werden, wo viele unterschiedliche Ideen (Ⅱ 11.) philosophiert (♃) und ausgetauscht werden (Ⅱ). Solche Brain-Stormings in Gruppen (Ⅱ 11.) bringen neue Techniken und Perspektiven hervor (♃Ⅱ 11.), die zu einer Synthese (♃) von konfliktierenden Gedanken (Ⅱ) führen. Praktische Umsetzung und daraus resultierende Erfahrungen (♂♍) von Dick führen zu neuen philosophischen Gedanken und Ideen (♃Ⅱ 11.), die wiederum im Gegenzug die praktische Anwendung (♂♍) ausbauen (♈ 9.) und sich auch in guter, barer Münze (2.) vermarkten lassen (9., ♃Ⅱ).

Wäre Dick ein Lehrer (9., ♃) so müsste das in einem sehr praxisnahen Gebiet sein (♈ 9., ♂♍), das offen für praktische Impulse (♂♍) und innovative Ideen (Ⅱ 11.) ist, die sich praktisch finanzieren lassen (♍ 2.) und später auch weit auf dem Markt verbreiten ließen (♃Ⅱ). Seine Lehrmethoden (9.) wären sehr individuell (♈) und weichen sicherlich von den herkömmlichen Lehrmethoden ab (♃ 11.), denn er bezieht die diversen Meinungen der Schüler (Ⅱ) in seiner Suche nach neuen Wahrheiten (♃ 11.) mit ein. Er besitzt die große Gabe, optimistisch mit und in Gruppen kommunizieren zu können (♃Ⅱ 11.) und die einzelnen Gedanken (Ⅱ) in ein neues, größeres System einzugliedern (♃ 11.). Dabei geht er sicherlich sehr pragmatisch vor (♂♍), indem er erst einmal (♈) eine Bestandsaufnahme der Themen macht (♍ 2.), sie dann in Prioritäten sortiert (♍), um dann mit den Gedanken aus der Gruppe (Ⅱ 11.) zu philosophieren (♃), was die besten praktischen Schritte bei der Umsetzung wären (♂♍), vor allem auch um Kosten bzw. Ressourcen zu sparen (♍ 2.) und doch auf dem Markt effizient sein zu können (♈ 9., ♂♍). Daher wäre Dick ein großartiger Lehrer in Bereichen der Finanzen (2.), der praktischen Abläufe in Betrieben (♍) und Organisationen (11.), sogar auch in den Medien (♃Ⅱ 11.). Ich würde ihm empfehlen, sein eigenes Business als Geschäftscoach aufzubauen (♈ 9., ♂♍ 2.) und seine Dienstleistungen (♍) an diverse Firmen und Organisationen (11.), sowie an Lehrinstitutionen (9., ♃), wie Universitäten und Fachhochschulen, anzubieten, wo seine Fähigkeiten gebraucht werden (♂♍ 2.).

Lösungsvorschläge zu Übung Drei
In dieser Übung sind Sie dazu eingeladen alle 6 Deutungsschritte, die im Kapitel Drei "Bedeutungsvolle Kombinationen" erklärt wurden, anzuwenden. Wie interagiert Dick mit und in Gruppen?
Beachten Sie, dass im 11. Haus zwei Planeten stehen, die bei Ihrer Analyse mitbedacht werden müssen. Den Südknoten des Mondes übergehen Sie bitte noch.

In Bezug auf Schritt Eins, Zwilling ♊ an der 11. Hausspitze, und Schritt Zwei, der planetare Herrscher, Merkur ☿, der rückläufig im Stier ♉ im 10. Haus steht, kann man sehen, dass Dick als Führungskraft (10.) bzw. als Seminarleiter (10.) in Gruppen (11.) mithilfe diverser Formen von Kommunikation, Gedankenaustausch verschiedener Meinungen (♊) agiert. Dabei bringt er altes Wissen und alte Kommunikationsfähigkeiten (☿ rückläufig) von sich (♉) mit ein, die ihm ermöglichen, Informationen (♊) anders zu betrachten bzw. zu verarbeiten (11., ☿ rückläufig) und sie wieder durch innovative Fragen (☿ 11.) in die Gruppe einzuwerfen (♊ 11.), so dass die Teilnehmer der Gruppe anfangen, anders zu denken (♊ 11.) und zu neuen Gedanken und Ideen kommen können (♊ 11.). Dabei wird Dick seine Position als Leiter (10.) auf selbstvertrauende, geerdete Weise (♉) halten, wobei er fühlen kann (♉), welches Wissen und welche Art der Kommunikation jetzt gebraucht wird (☿♉). Er führt also eine Gruppe (11.) sehr bodenständig und solide (☿♉ 10.) und gibt ihr doch mentale Freiheit (♊ 11.) mit eigenen Gedanken und Ideen aufzukommen (♊ 11.).

Schritt Drei – Planeten in dem zu untersuchenden Haus – Jupiter ♃ in Zwilling ♊ im 11. Haus als planetarer Herrscher von Dicks 5. Haus zeigt, dass Dick in der Lage ist, seinen eigenen persönlichen Standpunkt (5.) hinter sich zu lassen, und sich als Gleicher unter Gleichen (11.) in der Gruppe einzubringen. Dabei expandiert er seinen persönlichen Raum soweit (5. ♐), dass ein jeder in der Gruppe dort Platz hat (♃ 11.) und sich motiviert (5.) und inspiriert fühlt (♃), den eigenen Gedanken freien Lauf zu lassen (♃♊ 11.). Dick besitzt dabei die Gabe, alle diversen Gedanken der Gruppe (♊ 11.) zu sammeln (☿♉) und mithilfe seiner meisterlichen Kommunikationstechniken (☿♉ 10.) die Gruppe zu neuen, innovativen Einstellungen und Philosophien zu führen (♃ 11.). Dabei nutzt Dick seine natürliche Lehrer-Persönlichkeit (♌ AC, ☉ 9., ♐ 5.), um der Gruppe vitale Kraft zu geben (♃ Herr von 5. in 11.), damit diese ehrlich kommuniziert (♃♊), um bodenständige (☿♉), verantwortungsvolle (10.) Gedanken, Ideen und Philosophien zu finden (♊, 11., ♃). Dadurch wird ein jedes Mitglied der Gruppe das Gefühl haben, er habe an der neuen Idee praktisch mitgearbeitet (♃ als Herr von 5.), und wird daher auch bei der späteren Umsetzung persönlich motiviert sein (5.). Man erkennt die enorme Gabe von Dick von Führung in Gruppen (☿, Herr von 11. in 10.).

Der andere Planet im zu untersuchenden Haus ist Pluto ♇ in Krebs ♋ und zeigt, dass Dicks Interaktion in und mit Gruppen nicht nur profund und tief ist (♇), sondern dass er auch emotionale Konfrontationen (♇♋) verursacht, sei es um die Wahrheit in Gruppen ans Licht zu bringen (♃ 11.) oder aber die Gruppe dazu zu bringen, mit alten emotionalen Gewohnheiten zu brechen (♇♋ 11.), um eine Befreiung von ihnen zu bewirken, damit eine neue emotionale Ebene bzw. Tiefe ge- bzw. erfunden werden kann (♇♋ 11.), mit der sich die Gruppe und jeder Einzelne sicher und wohl fühlen kann (♋ 11.). Während solcher emotionalen Konfrontationen (♇♋) leitet Dick sicherlich (10.) durch emotionales, aber doch ehrliches Stützen (♋, ♃ 11.) wie eine Vaterfigur (☿ 10.) und doch als ein Teil der Gruppe (♃ Herr von 5. in 11.). Mit seinen familientherapeutischen Fähigkeiten (♇♋) führt er (10.) die Gruppe (11.) nicht nur durch den Prozess von ehrlicher Kommunikation (♃♊), wodurch neue Ideen hervorgebracht werden (11.), sondern auch an Tiefen, in denen alte Überidentifikationen und Gewohnheiten unter den Gruppenmitgliedern und somit in der Gruppe aufgegeben bzw. eliminiert werden können (♇♋ 11.), wodurch wiederum neuer emotionaler Raum geschaffen wird (♋ 11.) durch den man die neuen Ideen und Philosophien emotional annehmen kann (♃ 11, ♋) ohne sich durch sie bedroht zu fühlen (♇♋ 11.).

Schritt Vier – der natürliche Herrscher des zu untersuchenden Hauses, Uranus ♅ steht in seinem eigenen Zeichen, Wassermann ♒ im 7. Haus. Er bestätigt Dicks Fähigkeit, in Gruppen (♒) auf die Bedürfnisse der Einzelnen in der Gruppe einzugehen (♅♒ 7.) und dabei doch alles, was er von ihnen hört (7.), zu objektivieren (♅) und auf einer höheren Ebene zurückzugeben (♒). Seine außergewöhnliche Gabe, Anderen vor allem Fremden (♅) zuzuhören (♒ 7.), hilft (7.) ihnen sich selbst zu objektivieren (♅) und sich somit frei und innovativ zu fühlen (♅♒ 7.). Dabei bietet er anderen in einer Gruppe neue Ideen bzw. andere Blickwinkel an (♅♒ 7.) und führt sie dabei als Gruppenleiter (☿ 10.), eigene Ideen, seien sie auch noch so verrückt (♅), in die Gruppe einzubringen (♒ 7.) Dadurch gibt er den anderen (7.) das Gefühl, etwas Besonderes zu sein (♒), denn Dick bleibt dabei völlig unverhaftet (♅) und frei (♒). Innerhalb der Gruppen (♒) ist Dick auch in der Lage, absolut neue und innovative Wege aufzuzeigen, wie sich das Individuum besser auf sich und seine Bedürfnisse beziehen kann (♅♒ 7.). Das führt natürlich zu Befreiung vom Altbekannten (♒) im Individuum, wodurch neue Beziehungsqualitäten in der Gruppe entstehen können (♅♒ 7.), die Dick führt (☿ 10.), wodurch frische, neue Dynamiken unter den Mitgliedern einer Gruppe oder einer Organisation entstehen können (♅♒ 7.)

Schritt Fünf – das Natürliche Zeichen des zu untersuchenden Hauses, hier Wassermann ♒ befindet sich an der 7. Hausspitze und wurde

ja eben schon gedeutet. Doch dadurch, dass Schritt Fünf gleich Schritt Vier ist, muss das Thema von ♅ ≈ im 7. Haus noch stärker in der Deutung betont werden, denn es zeigt sich ja auch astrologisch als betont!
Schritt Sechs – Planeten im Natürlichen Zeichen des zu untersuchenden Hauses führt wiederum zu Uranus ♅, der in seinem eigene Zeichen, Wassermann ≈ im 7. Haus steht. Wieder eine astrologische Wiederholung, die uns anzeigt, das unter Schritt Vier gedeutete Thema nochmals mehr in der Beratung zu betonen.

Lösungsvorschläge zu Übung Vier
Untersuchen Sie in Dicks Horoskop dessen berufliche Richtung und Berufung. Was für eine Autorität wird er werden, wenn er älter ist?
Jetzt, da wir durch alle 12 Zeichen mit ihren Herrschern und entsprechenden Häusern gegangen sind, können Sie alle 6 Deutungsschritte von Kapitel Drei „Bedeutungsvolle Kombinationen" anwenden.

Schritt Eins – Zeichen an der Hausspitze, hier Stier ♉ am MC zusammen mit Schritt Zwei – der planetare Herrscher des zu untersuchenden Hauses, hier Venus ♀ in Fische ♓ im 8. Haus führt zu der Aussage, dass Dicks beruflicher Weg ein sehr irdischer bzw. geerdeter Weg sein wird (♉), bei dem er aber durch viele innere Verwandlungen gehen wird (8.), um falsche Werteassoziationen zu eliminieren (♀ 8.), um an den Kern der Dinge zu kommen (♀ 8.), was sich meist in der Einfachheit (♓) finden lässt. Obwohl sein Berufsweg mit weltlichen Bereichen wie Finanzen, Besitztümer o.ä. (♉) zu tun hat, ist der doch dazu berufen, von tiefer Hilfestellung (♀ 8.) in solchen Gebieten zu sein, ein „Heiler" (♀♓) oder Therapeut (♀ 8.) der Finanzwelt o.ä., der hilft (♀♓), die existentiellen Strukturen (♉ MC), die Gefahr laufen abzusterben (8.), zu heilen bzw. zu verändern (♓, veränderliches Zeichen), damit ein weiteres Überleben (♉) gewährleistet werden kann. Dabei besteht Dicks Funktion in der Konfrontation (8.) der bestehenden Werte (♉, ♀), die die Struktur (10.) schwächen (♀♓) und somit auch die Menschen (♀) in diesem Gefüge (10.), die eventuell in schwächenden Machtspielen verstrickt sind (♀♓ 8.) Er wird im Bereich der Finanzen (♉) und Finanzierungen (8.) mit Krediten und Darlehen (8. Haus, als 2. Haus vom 7. Haus gilt oft als Geld der anderen) auseinandersetzen, die die bestehende Struktur (10.) schwächen (♓) und dem Ruin nahe bringen (8.), und dabei Inspirationen (♓) finden, die das System (10.) vereinfachen (♓).

Doch ich sehe Dicks Fähigkeit noch viel mehr darin, mit anderen Menschen auf heilsame, therapeutische Weise (♀♓ 8.) zu arbeiten, um ihnen zu helfen, sich von falschen Werten, mit denen sie zu stark identifiziert sind, zu verabschieden (♀♓ 8.). Dabei sollte er mit seinen übersinnlichen Wahrnehmungen und Fähigkeiten arbeiten[120] (♀✶) und anderen zu einer heilsamen Kur von falschen Werten und Werteassoziationen verhelfen (♀✶ 8.), um sie an universellere Werte (♀✶) zu führen (10.), die dem Großen und Ganzen dienen (✶). Als solch ein persönlicher Therapeut/Heiler (♀✶ 8.) oder übersinnlicher Finanzberater (♉ 10., ♀✶ 8.) würde er Tabus und Geheimnisse aufdecken (♀✶ 8.) – eine delikate Aufgabe, die von ihm Einfühlung und Fingerspitzengefühl verlangt (♀✶), um nicht auf Ablehnung und Widerstand zu stoßen (8.), wenn er auch in intime Bereiche wie Sexualität vordringt (8.). Es gilt also für Dick darum, seine Führungsqualitäten als ein inspirierter bzw. inspirierender Führer mit übersinnlichen Fähigkeiten anzuerkennen, wertzuschätzen und vor allem zu vertrauen (♉ 10., ♀✶ 8.). Räumt er die Zweifel an seinen eigenen Wahrnehmungen aus dem Weg (♀✶ 8.), können Fantasie und Inspiration durch ihn wirken und somit auch andere inspirieren, in Kontakt mit ihren tiefer liegenden Gefühlen, Sehnsüchten und Träumen zu kommen (♀✶ 8.).

Schritt Drei – Planeten in dem zu untersuchenden Haus, hier Merkur ☿ rückläufig in Stier ♉ zeigt, dass sein beruflicher Weg mit Formen der Kommunikation wie Beratung, Vorträge, Verhandlungen etc., aber auch Schreiben zu tun hat. Dabei braucht Dick aber immer wieder Zeit, um über seine eigenen Gedanken brüten und reflektieren zu können (♀ 10.), so tief (♀ 8.) bis Inspirationen aus seinem Herzen (♀ - Herzchakra) dem Verstand (☿) die Lösung geben (✶). In seiner schriftstellerischen Arbeit geht es sicherlich um strukturelle Effizienz (☿♉ 10.) in Bezug darauf, wie Überleben in bedrohlichen Situationen gemeistert werden kann (♉ 10., ♀ 8.). Dabei kann er über Strategien (10.) schreiben (☿), wie man selbst mit wenig (✶) das Überleben meistern (♉). Geht Dick den therapeutischen Berufsweg (8.), dann könnte er mit guten Fragen (☿) den Klienten in die eigenen Tiefen führen (♀ 8.) und sogar mit seinen Händen (☿) über Berührung (♀) helfen (✶), energetische Blockaden aus dem Energiekörper des anderen zu eliminieren (☿, ♀✶ 8.).

Da Merkur ☿ Herrscher des 11. Hauses ist, zeigt sich, dass Dick mit Sicherheit in bzw. mit Gruppen, Verbände, Parteien, Organisationen arbeiten wird, um Ihnen als Gruppenleiter (☿ 10.) zu inspirierenden (♀✶) neuen Ideen (11.) zu verhelfen, die Finanzierungen (8.) und somit das Überleben (♉) vereinfachen (✶). Da Merkur auch über das 2. Haus (♍) herrscht, betont es wiederum die Wahrscheinlichkeit der Bereiche von Finanzen, Finanzierungen, Besitz und Überleben, sei es in der Wirtschaft

---

[120] Dick würde niemals offiziell zustimmen, dass er übersinnliche Gaben hat, denn die Venus im 8. Haus hat Angst vor der Aufdeckung seiner Gaben, vor allem wenn es sich um etwas so Verwundbares wie übersinnliche Wahrnehmungen handelt.

oder im Therapeutischen. Dicks beruflicher Weg verlangt nicht nur, dass er völlig selbst erhaltend (♉) ist, sondern auch, dass er seine Ressourcen (♉), inklusive die der Kommunikationsfähigkeiten (☿), dazu hernimmt, anderen Menschen bzw. Gruppen (11.) zu helfen (♓) das Überleben (♉, 2.) zu verbessern (♍) und sogar zu vereinfachen (♓).

Schritt Vier – der Natürliche Herrscher des zu untersuchenden Hauses, hier Saturn ♄ steht in Löwe ♌ im 12. Haus und ist schon wieder ein astrologischer Hinweis auf die doppelten Ebenen der beruflichen Aufgabe von Dick. Einerseits vital, energetisierend und irdisch-bodenständig (♄♌), auf der anderen Seite formlos, heilsam und vereinfachend mit einer Portion himmlischer Fähigkeiten (♄ 12.), sowie auch der Herrscher vom 10. Haus, Venus ♀, in Fische ♓ steht. Auf jeden Fall sollte Dick selbständig tätig sein (♄♌), sei es in der Welt der Finanzen mit ihren Führungsebenen (♉ 10., ♄♌) oder im Bereich der Heilung (♄ 12.). Sein Pfad hat sicherlich mit der Veränderung (12. Haus ist veränderlich, ♓ ist veränderlich) von bestehenden Strukturen zu tun (10., ♄♌), indem er dabei hilft (12.), Strukturen zu minimieren und zu vereinfachen (12.), um überflüssige Lasten loszuwerden (♄ 12.), damit mehr Kreativität und Vitalität (♌) in die Strukturen fließen kann, wodurch deren Überleben garantiert wird (♉). Im Therapeutischen würde Dick viel mit Traumarbeit (12.) und geführter Trance (♄ 12.) wie Hypnose (♀♓ 8.) arbeiten, um in die Tiefen des Unbewussten zu führen (♀♓ 8., ♄ 12.), wo Inspiration und Kraft wohnt (♄♌ 12.).

In Bereichen der Wirtschaft und des Finanzwesens (♉) könnte Dick wie eine graue Eminenz im und aus dem Hintergrund wirken (♄♌ 12.), ein Führer für Selbständige und Manager (♄♌), der aber hinter den Kulissen führt (♄ 12.) und Projekte mit seinen Fähigkeiten begleitet (♄♌). Da Saturn ♄ über das 6. Haus herrscht, geht es um die praktische Anwendung (6.), die einfach (♄ 12.) und doch vital und kreativ (♄♌) sein muss, und universellen Regelmäßigkeiten (♄ 12.) folgt, die Dicks Spezialität sind (♄♌ 12.). Dabei muss Dick es zulassen, dass er selbst von Innen heraus geführt wird (♄ 12.) als ein Göttliches Kind (♄♌ 12.), das voller spielerischer Inspiration und Fantasie (♌ 12.) ist. Nach dem Motto: „Wenn ich es mir vorstellen und es visualisieren kann (♌ 12.), dann kann ich es auch in die Realität bringen (♑ 6. von ♄♌ 12. beherrscht.). Die enge Konjunktion ☌ Saturn ♄ zu Neptun ♆ in der Neuen Phase, betont das oben Gesagte umso mehr, denn Neptun ♆ hat denselben archetypischen Haushalt wie das 12. Haus.

Schritt Fünf – das Natürliche Zeichen des zu untersuchenden Hauses an einer Hausspitze bringt uns ins 6. Haus, was eine astrologische Wiederholung des Merkurs ☿ im 10. Haus darstellt (das 6. Haus ist Jungfrau ♍ - Archetyp, und wird von Merkur ☿ beherrscht. Hier ist

Steinbock ♑, Archetyp des 10. Hauses an der 6. Hausspitze, und Merkur ☿ im 10. Haus). Das zeigt an, dass Dick bei seiner weltlichen bzw. täglichen Arbeit (6.) immer wieder von kreativen Inspirationen (♄♌ 12.) geführt wird, die er aber auf die Welt (6.) bringen muss, und zwar mit und durch Arbeit an und mit den wirklichen Problemen bzw. Inhalten der Aufgaben von Führung und Strukturierung (♑ 6.), um diese mithilfe von universellen Prinzipien und Gesetzmäßigkeiten zu vereinfachen (Herr von 10. ♀♓, ♄♆ 12.).

Daher wird Dick ein hart arbeitender Mann sein (♑ 6.), vor allem wenn er von einem Projekt angetan sein wird (♄♌), wird er wie ein Künstler (♌) bis zur Erschöpfung (12.) arbeiten (6.), Raum und Zeit vergessen (♄ 12.). Durch seine bodenständige Arbeit (♑ 6.) wird Dick sein von Gott gegebenes Potential (♄♌ 12.) auf eine Weise in Dienst (6.) stellen, ohne sich dabei selbst in zentrale Pose bzw. Szene zu drängen (♄♌ 12.) und somit als starkes (♌), aber demütiges (6.) Beispiel zeigen (♌), das andere inspiriert (♄♆♌ 12.) und energetisiert somit kräftigt. Seine Arbeit (6.) wird einen starken Einfluss auf viele Bereiche jenseits seiner täglichen Betätigung haben (♄♆♌ 12.). Sie trägt eine wunderbare Mischung aus Kraft (♌) und Hingabe (12.) mit einem wunderbaren Funken des Göttlichen (♄♆♌ 12.)

Eine vollständige Evolutionäre Horoskopdeutung des Beispielhoroskops von Dick, die begabte Astrologen - ehemalige Schüler von mir - ausgearbeitet haben, finden Sie auf meinen Internet-Seiten unter www.ulrichbold.com. Es handelt sich bei Dick um Richard Beckhard Begründer der so genannten „Change Agents" (MSOD - Master System Organisation Development), einer besonderen Berufsbildes professionell ausgebildeter Unternehmensberater und -counselors in den Vereinigten Staaten von Amerika. Erst kürzlich hat sich das Teacher's College Columbia in New York City dazu entschlossen, eine Bücherei mit all den Büchern, Vorträgen und Werken von Richard Beckard zu gründen. Seine Arbeit ist auch heute noch der inspirierende Meilenstein, der unzählige „Change Agents" motiviert, in Firmen und Organisationen, vom Roten Kreuz bis zur Weltbank in Washington, DC, zusammen mit den jeweiligen Angestellten und Managern interne Vereinfachungen der bestehenden Strukturen zu erarbeiten, die sowohl metaphysische Dynamiken wie auch menschliche Bedürfnisse und Ressourcen in einer Weise wirtschaftlich und humanitär aufbauen, dass in Firmen und Organisationen der freigeistliche Fluss von Kreativität und Menschlichkeit beständig wirken können.

Ich persönlich habe das Glück, mit einigen dieser „Change Agents" als Coach und Berater zusammen zu arbeiten. Die Zielsetzungen dieser Consultants dienen wahrlich dem Großen und Ganzen, und geben mir Hoffnung auf eine bessere Welt von Morgen.

Richard „Dick" Beckhards Biographie[121]

„Richard „Dick" Beckhard, geboren am 23. April 1918 um 13h in New York City, ist seit langer Zeit schon ein Führer in der Entwicklung von Organisationen und ein Professor der Sloan School of Management at MIT. Er war Co-Autor von „Organisation of the Future"(Jossey-Bass, 1997) und "Leader of the Future" (Jossey-Bass, 1996), zudem schrieb er viele weitere Bücher als Autor oder Co-Autor wie zum Beispiel das Buch „Changing the Essence" (Jossey-Bass, 1992). Er erhielt viele renommierte Preise und Auszeichnungen über Organisationen inklusive der Sloan Managemnet Review, das Familiz Firm Insitute, das Office for Public Management, U.K. und die Latin American Organisation Development Association.

Beinahe fünfzig Jahre lang arbeitete Richard Beckhard, um Organisationen in ihren Funktionen dahingehend zu helfen, dass menschlichere und zugleich effizientere Umstände geschaffen werden, und um dabei auch Menschen zu motivieren „Agenten des Wandels" zu sein. Er ist ein Pionier in der Organisations-Entwicklung (OD), menschlichen Ressourcen-Training und in großen Systemveränderungen. Er hat großen Einfluss auf die Evolution von Organisationen und deren Umfeld. In seinen professionellen Memoiren formuliert Beckhard seine Prinzipien der Praxis, und wie diese seine Arbeit und dadurch die nächsten Generationen der Organisation-Development-Mitarbeiter motivieren und beeinflussen. (...)Beckhards soliden Richtlinien und konzeptionellen Modelle sind aus praktischer Erfahrung erwachsen und leben von seiner Weisheit und seinem einzigartigen Erfahrungsschatz."

---

[121] Übersetzt aus dem Klappentext seines Buches "Agent of Change" – My Life, My Practice by Richard Beckhard (Jossey-Bass Publishers)

Epilog

Ich hoffe, dass dieses Buch ein wirklich wertvolles Werkzeug nicht nur in der astrologischen Arbeit sein kann, sondern vor allem auch Licht in die Tiefen der essentiellen Dynamiken vergangener Leben bringt, denn unsere Westlichen Gesellschaften sehnen sich nach ganzheitlicherem Sinn und tieferer Bedeutung, was zu einem Wandel führen wird - hin zu universellen Paradigmen.

Stellen Sie sich einmal vor, unsere Westliche Welt würde die natürlichen Prinzipien der Wiedergeburt und somit das Gesetz von Ursache und Wirkung zulassen, annehmen und integrieren: Das Wissen des Kontinuums des Bewusstseins durch viele, viele Inkarnationen hindurch – immer wieder durch die Türen des Lebens, Geburt und Tod. Das würde unsere kollektive Angst vor dem Tod und somit vor dem Leben selbst zum Besseren verwandeln. Wir könnten den Tod als das Natürlichste des Lebens sehen, der eine Tür öffnet und nicht nur eine schließt.

Wiedergeburt als Kontinuum des Lebens sowie Ursache und Wirkung als dessen Steuer anzuerkennen, würde einen jeden von uns universell dazu einladen, die völlige Verantwortung für das eigene Leben mit all seinen Lebensumständen zu übernehmen. Es würde uns darüber hinaus bewusst machen, was unsere Entscheidungen und Handlungen später als Wirkung haben könnten. Spielen Sie allein einmal diesen Gedanken weiter und projizieren Sie ihn auf unsere Gesellschaft: Wir hätten Formen der Kindererziehung, der Bildung und Weiterbildung, der medizinischen und psychologischen Hilfestellungen und auch politische Grundlagen, die alle auf dem Grundstock der Eigenverantwortung stehen. Denken Sie welch wunderbaren Auswirkungen das auf die Gesetzgebung, auf unsere Bürokratie und auf unsere Arbeits- und Wirtschaftswelt hätte – nicht zu reden von dem Frieden, den wir unter den religiösen Gruppierungen hätten! Vor allem denken Sie, mit welcher Aufmerksamkeit ein jeder Mensch die Umwelt sehen und behandeln würde. Wir würden zu wahren Menschen werden, zu einer wahren Zivilisation, und wir könnten uns wirklich homo sapiens nennen – oder wie die Maoris: „Hüter der Erde".

Möge dieses Buch inspirieren, herausfordern, an die bestehenden Grenzen führen, und einen jeden Leser über die eigenen Begrenzungen führen, so dass eine Horizonterweiterung einsetzen kann, die die Reise des inneren Selbst fördert, und erkennen lässt, dass Astrologie nur eine von vielen Wegen der Erkenntnis ist. Doch das wahre Selbst liegt jenseits aller Gedanken, Emotionen und Konzepte. Alle Techniken sind nur Versuche das Eine zu erfahren, und wird es erlebt, erkennt man wie unbeschreiblich Es ist.

Ulrich Böld, Hamburg 2008

Über den Autor

Ulrich Böld begann seinen astrologischen Weg 1992 im Zentrum des Deutschen Astrologen Verbands (DAV) in Hamburg, nachdem er über Jahre erfolgreich im mittleren Management tätig war. Er erlernte zudem den traditionellen Reiki Meister/–Lehrer des Dr.Usui-Systems zusammen mit einer Weiterbildung als ganzheitlicher Lebensberater. Doch den Löwenanteil seiner Aufmerksamkeit widmete er seinen astrologischen Studien. 1994 beendete Ulrich Böld mit Auszeichnung die Weiterbildung zum Evolutionären Astrologen in der Schule für Evolutionäre Astrologie mit und von J.Green, Autor des Bestsellers, *„Pluto – Die Evolutionäre Reise der Seele"* (Isis-Verlag) und erhielt als einer der Ersten weltweit das Zertifikat zum Evolutionären Astrologen.

Seither hat Ulrich unzählige astrologische Beratungen sowie Vorträge, Kurse und Seminare zum Thema Evolutionäre Astrologie, Reinkarnation, Karma, Dharma und archetypischen Lebensdynamiken gegeben. Er war zu vielen Konferenzen und internationalen Astrologie-Kongressen als Gastredner geladen. Als Experte für Reinkarnations-Astrologie in renommierten Fernseh- und Radiosendungen wurde Ulrich Böld mit seiner Arbeit international bekannt.

Ulrich arbeitete für Noel Tyl und J.Green als Übersetzer bei ihren astrologischen Seminaren in Deutschland. Er übersetzte J.Greens zweites Buch, *„Pluto in Beziehung und Partnerschaften"* (Ebertin Verlag). Zudem assistierte Ulrich in den J.Green Schulen in den Vereinigten Staaten als sein Co-Lehrer und ab 1999 lehrte Ulrich selbst Evolutionäre Astrologie mit großem Erfolg. Im Jahr 2000 schlug Ulrich eine andere astrologische Richtung als J.Green ein und beendete seine Zusammenarbeit mit ihm.

1999 erlernte Ulrich Böld die Grundsätze des Familienstellens. Doch der schamanische Ansatz, den er beim Familienstellen erlernte, gab Ulrich einen matriarchalen Ansatz bei der systemischen Arbeit mit dem „Wissenden Feld". Seit dieser Zeit wendet Ulrich seine jahrelangen Erfahrungen und tiefen Einsichten der Evolutionären Astrologie, des Reiki und der Energiearbeit in seinen Konstellations-Arbeit-Workshops und in Business-Stellen in den Vereinigten Staaten, in Kanada und in Europa an.

In Ulrichs Beratungen, Vorträgen und Workshops sowie in seiner Konstellations-Arbeit berät, coacht und führt Ulrich in frischer, klarer und effizienter Weise zu wertvollen Einsichten und zu profunden Lösungen. Seine Fähigkeit das „große Bild" der seelischen Reise in eine einfache Sprache und in wertvolle, praktische Hilfestellungen zu übersetzen, hat schon unzählig vielen Menschen gute Dienste geleistet und findet vor allem in seiner systemischen Arbeit der Konstellations-Arbeit einen effektiven Zugang bei der Lösung energetischer Verstrickungen.

Ausbildung in Evolutionärer Astrologie

Ulrich Böld bietet im Online-Shop seiner Webseiten unter www.ulrichbold.com CDs seiner Vorträge und astrologischen Kurse an, sowie einen Ausbildungs- und Lehrkurs auf DVD zur Evolutionären Astrologie an, der auch als interaktiver Ausbildungskurs zum Evolutionären Astrologen erhältlich ist. Dabei kann der Schüler über Email Fragen und Deutungsaufgaben mit Ulrich Böld besprechen und bearbeiten. Nach Erfolgreichem Abschluss einer Prüfung erteilt Ulrich Böld dann das Zertifikat zum Evolutionären Astrologen.

Online – Shop „Böld-*Auslese*" unter www.ulrichbold.com

- Hörkurs von Ulrich Böld „Reise durch den Tierkreis" mit Erklärung der Zeitalter. Eine neue Aufnahme von 2008 als mp3-Daten-CDs für den PC oder als reguläre CDs für Ihren CD-Spieler

- **DVD-Lehr- und Ausbildungskurs** zur Evolutionären Astrologie. Der Gesamte Basiskurs zur Evolutionären Astrologie verfilmt und mit vielen hilfreichen Einblendungen des astrologischen Lehrstoffes, um Ihnen das Studium zu Hause so einfach wie möglich zu gestalten. Dieser Kurs kann auch als Korrespondenz-Kurs für eine direkte Aus- bzw. Weiterbildung zum Evolutionären Astrologen erworben werden. Dabei können Sie mit Ulrich Böld über Email Fragen stellen, die Ihnen persönlich als Unterstützung Ihrer Studien beantwortet werden, und auch Deutungsübungen zu Horoskopen zur Korrektur einschicken. Zudem sind auch WebCam Meetings geplant.

- **DVD-Aufbau-Kurse** in Evolutionärer Astrologie zu Prognostik (Transite, Progressionen und Direktionen) und Beziehungs- und Partnerschaftshoroskopen (Synastrie, Composit).

- **Vorträge** auf CDs zu verschiedenen Themen der Evolutionären Astrologie

- **Kunstwerke** von Thomas Mohrmanns „Reise durch den Tierkreis", die hier im Buch abgebildet sind als Kalender, Postkarten, Poster und/oder T-Shirt-Aufdruck zu bestellen.

Bibliographie

"Pluto – die Evolutionäre Reise der Seele" von J.Green (Isis Verlag)
„Autobiographie eines Yogi" von Paramahansa Yogananda (Self Realization Fellowship)
„Die Sieben Leben des Edgar Cayce"   (Knaur Verlag)
„Divine Romance" von Paramahansa Yogananda (Self Realization Fellowship)
"Lieben, was ist" von Byron Katie
„Die Heilige Wissenschaft" von Sri Yukteswar (O.W. Barth Verlag)
„Anima-Animus" von C.G. Jung
„Traumfänger" von Marlon Morgan (rororo Verlag)
„Der Weg des Mannes" von David Deida
„Die Prophezeiungen des Nostradamus" Kurt Allgeier (Heyne Verlag)
„Mutter Meera – Antworten Teil 1"
„Wege zum Gleichgewicht" von Al Gore (S. Fischer Verlag)
„Freedom from the Known" von Krishnamurti
"Der Pfad des Tigers" von Peter Lewin
"The Lunation Cycle" von Dane Rudhyar
"Pluto in Beziehungen" von J.Green (Ebertin Verlag)
"Earth and Heavens" von Edward Jondro (Sun Books – Sun Publishing Company)
"Der Grosse Kultur Fahrplan" Werner Stein
„Lemuria" von Friedrich von Oppeln
„Momo" von Michael Ende
„Agent of Change" von Richard Beckhard (Jossey Bass Publishers)
"Pluto in Beziehungen und Partnerschaften" von J.Green (Ebertin Verlag)
"Stille des Herzens" von Robert Adams (J. Kamphausen)

Notizen

Notizen

Notizen

Notizen